U0534432

中国社会科学院创新工程学术出版资助项目

公民参与和监督司法研究

熊秋红 等◎著

中国社会科学出版社

图书在版编目(CIP)数据

公民参与和监督司法研究/熊秋红等著.—北京：中国社会科学出版社，2019.11

ISBN 978-7-5203-5585-8

Ⅰ.①公⋯ Ⅱ.①熊⋯ Ⅲ.①司法监督-研究-中国 Ⅳ.①D926.34

中国版本图书馆CIP数据核字(2019)第239377号

出 版 人	赵剑英
责任编辑	任　明
责任校对	赵雪姣
责任印制	郝美娜
出　　版	中国社会科学出版社
社　　址	北京鼓楼西大街甲158号
邮　　编	100720
网　　址	http://www.csspw.cn
发 行 部	010-84083685
门 市 部	010-84029450
经　　销	新华书店及其他书店
印刷装订	北京君升印刷有限公司
版　　次	2019年11月第1版
印　　次	2019年11月第1次印刷
开　　本	710×1000　1/16
印　　张	28.25
插　　页	2
字　　数	463千字
定　　价	120.00元

凡购买中国社会科学出版社图书，如有质量问题请与本社营销中心联系调换
电话：010-84083683
版权所有　侵权必究

序

司法的人民性是中国特色社会主义司法制度的本质特征。以人民为中心，司法为民，让人民群众在每一个司法案件中都感受到公平正义，是我国司法制度所追求的理想目标。在我国司法体系的构建中，不仅通过司法的专业化以提高司法品质，而且通过司法的大众化以加强司法裁判的可接受性；不仅将法律是否被准确执行和遵守作为衡量法制发展程度的重要表征，而且将司法活动在当事人和社会公众中所产生的影响作为评价司法机关办案效果的重要指标。专业化与大众化的结合、法律效果与社会效果的统一，是我国司法制度的显著特点。

公民参与和监督司法是司法民主性的重要体现。我国法律将"依靠群众"作为司法活动的重要原则，在刑事诉讼法中规定了举报、扭送、见证人、人民陪审、刑事和解等制度；在民事诉讼法中规定了人民调解制度；在具体案件中注意充分吸纳民意作为案件裁断的参照，以强化重大案件、疑难案件司法裁决的民主正当性。走民主化的司法道路，是中国共产党一贯倡导的司法传统。

陪审制度是社会公众依法直接参与和监督司法的重要方式。中华人民共和国成立后，一系列的法律中均规定了人民陪审制度，包括宪法、法院组织法、刑事诉讼法、民事诉讼法和行政诉讼法等。自1979年以来，我国陪审制度得以重建，并且不断发展完善。2004年，全国人大常委会通过了《关于完善人民陪审员制度的决定》，第一次以单行法律的形式规定了人民陪审员制度。党的十八届三中全会提出，"广泛实行人民陪审员制度，拓宽人民群众有序参与司法渠道"；党的十八届四中全会指出，"完善人民陪审员制度，保障公民陪审权利，扩大参审范围，完善随机抽选方式，提高人民陪审制度公信度。逐步实行人民陪审员不再审理法律适用问题，只参与审理事实认定问题"。2015年4月全国人大常委会通过《关于授权在部分地区开展人民陪审员制度改革试点工作的决定》授权最高人民法院开展人民陪审员制度改革试点工作。经历了三年的试点之后，2018年4月，全国人大常委会通过了《中华人民共和国人民陪审员法》。

近年来，我国陪审案件的数量基本上呈逐年上升的趋势，但是，如何提高陪审质量，则是我国陪审制度发展过程中所面临的严峻挑战。长期以来，陪审制度在实际运行过程中存在"驻庭陪审""陪而不审""审而不议"等现象，陪审员的广泛性和代表性不足、陪审案件范围不够明确、陪审员固定化、缺乏陪审员退出和责任追究机制、陪审员履职保障机制不完善等问题较为突出。这也是国家在新一轮司法体制改革中启动陪审制度改革试点的重要原因。

从历史上看，在世界范围内，司法经历了从任意司法到程序司法的变迁，与任意司法相伴随的是司法封闭，而与程序司法相伴随的是司法公开。司法公开是我国宪法和三大诉讼法规定的基本原则，也是现代司法活动的重要标志。党的十八大以来，法院系统以前所未有的力度推进司法公开，建成了审判流程、庭审活动、裁判文书、执行信息四大公开平台，确保了司法权力在阳光下运行。除了审判公开外，检务公开、警务公开、狱务公开，也得到较大程度的推进。司法公开是"法律正当程序"的核心要素之一，是诉讼当事人所享有的最低限度程序保障的重要内容，也是满足社会公众的知情权，便于公众对司法活动进行监督的前提条件。司法公开，意味着公众和媒体有机会了解司法活动的过程和结果，有利于避免"暗箱操作"，防止司法不公，预防司法腐败，杜绝司法专横；司法公开，使"正义以人们看得见的方式得到实现"，有利于强化公众对司法机关的信赖和对法治的信心，从而维护司法权威；司法公开，提升了司法活动的透明度，公众可以对司法活动的过程和结果进行评论，形成一定的舆论压力，监督司法机关依法办案，有利于司法机关发现司法活动中存在的问题，切实改进司法工作，不断提高司法能力，树立司法公信。

我国的司法公开取得了令人瞩目的成就。但是，贯彻司法公开原则，需要进一步推进司法公开从有限公开走向全面公开、从形式公开走向实质公开，要保障司法过程和司法结果全方位公开，逐步实现将司法审判与司法行政信息一并公开。司法公开应当遵循依法公开、全面公开、实质公开、及时公开、规范公开等基本要求。就此而言，司法公开永远在路上。

在国家进行司法体制改革和推进司法民主化的进程中，中国社会科学院法学研究所的"社会治理创新的程序法制保障"项目组围绕公民参与和监督司法问题进行了跟踪式的研究,深入两省一市进行实证调研,形成了调研报告,并整理了座谈会记录,对于陪审制度和司法公开的实践状况做了深度描述和分析。与此同时,吸收高校的学者参与了对公民参与和监督司法问题的理论研究和比较法研究。呈现在读者诸君面前的这部专著,是集体智慧的产物。从启动到出版,历时五年之久。期待姗姗来迟的这部作品,能够为深化公民参与和监督司法问题的研究,增强公民参与和监督司法的有序性和有效性,起到"添砖加瓦"的作用。

是为序。

熊秋红谨识

2018年11月11日

目　　录

第一部分　实证调研

公民参与和监督司法调研报告 ……………………………………（3）
　一　调研背景、目的与方法 ………………………………………（3）
　二　调研的基本情况 ………………………………………………（7）
　三　三地调研发现的问题 …………………………………………（46）
　四　对策建议 ………………………………………………………（52）
附录1　公民参与和监督司法调研提纲 ……………………………（57）
附录2　S省X市中级人民法院座谈会笔录 ………………………（58）
附录3　H省各法院座谈会录音整理 ………………………………（82）
附录4　Q市各法院座谈会录音整理 ………………………………（110）
附录5　Q市D律师事务所座谈会录音整理 ………………………（203）

第二部分　理论研究

三中全会决定文本中的司法公开与公民参与、监督司法
　………………………………………………………… 程　雷（217）
　一　司法公开与公民参与和监督司法问题在司改文件中的
　　　表述 ……………………………………………………………（217）
　二　司法公开与公民参与司法的改革目的 ………………………（218）
　三　司法公开与公民参与司法改革的重点 ………………………（219）
　四　司法公开与公民参与司法改革的细化完善方向 ……………（220）
　五　结语 ……………………………………………………………（224）

陪审制的功能、机制与风险防范 …………………… 魏晓娜（225）
- 一 关于人民陪审员制度的功能 …………………………（227）
- 二 关于人民陪审员的遴选机制 …………………………（230）
- 三 关于人民陪审员参与审判的实质性与风险防范 ………（233）

陪审制的本质与我国人民陪审员制度的重构 ………… 叶自强（237）
- 一 欧洲中世纪早期的陪审制与分权机制的萌芽 ………（237）
- 二 中世纪教会法院陪审制的形成与扩大适用范围以及在完善证据规则方面的作用 …………………………（239）
- 三 英国陪审制条件下法官与陪审团的分权机制 ………（241）
- 四 陪审团是美国传统法制的重要组成部分 ……………（243）
- 五 小结：陪审团制度的本质 ……………………………（245）
- 六 我国"陪而不审""审而不议"的尴尬局面及其成因 ……（247）
- 七 河南人民陪审团制度的进步意义与局限性 …………（252）
- 八 尽快构建合理的分权机制，挽救濒危的人民陪审员制度 ……（255）

司法公开与公民对司法之监督 ………………………… 熊秋红（257）
- 一 我国司法公开的立法规定 ……………………………（257）
- 二 我国司法公开的实践状况 ……………………………（258）
- 三 司法公开与社会监督的关系 …………………………（261）
- 四 社会监督司法的形式 …………………………………（263）
- 五 社会监督司法的界限 …………………………………（266）

侦查程序与媒体报道 …………………………………… 施鹏鹏（270）
- 一 导论 ……………………………………………………（270）
- 二 侦查程序中媒体自由的三种模式 ……………………（272）
- 三 特殊的中国模式及其社会政治解读 …………………（276）
- 四 走向"公共空间"的互补？ ……………………………（282）

网络舆情对我国刑事司法的影响及应对 …………… 汪海燕 董林涛（285）
- 一 引言 ……………………………………………………（285）
- 二 网络舆情对刑事司法的影响分析 ……………………（287）
- 三 网络舆情影响刑事司法的路径分析 …………………（297）
- 四 刑事司法应对网络舆情的对策 ………………………（306）

社会变迁与中国基层社区司法发展图景解构 ………… 李本森（315）
- 一 问题的提出 ……………………………………………（315）

二　社区司法：刑事司法的第二体系 …………………………（317）
　三　个案例示：社区司法与国家刑事司法功能上双系耦合 ……（322）
　四　基于双系耦合的中国基层社区司法体系化建设 …………（330）
　五　结语 …………………………………………………………（340）
台湾刑事司法中的民众参与 ………………………… 胡　铭（341）
　一　导言 …………………………………………………………（341）
　二　自下而上推动刑事司法改革 ………………………………（342）
　三　自上而下推出的人民观审制及其论争 ……………………（347）
　四　若干启示 ……………………………………………………（352）
　五　结语 …………………………………………………………（354）

第三部分　他山之石

英国刑事陪审制评介 …………………………………… 李美蓉（359）
　一　引言 …………………………………………………………（359）
　二　陪审团之概述 ………………………………………………（360）
　三　陪审员之资格 ………………………………………………（366）
　四　陪审团之选拔 ………………………………………………（373）
　五　陪审团之审议 ………………………………………………（383）
　六　陪审团之裁决 ………………………………………………（392）
　七　结论 …………………………………………………………（400）
日本裁判员制度的实践与述评 ………………………… 肖　萍（402）
　一　裁判员制度诞生的历史过程 ………………………………（403）
　二　裁判员制度的基础 …………………………………………（407）
　三　裁判员制度的概要 …………………………………………（411）
　四　裁判员制度的实施状况 ……………………………………（414）
　五　裁判员裁判的积极意义与问题 ……………………………（416）
　六　结语 …………………………………………………………（418）
陪审团评议室里发生了什么？
　　——对韩国影子陪审团评议过程的分析研究
　　　　　　　　　　 ［韩］李哉协等著，何　挺、李梦娇译（419）
　一　引言 …………………………………………………………（420）

二 重点问题 …………………………………………（424）
三 数据收集 …………………………………………（432）
四 结果与讨论 ………………………………………（435）
五 结论 ………………………………………………（441）

第一部分
实证调研

公民参与和监督司法调研报告[*]

一 调研背景、目的与方法

（一）调研的背景

在世界范围内，各国的司法制度所奉行的理念有司法精英主义与司法民粹主义之别。近年来，在一些国家，原则上由国家所垄断的司法权，正出现吸收社会力量参与和监督的趋势，且这种趋势日渐增强，并由此出现了国家司法与社区司法的界分。以陪审制度为例，近些年来，陪审制度在英美法系国家历久弥新，在俄罗斯、西班牙等大陆法系国家也呈复兴之势，混合法系国家如南非也在积极讨论准备引入，更值得一提的是，中国的近邻日本与韩国，分别借由人民裁判员制度和国民参与裁判制度的引入，促成了刑事司法系统的改革和刑事诉讼法的修改，我国台湾地区也在进行公民观审制的探索。回顾中国，2004 年 8 月 28 日第十届全国人民代表大会常务委员会第十一次会议通过《全国人民代表大会常务委员会关于完善人民陪审员制度的决定》，自 2005 年 5 月 1 日起正式实施，该决定对人民陪审员的任职条件、任免程序、审理案件的范围、权利与义务都做出了比较明确的规定。随后的《人民法院第二个五年改革纲要（2004—2008）》第 27 条中明确提出"健全人民陪审员管理制度，制定关于保障人民陪审员公正行使审判权的司法解释，充分发挥人民陪审员制度的功能"。

---

[*] 中国社会科学院法学研究所"社会治理创新的程序法制保障"项目组，本项目组的首席研究员为熊秋红教授，执行研究员为叶自强教授和徐卉教授，研究助理为黄蓬威博士生，另外，博士生陈真楠参与了调研资料的整理工作。

然而，人民陪审员制度在引入公民参与司法层面却成效甚微，随着《人民法院第三个五年改革纲要（2009—2013）》中提出要"健全司法为民工作机制"，各地法院都在积极探索更为多样化的公民参与司法模式。仅就审判阶段而言[①]，除了人民陪审员制度外，还出现了具有中国特色的"人民陪审团"制度、征求法庭旁听群众意见制度、巡回法庭等有力探索。2013年5月23日，最高人民法院召开全国法院人民陪审员工作电视电话会议，提出要把进一步加强组织领导、扩大陪审员规模、完善机制保障作为工作重点，全面推进人民陪审员工作，并对当前和今后一个时期的人民陪审员工作进行了部署。

2006—2011年，人民陪审员参审案件的数量基本上呈逐年上升的趋势。2006年，参审案件数量为339965件，占一审普通程序案件的19.73%；2007年，参审案件数量为377040件，占一审普通程序案件的19.31%；2008年，参审案件数量为505412件，占一审普通程序案件的22.48%；2009年，参审案件数量为632006件，占一审普通程序案件的26.51%；2010年，参审案件数量为912177件，占一审普通程序案件的38.42%；2011年，参审案件数量为1116428件，占一审普通程序案件的46.50%。2014年，全国人民陪审员共约20.95万人，普通群众比例为70.2%。2014年人民陪审员参审案件219.6万件。最高人民法院推行的"人民陪审员倍增计划"的数量目标在全国范围内基本达成，但是在人民陪审员的价值定位、管理机制和参与方式等方面，在实践中各地法院还存在较多疑惑与分歧。

近年来人民法院亦将司法公开作为增强司法公信力的重要手段，加大了司法公开力度。2013年5月3日，最高人民法院首次采用全媒体直播方式发布新闻信息，公布两高办理危害食品安全刑事案件的司法解释，并通报危害食品安全犯罪五个典型案例。之后，办理环境污染刑事案件司法解释新闻发布会、"6·26"国际禁毒日新闻发布会，未成年人走进最高人民法院公众开放日活动等，也全媒体进行了直播。6月30日，最高人民法院最新一批裁判文书在其官方网站上集中公布。"阳光司法"理念的

---

① 由于对司法的含义理解不同，有学者认为公民在侦查、起诉审判等阶段参与都可称为参与司法，有的认为公民参与司法仅限于起诉和审判阶段，还有的将公民参与司法严格限定在审判阶段。本调研报告所考察的对象仅限于人民法院。

提出，为公民、社会组织、新闻媒体对司法活动进行社会监督提供了前提条件。司法公开的现状和效果如何、人民法院在推进司法公开中存在哪些问题、如何进一步深化司法公开，这些问题有待学术界进行外部的观察和评价。

（二）调研的目的

中国社会科学院法学研究所"社会治理创新的程序法制保障"创新工程项目组进行的调研活动，有针对性地选择了S省、H省及Q市作为考察地。

S省是西北地区经济、人口第一大省，常住人口约为3733万，占全国人口比重为2.79%①。2012年全省GDP总量为14457.84亿元，较上年增速15.51%，高于全国平均水平6.2%。人均GDP为38608元人民币，合6204美元。H省占据中原腹地独特的地理位置，是全国战略交通枢纽和"天下粮仓"。省内常住人口9406万，占全国人口比重为6.86%，位居全国第三②。Q市地处东南部沿海，是全国首批沿海开放城市、国家历史文化名城、全国文明城市、国家卫生城市、国家园林城市、国家森林城市，也被认为是中国最具幸福感城市。2015年GDP总量为9300.07亿元。在中国历史上，作为四大古都C市与L市的所在地，S省与H省均可谓华夏文明最重要的发祥地，而Q市亦是历史文化名城。因此，在这三地实地调研中所获取的信息，具有相当强的代表性和说服力。

项目组选择该三地作为目的地，另一个重要原因是在"公民参与和监督司法"问题上，三地法院都进行了有力探索。例如，S省高院开展了"审判五进"（进农村、进社区、进企业、进学校、进军营）和征询旁听庭审公民对裁判意见建议的活动；H省高院开展了"人民陪审团制度"和"大人民陪审庭制度"的试点。这是从党的群众路线理解公民参与和监督司法的表现。通过与三地各法院的一线法官和研究人员进行面对面的交流，了解人民陪审员制度的运行状况、人民陪审团制度的推进过程、征求旁听庭审人员意见的具体做法、司法信息公开（包括裁判文书上网、远程视频庭审、庭审直播）的具体规定等问题，有利于掌握来自第一线

---

① 基于2010年全国第六次人口普查主要数据公告。
② 基于2012年H省国民经济和社会发展统计公报。

的信息，为理论层面的研究提供新鲜、真实的材料依据。

（三）调研的方法

本次调研活动主要采用文献研究、集中座谈和实地观察的调研方法，具体如下。

1. 文献研究法

在进行实证调研之前，我们对 S 省、H 省、Q 市三地公民参与、监督司法的相关资料进行了搜集，包括三地各级法院的规范性文件、基层法院的工作细则等，列出了问题清单，带着问题去和参与调研者进行交流。

2. 集中座谈法

2013 年 7 月 11—12 日，项目组前往 S 省，分别在 S 省高级人民法院、S 省 X 市中级人民法院、S 省 X 市 X 区人民法院举行了三场座谈会，集中听取了法院领导、各庭庭长以及资深法官对于公民参与、监督司法的现状、存在的问题以及改革完善的建议等问题的看法，重点就陪审制度、"公民陪审团制度"、征求旁听人员的意见、裁判文书上网等问题进行了深入的交流。

2013 年 7 月 17 日，项目组前往 H 省，首先在 Z 市中级人民法院召开了"司法公开座谈会"。来自 H 省高级人民法院、Z 市中院、H 省 X 市中院、P 市中院、Z 市 E 区法院、L 市 J 区法院、X 县法院、G 市法院的近 20 名法官参加了此次座谈会，重点就公民旁听庭审、远程视频庭审、庭审直播、裁判文书上网、司法信息公开等问题进行了交流。随后，项目组还与中国人民大学、中南财经政法大学联合课题组在 H 省高级人民法院共同召开了"人民陪审制度改革座谈会"，H 省高院、中院、基层院法官，人民陪审团成员代表，人民陪审员代表，检察官代表，律师代表以及项目组和联合课题组成员共计 30 余人参加了此次座谈会，主要就"人民陪审团制度"和"大人民陪审庭制度"的运行状况、存在的问题以及改革完善的建议等听取了司法实务人员的介绍。

2014 年 10 月 13—16 日，项目组前往 Q 市，针对"人民陪审员"专题开展后续调研。在为期两天的调研活动中，项目组分别在 Q 市 C 区人民法院、H 区人民法院及 L 区人民法院以及 D 律师事务所，与一线法官、人民陪审员和资深律师进行了座谈和深入交流，了解到人民陪审员制度在不同的基层法院所呈现出的不同发展样态，以及陪审制度与经济发展水平、社会人口结构、案件类型数量等的关系，获得了颇具启发意义的实践素材。此次调研活动得到了Q市中级法院和三个基层法院领导的大力支持，以及诸多活跃在审判一线的法官、人民陪审员和律师们的积极配合，调研活动取得了良好的效果。

3. 实地观察法

2013年7月18日，项目组成员前往H省A市中级人民法院，现场旁听了有"人民陪审团"（该陪审团由11名陪审员组成）参与的一起故意伤害案的庭审，对于人民陪审团的组成、适用的案件类型以及在案件审理中所起的作用等有了较为直观的认识。

二 调研的基本情况

（一）S省法院"公民参与和监督司法"工作概况

1. 人民陪审员制度

据介绍，S省人民陪审员总数共有2786人，其中城市人口是1889名，农村人口是897名；40岁以下的是909名，40岁以上的是1877名；组织推荐是2068名，个人申请只有718名。

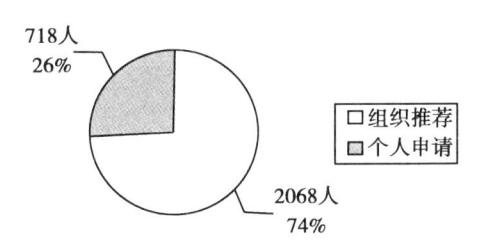

图1 S省人民陪审员产生途径

全省基层法院人民陪审员共参审案件78349件，其中普通程序一审案件41761件，简易程序案件6161件，参与调解案件18399件，执行案件1298件，信访案件167件，其他案件169件。其中参审案件占一审普通案件的53.3%。

S省X市全市法院共有人民陪审员399人，男257人，女142人；党

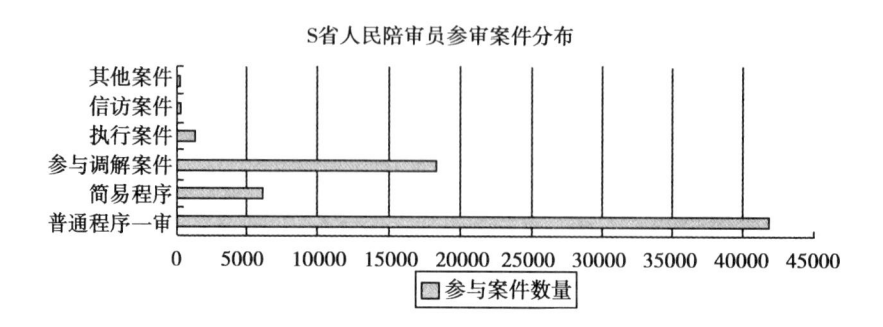

S省人民陪审员参审案件分布

- 其他案件
- 信访案件
- 执行案件
- 参与调解案件
- 简易程序
- 普通程序一审

（参与案件数量）

员274人，民主党派14人，群众111人；汉族388人，少数民族11人；35岁以下26人，35—45岁131人，45—55岁161人，55岁以上81人；本科以上128人，大专125人，大专以下109人；学校53人，政府机关和事业单位85人，基层组织及其他261人。陪审员人数达到基层法官人数的52%。平均年龄49.5岁，大专以上63%。

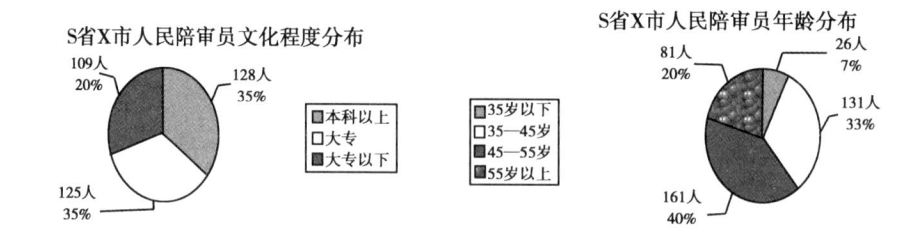

S省X市人民陪审员文化程度分布
- 本科以上 128人 35%
- 大专 125人 35%
- 大专以下 109人 20%

S省X市人民陪审员年龄分布
- 35岁以下 26人 7%
- 35—45岁 131人 33%
- 45—55岁 161人 40%
- 55岁以上 81人 20%

2."审判五进"和征询旁听公民意见建议

S省是"马锡五审判方式"的起源地，从2008年10月起，S省高院秉承"巡回审判，就地审判，依靠群众，教育群众"的传统，在全省开展"审判五进"和征询旁听公民对案件裁判意见建议工作，选择常见的民事纠纷案件和"两抢一盗"等刑事案件以及社会影响大、群众关注度高的案件，还有法律关系并不复杂，但当事人意见分歧较大的案件，深入案件发生地审理，并征询旁听公民意见。截至2012年年底，全省三级法院在93901件案件中采用"五进"方式审理，在62077件案件裁判中听取了17.6万名人大代表、政协委员、公民群众代表的意见，先后有公民群众89353人次直接发表意见，协助法院查明案件事实、开展调解。S省高院规定，公民意见有分歧的，合议庭评审时采纳其中的合理意见；大多数公民代表意见一致，但与合议庭意见有较大分歧的，可提请审判长联席会议讨论或经庭长、主管院长同意后报请审委会讨论。

在调研过程中我们了解到，由于大多数普通民众的法律知识有限，对于一些专业性的法律问题并不了解，往往仅就案件事实表达自己的看法和意见。另外，像审判进农村等情况，旁听群众都是村中熟人，发表意见有顾虑，不愿意署名，或者很难确定是否是本案的利害关系人，发表的意见只能提供参考。因此，根据 S 省法院的自我归纳，"审判五进"和征询旁听群众意见制度的效果主要是促进矛盾化解、提升群众对司法工作的满意度。从该两项制度建立以来，全省一审民事案件调解撤诉率达到 72.21%，增加了 11.74 个百分点；在全省政法队伍形象满意度调查中，群众满意度也从 2009 年的 69.69% 持续上升到 78.7%。

3. 座谈会上反映的情况

（1）人民陪审员概况

人民陪审员分为两类，一类是常驻的，另一类是临时的。常驻的人民陪审员实际上变成了编外法官，主要解决"案多人少"的问题。与过去相比，人民陪审员的文化程度有很大的提高，一般为大专以上学历。人民陪审员由人大任命，法院管理，完全行政化。S 省法院表示，人民陪审员的选任历经三个阶段：第一阶段，主要选择来自社会各界，有人大代表、政协委员、党的代表等，人民陪审员的选择范围比较广泛。第二阶段，增加专家型的陪审员，如教授、医生等。第三阶段，注重人民陪审员的法学知识和专业性，如医疗纠纷案件，请医疗纠纷专家陪审；交通肇事案件，请交警陪审。实践中专家陪审的效果不错。S 省法院亦表示，人民陪审员制度在实践中存在两大问题：其一，人民陪审员名利化现象较严重，县委委员、政府官员、人大代表均变成了陪审员，其将人民陪审员视作政治待遇。其二，基层法院不可能随机抽取，因为有些人民陪审员通知后不到庭。另外，S 省法院建议成立一个独立机构，专门负责人民陪审员的选拔、培训及管理工作。

（2）人民陪审团概况

S 省曾进行过人民陪审团的试点工作，人民陪审团由 7 名以上人民陪审员组成，主要适用于重大、敏感案件。人民陪审员包括人大代表、政协委员、高校教师、学生、群众代表。S 省法院表示，人民陪审团有利于减轻法官压力，但因缺乏法律依据，没有继续下去。另外，S 省法院亦表示,人民陪审团制度难以实施的原因还包括以下几点:第一,审委会制度及信访冲击司法的现状使得人民陪审团在实践中行不通。第二,在中国实行人民陪审团,容易因人情因素导致腐败。第三,人民陪审团完全是形式,对审判工作并无实际作用。第四,人民陪审团适用的案件的选择性很强,尤其是刑事案件,其中30%—40%,甚至过半的案件均须上至审委会。因此,建立人民陪审团制度缺乏现实基础。

(3) 人民陪审员制度适用的案件范围

在基层法院,刑事陪审多于民事陪审,原因在于刑事案件案多人少的矛盾更为突出。例如,一个基层法院只有3名刑事法官,每年办理300多个案件,如果不采取陪审制,案件审理程序很难进行。而民事案件由于采取独任制较多,因此适用陪审制较少。自最高人民法院提出陪审率的要求后,现在各类案件均有陪审,陪审率得以提高。另外,经过调研发现,人民陪审员参与的案件均是事实比较清楚的案件,且民事案件陪审的必要性较大,原因在于人民陪审员基层工作经验较丰富,同样的道理由人民陪审员说更易获得当事人认可。

(4) 当事人意见

是否采用陪审制及选择人民陪审员,应当听取当事人意见。S省法院表示,听取当事人意见在实践中存在两个问题:第一,有的案件事实、证据均很清楚,但当事人胡搅蛮缠,要求陪审。第二,法律关系疑难的案件,当事人一般不希望人民陪审员参与。对于听取当事人意见制度,S省法院亦表达了两个担忧:第一,如果当事人"搞定"人民陪审员,可能会有副作用。第二,两个人民陪审员如果"勾兑",则可能架空法官。

(5) 人民陪审员制度取得的积极成效

经过调研发现,人民陪审员参与案件的审理不仅提升了审判的公信力,在某些案件中亦发挥了积极作用。具体而言,从案件类型看,陪审在经济犯罪和职务犯罪中发挥的作用很大;从案件严重程度看,在死刑和死缓案件中发挥的作用很大。但是人民陪审员发挥作用的空间有限,此点表现在人民陪审员意见与法官意见不一致时人民陪审员没有决定权。例如,39%的死刑案件由婚姻、家庭纠纷引起,陪审员认为应当判死缓,法官认为被告人作案手段恶劣,应当判死刑,最后则由审委会决定。

(6) 人民陪审员制度在实践中存在的问题

S省法院表示,实践中人民陪审员在审判中仅做辅助性工作,法官不宜说的便由人民陪审员说。人民陪审员的象征意义大于实质意义，陪而不审、审而不议、议而不决的问题仍然存在，陪审质量较差。此点不仅源于事实审与法律审不分的制度因素，亦源于人民陪审员的参审积极性不足及参审能力有限。第一，我国案件的审理事实审与法律审不分，运用陪审制度的基因有问题。第二，人民群众陪审的积极性不高。第三，人民陪审员在讨论案件时，往往仅从感性上谈看法，较少从法律角度考虑问题。人民陪审员发表意见时只说结果，不说理由（有时报应观念起作用）。

另外，人民陪审员制度本身及相关的保障机制亦存在诸多不完善之处：第一，人民陪审员制度的定位不准确，如果人民陪审员仅参与量刑，必定陪而不审。第二，人民陪审员制度的可操作性不强。第三，人民陪审员的权、责、利不够明确。第四，案件审判时充斥着法言法语，人民陪审员理解困难。第五，人民陪审员考核及退出机制不明确。第六，人民陪审员经费保障不足。S省法院的补助标准是人民陪审员每人每案30—50元，补助较低导致人民陪审员参审积极性不高。

经过调研亦发现，诸多法官表示对于人民陪审员参审的案件由法官承担责任不符合实际，但对于在人民陪审员参审的案件中如何追责存在困惑，例如，实践中审判长意见最强势，如果发生错案，人民陪审员是否应当承担责任？实践中人民陪审员通常同意法官意见，如何追究其责任？

(7) 旁听庭审制度概况

S省法院表示，旁听庭审制度在实践中的实施现状是：第一，在重大、敏感案件中广泛使用旁听证。第二，有时采取紧急通知的方式。第三，有时出于维稳的需要，限制旁听。存在的问题是目前对旁听庭审缺少程序性设计。

(8) 征求旁听群众意见制度

S省法院表示征求旁听群众意见制度在实践中的操作程序是，开庭审理时事先确定旁听人员，吸收旁听人员的意见。该制度运行效果比较好，对办案有帮助。各界对于该制度亦存在诸多争议，例如这些意见能否对审判起到参考作用？如何进入决议？如果起到了影响作用，导致案件判错，应当如何承担责任？等等。

(9) 裁判文书上网工作

S省法院表示最高人民法院将裁判文书上网率纳入了绩效考核范围，实践中裁判文书上网包括以下内容：第一，死刑案件、未成年人案件裁判文书不上网。第二,是否上网,征求当事人意见,但不以当事人意见为准。第三,裁判文书上网时有时隐去名字。第四,涉及知识产权的案件,有时亦不上网。裁判文书上网亦存在某些问题及不足之处:第一,刑事裁判文书上网可能导致传播犯罪手段的负面作用。第二,中级以上人民法院裁判文书写得较好,可以公开,而基层法院案件多,要求全部上网有难度。另外,大多数法官认为,为避免承担上访的压力,裁判文书上网的步子不宜迈得过大。

(10) 舆情、网络影响司法问题

经过调研发现,实践中舆情、网络影响司法问题比较严重,法院在舆论面前往往只能退缩。而由人民陪审员参与案件的审理不仅可以使人民陪审员的权威抗衡舆论的权威,亦可借助人民陪审员的参与澄清诸多事项。

(二) H省法院"公民参与和监督司法"工作概况

1. H省司法公开工作情况

(1) H省法院系统"全国司法公开示范法院"情况

为总结推广各地法院推进司法公开的有效措施和宝贵经验,最高人民法院于2010年10月15日发布《关于确定司法公开示范法院的决定》,确定全国100个法院为第一批"司法公开示范法院",H省高级人民法院、H省N市中级人民法院、H省X县人民法院入选。2012年最高人民法院确定第二批司法公开示范法院,H省P市中级人民法院、H省X市中级人民法院、G市人民法院、Z市E区人民法院、L市J区人民法院入选。

(2) 裁判文书上网工作

自2008年以来,H省法院系统全面推行裁判文书上网工作。H省高级人民法院决定除法律和制度另有规定外,当年10月1日起生效的裁判文书于当年年底前全部在网上予以公布。2009年,H省高级人民法院先后下发了《关于裁判文书上网公布工作的实施意见》(以下简称《意见》)和《裁判文书上网公布管理办法》(以下简称《办法》),对裁判文书上网做出详细规定。2010年9月,H省高级人民法院成立裁判文书上网工作领导小组及办公室,监督考核全省法院裁判文书全面上网执行工作。全省各中级人民法院和基层人民法院按照《意见》和《办法》的规定,积极推进裁判文书上网发布工作。目前,H省全省三级法院全部成立网络管理机构,指定专人负责裁判文书上网工作。除一些特殊类型的案件及当事人有正当理由明确请求不上网公布之外，一审、二审、再审案件判决书及裁定书全部上网。H省法院裁判文书上网工作已经实现了常态化、制度化、规范化。另外，H省法院要求判决书应当附法条。

自2008年至2013年11月15日，H省三级法院裁判文书已上网共542153份，居全国之首。其中，H省高级人民法院7398份，19个中级人民法院107590份，163个基层人民法院427165份[①]。

(3) 司法各环节信息公开工作

在立案方面，各级法院均加大资金投入力度，先后建立设施完备、功能齐全的立案窗口。多数法院在立案大厅设置电子触摸屏，供来院人员点击了解立案信息。有的法院如P市中级人民法院，建立高清晰电子屏，滚动播放案件公开开庭公告以及重大事项等。在庭审方面，各级法院均投入资金，建立数字化审判庭，对一些案件实行庭审网络视频直播或者进行同步录音录像。在执行方面，各级法院均建立信息系统，当事人通过互联网可以查询到本人案件的进展情况和基本信息。同时，H省法院成立执行指挥中心，与公安、工商、国土、银行、税务、海关等部门构建联动机制，建立覆盖全省的信息网络查询系统，对规避执行者限制高消费、限制出入境。建立"赖账户黑名单"，截至2013年1月共通过媒体公开曝光4638人。在公民旁听庭审方面，积极推行公民自由听审，公民无须事先预约，便可走进任何一个法庭，旁听每一个公开审理的案件。但有的法院设定了一些条件，例如年满18周岁、携带身份证明等。同时，H省高级人民法院开通"Y法阳光"微博，创立"网评法院""网上调解室""网上诉求合议庭"等。截至2013年12月11日，新浪"Y法阳光"账号拥有粉丝数389万。各地方法院均设立法院网站、开通微博，公布重大案件审判情况、法院重要活动部署和规范性文件等信息，并建立新闻发言人制度，对大要案审理情况，定期或临时召开新闻发布会予以通报。

(4) "三同步、两公开"工作

"三同步、两公开"是指法院在审理案件开庭时，同步录音录像、同步记录、同步显示庭审记录，公开展示庭审证据、公开展示适用的法律法规。庭审"三同步、两公开"工作采用了"先行试点，稳步推进"的方

---

① 《河南省：全面推行裁判文书上网》，中华人民共和国最高人民法院网（http://www.court.gov.cn），最后访问日期：2013年12月11日。

式进行。H省高级人民法院于2012年10月确定G市等3个法院为首批试点单位，12月又确定了19个基层人民法院为第二批试点单位，实现了每个中院辖区至少有一个基层法院作为试点推行。在总结试点经验的基础上，2013年5月，H省高级人民法院下发《关于开展庭审"三同步、两公开"的工作方案》，要求全省各级法院根据各自工作实际情况，制定完善的工作制度，明确"三同步、两公开"的案件适用范围、规定技术操作规范、制定庭审程序规范、建立奖惩机制。全省法院要建立监督管理机制，将"三同步、两公开"落实情况纳入部门、个人岗位目标管理。实行庭审"三同步、两公开"对审判人员的素质要求更高，各地法院须加大培训力度，确保审判人员适应工作需要。对此各地方法院均加大投入，建立数字化审判庭，落实"三同步、两公开"工作。

(5) 邀请人大代表、政协委员参与、监督工作

自2008年至2013年1月，H省法院就重要工作部署、重点改革举措、重大案件办理，主动向省委、省人大、省政协报告136次，就涉诉信访、基层建设、民事执行等工作向省人大常委会专项报告26次。三级法院均成立了专门联络机构，开通24小时专线电话、专用电子信箱，推出代表委员"联络专刊"网络专栏"Y法阳光报告"彩信，及时通报工作。法院干部与每位省人大代表结对联络，并聘请3651名代表委员担任监督员，邀请代表委员视察法院、旁听庭审、评查案件192825人（次）。对代表委员提出的意见、建议和提案，统一交办、专人承办、跟踪督办。对代表委员关注的案件，实行领导包案、提级审查、专门合议庭审理。

(6) 司法建议公开工作

2013年H省法院为进一步扩大司法公开的广度和深度，决定实行司法建议公开制度。

(7) 存在的问题

司法公开工作在实践中存在的问题包括：第一，法院信息化程度不够。第二，四级法院没有联网。第三，与相关部门的信息共享问题尚待解决。第四，法院网络建设重在宣传，服务功能不足。第五，实践中公告通过《人民法院报》送达，但是，该报订阅量有限，导致诸多公共信息未实际送达，建议应当在法院网上设专门的公告栏。

2. H省法院陪审工作情况

2009年上半年，H省高级人民法院提出试点人民陪审团制度的想法。

2009年6月，人民陪审团制度正式开始实施。H省高级人民法院制定了《关于在刑事审判工作中实行人民陪审团制度的试点方案（试行）》（以下简称《方案》），在Z市、K市、XX市、SM市、SQ市、ZM市等六个地市法院开展人民陪审团制度试点工作。按照方案规定，各基层法院通过乡镇或街道办事处，由村民委员会或居民委员会推荐基层群众，以及公民自愿报名组成人民陪审团成员库。县市区人民陪审团成员库人数不少于500人。成员库选定后，中级人民法院为辖区基层人民法院人民陪审团成员统一颁发聘书，聘期3年。对成员的要求较少，只要是23—70岁的中国公民、未受过刑事处罚、身体健康、热心并有时间参与审判活动均可。

据《方案》介绍，基层法院邀请人民陪审团参加案件庭审，需要合议庭征询案件公诉机关的意见，然后从成员库中随机抽取人员参加。市中院的人民陪审团成员，从开庭地的基层法院人民陪审团成员库中随机抽取。人民陪审团的人数为7—13人。法院对6类刑事案件可以组织陪审团参加庭审，即有重大社会影响的，涉及群体性利益的，当事人之间矛盾激化影响社会和谐稳定的，人大代表、政协委员或媒体重点关注的，当事人多次申诉或重复上访的，以及其他需要人民陪审团参加庭审的案件。但是，对于下列3类案件不应组织人民陪审团参加庭审：法律规定不应当公开审理的案件、适用简易程序审理的案件、人民法院认为不适宜陪审团参加的案件等。人民陪审团在庭审休庭后、合议前召开会议，对案件裁判发表意见和建议。人民陪审团成员独立发表意见，审判法官不得以明示或暗示的方式进行诱导或阻挠。

截至调研时，H省共有163个基层法院，共有人民陪审员6762人，占基层法官人数的68.3%，超出全省基层法院一线办案法官人数9个百分点。2010年，H省人民陪审员参与办案36475件，占一审普通程序案件的18.65%；2011年H省人民陪审员参与办案44782件，占一审普通程序案件的19.6%；2012年H省人民陪审员参与办案101768件，占一审普通程序案件的53.47%。2012年人民陪审员参与案件中涉及民商事案件共79379件，占审理总数的78%，行政刑事案件相对较少，共22385件，占一审普通程序案件的22%。据统计，人民陪审员参审的案件，改判、发回重审率不足5%，调解撤诉率高达70%以上，且极少出现上访、闹访，因此取得了比较好的社会效果。

在"人民陪审制度改革座谈会"上，我们了解到以下情况。

（1）2009—2012年，H省高院进行了陪审制度改革，采取了人民陪审团①和大陪审合议庭②制度。对于该项改革，外界有不同声音。

（2）人民陪审员库存在四个特点：第一，人民陪审员库总体覆盖面较广，各地的人民陪审员库从500人、3000人到10000人不等。第二，人民陪审员库组成人员多元化，有行政机关、企事业单位工作人员、退休职工、人大代表、政协委员等。第三，人民陪审员分为专业陪审和非专业陪审。第四，人民陪审员人数超出一线法官人数。

（3）人民陪审员抽选的随机性

经调研发现，H省法院人民陪审员抽选的随机性较强，且当事人如果是女性则抽选女性陪审员。

（4）人民陪审制适用的案件范围

过去人民陪审制普遍推广，尤其在民事案件中广泛适用，陪审的案件撤诉率较高。2012年起将重点适用于刑事案件，另外，未成年人案件一般均有人民陪审员参与。实践中存在以下两个问题：第一，适用案件的选择标准不明确，即五类案件（有重大影响的案件、涉及群体性利益的案件、维稳案件、申诉案件、其他案件）的客观标准与主观标准不明确。第二，谁决定案件是否陪审？目前的做法是由法官决定，但是否应当听取控辩双方、当事人意见？对此并不明确。

（5）人民陪审员参与庭审情况

经过调研发现，实践中H省法院人民陪审员参与庭审具体做法包括以下几项：第一，在法官庭前指导陪审员方面。实践中法官召开人民陪审团庭审会议，介绍起诉书，介绍案情并对案件焦点问题、法律问题进行解释。第二，在庭审中人民陪审员发问方面。实践中的做法是不允许人民陪审员直接发言，人民陪审员如果有意见可以以书面形式提交审判庭。第三，在庭后评议方面。实践中庭后评议的范围包括事实问题、法律问题、定罪问题、量刑问题。如果合议庭成员意见不一致的，则须上报审委会。第四，在判决书送达方面。实践中判决书须向每个陪审员送达，以前的做

---

① 此处是指由5—11名人民陪审员成员组成的人民陪审团。
② "大陪审合议庭"由5—7名人民陪审员组成，有"2+5"和"1+4"两种模式。"2+5"审判模式是由2名审判人员和5名人民陪审员组成的大陪审合议庭，"1+4"审判模式是由1名审判人员和4名人民陪审员组成。

法是普遍送达，2012年以后则仅刑事案件送达。第五，在人民陪审团意见方面。人民陪审团意见不当庭宣布，亦不在裁判文书中显示。

（6）人民陪审员参与积极性

经调研发现，H省法院人民陪审员参与的积极性比较强。

（7）人民陪审员经费保障

经调研发现，目前H省法院人民陪审员的经费由法院自筹。

（8）人民陪审员的权利、义务、责任

人民陪审员的权利、义务、责任主要包括两项：其一，赋予人民陪审团参与庭审的权利义务；其二，人民陪审员广泛参与司法活动，包括参与庭前庭后调解，参与执行、鉴定程序。另外，经调研发现，在实践中人民陪审团一般均听审判长的意见。

（9）人民陪审制对控辩双方的影响

实践中，控辩双方须改变说服方式，说服法官与说服陪审员不同，此点可能带来结构性变化。

（10）人民陪审制取得的积极成效

经调研发现，人民陪审制在实践中取得了以下积极成效：第一，有利于缩小民众与司法的距离、强化司法监督、提升司法权威。第二，提升了人民满意度。第三，有利于分担法官压力。第四，有利于调解工作的开展。第五，有利于解决重大案件、典型案件及久拖不决的案件。第六，在自媒体时代，人民陪审员制度可以宣传法制。

（11）人民陪审制在实践中存在的问题

经调研发现，人民陪审制在实践中亦存在诸多问题及困惑：第一，在法庭中如何安排人民陪审员席位？第二，人民陪审员如何发问（目前的普遍做法是人民陪审员在庭审中向法官传递纸条，由法官代为发问）？第三，按照人民陪审团意见，如果办了错案，如何追究责任？第四，对人民陪审员如何适用回避制度？第五，人民陪审团意见是否是参考性意见？等等。

2013年7月18日，项目组成员旁听了S省A市中级人民法院刑事审判庭对于一起故意伤害案的庭审。该案大致情况如下。

案件是关于被告人闫某的故意伤害案。闫某因与同村村民发生宅基地纠纷而打架斗殴，造成被害人轻伤。本案派出的人民陪审团由16人组成，其中有4名村支书、2名市人大代表、4名社会法官、5名村民以及1名教师，陪审团在法庭观众席的第一排就座。在本案中，人民检察院在起诉书中未提及量刑建议。

法庭审理开始后，书记员宣布法庭规则，该案的合议庭由三名年轻法官组成。庭审中查明了被告人的基本情况后，被告人接受了审判长的询问，法庭核实了被害人的基本情况以及合议庭组成情况和公诉人、辩护人、诉讼代理人。法官说明了该案的基本情况，并询问双方是否申请回避。被害人在征求代理人意见后，表示不申请回避。法官又询问双方是否申请新证据或申请有专门知识的人参加，并且告知双方的各项诉讼权利。

公诉方首先宣读了起诉书。起诉书中虽然说明了民事部分已做调解，但是并没有具体描述调解的内容和细节。公诉方宣读完起诉书后，审判长问被告人是否认罪，被告人回答自愿认罪。随后，又讯问了被告人的犯罪经过。公诉方在提问环节提到了调解协议的具体情况，法官得知该案是在派出所主持下调解的，但是公诉方并未透露调解协议的具体赔偿情况。而后诉讼代理人也向被告人做了提问。在被害人向被告人提问时，被害人态度咄咄逼人，并且发表了自己的个人意见。接着被害人又同自己的诉讼代理人做了商议。当辩护人提问时，旁听席有人要求发言，造成了法庭喧哗，但是这并没有影响辩护人的提问。辩护人就案件的重点逐一进行了提问。接着，审判长对被告人提问，被告人说当时是他主动要求进行调解的。虽然在本案中双方因为宅基地的纠纷而产生了较大分歧，但双方最终还是达成了自愿调解。随后审判长就调解的内容发问被告人，被告人告诉法官调解内容是：房子西墙后退30厘米，赔偿被害人14.5万元，被害人表示不再追究刑事责任。但是在房子履行协议的过程中，房子在即将要封顶的时候遭到了被害人的阻拦，随后被告人又与被害人达成了另一份协议。被害人在这个时候就打架地点以及一些案件细节向被告人提问，被告人做了回答。紧接着被害人问被告人为什么其与被害人调解不成，被告人回答是因为被害人要求赔偿50万元，双方在赔偿数额上产生了分歧，所以调解不成。随后，公诉人和辩护人、审判员分别向被害人提问。

公诉人对其提出的证据进行了举证、质证，公安局和村委会分别出具了本案的情况说明。接着，证人出庭作证，并签署了如实作证的保证书，辩护人和公诉人分别询问了证人。公诉人要求法官酌情从轻处罚，但是被害人及其诉讼代理人认为被告人的认罪态度不好，要求从重处罚。被告人针对案件进行了自我辩护，同时其辩护人也发表了辩护意见，在该意见中提到关于本案的量刑标准是：造成轻伤 1 人的，处 8 个月有期徒刑；造成轻微伤 1 人的，处 2 个月有期徒刑；若被告人当庭认罪的，可以减轻 20% 的处罚；积极赔偿的，可以减轻 30% 的处罚，辩护人建议量刑是有期徒刑 6 个月，缓刑 1 年，但是被害人的诉讼代理人当庭反对适用缓刑。

法庭审理结束后，陪审团向法庭递交了关于本案的书面意见，审判长当庭宣读陪审团的意见——建议双方做调解工作。

(三) H 省各法院"公民参与和监督司法"工作情况

1. X 县人民法院"公民参与和监督司法"工作情况

(1) 立案公开

第一，加大资金投入。X 县人民法院先后投资 90 余万元购置了案件信息查询电子触摸屏、庭审公告电子显示屏、案件审判流程管理系统等，方便当事人随时查询文书样式、法律法规、审判组织、收费标准、诉讼风险、裁判或执行结果等内容，为立案公开提供了物质保障。

第二，加强窗口建设。采取"窗口式"开放办公，把立案大厅划分为立案、信访、诉讼疑问解答和纠纷调处四大功能区，分设接待窗口，负责查询咨询、立案审查、立案调解、救助服务、材料收转、判后答疑、信访接待、院长接待等工作，为当事人提供"一站式"法律服务。

第三，设立导诉台，引导和帮助来院的当事人、来访群众办理相应的法律事务。配备有桌椅、纸张、笔墨、老花镜、电脑、复印机、传真机、打印机，方便群众查询和了解相关法律知识。

第四，公开立案标准，严把立案关口。在立案大厅中公开立案标准、审判流程等。实行诉讼风险告知制度，采取向当事人发放诉讼风险告知书的方式明确告知当事人选择诉讼解决纠纷所具有的风险性。

(2) 庭审公开

第一，公开开庭公告。对于依法应公开的开庭审理的案件，依照法律的相关规定通过电子显示屏、法院网和公告栏等多种方式，公告案件开庭的时间、地点，保障公民旁听庭审。

第二，进行庭审网络视频直播。建立完善数字化法庭，从 2010 年下半年开始实施庭审网络视频直播工作，诉讼庭审和社会法庭办案全程录音录像，并将视频资料上传互联网。截至 2013 年 7 月，X 县法院庭审网络视频直播庭审 158 件。

第三，前移审判阵地，强化巡回审判。为方便群众旁听庭审，X县人民法院大力推行"马锡五审判方式"，采取"固定巡回"与"流动巡回"的方式，对赡养、抚养、扶养案件等适宜巡回观摩审理的案件，根据案件的实际情况选择到当事人所在的乡（镇）、企业、学校、村进行庭审、调解、宣判。2013年来，共巡回审判案件405件。

第四，强化庭审监督。积极邀请人大代表、政协委员作为廉政监督员旁听案件；开展庭审观摩活动，让法官评价庭审工作。2013年以来，X县法院邀请人民陪审员参与审理案件61件，代表委员旁听庭审22次，廉政监督员旁听庭审18次。

（3）文书公开

X县法院自2009年下半年开展此项工作以来，文书上网率不断提高，2013年一直保持上网率100%。X县法院亦于2010年成立了书记员管理办公室，对书记员进行统一管理，实行庭审笔录速录。

（4）审务公开

第一，通过X县法院网站、法院公开栏、人员信息栏等公布法院基本情况、工作流程、管理制度、审判业务部门职能、人员等基本情况。公开法院的重要审判工作会议、工作报告或者专项报告、重要活动部署、规范性文件、重要研究成果、非涉密司法统计数据及分析报告等信息。

第二，建立网络查询系统。建立审判流程管理局域网，成立网络管理办公室，加强对全院诉讼和执行案件的节点控制和审限监督，并与立案大厅的电子触摸屏进行链接，方便当事人查询案件实时办理进度。

第三，建立法院网站和法院微博，由专人负责微博转发和评论，充分发挥网络自媒体作用，向社会展示审判工作的各项活动和工作举措。

2. L市J区人民法院"公民参与和监督司法"工作情况

J区人民法院共有法官35人，年均办案5000件以上，法官年人均办案数近200件，尤其是民事案件的法官年均办案近300起。J区人民法院在"三同步、两公开"方面，被H省高级人民法院确定为司法公开示范法院。2012年被最高人民法院确定为第二批全国司法公开示范单位。

J区法院先后投入资金300余万元，建成了包括由网络、硬件、软件支撑的完备的信息化体系，实现了"审判流程网络化、庭审活动数字化、卷宗管理信息化、司法信息公开化"。

(1) 进行信息化建设

第一，完成三大网络建设。内部的局域网、全省三级法院联通的广域网和国际互联网。

第二，配置硬件设备。先后建立起科技审判法庭系统、审委会办公系统、证据展示系统、媒体查询系统等硬件设施。审委会会议室配备了1台高性能交换机，13台笔记本电脑，用于网络办公。审判庭全部配备有标准化审判台、电脑、速录机、打印机、语音传输、数字化证据展台、电子显示屏、等离子显示屏。另外，全院还配备高性能计算机110余台，人机配备比例达到了100%，办公区域还包含30台摄像机和11个双监探头的多媒体监控系统。

第三，完善软件建设。目前，J区法院已建成了包括公共信息查询系统、法院综合信息管理系统、电子档案系统、电子卷宗、法律文书校对系统等九大软件系统。

第四，书记员队伍建设。J区法院向社会公开招考了12名高素质书记员，配备速录机，经培训上岗，以书记员所任职级、学历、业务水平、工作实际和工作年限为依据，确定书记员等级的评定条件，将书记员分成四个等级。现在J区法院共有四名一级书记员，每分钟打字400个。

(2) 过程公开化

第一，实现办案过程公开化。办案人员在完成每一项工作的同时，将产生的诉讼材料第一时间采集进系统，案件的所有信息在第一时间汇集到统一的资源平台，社会群众可以通过一楼大厅的公共信息查询系统查询案件信息。

第二，实现庭审过程公开化。所有审判法庭均安装庭审视频直播和庭审监控系统，实现对庭审情况即时监控，对符合条件的案件进行网上视频直播，提高审判透明度。所有审判法庭均启用多媒体电子证据显示系统，对庭审活动中的各种文书、资料、实物证据、法律条文、庭审笔录等进行当庭展示，实现了同步录音录像、同步记录、同步显示庭审记录以及证据公开展示和法条公开展示。

第三，实现庭审过程即时监督监控。利用多媒体监控系统，通过网络使庭审的图像和声音可以同步传输到院领导的计算机终端上。

第四，开通J区人民法院政务网站。J区法院设置了审务公开、队伍建设、裁判文书等10多个栏目，公布法院基本情况、工作流程、管理制度等基本情况,公开法院的重要活动部署、重要研究成果、裁判文书等信息。裁判文书上网率100%。开通J区法院政务微博,同步发布重大院务信息和审判信息5000余条。

(3) 诉讼程序数字化

第一,在法院的综合信息管理系统中,审判执行过程中的每项工作,从工作启动、数据录入、信息采集,到流转衔接、审查审批都有标准流程,形成了审判流程标准化体系。案件一经受理,立案庭就将案件的基本情况输入电脑,建立案件的电子档案,案件的审判流程在网络上进行。审判人员通过网络查询每天的任务,审查电子档案,了解案情,在规定的时间出庭审理案件。

第二,在庭审中,审判人员通过数字化实物展台组织当事人交换证据,并借助2台42英寸的等离子显示屏向旁听人员展示。书记员通过速录机进行记录。

第三,庭审结束后,审判员利用网络软件中的裁判模板和法规查询系统迅速起草法律文书。审委会讨论案件也不再局限于承办人的书面报告,每个审委会委员既可以通过监控系统了解庭审实况,也可以通过自己的终端打开案件的电子档案,查阅有关案情,避免了仅凭承办人口头汇报案件时的片面性和个人倾向,保证了审委会做出的决定更客观、更公正。2012年以来,法院的结案均衡度达到66.98%,提升了10个百分点,平均审限45天,同比缩短11天,无一超审限案件。五年前,法院个人结案只要达到100件,即可获得"办案能手"称号;近两年,个人结案200件以上才能获得"办案能手"称号。

3. G市人民法院"公民参与和监督司法"工作情况

(1) 司法公开

第一,裁判文书上网。G市人民法院法律文书上网从2009年4月开始试行至今三年有余。法律文书上网的范围逐渐从有选择的上网、当事人申请不上网,过渡到了2012年的全部上网。2012年,市法院共计审结各类案件4572件,除扣除不公开审理以及调撤案件外,全部上网,共计1778件。2012年上半年,市法院上网法律文书736件。市法院判决书上网率达100%。市法院法律文书上网有以下特征:其一,数量全,扣除调解、撤诉以及不公开审理和未成年人案件之外,市法院所有的判决书全部上网。不因为信访、当事人不情愿、上诉、执行或者申诉等原因而有所遗漏。其二，程序严，法律文书上网和不上网都有严格的审批手段。不上网法律文书，先由各业务庭室内勤汇总，制作不上网报表，由部门负责人和主管院长核对同意，并签章，最后提交研究室汇总。上网的法律文书的审批程序更加严格，需要上网的法律文书电子版和打印版要经过承办人、庭室负责人、主管院长和内勤四个人同时签字后，方能提交研究室检验登录网上。其三，上网准，首先统计的区间是每月20日之间，向上级法院报送报表的时间是21日，法律文书上网的时间截至20日凌晨。所有上网和不上网的数量要和司法统计一致，不能有任何差错。其四，责任清，法律文书上网在2010年就纳入季度考评和年终考评之中。根据报表审批责任人的签字，要求各自承担责任。责任主体主要包括承办人、内勤、庭室负责人和主管副院长。责任的后果包括扣个人考核分值、负责人考核分值以及其他行政处分责任。法律文书上网实行一票否决制，即出现重大问题，取消所有评选优先资格。

第二，网站、法院微博、庭审网络视频直播。到目前为止，G市人民法院共计开通了四个微博：2011年9月28日开通腾讯微博，发微博数1128条，粉丝514名；2011年12月5日开通新浪微博，发微博数678条，粉丝824名；2011年9月23日开通人民微博，发微博数1044条，粉丝537名；2013年2月26日开通新华微博，发微博数765条，粉丝3名。2004年，率先在全省基层法院建立了法院政务网站。2012年初以来，更新了网站栏目设置，每月更新内容在100条左右，月点击量在3万多次。G市人民法院从2010年10月开始实行网络直播，截至今日，总共363起。其中2010年完成17起，2011年完成159起，2012年完成141起，2013年截至7月17日完成46起；其中刑事案件共166起，民事案件共197起。

第三，"三同步、两公开"。2006年初，G市人民法院投资15万元建成了第一个数字化审判庭，实现了对庭审的同步录音录像和远程监控，在刑事审判和重大疑难案件的审理中发挥积极作用。2011年以来，G市人民法院更新完善了两个"三同步"数字化审判庭，投资40余万元在所有25个审判庭安装了音频视频采集设备，做到了庭审活动录音录像的全覆盖。同时，投资10万元购置了移动录播直播设备，实现了庭审巡回直播。2011年以来，投资60万元购置音视频采编系统、音视频设备、电脑、打印机等，完成了七个中心法庭庭审"三同步"硬件建设，实现中心法庭与院机关的联网，建成覆盖中心法庭在内的远程监控系统，促进了对全院庭审活动和其他工作的有效管理。2013年4月，又投资115万元，新建高清标准自动化录播庭3个，标清录播庭5个，采用智能球形摄像机为主，辅助3台人物一体化摄像机，实现了全程录像、多机位录像，具备远程点播、现场录播、互联网上同步直播多种功能。增设证据展示台、证据和法律展示终端设备，满足了庭审过程中证据展示、法律法规显示等功能需求。并且出台了相应的制度规定，从庭审"三同步、两公开"适用案件的范围类型、不同参与主体的权利职责、操作流程、使用过程中的注意事项、庭审程序规范、硬件设备的维护管理等方面予以规范，建立奖惩机制，使庭审"三同步、两公开"工作有章可循。目前，G市人民法院有近1/3，约400件适用普通程序审理的案件，开庭审理时做到了同步录音录像、同步记录、同步显示庭审记录。

第四，司法信息公开。G市人民法院从2010年开始推进信息化建设在案件查询中的运用。在法院审判区安装了当事人案件信息电子查询系统，当事人凭姓名、案号等案件信息或身份证识别完成案件信息查询。实现了人民法庭与机关的联网，基层群众可以通过人民法庭服务窗口实现对案件信息的网络查询，及时向当事人通报诉讼进展情况。G市人民法院投资近200万元，完成了包括中心法庭在内的数字化审判庭建设，实现了庭审的同步录音、录像、审判人员、书记员、当事人台上电脑同步显示，避免了庭审笔录中漏记、错记、误记等现象发生。主动公开审理期限管理情况。通过流程管理系统指标设置，将结案与审理期限管理权限统一收归审管办，做到了结案扎口管理和延期、中止、中断、审限扣除四类案件的有效管理，并及时将案件流程执行情况在法院内网、电子显示屏上公示，向当事人通报。公开裁决结果，符合上网条件的裁判文书上网率达到100%。重视网民对裁决结果和庭审直播活动的评论意见，法院回复率达到100%，网民对回复的满意率达到100%。公开执行信息，当事人通过互联网可以查询到本人案件的进展情况和基本信息。完善了执行日志制度和执行进程告知制度，将执行情况及时通知申请人，取得当事人的理解与支持，化解了大量的执行信访案件。2012年上半年，G市人民法院审理案件简易程序适用率为73%，人民陪审员陪审率68%，无超审理期限案件。一审服判息诉率94%，一审判决案件改判发回重审率不足2%，各项指标较上年同期有了明显提升，在全省法院位居前列。

(2) 人民陪审工作

第一，G市人民陪审团成员库的构成，大概分为三类：第一类是居委会、乡镇村委会推荐的德高望重、有公益心的居民或村民，以农民为主，所占比例约为70%。第二类是各行政、企事业单位在岗或者离退休职工，主要是干部或者工人。第三类是调解员、人民陪审员、陪调员以及社会法官，具有解决纠纷的能力、热心公益。成员库约1万人。

第二，人民陪审团的运行机制。一是建立了由院长总负责的领导小组，防止相互推诿。二是设立了专门人民陪审团工作推进办公室。主要负责组织、后勤保障、联络、招待，以及审判信息的反馈、几项工作的绩效考评等事宜。三是建立了严格的接待制度。给予陪审团成员充分的尊重和荣誉。程序是：开庭之前，办公室以电话通知预约，预约成功后正式寄送邀请函。开庭当日，主管副院长以及办公室人员会迎接陪审团成员并全程陪同。开庭完毕后，召开座谈会。主管副院长、合议庭成员以及办公室人员均须列席，听取陪审团成员对案件发表的意见和建议。四是初期为了推进人民陪审团制度，将其纳入考勤机制，但是赋予审判员较大的案件选择权。三年以来，邀请陪审团成员800余人，大多数陪审员非常积极主动，从去年开始，G市人民法院不再将此项工作纳入考勤。

第三，对人民陪审团参与的案件的简要分析。几年来，人民陪审团参与审理的案件中刑事案件21件，民事案件61件，行政案件2件（行政诉讼案件全部撤诉）。61起民事案件的调解率并不高：调解了12件，撤诉了13件，调撤率41%。其中，民商事案件的调撤率一般应在50%—60%。调撤率不是很高的原因在于案件的处理结果不同。这61起民事案件的处理结果是判决了36件，占59%，发改1件，其他全部维持。其中调解率比较高、服判息诉率比较高的案件主要集中于婚姻、家庭、交通事故、民间借贷等传统的民商事案件。上诉案件主要集中在合同、人身损害赔偿、劳动争议等案件，约占81%。

第四，人民陪审团参加庭审的模式。一是设计审判庭时未考虑陪审员，因此陪审员没有专门座位，实践中的做法是打印好席签表明陪审员的身份。二是陪审员发问的方式不同。有的法官在庭审前让陪审员看诉状、答辩状，以使其对案情有简单的了解，陪审员在庭审中将需发问的问题传递给审判长，审判长代为发问，而有的法官允许陪审员直接发问。三是陪审员在表达意见时可以各抒己见，根据自己的生活阅历、所掌握的乡俗民约，对自己感兴趣的某一点提出自己的倾向性意见。所有参加案件审理的陪审员到最后都能对案件的处理达成共识。

4.Z 市 E 区人民法院"公民参与和监督司法"工作情况

E 区人民法院现有干警 207 人，具有法官资格人员 94 人，年均审执结各类案件 8000 起以上。由院党组书记、院长王某同志担任司法公开工作领导小组组长，各分管院长和业务庭庭长为主管庭室的第一责任人，由纪检监察室牵头，负责司法公开的日常工作，院政治处、办公室、研究室、审判管理办公室配合督促检查。制定《Z 市 E 区法院司法公开实施方案》及司法公开工作目录。

（1）司法公开

第一，立案公开。强化立案信访"窗口"的八大服务功能，在立案时注重诉讼风险提示、权利义务告知。设置"导诉台"和便民服务台，各类常用书状格式样本、诉讼指南、温馨提示等一应俱全。建立健全首问负责制度、办案公开制度、服务承诺制度、文明接待制度和岗位责任制度等规章制度，将受理案件范围、案件受理条件、诉讼费收费标准、审判与执行工作流程、法律文书式样、各类案件诉讼指南、立案庭工作人员姓名及办公时间、监督电话等面向社会进行公开，并通过服务大厅的电子触摸屏"一点全知"。

第二，庭审公开。2011 年初，E 区人民法院在全市基层法院率先建成多功能信息化法庭。启用多媒体证据电子显示系统，对庭审活动中的各种文书、资料、实物证据、庭审笔录等进行当庭展示。建立审判工作声像档案，通过电子监控系统可对案件的庭审活动进行录音、录像，扩展、延伸这些传统的审判法庭功能。设立媒体席和人大代表、政协委员旁听席，通过互联网对一些有重大社会影响的案件进行庭审视频直播、转播，上级法院和院领导也可通过网络终端，直接参与案件的庭审和实时观摩。

第三，听证公开。对侵权损害后果争议较大、赔偿方式或赔偿数额分歧较大、社会各界关注的，以及当事人要求、法院认为有必要举行听证的司法赔偿案件，均公开听证；对职务犯罪案件和严重危害公共安全、严重暴力犯罪案件，人民法院认为有较大社会影响的案件等，均公开听证。对于重大疑难案件、申请再审案件、涉诉涉执信访案件、执行异议案件以及其他有重大影响案件进行重点公开听证。对决定公开听证的案件，一律公开发布听证公告，不仅将听证的具体案件、听证的地点公开，还将听证的方式、程序和结果向社会公开发布。听证中,不仅案件双方当事人参加,还邀请人大代表、政协委员、专家学者、社区群众、新闻媒体记者等到现场旁听,接受社会各界的监督,取得理解与支持。2012—2013年E区人民法院已组织公开听证36场次,澄清了案件事实,化解信访和执行积案18起。

第四,执行公开。一是执行案件情况公开。利用法院固定公告栏和滚动屏幕,公示新收执行案件的执行流程、执行期限、当事人、承办人、执行热线等情况,让申请人能及时知道案件基本情况,把公开的范围从重点环节扩展到案件执行的全过程。二是执行过程公开。对一些特殊案件,法院主动邀请或依申请同意申请人随同执行人员参与执行工作全过程。执行卷宗(正卷)公开,当事人可以随时查阅,了解执行人员所做的工作。推行执行回馈制度,执行人员必须主动向申请执行人通报,反馈执行案件承办的进展情况,加强执行全程与执行当事人的沟通。三是推行被执行人信息上网公开制度。对所有执行案件,包括被执行人基本信息、财产状况、执行标的和法院执行全过程等进行网上公开。重点对被执行人拒不执行裁判文书的行为进行网上曝光,利用舆论促使其履行义务,推动一些重大案件的执行。四是推行公开摇号选定评估、拍卖机构制度。按照《执行案件评估、拍卖机构遴选办法》《执行案件摇号选定评估拍卖机构规则》,统一报市中院进行公开选定、随机抽取,从制度上杜绝一切暗箱操作。

第五,审务公开。通过邀请视察、观摩庭审、上门走访、征求意见等方式拓宽与社会各界的沟通联络渠道。改进和完善网络民意沟通机制,对一些有重大影响的、群众比较关心的案件通过网络进行宣传;建立网络对话机制,了解群众的司法需求,为群众答疑解惑;完善网络舆情引导机制,对因审判执行等工作引发网民关注的热点问题,及时沟通疏导澄清事实,公开接受监督。

第六,司法信息公开。2009年2月,正式开通了"Z市E区人民法院网"。设置了法院概况、新闻中心、审务公开、执行之窗、队伍建设、法院文化、便民服务、法学园地8个主栏目,下设法院信息、审判动态、队伍建设等20余个二级栏目。至今网站已上传各类法院信息3752条,平均日访问量为900多人(次)。通过网络进行庭审直播157次。2011年以来,先后开通了"E区法院"官方微博四个,及时发布法院各类工作信息8780余条。

第七，裁判文书上网。E区人民法院认真落实省高院关于裁判文书上网的规定，符合公开上网规定的裁判文书上网率达到100%。政治处设专人及时回复网民的疑问、建议和要求。截至2013年7月，利用法院网上传裁判文书3691份，回复网民各类问题126个。

第八，构建四级矛盾化解体系。2012年7月，在主要街道办事处组建七个巡回法庭，着力构建四级矛盾化解体系，即一个办事处常设一个巡回法庭、一个社区建一个巡回审判站、一个楼院设一个巡回审判点、一个楼洞聘一名调解员；在45个社区建立巡回审判站，613个楼院建立巡回审判点，1579个楼栋选任调解员。巡回法庭成立至今，诉前调解各类纠纷482起，调解办理民事案件816起，辖区治安和刑事案件发案率大幅度下降。阳光和公开司法，有效化解了大部分民间纠纷，达到"小事不出社区、大事不出街道"的社会矛盾化解目标。该院2011年全年受理案件数比2010年下降了1421件，下降比例约为17%。省高院张某院长连续两次做出重要批示给予充分肯定。

第九，建立内外部监督机制促进司法公开。一是在内部监督上加强审判流程管理。严格执行案件审理期限的有关规定，由审判管理办公室行使催办督办、通报权，促进审判人员增强责任意识和质量效率意识。二是建立健全案件质量监控体系。由审管办、审监庭负责实行改判、发回重审案件分析评议制度，实行"三级讲评"制度，业务庭每周、每月讲评，全院每季度讲评，定期组织人员对被上级法院改判、发回重审的案件进行评查，评议结果在全院大会上进行通报。三是建立法官审判绩效考评通报制度。对法官收案数、结案数、判决数、调解数、信访上访数、发回改判数等方面，每月逐人考核，每季度进行公示。在接受外部监督上，建立同人大及其常委会定期报告联系制度，邀请人大常委会组成人员和人大代表、政协委员视察、评议法院工作、参加重大案件庭审。自2011年10月以来，共有286名人大代表和政协委员到法院多功能诉讼服务大厅值班，参与诉前化解纠纷778件，接待来访当事人898人次，当场和协调解决各类问题263件。不断扩大社会监督面，现有人民陪审员57名，来自社会各界的人民陪审团成员达2750人，司法廉政监督员135人，社会法官和社区调解员1576人，共同组成了司法公开监督体系。设立了24小时投诉电话、网上举报邮箱、每案发放"五个严禁"监督联系卡和"廉政监督卡"等。

（2）人民陪审工作

E区人民法院现有人民陪审员57名，来自社会各界的人民陪审团成员达2750人。到目前为止，E区人民法院已经邀请了人民陪审团参加处理21起纠纷，其中有17起是在法官和陪审团成员的共同努力下顺利调解结案的。另外，撤诉1起，判决1起，上诉2起。

第一，人民陪审团成员库成员的确定。人民陪审员的选任主要依托乡镇人民政府和街道办事处。先由基层组织推荐人选，或者采取自我报名等方式，由法院政治处统一进行资格审查，最后确定聘任。选任时注意吸纳各社会组织、各阶层人员，例如在个体户、工人、农民、农民工等群体中选任人民陪审团成员。截至调研时为止，E区人民法院人民陪审员库已达3000多人。2013年初，按照省院对试点法院的要求，精选了500人，组成了E区人民法院刑事案件人民陪审员。

第二，人民陪审团参审案件的确立。E区人民法院经法院研究并报院审判委员会批准，主要在六类案件中组织人民陪审团参与审理，包括：一是有重大社会影响的案件；二是涉及群体性利益的案件；三是当事人之间矛盾激化、影响社会和谐稳定的案件；四是人大代表、政协委员或者媒体重点关注的案件；五是当事人多次申诉或重复上访的案件；六是审委会或主管院长认为需要人民陪审团参加庭审的案件。

第三，人民陪审团参加庭审的方式。一是从人民陪审团成员库中随机抽取7—13人作为候选人民陪审团成员，并对其资格进行审查。二是案件当事人为女性的，可以从女性分库中随机抽取一定数量的人民陪审团成员参加庭审。三是法院在开庭7日前，通知候选人民陪审团成员参加庭审。在开庭3日前，将候选人民陪审团成员名单送交检察机关及辩护人。四是应邀请的人民陪审团成员参加庭审的，从人民陪审团成员库中根据各成员是否应当回避、能否参加庭审等情况，最终确立5—11人（人数应为单数）作为人民陪审团成员，组成人民陪审团参加庭审。

第四，对于人民陪审团意见的处理。一是人民陪审团提交意见后、合议庭对案件进行评议时，应将人民陪审团意见作为重要的参考，对人民陪审团意见的评议情况应当在合议庭评议笔录中明确记录。二是如果人民陪审团取得一致意见，但该意见与法律规定不一致或者有矛盾，案件应当上交法院审判委员会讨论。三是如果人民陪审团成员的意见不一致，合议庭应当全面考虑各种意见的事实和法律依据，对于合理的意见予以采纳。四是如果经审判委员会讨论后意见仍不一致的，便须在裁判说理、判后答疑时进行更有针对性的论述。五是人民陪审团工作的物质经费保障。E区人民法院为了保障人民陪审团制度的实施，加强了经费保障，及时解决陪审员因参加陪审活动而支出的交通、就餐等费用，对于参与人民陪审团工作的人员，每人每案一次性补助30元，对于庭审时间过长的，也可以解决工作餐。

5. P市中级人民法院"公民参与和监督司法"工作情况

（1）基本情况

第一，成立了司法公开工作领导小组，制定了《关于司法公开及责任分解的意见》，并建立各项制度34项，逐步形成了责任明确、分工协作的长效工作机制。

第二，加大资金投入。三年来，P市中级人民法院投入100多万元，设立功能齐全的立案、信访窗口；投入90余万元新增审判法庭安检设备、庭审直播设备；投入30余万元对直播系统和硬件进行改造升级，为直播室配备网络摄像控制系统，并购置了移动庭审直播设备。同时对"P市法院网"及其他信息公开平台等提供资金、设施、技术等物质保障。两级法院都调配有一定计算机操作水平的工作人员，开展网络公开工作。

第三，进行督促检查。实行基层人民法院、中级人民法院绩效考评责任制，量化目标任务，明确奖惩措施，采取月统计、季通报、年总评的方式，强化日常监控。2013年，P市中级人民法院成立审务督查室，对司法公开情况进行专项督查，不定期暗访，每月至少组织一次党组听取汇报。

第四，建立投诉追责体系。建立法官投诉通报制度；向社会公布投诉电话、举报信箱，每月由监察室对社会各界投诉法官情况进行通报，并负责核查当事人和社会公众反映的问题。对于违反司法公开的相关规定，损害当事人合法权益，造成严重后果的事件及时进行查处。

（2）公开立案、庭审、裁判和执行各个环节案件信息

第一，立案公开。投入100多万元，设立功能齐全的立案、信访窗口；在立案大厅设置两台电子触摸屏，供来院人员点击了解立案信息。

第二，庭审公开。在立案大厅和办公楼二楼大厅建立两块高清晰电子屏，滚动播放案件公开开庭公告以及重大事项等。公民旁听案件除必要的身份确认登记和安全检查外，可以随时旁听公开审理的案件。同时，积极推行庭审

网络视频直播,建立同步庭审视频室,对依法公开审理的案件进行全程网络视频直播。三年来,共网络直播案件1929件,其中2013年直播232件。

第三,执行公开。P市中级人民法院制定了《关于执行公开的若干规定》,对执行公开的内容、程序、标准等做出详细规定。2012年以来,全市法院先后开展执行月活动和"倡导训以证执行"活动,邀请130多位人大代表、政协委员参与执行,并对186名赖账户在地方报纸、电视台曝光。三年来,全市法院对符合公开条件的13795件执行案件全部公开,没有因执行信息不公开引发投诉及信访事项发生。

第四,听证公开。对符合听证条件的1521件涉诉信访案件、申请再审案件、国家赔偿案件、减刑假释案件,全部组织听证。同时,建立司法拍卖公开制度,统一对外委托,统一进入产权交易中心竞拍,实行司法拍卖社会化、公开化。对623件执行案件及执行事项,通过报纸、网络等媒体公告听证事由、时间地点、听证法官、听证参加人的权利义务等,组织利益相关人陈述理由、相互质辩。

第五,裁判文书上网。P市法院均设立网络办,负责裁判文书上网工作,制定并下发了《关于加强上网裁判文书管理的规定》。2010年以来,P市法院上网文书22300份。在H省法院率先实行裁判文书后附法律条文制度,并从2011年5月开始施行生效裁判文书后并附送履行义务告知书。

第六,审务公开。一是定期向市委、市人大、市政协报告法院重要工作部署、重大改革举措、重大案件审判,并在"P市法院网"和立案信访窗口公布P市两级法院概况、工作职能、管理制度、内设机构等基本情况和重要业务指导意见等重要信息。二是全市法院已集中开展"公众开放日"活动14次,共邀请8000余名人大代表、政协委员、党政干部、现役军人、青少年学生和社会群众参观法院,旁听审判;P市两级法院班子成员带队1000余人次,深入学校、军营、企业,介绍法院工作,开展司法服务。三是利用法院网站、法院"微博"或者其他信息公开平台,公布重大案件审判情况、法院重要活动部署和规范性文件等信息。四是建立新闻发言人制度,对大要案审理情况,定期或临时召开新闻发布会予以通报12次。

6. X市中级人民法院"公民参与和监督司法"工作情况

(1) 司法公开

第一,裁判文书上网工作方面。一是规范文书报送手续,明确文书报送格式、统一报送期间，客观、全面地掌握裁判文书上网情况。二是加强裁判文书上网工作督导，每月对法律文书报送手续及已录入文书进行审查，对文书制作质量差，报送手续不合规范，上网率低的法院和部门予以通报批评，并督促其整改。三是把裁判文书上网工作纳入绩效考评中，强化领导责任，建立院长、党组成员、庭室负责人分工负责制，对不能及时完成裁判文书上网任务的基层法院和部门扣减相应考核分值。四是借助裁判文书上网平台，充分利用网络资源，举行优、差裁判文书评比活动。全市法院对应上网的裁判文书，逐案登记，严格把关，确保及时上网发布。目前，X市法院共上网符合条件的裁判文书18000余件，2013年上半年上网1915件，上网率100%。

第二，庭审网络视频直播工作。自2010年起，X市两级法院开始推行庭审网络直播，实行月通报制和日检查制，确保每天已上传视频质量，形成有效的监督机制。目前，全市法院累计已对1500余件案件实行庭审网络直播，2013年上半年，全市两级法院已直播庭审207件，已完成直播任务的59%。

第三，法院微博工作。X市中级人民法院先后制定并下发了《Y法阳光微博发布管理规定》和《X市法院新浪微博打造政府影响力微博活动实施方案》，充分发挥微博在拓宽网络民意沟通渠道方面的重要作用，不断提升政务微博影响力。目前，X市中级人民法院官方微博拥有粉丝数超过3万，粉丝数以每天近150人的速度增长。2013年以来，积极参与省法院网络办组织的各项微博、微直播活动，坚持对全市法院微博发布情况进行日通报制度，每周及时向省院网络办报送周报表。仅2013年上半年，全市法院在新浪、腾讯、人民、新华四大微博发布微博数89032条。在新浪微博政府影响力排行榜始终保持在全省法院的前两名。

第四，"三同步、两公开"工作开展情况。制定《关于开展"三同步、两公开"工作的实施方案》，从目标任务、领导管理、方法步骤、硬件配备、人员培训等多方面明晰了"三同步、两公开"工作。X市中级人民法院在已有的两个数字化智能法庭的基础上升级改造，建设高标准的"三同步、两公开"示范法庭。同时，两级法院，专门招录了一批书记员充实各业务庭，购买20多台速录机，组织业务庭所有书记员参加中院组织的两次庭审记录培训班，使书记员都能做到"同步记录、同步显示庭审记录"以及"证据公开展示和法条公开展示"。

第五，公民旁听庭审情况。X 市中级人民法院每年组织公民进法庭旁听案件审理，严格执行庭审公开规定，对于符合公开审理条件的案件的庭审活动对公众全面开放，公民凭有效身份证件可自由旁听任何公开审理的案件。

第六，司法信息公开方面。一是建立完善信息公开平台。依托法院内网和外网，及时公布法院基本情况、工作流程、管理制度、审判业务部门审判职能、人员状况等基本情况。并公开法院的重要审判工作会议、工作报告或者专项报告、重要活动部署、规范性文件、审判指导意见、重要研究成果、非涉密司法统计数据及分析报告等信息。二是实行工作定期通报制度。依托绩效考核工作制度，每季度发布各专项工作通报，及时反映各项工作动态情况。三是建立新闻发布会制度。确定法院新闻发言人，通过邀请新闻媒体报道、召开当事人信息、发布会等形式，向社会公开重点案件、重大活动和重点工作的有关情况。近年来，X 市中级人民法院先后对"十件实事""农民工工资专项维权""妇女儿童权益保护""保护外来投资企业专项活动"，以及"社会法官化解社会矛盾竞赛活动"等，通过新闻媒体向社会各界进行了介绍。

（2）X 市 W 区人民法院陪审工作

X 市 W 区人民法院从 2009 年开始实行人民陪审团制度，并从 2012 年 9 月更上一个台阶，建立了以院长为组长的领导小组。人民陪审团参审的案件为 19 起，取得了良好的效果。

第一，人民陪审团成员的构成情况。X 市 W 区人民法院建有人民陪审团成员库，成员约 500 人，包括在职的机关干部以及社区的机关干部，在岗、离退休人员，民主人士，人大代表，具有较高专业文化知识的人员等，几乎涵盖了社会的各界人士。

第二，适用人民陪审团审理的案件具体的程序与做法以及存在的问题。一是案件的选取。案件经选取、主管院长批准后开始实行，由专门的人民陪审团管理办公室针对不同案件进行遴选、随机抽取。例如一些伤害案件，便可暂定 1—2 名具有专业知识的医生等，剩余的人员再由随机抽取产生。二是确定人民陪审团成员名单后，告知公诉机关，再由合议庭召开人民陪审团庭前会议。在该会议上，所有人民陪审团成员应当出席，法官首先应介绍案情并确定人民陪审团成员是否与该案有直接利害关系、是否有应当回避的情形，然后发放起诉书，指明案件的焦点问题，对案件的法律适用问题做出原则性的解释（不宜过细）。三是确定开庭时间。四是人民陪审团成员在审判庭的位置。人民陪审团成员在旁听席第一排就座，设立人民陪审团专席。五是在庭审过程中，如果人民陪审团有疑问，可以由法警向审判组织转交人民陪审团的书面提问，再由审判组织代为提问、予以重点查明，但是不允许其在庭审过程中直接发言。六是庭审结束后，人民陪审团召开会议对案件进行评议。根据陪审团成员自身对社会的感知、生活阅历、民风民俗的认识，对罪行是否成立以及量刑问题进行探讨、评议，提出意见。七是合议庭意见与人民陪审团的意见如果一致，便是社会性与法律性的统一。如果合议庭意见与人民陪审团的意见不一致，则按照《人民陪审团开展试点工作的意见》的规定，提交审委会，由审委会研究决定。八是判决做出后，向每个人民陪审团成员送达判决书。如果判决书与陪审团成员个人的意见不一致，还应做出必要的解释。九是过去刑事、民事、行政案件均适用人民陪审团，但是2012年以来，该院人民陪审团制度仅适用于刑事案件。

7. Z市中级人民法院"公民参与和监督司法"工作情况

（1）司法公开

第一，裁判文书上网工作。为增强文书上网工作实效，主要采取了四项措施：一是规范流程。从裁判文书上网的发起、审查、公布、监督、反馈、考核、解释等入手，对裁判文书上网的各个方面进行规范，形成环环相扣、衔接紧凑的工作流程。二是严格审批。制作《上网裁判文书审批表》，实行一案一表，并将审批上网的权限按照案件实际情况，提升到审判业务庭庭长、主管副院长或审判委员会。裁判文书上网前需要经过案件承办人校对、分管副庭长把关和庭长审核等多道关口，避免说理模糊、适用法律失当、语法字句错误等瑕疵文书出现，确保文书质量。三是强化监督。实行月通报制度和跟踪问效制度，把文书上网工作纳入绩效考评。四是做好保障。Z市中级人民法院对全市法院网络信息化建设提出具体意见，要求各基层法院专设资金，专聘人员，确保网管人数不低于2名。2013年上半年，全市法院共上网文书10587件，上网率100%，其中，中级人民法院上网裁判文书2397件，上网率100%。

第二，法院微博工作。全市两级法院先后开通了"Y法阳光"腾讯网微博、人民网微博、新浪网微博三个微博，及时发布法院工作亮点，倾听网民意见建议，回应网民关切问题。同时，积极与省高级人民法院"Y

法阳光"微博工作组合作,深入基层一线,走进全市两个人民法庭,在全国首次采取微博直播形式,全程实况展现一线法官的工作、生活情况,引起良好社会反响。目前,三个微博发布信息3098条,其中,Z市中级人民法院"Y法阳光"腾讯微博在腾讯全国政务微博点击量和影响力排名第七。2013年上半年共处理H省法院网评论301条,接收、处理院长信箱信息35条,为群众解决实际问题16个。

第三,庭审网络视频直播工作。Z市中级人民法院制定了《全市法院庭审网络视频直播实施细则》,对直播案件范围、审批程序、预告程序、保障措施等进行了详细规定,选择有利于对公民进行社会主义法制宣传教育、广大人民群众关注、在当地有重大影响的案件等进行直播;实行直播案件公告制度,对直播案件提前3日在Z市法院网站进行预告,公布庭审网络直播时间、地点,案件当事人名称及案由,合议庭组成人员姓名及照片,方便群众提前获取相关信息;积极创新庭审网络直播方式;实行动态跟踪,随时关注视频直播后网民留言,对网民意见在三个工作日内进行反馈,做好答疑工作。2013年上半年,全市两级法院共进行网络庭审直播案件626件次。

第四,"三同步、两公开"工作。为扎实推进"三同步、两公开"工作,Z市中级人民法院主要采取了以下措施:一是加强技术支持。Z市中级人民法院在原有5个标准化数字法庭的基础上,对剩余的40个审判法庭进行了升级改造,确保45个法庭同时具备同步录音录像、数据集中管理、管理节点同步监控功能。目前,Z市中级人民法院正在规划业务、队伍、政务一体化工作平台,确保同步录音录像庭审与队伍管理、政务管理互为促进,共享"三同步"数据信息。二是加大人才支撑。Z市中级人民法院协调相关部门,招录60名司法辅助人员分配到各个业务庭;配备专门技术人员定期对设备进行检测、调试、维护,保证设备稳定、可靠运行;加强培训,提高干警应用意识和使用能力。三是加大基层探索。作为全省首批试点法院,X法院投资36万元,建立"三同步、两公开"科技法庭,已开庭审理各类案件182件;G市人民法院派出法庭和院机关的审判法庭已全部实现庭审"三同步",其中四个审判法庭实现"三同步、两公开"。

第五,旁听庭审工作。邀请人大代表政协委员旁听庭审、监督审判执行,从2009年开始形成制度化,纳入考核。主要做法包括:一是分解任务。规定基层法院每年要选择20个案件,中院各业务庭每年要选择4个案件邀请代表旁听。二是突出重点。重点选择有重大影响、社会反响强烈,人大、政协、政法委、上级法院关注或交办、转办,检察机关抗诉等案件开展旁听。三是实行回访制度。随机抽取旁听代表进行回访,征求对庭审工作建议,并根据建议进一步规范庭审程序,提高庭审水平。四是建立裁判结果反馈制度。对于没有当庭宣判的案件,将裁判结果在第一时间通过邮寄等书面方式告知受邀参加旁听人员。2013年上半年,全市法院共组织开展旁听庭审活动274次,邀请各界代表1372人次。其中,市中院开展旁听庭审活动23次,邀请各界代表104人次。同时,对于公开开庭审理的案件,公民只要持本人有效证件均可自由旁听。2013年上半年,2000余名公民自由旁听了案件审理。

另外,围绕司法公开,采取了以下措施:一是加强"服务型"法院门户网站建设,积极探索网上立案、网上送达、网上信访,通过Z市法院网公开司法信息,Z市法院网年点击量突破1000万人次,在中国法院网处于前列。二是拓宽司法公开平台。在已有《法官说法》《法官说案》《走进法庭》和《侠肝义胆》栏目的基础上,又与H省人民广播电台联办《法官在线》,与H省电视台法制频道联办《法治前沿》。三是积极邀请人民陪审员参与案件审理。2012年,全市共有623名人民陪审员参审案件20832件,同比增加62.4%。

(2)人民陪审工作

第一,组建人民陪审团成员库。坚持面向普通群众,推选人民陪审团成员,提升群众参与度。目前,Z市13个基层法院均已建立人民陪审团成员库,公开选任人民陪审团成员76069名。

第二,明确适用案件类型和范围。重点选择重大复杂疑难、有较大社会影响、涉及群体性利益、法律评判与社会评判可能出现重大偏差等案件,听取群众意见,提升社会认同。

第三,随机选择陪审团成员参审。从人民陪审团成员库中,随机抽取5—11名陪审团成员参与案件审理,同时确定一名陪审团成员作为团长主持评议。

第四,规范人民陪审团意见使用。人民陪审团重点就案件证据认定、事实认定、有罪无罪等发表意见,形成陪审团意见,作为合议案件的重要参考,并在评议笔录中予以显示。

截至调研时,全市两级法院适用人民陪审团参与审理案件共计1102件。

8. 其他法院人民陪审工作简介

(1) K市中级人民法院

K市中级人民法院于2009年6月被省高级人民法院确立为人民陪审团试点单位,并于2012年再次确立为试点单位。截至调研时,人民陪审团参与庭审的案件共402起,有2730名人民陪审团成员参加了庭审。

(2) H市中级人民法院

H市中级人民法院的做法是:第一,刑事案件中,部分案件适用人民陪审团制度,主要集中在故意杀人与故意伤害等双方矛盾比较激烈的案件。第二,在开庭书记员宣读法庭规则的时候,便告知此案要适用人民陪审团进行审理。

(四) Q市各法院人民陪审工作概况

1. C区人民法院人民陪审员制度

(1) 人民陪审员的选任

C区人民法院通过两种途径选任人民陪审员,即个人申请与单位推荐。一方面,C区人民法院在报纸上发布相关公告,由民众报名。另一方面,C区人民法院将选任任务分给所辖的11个街道,由街道推荐人民陪审员。为方便法院审查,民众个人报名亦须原单位或街道出具推荐信。民众个人拿着材料来法院报名的时候,C区人民法院会照例询问,"你们对陪审员这个岗位有什么认识?"或者"你们通过什么渠道了解陪审员这个工作的?"初选之后,C区人民法院会去个人的单位和社区了解申请人的基本情况。C区人民法院招收第一批陪审员的时候有面试程序,但后来发现面试并无多大意义便不再举行。

(2) 专业陪审员情况

C区人民法院的人民陪审员有的是做工程建筑的,有的是做医疗的,有的是退休的。当遇到相关领域的案件时便会选择具有专业知识的人民陪审员参审。例如,在医疗事故的案子中,人民陪审员可通过其专业知识,对化验、检验等问题提出一些专业意见。此点是法官所欠缺的。又如,涉及医患关系的案件,专业陪审员亦可直接跟医院、医生交涉。医院方知道陪审员是专业人士便不敢再狡辩,而病人看到法院方有懂专业知识的人审理，亦会觉得非常踏实。因此，专业陪审员参与此种特殊案件的审理可以有效解决纠纷。

（3）人民陪审员的管理

第一，人民陪审员的自我管理制度。C区人民法院实行"陪审员召集人"工作机制，"陪审员召集人"的主要工作是负责抽选具体案件的陪审员。"陪审员召集人"工作机制的具体内容为，从陪审员里面选取6名陪审员作为召集人，每天由2名陪审员在法院设立的召集人办公室值班。召集人实行8小时工作制。各庭室如果开庭需要陪审员，则需提前一星期通过网络系统，向陪审员召集人办公室报计划，计划内容包括具体什么时间、在哪个庭室开庭、需要几名陪审员等。召集人办公室将计划进行登记后，按照所需的人数与院里的60多名陪审员联系。如果各庭室对陪审员的专业有要求，则由召集人办公室的陪审员将有时间参审的陪审员的信息反馈至各庭室。确定参加庭审的陪审员到了开庭时间，持陪审单到法院参审即可。另外，法院在工作中的一些要求和指示，也由陪审员召集人负责传递给陪审员。召集人在值班的时候，参加审理的案件上限为20件，不值班的陪审员审理案件的上限则是30件。

第二，人民陪审员阅览室。C区人民法院为陪审员配置了阅览室，方便陪审员阅读杂志、期刊和新的法律法规。此外，陪审员亦可在阅览室和召集人办公室进行交流或午休。

第三，审判管理系统。C区人民法院与某公司合作研发了一套审判管理系统，在该管理系统中加入关于人民陪审员的程序，陪审员召集人具有登录权限，可在登录系统进行操作，包括抽选具体案件中的陪审员。该套审判管理系统自2012年开始使用。

（4）人民陪审员的培训

C区人民法院对于人民陪审员的培训包括职前培训与在职培训两种。职前培训由Q市中级人民法院负责，其将陪审员召集起来，分批进行培训，时间为一周左右。一些老的法官会对新任陪审员进行培训，讲授三大诉讼法的知识以及相关案例。培训结束后进行考试，考核达标的取得上岗证，便可参加陪审。在职培训由C区人民法院负责，培训次数每年两到三次。实践中陪审员的学习方式普遍是在参审的过程中积累经验。

（5）人民陪审员与法官的双向评价

据介绍，C区人民法院的陪审员参加完陪审工作后须就案件填写一个表格交至政治处,法官亦须对陪审员的陪审情况填写一个表格,以此在法官和陪审员之间设立双向评价机制。

(6) 人民陪审员制度取得的积极成效

第一,有助于案件的和解与调解。经过调研发现,人民陪审员主要在案件的调解方面发挥了重要作用,且主要是民事案件中的婚姻家庭、邻里纠纷等案件。在此类案件中人民陪审员能够起到缓解紧张、对立情绪的作用,能够成为法官与当地群众沟通的媒介。另外,对于刑事附带民事诉讼的案件,例如涉及人身伤害赔偿的问题时,人民陪审员可以在被告人、被害人之间进行调解以化解矛盾。

第二,有助于提高案件的服判息诉率。人民陪审员参与审理的案件的服判息诉率较高。例如,有一起上诉的案子,被告人因贩卖一两克毒品被判一两年,其觉得刑罚很重。法官判完之后向他说明法理,即贩卖毒品,一克以下便是六个月到九个月的有期徒刑,每增加0.3克增加一个月的刑期。以此计算应加六个月到九个月的刑期,但法院只加了六个月,因此量刑事实上偏轻。但被告人不懂法律,仍然觉得量刑较重。此时陪审员向他解释说:"你看前面那几个人,跟你贩卖的克数差不多,比你判得重。你还叨叨什么啊。"经过陪审员的解释,被告人便接受了判决。

第三,有助于提高司法公信力。C区人民法院的陪审员表示,参加陪审工作后发现法官审理案件时是较为公正的,法官亦较有责任心,因此改变了之前对于法院"大盖帽、两头翘"的认识。

第四,有助于法制宣传。经过调研发现,C区人民法院的人民陪审员在生活中可以对认识的人进行法制宣传与教育。例如,该院有一个老的陪审员,从2008年起从事陪审工作。其身边的亲属、朋友以及其生活环境中的居民有问题时,其可以帮忙出主意、写调解书等。另外,还有一个陪审员到医院看病拿药时,遇到一起因为医患关系产生的冲突,其对医生和患者说明自己的陪审员身份,当场进行调解并制作调解书,最后双方在调解书上按了手印,以此解决了纠纷。因此,人民陪审员在日常生活中起到了一定的法制宣传作用。

(7) 人民陪审员制度在实践中存在的问题

第一,人民陪审员的设立初衷存在问题。经过调研发现,人民陪审员的工具化现象较为严重。C区人民法院法官表示,设立人民陪审员的原因包括两点:其一,解决"案多人少"的矛盾,弥补法官人数的不足。C

区人民法院2013年法官年均办案数是160多件,有的法官办案量甚至高达两三百件。因此,"案多人少"的矛盾较为突出,加之审理期限的限制,由三个法官组成合议庭便更难。人民陪审员则极大地解决了此一现实问题。其二,在案件的审理中,人民陪审员能起辅助的作用,尤其是在调解过程中,人民陪审员所起作用较大。

第二,人民陪审员"陪而不审、审而不议"现象严重。此点表现在两个方面:其一,在审理时人民陪审员发挥作用的空间极小。实践中,由于民事案件中的法律问题与事实问题难以清晰划分、商事案件涉及诸多专业性问题、刑事案件中陪审员亦缺乏相关的刑事审判知识,故人民陪审员发挥作用的空间极小。其二,人民陪审员不参加案件的合议。经调研发现,C区人民法院90%的案子均是由审判长决策的或是审判长和其他没有参加庭审的法官共同决策的。人民陪审员基本上不参与案件的合议程序,有时审判法官会给陪审员打电话问其意见,但具体的决策仍由法官决定,且陪审员的意见如果与法官意见不一致法官则会向陪审员解释。人民陪审员参审的程序基本上是在开庭时到庭,宣判后到法院补签宣判笔录及合议笔录,陪审员基本上亦不会看裁判文书,因此,人民陪审员制度的形式化现象较为严重。

第三,人民陪审员的管理存在困难。C区人民法院对于人民陪审员的管理,多依靠陪审员的自觉。人民陪审员如果在某方面出了问题,除了人大免去其职务外,法院并无其他处理办法。如果陪审员是在职的,法院可以向其单位提出处罚建议。但陪审员如果已经退休的话,便无相应的处理方法。另外,法官不可强制陪审员到庭,对于不按时到庭陪审的陪审员或难以沟通的陪审员,法院并无相应的管理办法。

另外,经过调研发现,C区人民法院于2014年5月针对婚姻家庭案件、未成年人犯罪案件等成立了心理咨询室。心理咨询室聘请了社会各界人士,包括心理咨询师、婚姻家庭咨询师、社区里的女性干部、妇联里的有关工作人员、热心公益的老师等,其志愿提供咨询服务。心理咨询室负责对当事人进行庭前和庭后疏导。针对特殊的当事人,例如有些婚姻家庭案件的当事人,由于长期受家庭因素的影响,遇事过激、爱钻牛角尖,甚至有抑郁倾向。对此类当事人,心理咨询室在庭审中、在调解过程中积极疏导其情绪,有些在庭审程序结束以后也进行疏导。心理咨询对于个别当事人所起作用较大。例如,有一位离婚案件的当事人,在十年的婚姻中起诉离婚达到了四次，其主要生活便在起诉中度过。此种生活模式对她的孩子造成了不良影响，孩子说将来要给母亲报仇，要杀了她父亲。心理咨询室觉得此事后果严重，便对这个孩子进行心理辅导，最后小孩意识到了自己行为的不妥。

2. H 区人民法院人民陪审员制度

（1）人民陪审员概况

H 区人民法院共有人民陪审员 149 人，分别是 2009 年、2010 年和 2014 年采取单位推荐或者本人提出申请的方式，由法院筛选，然后提请人大任命的。如表 1 所示，这 149 名人民陪审员，从文化程度来看，取得研究生学历的共 9 人，大专以上学历的为 123 人，高中以下学历的 17 人，其中 24 人已获得了法律职业资格证书。从职业分布情况看，陪审员中基层干部有 66 人，机关事业单位职工为 35 人，企业及个体人员是 37 人，社区居民和农村居民共 11 人。从年龄层次看，60 岁以上的陪审员有 12 人，51 岁到 60 岁的有 28 人，30 岁到 50 岁的是 109 人，30 岁以下的陪审员共 12 人。从这些数据可以看出，该院人民陪审员的层次比较高，人员分布比较广泛，人员构成比较合理。

表 1　　　　　　　　H 区人民法院人民陪审员构成情况

	总数	学历情况			职业分布				年龄分布			
		研究生	大专以上	高中以下	基层干部	机关事业单位职工	企业及个体人员	社区居民和农村居民	30岁以下	30—50岁	51—60岁	60岁以上
人民陪审员人数	149	9	123	17	66	35	37	11	12	109	28	12

（2）人民陪审员参审案件情况

人民陪审员参审的案件往往是一些涉及信访隐患的、具有重大社会影响的案子，或者是当事人申请适用的。如表 2 所示，2013 年，H 区人民法院人民陪审员累计参加审理各类案件 2581 件。其中刑事案件 867 件，民商事案件 1519 件，行政案件 195 件。参审案件占普通程序案件总数的 82.36%。2014 年上半年，H 区人民法院人民陪审员办理普通一审程序案件 1549 件。其中，刑事案件 304 件，民商事案件 1084 件，行政案件 161

件，参审率达到了88.25%。实践中，人民陪审员参审案件数由法官决定。根据规定，2013年陪审率不得低于60%。而人民陪审员参审的案件，案件的调解率比较高，上诉率比较低。

表2　　　　　　　　H区法院人民陪审员参审情况

年份	参审案件总数（件）	刑事案件（件）	民商事案件（件）	行政案件（件）	参审率（%）
2013年	2581	867	1519	195	82.36
2014年上半年	1549	304	1084	161	88.25

（3）专业陪审员情况

H区人民法院表示，由于该院的法官学理工科的比较少，因此如果案件涉及技术转让、计算机软件等专业性知识时便从大学生里选一些陪审员，请他们来解决一些技术性的问题。

（4）人民陪审员的管理

H区人民法院采取集中化的管理办法，在院政治处设立人民陪审员工作办公室，统一负责人民陪审员的管理和培训。人民陪审员工作办公室经常沟通情况，且加强与政法委、司法局的联系和配合，取得政府部门对人民陪审员工作的支持和配合。

（5）人民陪审员的培训

H区人民法院加强对人民陪审员的业务培训，每个季度组织一次培训并向人民陪审员发放学习资料。另外，H区法院亦会根据人民陪审员的情况，组织陪审员现场观摩庭审、开展经验交流会等，以此最大限度地为人民陪审员提供学习条件，调动其工作积极性。

（6）人民陪审员制度在实践中存在的问题

H区人民法院的人民陪审员制度在实践中也存在一些问题，主要体现在以下几个方面。

第一，人民陪审员的设立初衷存在问题。H区人民法院的法官表示设立陪审员的初衷就是解决案子太多、法官人数不够的问题，单纯由法官组成合议庭很困难，便须陪审员组成合议庭。

第二，存在驻庭陪审员现象。H区人民法院自2009年、2010年开始选任人民陪审员，人民陪审员的任期是5年，此时选任的人民陪审员实行驻庭陪审。2014年新选任的66名人民陪审员，根据最高人民法院的要求不实行驻庭陪审。截至调研时，H 区人民法院仍有 26 名驻庭陪审员，驻庭陪审员每年参审案件数达到 250—300 件。例如 H 区法院 2012 年招了 25 名陪审员。该 25 名陪审员必须是本科以上学历，学法律专业。其到法院以后不仅参加案件的陪审，亦可帮助法院做其他工作，例如写判决书，因而变成了专职陪审员。据介绍，专职陪审员的名称虽然也是人民陪审员，且由人大任命，但实际上是 H 区法院专门列出条件招录的一批专职的、长期驻庭工作的陪审员。其工资按照法院职工的标准计算，每月 2000 多元，考核标准亦是法官的考核标准。H 区人民法院表示，专职陪审员保障了较高的陪审率。

第三，人民陪审员参审的实质性有待提高。经过调研发现，有的陪审员因为实践经历所限，或者法律知识欠缺，无法深入理解部分案件、无法形成独立的见解。"陪而不审""审而不议"的现象时有发生。

第四，人民陪审员之间参审案件的数量分布不均。从 H 区人民法院的情况来看，离退休陪审员参加庭审的机会多，而其他陪审员，特别是具有行政职务的陪审员，参加庭审的次数却比较少。H 区人民法院的陪审员中，有一部分人是人大代表或者在政府、工会等部门任中层领导职务，其平时工作较忙，因此参审的案件较少。

第五，经费机制有待完善。目前，H 区人民法院人民陪审员的经费虽然均由财政部门拨款，但人民陪审员的补助比较少。且目前针对人民陪审员的管理办法、陪审员的权利义务以及补贴标准等方面仍然不是很完善。

3. L 区人民法院人民陪审员制度

（1）人民陪审员的选任

L 区人民法院人民陪审员的选任包括两部分，一部分是自荐的，另一部分是单位推荐的。须选任人民陪审员时 L 区人民法院便发出公告在电视台滚动播出。人民陪审员的选任程序非常规范，选任时亦有面试环节。

（2）专业陪审员情况

L 区人民法院有在财务、营销、医疗纠纷等方面具有专业知识的专业陪审员。案件涉及相关领域的专业知识需要专业陪审员时便人工操作选择相应的陪审员。除此以外，审理普通案件时则随机选择陪审员。

（3）具体案件人民陪审员的抽选

L 区人民法院借助陪审员信息管理系统抽选具体案件的陪审员。具体操作程序是，庭审前通过陪审员信息管理系统给陪审员发短信询问其是否可以参加庭审，陪审员如果确认参加便回复短信，之后法院再告知陪审员参审的案件情况、开庭时间、开庭地点等。到了开庭那天，法院会再给陪审员发一次信息通知其到庭。例如，某件民事案件须陪审员参与审理，系统向陪审员发送短信"L区人民法院（2014）L民初书字第285号定于2014年10月14日14点在第二审判庭审理，同意回1，不同意回0"。人民陪审员如果回"1"，十分钟之后法院便发回复短信"（2014）L民初字第285号案件将于那个时间审理，请准时参加"。

（4）人民陪审员阅卷机制

L区人民法院实行人民陪审员提前阅卷机制。据介绍，提前阅卷虽有利有弊，但总体而言利大于弊。

（5）人民陪审员的培训

L区人民法院人民陪审员的培训包括上级法院的培训和本院自己的培训。2014年Q市中级人民法院对人民陪审员进行了5批培训，每次培训一个星期，管吃管住。L区人民法院人民陪审员的培训工作自2005年开始，一年培训一到两次。另外，新的法律、法规出台后，例如刑事诉讼法修改后，L区法院的刑庭庭长便给陪审员进行讲解。培训时间是45分钟到1个小时。通过此种简短的培训，告知陪审员新法的相关规定，为陪审员找出重点。

（6）人民陪审员的考核

L区人民法院对人民陪审员的考核包含三个考核指标。第一个考核指标是当事人评价体系。即庭审结束后书记员邀请当事人对合议庭成员进行打分，其中也包括对陪审员打分。当事人对陪审员的评分作为考核的一个指标。第二个考核指标来自审判长。审判长要对陪审员打分。例如，陪审员是否遵守了法庭纪律、是否在庭前进行发问、迟到与否、在庭上有没有玩手机等。第三个考核指标是视频监督。L区人民法院所有的审判庭均已建成了科技法庭。因此，可在办公室点开系统查看人民陪审员是否到庭。人民陪审员如果两次无故未到庭，则取消其人民陪审员的资格。人民陪审员如果有急事无法到庭，则需提前通知法院，以给法院预留时间抽取其他陪审员代替出庭。未来L区人民法院将增加庭前阅卷作为一项考核指标。

另外，L区人民法院亦实行人民陪审员与法官的双向评价机制。即法官对人民陪审员的履职状况进行评价，人民陪审员亦须每月对该院的一线法官进行评价。人民陪审员对法官的评价借助系统平台，给20多个一线法官评分并选出 7 个比较好的法官。此种评价是匿名进行的，且投票亦较为分散。法官得票数有十票、八票、七票等，票数相对较为分散。此后 L 区法院通过评分结果判断法官对人民陪审员的态度，包括庭审时法官是否主动鼓励陪审员发问、是否尊重陪审员、是否允许陪审员阅卷、是否认真听取陪审员的意见等。

(7) 人民陪审员制度的保障措施

第一，L 区人民法院专门为人民陪审员制作法院的车辆通行证且划出专属停车区，以免陪审员来晚了找不到车位。第二，L 区人民法院在一楼、二楼审判庭最密集的地方设有两间人民陪审员候审室，方便陪审员休息和提前阅卷。第三，L 区人民法院自己的报纸鼓励人民陪审员积极投稿，每季度一期的杂志亦会通知人民陪审员到法院领取。人民陪审员则通过报纸与杂志了解法院的工作。第四，L 区人民法院会为开完庭的人民陪审员提供免费的午餐。

(8) 人民陪审员制度取得的积极成效

经过调研发现，人民陪审员参与司法的积极性较高，实践中不仅起到了司法监督的作用，亦有助于法官更好地裁判。

其一，人民陪审员起到司法监督的作用。经过调研发现，人民陪审员对于司法的监督力度和监督效果虽然没有预期那么高，但仍起到了一定的监督作用，促使案件的处理更加规范，此点表现在四个方面：第一，对庭审程序规范化的监督。L 区人民法院的法官表示如果没有人民陪审员参与，仅由法官和书记员处理案件，则可能在某些相对并非特别重要的程序环节上不严格遵守法律的规定。而人民陪审员参与后，则必须按照法定的程序处理案件。第二，对案件合议程序的监督。L 区人民法院的法官表示，在案件的合议阶段法官须听取人民陪审员的意见，包括对事实的认定、对法律的适用的意见。这也是一种监督。第三，对法官审判作风的监督。L 区人民法院的法官表示，人民陪审员来自社会的各行各业，法官与陪审员接触时会听到陪审员对于法官素质等方面的看法和评价，这些看法和评价会促使法官反思在案件的处理、审判作风等方面存在的问题。第四，对公安机关办案方式的监督。人民陪审员参与案件的审理不仅可监督法院，亦可监督公安机关。例如，L 区人民法院曾办理一个案件，被告人声称在预审中侦查人员刑讯逼供。当时恰逢政协的法制委员会到 L 区公安局开会，其中一名具有政协常委身份的陪审员便跟公安局的领导和 L

区政法委副书记提到该案，为此还约谈了两次。之后该陪审员写了一个政协提案，内容是关于在刑事案件中，只要被告人在预审中遇到类似的情况，便需要当时参与预审的人员来作证，第一是自证，第二是他证。因此，人民陪审员参与案件的审理亦在某些方面起到了对公安机关的监督作用。

其二，人民陪审员可帮助法官更好地裁判。L区人民法院的法官表示，人民陪审员对于案件的审判可以起拾遗补阙的作用。人民陪审员关注的案件焦点可能会和审判员不一样。审判员可能更关注法律适用问题，但还有很多细节方面的问题，比如说发票问题，夏天和冬天天黑的时间问题，一整版到底能不能拆开的问题等人民陪审员可能较为关注，以此帮助法官更好地裁判。

（9）人民陪审员制度在实践中存在的问题

第一，存在专职人民陪审员现象。L区人民法院表示，为了保证陪审率便尽量选有时间参审，时间可以自由定的陪审员，因此便形成专职陪审员。这些专职陪审员在其他陪审员无法准时参加庭审时亦可到法院"救场子"。

第二，人民陪审员参审的实质化有待提高。经过调研发现，人民陪审员参审时发表意见的情况较少，此点源于两个方面：其一，法官把陪审员当摆设，不主动鼓励陪审员发问，也不给陪审员发问的机会。其二，人民陪审员由于欠缺法律知识，因此怕说错话，在庭上不敢发问。例如有陪审员表示，对于一些特别专业的商标法，涉及知识产权等专业知识，陪审员由于缺乏相关的法律知识，其通常的做法便是在这些专业问题上不发问。

三　三地调研发现的问题

（一）人民陪审工作存在的问题

1. 人民陪审员制度存在的问题

第一，人民陪审员制度的设立初衷有误。实践中，诸多法院将人民陪审员作为解决"案多人少"矛盾，以弥补法官人数不足的工具。例如，课题组所调研的Q市的C区人民法院、H区人民法院及L区人民法院的法官均表示，设立陪审员的初衷就是解决案子太多、法官人数不够的问题，单纯由法官组成合议庭很困难，便须陪审员组成合议庭。

第二，人民陪审员参审的实质性有待提高。实践中人民陪审员"陪而不审、审而不议"现象较为严重，此点集中表现在两个方面：其一，庭审时陪审员由于主客观原因现场发言的情况较少。其二，人民陪审员不参加案件的合议。例如，Q市C区人民法院90%的案子均是由审判长决策或是审判长和其他没有参加庭审的法官共同决策的。

第三，驻庭陪审现象仍然存在。课题组经过调研发现，Q市的三个法院均存在驻庭陪审员，其常驻法院参加案件的审理，有时亦参与案件的执行与送达。例如，截至调研时，Q市H区人民法院仍有26名驻庭陪审员，驻庭陪审员每年参审案件数达到250—300件。驻庭陪审员虽然也是人民陪审员，并由人大任命，但实际上是H区法院专门列出条件招录的一批专职的、长期驻庭工作的陪审员。其工资按照法院职工的标准计算，每月2000多元，考核标准亦是法官的考核标准。

2. 人民陪审团制度存在的问题

（1）人民陪审团制度性质定位不清

第一，对于建立人民陪审团制度存在争议。在现有人民陪审员制度的基础上，借鉴域外经验，总结国内相关实践经验，探索建立有中国特色的人民陪审团制度，并在一些法院进行人民陪审团制度的试点工作，体现了人民群众对司法的参与、贴近、监督。但该做法是否逾越了法律规定，在学术界和实务界均存在较大的争议。

第二，对于人民陪审团制度的法律地位和作用、人民陪审团成员的权利和义务缺乏统一认识。此点导致在开庭过程中，很多陪审团成员不清楚自身具有何种权利、应当履行何种义务。

第三，人民陪审团在法庭的席位很不明确。关于如何设置人民陪审团的席位，实践中有两种不同的观点，一种认为可以设在合议庭的后面，另一种认为应当设在公诉人或者辩护人其中一方旁边。但是前者有人民陪审团已经加入审判组织之嫌，后者有偏向一方之嫌。H省A县人民法院和X市W区人民法院的普遍做法是将人民陪审团成员安排在旁听席第一排就座，设立人民陪审团专席并制作席签，表明其陪审团成员身份。

第四，在人民陪审团工作尚处于实验、起步阶段时，一些地方法院又在试图效仿台湾地区的"观审制"审判方式，以达到提升民众对于司法的信赖程度和司法透明度、判决结果更能贴近民意等效果。人民陪审团对人民法院具有监督权，而领导、监督陪审团的机关却大多设立在人民法院内部，这种设置很矛盾。

(2) 人民陪审团成员身份不确定

人民陪审团参加庭审重在广泛性，要发挥人民陪审团的作用，必须使人民陪审团的意见得到社会认同，该意见应在合法的基础上符合社会民意。但是，当今人民陪审团成员的挑选标准参差不齐。试点法院的普遍做法是依托基层人民政府和街道办事处、居民委员会、村民委员会建立人民陪审团成员库。先经基层组织推荐人选或者采取自我报名等方式，再交由各法院政治处或人民陪审团工作办公室统一进行资格审查，最后确定聘任。人民陪审团成员库可分为三类：第一类是由居委会、乡镇村委会推荐的德高望重、有公益心的居民或村民，其中以农民为主，所占比例约为70%。第二类是各行政、企事业单位在岗或者离退休职工，主要是干部或者工人。第三类是调解员、人民陪审员、陪调员以及社会法官，其具有解决纠纷的能力且热心公益。目前，各试点法院建立的人民陪审团成员库的人数为几百至几千人不等。但即便如此，仍然存在人民陪审团成员人数不足的现象。有些人民陪审团成员经过抽选却出于各种原因无法到庭，因此须在开庭前反复随机抽取以"凑足"人数。另外，具有专业知识背景的人民陪审员人数不足，在医疗、环保等专业性较强的案件中专业陪审员的抽选达不到随机抽取的目的。

此外，人民陪审团成员库如果更新不及时，可能会使成员产生厌倦和不负责任的情绪，也有可能产生人情化的问题，更有甚者陪审团成员可能因为自身社会地位很高，对法院工作没有热情。

(3) 人民陪审团运行机制不健全

第一，人民陪审团参审案件的确定缺乏统一标准。人民陪审团适用于刑事案件、民商事案件和行政诉讼案件。但是在调研过程中，我们发现各个法院及法官往往偏好于某一类型的案件。在具体案件中，由法院来决定是否适用人民陪审团制度。一些年轻、社会阅历浅的法官喜欢将该项制度适用于民商事案件、疑难、复杂案件、当事人很难缠的案件，以此凸显人民陪审团的作用。一些地区的法院明确建议人民陪审团制度只适用于刑事案件。由此导致的问题便是，哪些案件可以适用人民陪审团制度，哪些案件不可以适用人民陪审团制度，缺乏统一的标准。

此外，适用人民陪审团制度是否需要征求控辩双方意见，是否需要征求当事人的意见并不明确。国外的普遍做法是充分尊重当事人的权利，即当事人可以选择要不要让法官来审理同类案件。但这又可能涉及法官审理信任度高还是陪审团审理信任度高，要不要陪审以及怎么尊重当事人权益等问题。

第二，法官是否以及如何指导陪审团缺乏统一标准。实践中，由于人民陪审团成员欠缺法律知识，对是否需要法官指导人民陪审员成员是存在分歧的。此外，法官在庭前如何指导陪审团，法官对案件的介绍应达到何种程度才能既不影响陪审团的判断、造成先定后审，又使陪审团成员准确把握案情也缺乏统一标准。

第三，人民陪审团参审程序缺乏相关细化规则。例如，如何确定参审的人民陪审团成员，对于专业性较强的医疗、专利等案件，是否应当采用随机抽取之外的方式来确定参审人员；陪审团的表决规则是一致同意、简单多数还是绝对多数；开庭前应如何通知陪审团成员到庭参审，对于因故不能到庭的，应当如何补齐人选。在庭审过程中，陪审团成员应该通过观审还是其他方式发表意见。庭审结束后，陪审团成员的评议工作如何进行，由谁主持评议以及评议的内容是事实问题还是法律问题。涉及的法律问题，由谁负责向无法律背景的陪审团成员解释法律。此外，陪审团评议后的意见有何效力，应当怎样反映在裁判文书中。裁判做出后，判决结果应当以何种方式告知陪审团成员以及是否应当将判决结果送达陪审团成员。对于此类问题，均缺乏明确规定。

3. 人民陪审员制度与人民陪审团制度均存在的问题

（1）人民陪审员管理监督措施不足

第一，人民陪审员的培训工作略显不足。例如，S省高级人民法院和S省X市中级人民法院举办人民陪审团成员的培训工作为一年一次。基层人民法院会组织陪审团成员定期观摩、交流、加强法律知识，陪审团成员的培训工作自行负责。但各级法院对此并无相关细化的规定来规范非法律专业的陪审团成员的培训工作。又如，针对疑难、复杂案件，是否应当建立个案庭前培训机制，方便陪审团成员能够准确把握案情。

第二，将陪审员分为专业陪审与非专业陪审存在一定的便利性，但专业陪审员的初衷并不是解决专业知识不足的问题，专业知识不足可以由专家证人、鉴定人、专家辅助人等制度来弥补。因此，是否会出现陪审员积极性不够等问题以及如何解决此问题。陪审员认定的事实与法院认定的法律事实不一致时应当如何采信，如果按照陪审员的意见办了错案，如何进行责任追究。这些都是亟待明确的。

第三，一些人民陪审员长期无故不出席庭审，达到何种程度，应适时取消其陪审员的资格或予以惩戒，对于程度的把握缺乏统一可操作的标准。此外，一些陪审员积极性不高，参审能力不强，导致人民陪审制流于形式。

(2) 人民陪审员经费待遇无保障

基层法院的经费保障也是影响人民陪审制正常运作的原因之一。最高人民法院要求对人民陪审员要有专项给付。案件多的基层法院经费相对充裕，而案件少的尤其像偏远山区的法院的经费较少。最高人民法院虽然有专项给付的要求，但并未与财政部沟通，基层法院与县财政局不沟通，无法解决经费问题。有些县法院虽然能够解决，但也只是通过个人关系，并未从制度上予以解决。如 S 省 X 市 QL 地区，很多人民陪审员住在大山里，交通十分不便利，来回需要一整天的路程，补助仅几十元，因此无人愿意参加。因此，应当在谈及责任问题的同时，充分考虑到陪审员的生活生存问题、给予适当的补助。另外，各级法院与财政部门之间的对接也应予以落实，以切实保障人民陪审制的顺利实施。

(二) 司法公开工作存在的问题

1. 对司法公开的重要性认识不到位

当前，仍有部分法官不能充分认识司法公开在确保司法公正、树立司法权威、提升司法公信力方面的重要意义，片面认为司法制度的运行不宜让公众知道和参与太多，否则会有损司法权威，因而对司法公开工作消极应付。另外，司法公开的一些举措，如裁判文书上网、庭审网络直播等，在一定程度上增加了法官的工作量和心理压力，导致部分法官对推进司法公开怀有抵触情绪。

2. 司法公开面临网络舆情的巨大压力

近年来随着司法公开的推进，司法听取民意的渠道不断扩展，特别是网络日益成为民意表达的重要载体，而目前网络民意存在着异化的倾向。负面的消息和报道更易吸引公众的"眼球"。一些媒体记者或网络写手为了提高知名度和点击率，抓住一些瑕疵进行炒作。此外，部分当事人为达到有利于自己裁判的目的，借助网络向司法机关不当施压。例如，造成公众关注个案的假象，利用网络大量发布有利于自己的信息并进行炒作，通过虚假的民意对司法施加压力，形成"媒体审判"，干预法官独立办案。

3. 司法公开的深度和广度有待加强

从近几年推进司法公开的实践情况来看，诸多法院存在着广度、深度不够的问题。一是在办理破产改制、城市拆迁等涉及地方稳定、发展的重点案件时，对司法公开仍存在顾虑。若将政府内部涉及企业土地处置、职工安置等方面内容的会议纪要、文件等对外公布，可能触及政府利益或引发大面积矛盾，不公开又会侵犯公众知情权，这便使司法公开处于两难的境地。二是在公开的范围上，关于具体个案信息公开得多，关于内部指导意见和典型案例公开得少；向社会公开尤其是向人大代表、政协委员公开得多，向当事人公开得少；事后公开得多，事前、事中公开得少。三是部分法院在司法公开时，在司法权内部运行的案件调配、请示、讨论等环节没有向当事人公开，当事人对此很有意见。

4. 司法公开规定的落实存在一些问题

在裁判文书上网工作中，主要存在以下三个问题：一是对上网前是否应事先征求当事人意见的规定不明确。二是裁判文书上网的期限不明确。H省高级人民法院规定，执行裁判文书在网上公布的时间截至执行完毕之日，其他裁判文书在网上公布的时间均为一年，但在实践中，该条规定落实不严，不少裁判文书超过期限仍能查到。裁判文书上网到底要不要设置期限，期限以多久为宜，值得探讨。三是上网文书被其他网站大量非法转载。

庭审网络视频直播工作亦存在两大问题，一是一部分法官特别是经验不丰富的法官存在畏难情绪，担心审判过程出现错漏，不愿意进行直播。二是庭审网络视频直播的案件较少，且直播的内容大多是具有正面、积极影响的案件，对于社会关注度较高或涉及官员贪腐的热点案件直播得较少。

法院微博工作存在四个问题，一是对微博功能认识不够、重视不足。多数法院尽管已开通了微博，但是组织管理松散、微博建而不用的现象严重。二是缺乏微博运行机制。无相应的信息发布程序、定期开展舆情收集分析及突发事件或负面舆情应对等方面的制度性规定，微博管理的科学化、规范化程度不高。三是大部分微博不够活跃。四是发布的原创信息较少，转载信息较多，且信息内容单一。

在司法建议公开工作中主要存在两个问题，一是司法建议公开的范围不明确。司法建议书分为个案建议书、类案建议书和综合司法建议书，是仅仅公布个案司法建议书，还是对这三类司法建议书均上网公开，规定不明确。二是对于向党委、人大、政府及其部门发送的司法建议书的反馈情况是否也应一并公开，规定不明确。

在公民旁听庭审工作中主要存在两个问题，一是一些经济比较落后的基层法院，特别是偏远地区的人民法庭，经费不足，审判庭狭小，设备简陋，旁听席设置较少，为保证庭审活动的有序进行，法院只好对旁听人数加以限制。二是旁听庭审工作宣传不到位。有的法院没有电子显示公告屏，没有建立公告栏，导致旁听的群众不知庭审的具体情况，到场旁听的基本都是当事人的亲戚、朋友或者同事，几乎没有其他人参与。

在司法信息公开工作中主要存在三个问题，一是司法信息公开的方式不统一，如对于开庭公告的张贴应以何种方式在何处张贴缺乏统一规定。实践中，有个别法官仅在卷宗里附一个说明记载张贴情况，而实际张贴情况没有现场资料佐证。二是司法信息公开的范围不明确，对于不能公开的特例没有明确的规定，对于内部程序事项、证据情况、裁判推理过程等不公开，存在灰色地带。三是对应当公开的没有公开或者公开的方式、范围达不到要求的，缺乏相应的责任追究机制和处罚措施。

四　对策建议

（一）完善人民陪审工作的对策建议

1. 正确认识人民陪审制的设立初衷

2015年4月28日，中共中央政治局委员、中央政法委书记孟建柱对全国法院人民陪审员制度改革试点工作提出要求。他强调，改革人民陪审员制度，对进一步推进司法民主、促进司法公正，提升司法公信力具有重要意义。人民陪审员制度是人民群众了解司法、参与司法、监督司法的直接形式，是社会主义民主制度在司法领域的重要体现。同日，最高人民法院、司法部共同召开"人民陪审员制度改革试点工作部署动员会"。最高人民法院院长周强指出，完善人民陪审员制度有助于扩大司法民主、促进司法公正、推进法制建设。一些地方对人民陪审员制度的地位和作用认识还不到位，存在矮化、跑偏的现象，有的地方只是把人民陪审员作为解决案多人少矛盾的人力对待，有的法院则把人民陪审员当作法官的"陪衬"和"助手"等。由此可知，人民陪审制的设立初衷并非解决案多人少的矛盾，而是推进司法民主、促进司法公正及提升司法公信力。对此，全国各法院应有正确认识。

2. 明确人民陪审团制度的定位

应加大调研与宣传力度，提升人民陪审团工作的社会公开度和透明度，将重点转移到如何寻求合适的方式让陪审团制度和中国的司法政治文化相融合、建立一套适合中国特色的陪审团制度。加大宣传力度，使群众更了解人民陪审团制度，进一步理解和接受司法机关的工作，以提升司法的公信力。对人民陪审团参审的庭审位置应有明确的规定。建议将陪审团的位置设在合议庭与书记员之间，彰显陪审团参与审判和监督审判的地位，使庭审具有严肃性。此外，还应关注人民陪审团成员权利和义务的合理确定：其一，人身保障权。人民陪审团成员在相当大的意义上为职业法官分担着审判风险，对法官起着一种挡箭牌的作用，但是在陪审团制度的设计中，一个必须考虑的问题是应当设立严格的诉讼规则，使陪审团避免因参与诉讼审判而遭受风险。这主要表现在：随机遴选、诉讼保密、集中审理、审判期间与外界隔绝、审判结束后无人知道他们的踪影等方面。其二，诉讼权利，主要包括：执行权、阅卷权、参审权、提问权、要求解释权等方面的内容；增设当事人选定陪审团成员和申请回避等权利，最大限度发挥陪审团参审的积极作用。其三，经济补偿权。适度的经济补偿是有必要的，主要有三部分费用：交通费、误工费、参与费等。

3. 明确人民陪审团成员的身份

首先，应当改进陪审团成员的确定方式。建议采取随机抽取和定向抽取相结合的方式，以充分发挥成员的特长。如：在涉及农村邻里纠纷的案件中，先行抽取一定比例的农民陪审员。在女性犯罪的案件中，先行抽取一定比例的女性陪审员。这样做既拉近了被告人与法庭的心理距离，减少了对抗因素，同时又能增强当事人及其家属对法院工作和裁判结果的心理认同。针对专业性较强的案件，例如一些伤害案件，可以先暂定1—2名具有专业知识的医生等，剩余的人员再由随机抽取产生。确定陪审团成员名单后，告知公诉机关，再由合议庭召开人民陪审团庭前会议。在该会议上，所有人民陪审团成员应当出席，首先应介绍案件案情并确定人民陪审团成员是否与该案有直接利害关系、是否有应当回避的情形。其次，应当保持陪审团人员库的流动性，定期更新成员库人选，防止陪审团成员的固定化。

4. 完善人民陪审团运行机制

人民陪审团工作对基层法院来讲是一项新生的事物，应尽可能从立法制度上明确人民陪审团制度，让人民陪审团成员履职有法可依、有章可循，切实通过人民陪审团工作扩大人民参与司法的范围，推进司法民主，不断跃上新的台阶。首先，陪审团参审的案件应当具有广泛性。应以有利于案件的处理为原则，不能单纯追求疑难、复杂案件，更有助于审判工作取得实效。其次，应当改进并拓宽陪审团参审模式，建立陪审团成员与判处缓刑人员"一对一"帮教模式。一方面，对判处缓刑人员起到预防再次犯罪的作用；另一方面，有利于陪审团成员深入了解犯罪心理及被告人的家庭社会背景，尽可能在日后类似案件的庭审合议中发挥陪审团成员更大的作用。最后，陪审团的意见是参考性的意见，无论是个人的意见还是合议后的意见在没有法律规定之前，仅提供一种思路和方法供法官参考，仅具有参考性。陪审团成员人数的多少以及人数是单数或双数不影响陪审团意见的可参考性。对于人民陪审团意见的处理，在人民陪审团适用的过程中应当做到：第一，人民陪审团提交意见后、合议庭对案件进行评议时，应将人民陪审团意见作为重要的参考，对人民陪审团意见的评议情况应当在合议庭评议笔录中明确显示。第二，如果人民陪审团的意见一致，但与法律规定不一致或有矛盾时，应将案件上交法院审判委员会讨论。第三，如果人民陪审团成员的意见不一致的，合议庭应当全面考虑各种意见的事实和法律依据，对于合理的意见应予以采纳。第四，如果审判委员会讨论后意见仍不一致的，便须在裁判说理、判后答疑时有针对性地进行论述。

5. 健全人民陪审员监督管理措施

应建立陪审员正常培训机制和个案庭前培训机制。对陪审员应知应会的法律常识和庭审常识定期进行轮流培训。针对复杂疑难个案，对案件涉及的疑难问题以及特殊规定，对参审成员于庭前开展专门的培训，确保案件审理的质量和效果。同时，要提高陪审员的素质，尽可能邀请若干与案件有关的专业人士，这样能为合议庭提供权威的专业意见和建议、令社会各界信服，取得良好的社会效果。在陪审员认定的事实与法律事实不一致时，审案时应更加谨慎，尽量还原事实的真相，最后这些案件均要提交审委会讨论。陪审员不承担错案追究的责任。因为审判权是宪法赋予的，陪审员没有独立的审判权，所以陪审员仅提供参考性意见，不承担错案追究责任。

6. 建立人民陪审员经费保障制度

人民陪审员参审案件组织和管理工作量大事情细，增加了审判人员的工作负担，对此应尽量不干扰正常的审判秩序。第一，建立完善的管理和保障机制。由于案件数量、质量、信访、考核、媒体等原因，审判压力大，已经是法院工作的常态，陪审员的组织和后勤保障是很细致的工作，不能因此而偷工减料，使得活动适得其反。第二，建立经济保障制度。法院与陪审员所在单位建立工资、奖金及其他福利待遇的廉政保障制度。保障陪审员在参加陪审活动期间不被所在单位克扣或变相克扣工资、奖金及其他福利待遇，也不得将其作为综合评定时的负面因素对待，免除人民陪审员的后顾之忧。第三，应当为参审过案件的陪审员提供必要的方便。例如，为其提供法律辅导、法律服务，给予其停车、就餐等待遇，有助于提升其参审的积极性。

(二) 进一步推进司法公开的对策建议

1. 应提升推进司法公开的理念

推进司法公开，首先要转变理念，提升对司法公开的认识。司法公开是我国宪法和三大诉讼法规定的基本原则，应当作为法院的中心工作来抓。广大法官应充分认识到司法公开不是给法院增加负担，设置障碍，恰恰相反，司法公开对司法权威的提升，对法院形象的改善、法院工作的开展均大有裨益。但司法公开不是随意公开，不是部分公开，不是选择性公开，不是法官的权利，而是责任、义务，要努力实现依法公开、全面公开、及时公开、规范公开。

2. 科学合理应对新闻媒体舆论

一是要科学引导新闻媒体舆论方向，理性对待新闻媒体舆论。尤其在网络环境下推进司法公开，既要注重法律效果又要注重社会效果，以科学的方式引导舆论方向，减少不良舆论。二是既要充分尊重舆论价值又要防止"媒体审判"。提升应对舆论的能力，坚守司法工作的底线，科学利用舆论的积极作用，防止在强大的网络舆论攻势面前，失去司法的独立性与公正性。

3. 坚守法治原则正确把握司法公开的尺度

一是应当允许司法公开原则例外情形的存在。如我国《民事诉讼法》第120条规定，涉及国家秘密、个人隐私的案件一律不公开审理；离婚案件以及涉及商业秘密的案件，当事人申请不公开的，可以不公开审理。此外，对法院公开审理的内容也不应不加任何限制地全部公开，除了依法不公开审理的案件之外，对依法应当公开审理的案件也并非全过程都要公开，如合议庭评议案件和审判委员会讨论案件的过程就不能公开。二是针对当前司法公开的差异性，应该出台统一的规定，解决司法公开范围不清，审判秘密界限不明的问题。对于法院办理的破产改制、城市拆迁等重点案件，对以证据等形式进入诉讼程序的政府内部会议纪要、文件等，坚守法制原则，严格按照法律的规定，该公开的一律对外公开。

4. 探索创新和拓展司法公开的维度

一是尝试建立丰富完善的白皮书制度，包括整体工作白皮书和专项工作白皮书，全面或有重点地向公众公开法院的各项工作成果，发现的问题及司法建议。例如，P市中级人民法院近年来每年都定期发布行政审判白皮书和金融审判白皮书。二是探索运用文艺、影像等载体进行司法公开，比如，以宣传法院工作为主题，演出话剧、拍摄影视剧、制作DVD宣传片等，用更加生动的形式展现法院工作。三是探索更全面彻底地公开法院法官信息。除公开审判、执行工作信息外，对法院、法官信息也应研究探索适当的方式，如公开法官队伍的廉政情况、队伍建设情况，甚至法官个人的财产情况等。

附录1 公民参与和监督司法调研提纲

1. 陪审制度实施的总体状况如何？（陪审的案件所占比例？在哪些案件中适用？是否采用陪审制的考虑因素有哪些？效果如何？）
2. 陪审制度实施中存在的主要问题有哪些（陪而不审、陪审员半职业化、轻微案件陪审）？
3. X市中院在Y案件中曾采取发放《旁听人员旁听案件反馈意见表》的方式了解民意，效果如何？对最终的裁判结果是否有影响？
4. 在H省采取人民陪审团的方式，将陪审团的意见作为参考，如何评价？
5. 专家陪审的适用情况（未成年人案件、知识产权案件）？利弊如何？
6. 除一审法院外，二审法院是否有必要实行陪审制？
7. 在死刑等重大案件中是否有必要采用陪审团制度？
8. 对陪审制存废的态度？陪审制适用的案件范围？
9. 对陪审员的资格是否应当进行限制？应如何进行限制？
10. 陪审员的产生程序？权利义务？培训管理？有多少陪审员？
11. 陪审制下的表决规则是否应与职业法官审判有区别？
12. 您对直播庭审的看法？哪些案件有必要直播？远程视频庭审的适用情况？
13. 公民旁听庭审落实情况？
14. 审判委员会讨论案件的数量、比例？
15. 媒体对司法裁判的影响？
16. 裁判文书公开问题？（哪些不应当公开？调解案件？简易程序案件？）
17. 主动公开与申请公开应当分别适用于哪些案件？

附录2　S省X市中级人民法院座谈会笔录

第一部分：X研究员介绍（略）

第二部分：

法官A：S省从2008年开始开展了两项活动：一项活动就是征询旁听公民发表庭审意见，另一项活动是"审判五进"（进社区、进农村、进军营、进学校、进工厂）。一方面是听取普通民众对裁判的意见，另一方面是增加了司法的公开性。后来，在听取公民对庭审发表意见的基础上，我们在刑事审判领域搞了一个试点人民陪审团的活动。在审理Y案件时，我们也做了试点。Y案件就是以我们刑一庭J庭长为领导、在政法委的协调下审理的。具体的人民陪审团制度就是我们刑一庭主抓，这一部分J庭长有比较深刻的认识和研究。我们来听听J庭长对人民陪审团制度的意见。

刑一庭J庭长：首先，我们对这一项活动表示欢迎，这项活动我自己体会意义确实重大。这也是我们多少年来审判改革遇到的一个现实问题。这一步要不要走，步子跨得大一些，在现实中认识仍然是有很多分歧的，有积极支持的，有坚决反对的。积极支持的据我所知学者居多。反对的，可能是实务中的（人）反对得比较多，我个人理解是这样的。先说我们现有的人民陪审员制度。因为我们S省在进行人民陪审团的试点。为什么要搞人民陪审团试点？我们现有法律规定就是人民陪审员这个制度，多少年来一直都这样。如果说在这个制度非常好的情况下，你搞这个人民陪审团有啥意义？带着这问题我们去调研。一个总体的感受就是，人民陪审员制度多少年来在司法实践中所起的作用那还是很多的，是不可抹杀的。特别是这个制度可能前些年在现实当中发挥的作用比这些年要好一些。为什么？就是过去人民陪审团开始的时候实行得比较认真。人民陪审员原来的素质和责任心是比较强的，尽管他们法律方面业务素质可能比较差，但他们责任心很强。所以说在现实中确实发挥了很大作用。再一个情况是中心城市落实的可能要比偏远地区好一点。为什么？中心城市案件很多，审判人员少，需要大量的人民陪审员来补充这个人员缺少的问题。偏远地区案子很少，审判人员少。但相比之下，它的审判人员不够来应付案件，当然他们好多案件也是来请人民陪审员来参与的，但那个参与度和实际意义，我觉得没有中心城市好。总的来说，我们研究后发现人民陪审员制度目前存在一些问题。第一是人民陪审员制度被形式化。特别是基层偏远地区形式化的色彩比较严重。就是我们刚才说的"陪而不审"，坐在那打毛衣的、干其他私活的都有，反正就是我来参与了这个案子最后发表意见了，案子审清了没有，怎么处理，基本上，他们心里也没数，也不发表意见。这已被形式化。再一个就是业务素质不行。这些年来，民事、刑事法律关系越来越复杂，法律越来越多。人民陪审员好多对这个不懂。过去就是那个简单民法原则、刑法原则他们不知道。再加上，历史上不学他们也知道些，他也好参与。但是，现在法律多了，法律关系也复杂，好多让他们说他们也说不了啥。尽管我们也培训他们三五天、一个月也起不了什么作用。就算系统地学，你看咱们法律专业院校培养出来的研究生那个法律关系都理不清，不要说他们。第二是人民陪审员被名利化。把人民陪审员当作一种政治待遇，这正说明能参与到这里的人他们自我宣传。县委委员、政府官员、副县长副书记、人大代表弄成陪审员，"我还法院中的人民陪审员哩，听起来好听！"但实际需要他们来他们来不了，再者认为自己是个官，坐在这里不美，被低化了。实际上用不上。第三是搞执行时"一刀切"。尽管说各地根据地方实际情况，但执行时往往还是"一刀切"。比如说城市要选素质高的特别是业务素质方面较重视，离退休人员社会认可度高品德比较好，案子也多，你就可以把这个多弄一些。偏远地区案子不多，你搞那人民陪审员没用处。也没必要说有多少。往往是有需要的地方不足，不需要的地方闲着。

但我们承认人民陪审团存在这些用处。人民陪审团的试点，人民陪审团最早提出来是在我们 S 省，是 A 院长在全国人大开会的时候，但最早试点是在 H 省，H 省一下子在全省大张旗鼓地进行，而我们 S 省尽管提出得早，在搞（试点）是谨慎地在搞。因为我们认为这里面首先是没有法律依据的，人民陪审团制度和法律有冲突的问题。我们搞试点是在现有法律框架下，和现有法律不冲突的情况下谨慎地在搞。我们也在试点中提出了一些原则。开始我们是在刑事上，后来搞了多半年又开始在民事上，然后我感觉在人民陪审团这个问题上也不能搞一刀切。人民陪审团这件事，最高人民法院最开始不支持，前一段时间最高人民法院明确指出观审，就是现在最高人民法院支持搞观审。对于观审，我们的 Z 博士在这方面研究比较深，我们过去去中国台湾，还有日本也有这个。我觉得搞这个容易，但我们当时就提出要搞有中国特色的人民陪审团制度，一定要有中国特色。不要照搬国外的陪审团制度，那个在中国行不通。在国外可能很快要把它摒弃了，咱们要借鉴过来也不行。既然要搞，咱们要搞人民陪审团就要有生命力，有中国特色。但是什么叫作中国特色？自然存在这个问题，但这就是比较难的，是真的需要摸索的。我自己体会到中国特色的人民陪审团，或者叫观审和参审，我认为意思都差得不大。它这个制度首先并不是所有案件都要用人民陪审团，绝对不能是所有，在国外也不可能是所有案件，咱们还是要在重大疑难案件中适用，特别是对社会矛盾难以化解的一些案件，我认为采取这种形式比较好，有利于化解矛盾，有利于当事人理解。因为人民陪审团有比较多的公民代表，最少 7 个人，因为是单数，9 个人、11 个人、13 个人也都可以，但最少也 7 个人了。公民代表参与对整个案件可以起到的作用有很多，法律制度的宣传作用，可以给当事人调解和化解矛盾的作用等。随随便便任何案件都适用人民陪审团没有必要。首先应该是重大、疑难、复杂案件应该采取这个制度，这样可以宣传法律和党的政策，可以根据事实对当事人进行说服劝导工作。像以前 SN 地区有一个案件，尽管当事人一直纠缠，但社会的方方面面没有人支持，这就有一个很好的作用，尽管当事人不服但是没有人支持他，尽管有人同情但他的做法想法和诉求没有人支持。因为现实是现实，很多案件到法院后大众有意无意盲目地乱支持当事人这是很麻烦的，比如我们工作也就不好做，这是一个方面。另外，人民陪审团选择公民代表一定要有条件，这些人要有精力、有能力参与进来，另外素质要高。公民代表一定要选择好，如果选择的是没热情，也顾不上，还不懂的人，那一切都只能是形式。再者我觉得搞人民陪审团意义非常大，个人认为中国目前最大的腐败并不是司法，但是不知道从什么地方说成了中国最大的腐败是司法腐败，我觉得从方方面面来看社会其他的腐败比法院腐败要严重得多，而法院的腐败被人们夸大了。过去，人们说"吃了原告吃被告"，吃原被告的有几个人啊，我当刑庭的庭长，从刑三庭到刑庭干了五六年，到现在都没有跟哪个律所关系很好，甚至这些年我都见不上律师。

X 研究员：因为上次去的时候，律师界的一个代表还说希望建立律师和法官正常接触的一个渠道，说因为见不着。

J 法官：我们目前，就昨天司法监督还说就要建立这样一个关系，因为不是大众想的那样，民事上不说了，在刑事上能犯罪的人经济上一般都不太好，除非职务犯罪，抢劫杀人的人经济能力相对都是比较低的，行贿可能性也就比较低，因为自己的条件都是那样，哪有多大空间来行贿，当然咱们也不能排除，但没有社会宣传的那么严重。就像我们刚刚说到的人民陪审团，比如 Y 案也是被媒体误解了，而法院也不能自己给自己辩解。Y 案在一审还是二审都没有采取陪审团的做法，只是在一审的时候有公民代表旁听，是多了大学生来旁听，而大学生也不是法院组织过来的，因为 Y 是个大学生，省教育厅为了教育大学生，省教育厅出面，组织了一批大学生，其中就有 Y 这个学校的学生，但他们不是最主要的，据我所知，还有政法学院、部队院校等好多学校。最后被媒体宣传的是 Y 学校的学生，事情根本不是这样子的，发那个征求意见不是说对大家都发，最后发往往会被误解，最后媒体这样说我们也有口难辩，但我们不去说，真的我们没有说，不是想的那样。

X 研究员：真没有想到，但是省教育厅收集那些意见后也没反馈给你们么？

J 法官：这个事情是没办法的。现在的媒体真不敢想象，上次北京大学法学院的院长来，那个报告做得非常好。像 Y 这个案子，刚开始媒体宣传的是 Y 的父亲是官二代、富二代，权力很大，那现在大家看呢？通过这些东西对杀 Y 起了很大的作用。什么官二代、军二代、富二代？媒体把这个炒作到最后，谁去澄清这些事情？我们法院能去澄清这些事情？没办法，谁去澄清这些事情？我觉得作为人民代表参与进来防止这些事情都很好，我们老不说，但是人家这些群众代表，像 Y 这个案子，当时 S 省有一个不足的地方，公检法不好说，但是律协完全可以站出来。像那个被害人代理人的做法，律师界完全可以站出来大张旗鼓理直气壮地说这件事，但该出手的时候都没人出手。还有原来的精神病的案件该鉴定还不鉴定，媒体全部炒作，但就是没人站出来说不应该鉴定。就像原来那个 Q

案子审理的时候，没有人站出来说什么。

法官 A：当时审理 Q 案子时，J 法官就是审判长。

J 法官：我们审查案子，审查完案子多次跟被告接触以后，副厅长跟我们是一个合议庭的，那人有啥精神病么？完全没有任何精神病，但就是因为媒体把这事炒作得这人都成了神经兮兮的一个人了。

X 研究员：但现在谁也不敢站出来说这事，现在媒体拼命炒作，像未成年犯罪，尤其是性犯罪的，但你说他又涉及隐私对吧，本来就不应该公开的信息，被媒体（公开），但现在连学者在接受采访的时候都会要求说不愿意透露姓名的谁谁。

J 法官：Y 这个案件有 L。L 从专业的角度去分析这个问题，我把这从头到尾看了一下，我觉得分析得非常好，但是媒体又把这个 L 骂得太难听。我认为 L 说的是有道理的。中国有些这个事情，有时候就是这样，还有那年从取款机拿钱的这个事情。

X 研究员：X 案。

X 研究员：媒体与司法、法官是议题之一，但不是我们这次调研的重点。这次明显两方面的情况都比较突出，因为现在实际上，有些刑事案件，比较典型的，叫作媒体公诉，有些信息，公安机关、检察机关已经向媒体披露了，在社会上已经有罪的预断，给了法院很大压力。还有就是有的律师的微博，叫作自媒体辩护，他就把他的辩护意见以及他的理解都放到微博上，就叫作死磕派律师，这两种都是不对的，都影响了司法，给法院施加了很大的压力。怎么规范这些，也是司法改革要解决的问题，现在司法改革真的是千头万绪，所以只能一个一个理清楚。这次主要谈的是陪审制度，我们有什么问题呢？我们司法受民意影响，但是我们的民意应该通过一个制度化的渠道，把它纳入。不能是随意地没有规范地影响司法，有时候顶不住民意的压力去改判，有时候明明没有什么问题，因为舆论一边倒，就改判。我们现在就希望加强陪审制度或者其他渠道，把民意吸纳了，裁判结果充分体现了民意，媒体也不要说三道四，也别说你代表民意。怎样效果好，真正起作用。大家就畅所欲言，怎么想就怎么表达，不然我们的研究结论，到时候运用到实践中效果不好。

刑三庭 Y 庭长：我说一下，很难得你们能来 S 省和 H 省调研，我相信你们也是有选择有了解的。你们研究的这个，从全国来看，可能也就是 H 省和 S 省的法院，起码搞了几年，与这两个省的法院的院长也有关系。

H省高院的院长是从S省的市委书记过去的，S省的院长是从H省过去的，之前都是从党口过来的，他们对司法有着不同的视角，站在更高的层面，从执行党的方针政策、党的群众路线这个角度来，所以他们采取了很多措施，实际上在一定程度上，两个省在搞这个活动是遥相呼应的。S省的两个制度，一个征询旁听公民意见，还有一个审判"五进"活动，它的目的就是把公民对司法的公开进行参与。实际上要说我们法院这几年，尤其是省院的这几年，都采取了很多措施和活动。审判"五进"就不说了，征询旁听公民意见这个活动实际上我们每一年都征询旁听公民意见，把这个作为一个考核指标，一定要搞，我们说的话，是有一定经验，还有一定问题。比如陪审团的问题，实际上是没有真正地搞起来，对外宣传是进行了一定的尝试，因为这个制度是国外的审判形式，人家纳入法律程序了。而不同的是，我国没有纳入法律，所以有好多地方没办法搞。征询旁听公民意见，这个事情我们搞了好多案子，比如有些重大的案件，当事人双方、辩护人、被告人、被害人双方矛盾很激烈，我们邀请到政协委员、有声望的人参与旁听。有的案子，比如涉及医疗方面专业性知识，我们邀请当地很多医疗专家旁听，通过这个来解决实际问题。通过这个活动，我觉得这个是从领导的想法、社会效果来说，不是单纯的形式，有些案子还是有实际的效果的。有些重大、疑难案件，当事人很纠结的案件，通过这些人的参与，他们提供意见，最后由法院下决心，比如死刑案件杀或不杀的问题，现在刑事制度是少杀慎杀，但是被害人情绪很激烈。对于公民的参与，我们征求意见之后，杀或不杀我们作为参考的意见。我觉得把这个作为司法改革的话，还有几个问题：第一，法院的工作是必须严格按照法律执行的工作，就说行政部门可以搞一些探索，搞一些政策上踩线的事。但是法院能不能这样？首先陪审团的问题，中国实行陪审员制，只是适用于一审，这个制度在执行过程中有弱化的情况，主要是一审的案子，如果没有陪审员的话就是三个人对案件负责，如果有两个陪审员的话，就是一个法官负责，这就会涉及承担责任的问题，所以弱化也是有理由的。我觉得现在的改革，要有序参与，最终要纳入诉讼程序中，纳入司法程序中。怎么纳入呢？实际上国外早就有这一制度了，但是据我了解，西方越来越衰弱。第一个中国要不要引入，我觉得有必要引入。普通的案子不用引入这个制度，比如盗窃、抢劫等事实清楚的案件。但是有些案子如果引入，是否会有助于法院公正司法。目前的冤假错案的问题，实际上公布的是极端现象，事实上还有好多疑难案件，这些案子需要引入。现在冤假错案为什么法院下不了决心，因为有好多制约法院的因素，但是陪审员是普通群众，不受任何制约，就凭普通人的一种判断，有助于防止冤假错案。比如，我们庭有中院不敢宣判无罪的案子，因为法院受到部门的干预，好多干涉，导致法院不能独立司法。第一能否把这些案件引入诉讼程序中；第二对于现在社会影响大，矛盾激化的案件，能否引入陪审团制度；第三公民的有序监督，如诉讼公开，我认为该公开就得公开，特别是证据公开详细一些，但是怎么去公开，我留意到最近网络李某某的案子，我觉得他的律师讲得对，毕竟是未成年人，但是公众的言论并没有保护到被告人的隐私。特别是强奸这种案件。现在的媒体太没有责任感。什么是民意，朱苏力说过民意是沉默的，网上跳来跳去的是有利害关系的人，这种所谓民意是有幕后推手的。我觉得你们的研究必须重视虚假民意，炒作的民意。另外司法改革必须维护法院的权力，法院的权威必须重视，国外的争议的杰克逊案子，法院一旦判决，民众就不说话了，这种权威就做到了。法院的判决可能有瑕疵，但是至少制止了纠纷。这就是法院的既判力。

G 庭长：结合刚才两位庭长的发言，我主要发表四个方面的意思，我们院搞的两项合作，关于征询旁听庭审公民对裁判的意见和教育活动，其实这两个合作经常在一起搞，我们邀请人大代表、政协委员、社区干部群众等听取他们的意见，还有更多的是法制宣传。他们的内容不完全一样。我们组织的征询意见活动，2011 年组织了 47 次，先后共 156 人参加了庭审活动，在这个过程中，第一，他们意见往往感性看法多，很少从法律上去看待结果。第二，只说结果，很少说理由，比如只说同意判死刑，这就隐含着一种报应观念，他们对于自首，宽严相济政策都不谈。第三，我们把这个纳入考核范围，一纳入考核就是一个数字的概念，对于参与的效果考虑少。第四，增加的工作量，耗费人力、物力、财力，招待费大幅度上升。有些需要规范，这就把问题提出来了，一个是比如说公民有序参与司法，选哪些人参与，有什么标准，比如说政治素质、业务素质等，但选出来的人，真正能发表意见的，能起作用的到底有多少？

J 法官：我们搞那个人大代表、政协委员旁听制度，开始很好，法院让我去发表意见，这很好。但是搞个两回三回以后，他们就不乐意了，他们都有自己的事了，要赚自己的钱了，没有时间。

G 法官：第二个就是案件的范围，哪些案件可以搞？我们有考核的指标。比如说死刑案件或者是专业性较强的案件或者一些新型的案件，像这些案件适合不适合公民参与或者说发表意见。就是这个案件应该是有选择的，或者重刑案件或者轻刑案件，或者刑事案件或者民事案件，在哪些案件范围内适合让公民有序参与。第三个就是参与的方式问题，应该怎么去参与，比方说陪审员制度，也是一种群众参与，一种民主形式。S省法院搞的这种邀请形式，也是一种参与，是对人民陪审员制度的一种完善，还是说人民陪审员制度就是明显不足，要有一种新的制度来完善，或者弥补，或者说是在社会转型期，矛盾纠纷多、人民群众期待多，人民陪审制度已经不适时了，还要有一种新的方式来弥补。对参与的方式需要有一种研究。再一个就是参与的程度，比方说邀请这些人来，是发表意见，还是光旁听一下。

Y法官： 意见能不能对审判起到作用。

G法官： 参与的效力，意见的效力到底怎么样，能不能在判决书上反映或者说在合议笔录里面反映。这是第三个问题，参与的方式、参与的程度、意见的效力，这都需要研究。再一个，外地好多遇到重大疑难有影响的案件，都会邀请人大代表、政协委员来参与。这种参与不知道是光听一下，还是需要发表意见。听一下的效果到底怎样，或者发表意见有什么好处。

研究员A： 旁听的人只是说结论和你们的裁判的吻合度有多高，现在不是你吸不吸纳他，而是总体吻合度。如果吻合度高，就成了支撑你的因素。因为这样的陪审团，你很难让他说理由，而国外那个陪审团，就可以直说你有罪或是无罪，这样的人他也不懂法，你说，他怎么给出理由？关键就是这个结论。比如发100份问卷，99份说要判死刑，那么你最后判决死刑，就对你起到了一个支撑作用。

G法官： 我们现在主要是量刑方面。

研究员A： 应该首先是对有无罪发表意见。

Y法官： 有无罪的案子一般不适用，哈哈。

研究员A： 哦，还是不敢用，因为国外的陪审团首先是有无罪。

省法院法官B： 我们搞的这个人民陪审团，主要是通过开庭的形式搞这项活动，在庭审中让人民陪审员或人民参与进来。这是公意代表参与。而我们开庭的案子主要都是死刑案子，所以说对量刑正确借鉴，把你邀请的人民代表、政协委员参与进来的一些案件，要么是社会关注度比较高的，要么就是说被害人、被告人比较对立的，情绪比较激动的，有可能这个案子判处以后能引起被害人申诉、上访的。就是我们邀请的公民代表、人大代表、政协委员，或者搞人民陪审团制度，是想争取一下社会公众对我们法院做出判决以后的一种支持。

研究员B：那这吻合度呢？

法官B：吻合度相对来说，我认为我们搞的人民陪审团相对较少，人民陪审团制度实际是自上而下，是我们省法院提出来的，包括邀请公民代表、人大代表，也是由省法院提出来。但是我们省法院做这项活动，数量上还是比较少。大部分在基层法院。从我们省法院搞这项活动，吻合度相对来说还是比较高的。通过这项活动能够争取到公民代表、人大代表、政协委员、还有人民陪审团、群众的支持。对我们有利于化解矛盾，减少被害人、被告人家属和法院、公检法系统的对立，减少这种对立是有很大作用的。包括对我们把案子处理以后，被害人、被告人家属仍然不服，申诉、上访，事后还有矛盾化解配合，由党委、政法委出面，法院的办案人员或法院的领导出面，进行善后的矛盾化解，给被害人赔偿、救助，对这样的工作，邀请原来参加过案件审理的群众代表，因为有些群众代表就是与被害人同村的邻居或朋友，或者在当地有威望的一些人，邀请他们再反过来参与矛盾的化解可以起到很大作用。

研究员A：那么效果呢？因为这个公民陪审团与国外陪审的功能是很相似的，就是这个意见和力度，也是先是有没有罪，当然不包括量刑，但死刑案件也是要决定的，要不要判处死刑。现在为了怕有些州很离谱，所以就赋予了法官在什么程度有纠正陪审团意见的权力，认为这样的判处完全是没有道理的，可能出问题的。就是日本也是这样，以前就是陪审团的多数人意见。但有时候也很离谱，所以后来又规定要至少有一个法官是同意的。就是通过表决规则，来使他趋近于最合理的状态。所以，就是如果我们这个情况的话现在搞这个制度，功能如何，这么多人，6个以上的奇数，这个和法官审理逻辑也是一样的，首先要看能不能定你罪，然后是能不能判你死刑，因为死刑，你说到底严重到什么程度应该判死刑，是吧。如果你要量刑的话，顶多是监禁刑和非监禁刑，就是判不判缓刑的问题，你可以听他意见，就是关起来还是放，对吧，你还得给他解释什么是缓刑，不然他会以为是和无罪释放差不多。就是说他能做什么，不能期待过高，他不可能说给你从法律上说，给你比较充分的理由。

G 法官：我把结论这一句说了啊，搞这一块然后我们也发现了很多问题。搞这项活动和我们院长的工作经历有很大的关系，他是从党委过来的，是党的群众路线在司法实践中的一种体现。作为学者、专家，需要在顶层上对司法改革与诉讼程序的关系进行设计。我们下面搞这个有时候就凭着一种感觉，或者是从党的工作角度来看这个问题。现在司法民主、司法公开，形势需要这样做，我觉得是要制定司法民主的具体操作规则，对刚才所说的问题进行一个规范，比方说对人民陪审制度到底是需要一个完善还是建立一个新的人民陪审团制度，这些都需要研究。那最终还是要实现现在所提的司法的公平公正，也是习近平总书记所提的"让人民群众在每一个司法案件中感受到公平正义"，最终的目的还是提升司法公信力，这也是最终的归宿点。参与的情况还是要规范。

研究员 A：我们要做的就是说，怎么规范，不规范没关系，我们把它转化为规范的，形成一种制度，把它变成法言法语，法律大众化与法律专业化、精英化是不一样的两条路，之前我们一直在搞司法专业化，但这个专业化也不是绝对的，在专业化的同时要辅之以司法大众化，使司法体系有一定活力让它有些新鲜的血液。司法体系长期按照法律逻辑来运作可能形成一种僵化、机械，可能没有能吸收普通民众朴素的生活经验智慧，所以说提大众化没有问题，问题是怎么转化。

G 法官：我觉得你们研究这个问题很好，很有意义。

研究员 A：所以说，我们就想知道你们这个效果，效果好，然后再去论证它的正当性。现在还是一个做法，就是把做法要上升为制度，具有长效性、稳定性，我们就要在理论上论证正当性、实践的可操作性。比如说信息公开，涉及相对方的知情权，所以必须去设计相对方的救济，哪些信息应当公开却没有公开，就是侵犯我的知情权，要给他救济，不然公不公开就是法院说了算，没有后果就没有意义了。

G 法官：比方说现在院长一换，现在这项活动的考核之类的就不一样了，这项活动也不再搞了，人为因素很大。

J 法官：这个公民有序参与，这个说得出来，但是做不出来，但怎样才是有序，这跟"有序"这两个字，搞这项活动很复杂。你想我们试行陪审团的时候，我们为什么要谨慎地搞，里面有很多问题，弄不好就让人抓住把柄，弄不好庭都开不下去。比如说我们试行的时候，有些法院的所谓的陪审团，七个人或九个人坐到审判员、合议庭组成人员牌子的前面，书记员后面，我们很快就纠正这个事情，对他们说："这是怎么回事，法律上没有规定有人坐在这，你要这样弄，我就不开庭"，这个庭都开不了。我们为什么后来让坐在旁听席上？这个旁听席就是公民旁听时坐的地方。你是公民代表你以旁听这个身份坐在这，这个法律上没有障碍。所以试行的时候一定不敢跟法律有冲突。

研究员 A：我们现在不考虑法律上有没有障碍，就是说你考虑好了之后，我们可以通过修改法律的方式把它固定下来。如果地方搞试点，就是说不是中央统一部署的，很可能就具有比较多的个性化特点，受院长个人影响较大，比如像 D 省 Q 市，有的地方法院法官就比较具有创新精神，有的做得比较好，确实比较好的，我们不妨把它总结出来，上升到法律高度。

J 法官：在实验阶段也要在法律框架下，那种突破性的东西在法律没有修改之前，咱们把经验那样做好，在法律修改之后再那样试行。一定要按法办事，如果法院都不按法办事，那谁严格依法办事，这就成了空话。

Y 法官：再一个，现在这个人民陪审员制度，成了解决法官短缺的一个制度。现在人民陪审员参与的案子都属于法律关系简单，案件事实清楚的案子。法官觉得这些案子你参与一下，还能出了个庭。但是实际上我想，这个公民有序参与这些案子，不是要解决这些问题，是要解决那些重大疑难的案件，然后要借助一般人的判断力，比如事实证据上的判断力，这是判断力来解决这个问题。所以说陪审员制度，现在基层法院的刑庭，可能就是一个庭长带一个审判员，组成不了合议庭，就要有一个陪审员。它实际上成为解决法官短缺的手段，这个可能是有违于人民群众参与的初衷。这个初衷是要解决重大疑难案件、借助普通人判断力实现公正审判。包括你刚刚提到的这个侦查阶段公民的有序参与，这恐怕就涉及证据在侦查阶段要暴露问题，这涉及被告人权利问题，既要保障他的诉讼权利，也要保证诉讼过程中的侦查的履行。这个诉讼刚开始，这个大家都知道了，立马就把扣子缝了。这个就需要法律去规范、界定。不过我们现在还是要强调被告人人身权利。你比如说这个同步录像，我前面已经让你服了，然后说你好好跟我说，我给你同步录像。

研究员 A：应该就是一踏进去，就应该开始录像了。

Y 法官：这是不可能的事。

研究员 A：哎，哈哈，那个上次村官那个警察就说以人格担保没有种事情,有学生也会问我们要是先刑讯逼供完了再录像怎么办。都说没有,说是这么说的。

负责裁判文书上网的 W 主任:严重同意前面几位同志的说法,因为他们也是资深庭长。我不知道我们这次调研"公民参与"是大的标题还是就是关于陪审团的调研。我觉得说公民参与,首先要把主体确定,公民参与的主体应该是所有公民,应该做一些分类,我简单地想,应该有:当事人和利害关系人是一类,媒体、律师甚至一些相关机关,他们是掌握比普通民众多一点资源的群体,还有一类就是普通公民。如果搞公民参与,可能主体涉及多一些,我们要设计这个制度的话。

研究员 A:把当事人排除在外。

W 主任:当事人排除的话,就是其他监督主体,其他监督主体,比如说媒体、律师包括专家学者或者是法律人,他们掌握的资源可能更多一些,对于他们设计制度时,比如说他们参与的阶段、条件、参与力度等,可能和普通民众可以有所区别或者说应该有所区别。

说完主体之后,就要有参与阶段了,就是说主体参与这个阶段。对我来说,我倒是认为所有阶段都是可以让公民参与的,包括这个侦查阶段。这就是第二个,这个参与阶段,我认为它可以是所有阶段,包括结束后对于判决执行的参与,但是我们也要注意到,在不同阶段,公民参与的力度也应该是不同的,这个参与与它的目的紧密相连。这一块儿我就觉得应该有制度对它进行制约。

另外,除了参与阶段和参与力度之外,应该还有一个参与条件。参与条件,就是我们都说我们陪审员制度弱化,我们应该思考弱化的原因是什么,从我自己个人觉得,因为我也下去问过,包括最高人民法院那个评审表上面陪审参审率也是一点,我就觉得制度弱化的原因在于,它本身存在一点问题,包括它的可操作性比较小,还有与实践相脱节,我们下去法官也说:"如果陪审员真有作用,比如对我的思路开阔很大,我们一定会积极用的,关键是现在把他们请过来,到时候责任还是我们自己承担。"还有就是这个小的公民参与,也要注意它的参与范围,要选任,那么就要考虑他的素质,同时是不是也要划定陪审员或者说这个公民参与在不同阶段有着不同的权利义务啊?另外还有一个就是对陪审员的这个资金保障、时间保障,确实是把别人叫过来,一待一天,确实应该加强保障,法院又不能提供补偿,本来这确实是一种权利,但是现在责任不够。这个利吧,就是利益的利,更加不够。我认为这就是陪审员制度这么长时间以来弱化的一个重要原因。我自己也是觉得我下去问审判员你们为什么不用陪审员的几个原因之一。从这个角度来看,就像刚刚提到的,我就觉得非常好,是完善我们现有的陪审员制度,还是创新搞公民参与,大陪审团制度。从我自身,作为法官来说,我觉得还是将陪审员制度完善下是更好的。我认为公民参与也是要搞的,但应该把它定位在一个服务补充的地位上,但就是服务补充,也应该像刚刚我们庭长提到的那样,要纳入一个制度化。公民参与对于我们的司法结果不会有太大影响,但可以起一个辅助作用,甚至达到一个去帮助说服当事人的作用。我认为在公民参与的制度构建上,应该达到这么一个目的。首先是要确保司法的完整性,因为从程序上就应该定位在服务补充的地位上,不能侵犯司法完整性。同时实体上,也要具有一个合法性。也就是说,在规定这个制度时要和已有制度相称。从实体上保证这个合法性。

所以就是,我就谈一点吧,从这个大的小的两方面,这个公民参与。但是我最后要非常感谢,也是我们刚刚庭长说的,真的是希望现在把我们法院的法官的处境纳入公民参与中来考虑。我们法官,甚至下面法院法官甚至自己办的案子,当事人到这儿来说"你再这样弄,我杀了你啊",然后什么,我们法官自己强烈要求上审委会,一上去就说:"这个案子,确实我办错了,改了吧。"法官的处境确实比较为难,因为当事人他不守规则。我们公民参与要达到一个目的就是提高司法公信力。要提高公信力,就是刚刚几位庭长提到的,就是要提高法院的威望、权威,其实也不说要提高我们法官的,而法院的权威是应该有的。我觉得现在好多公民差的是一种规则意识,所以我觉得这个规则意识要通过法院权威来树立,而这个权威需要制度和法律来保障。最后一点就是看怎么能纳入你们这个课题中,替我们呼吁一下。

负责陪审制度的组织处 F 法官:(欢迎和感谢),为什么要感谢呢?因为人民陪审这个工作,我也接触很多,经过调研,我也发表两篇文章。通过调研,我也发现很多问题,我想我今天发言主要就问题来探讨一下。讲问题之前呢,我们先将全省整体情况向大家介绍下,因为我们在给省人大写那个报告,数据也比较新,可以参考一下。自从 2005 年贯彻全国人大决议,司法部、最高人民法院意见以来,全省人民法院加紧落实,目前成果还是比较好的。目前全省人民法院共有人民陪审员 2786 名,其中大学本科学历以上811人，大专学历的是959人，高中及以下学历的是1016人。至于职业分布，在这个人民陪审员中，是党政机关的有942人，科研院校99名，退休人员是219人，城市居民是193名，进城务工人员是9名，农村村民是613名。S省基层法院的受理案件比较多，所以我们在人民陪审员的选任中在这个人力、物力、财力上做了一些调整，对农村村民有了提高。

研究员A：这些人是怎么确定下来的呢？

F法官：这是我们通过基层法院的统计总结出来的。

研究员A：不是，就是说最初这个比例。

F法官：根据案件类型，不同案件类型涉及不同方面。

J法官：她的意思是这个是法院确定下来的还是自己推荐的？

F法官：这个我等下说。

研究员A：好。

F法官：然后其他是208名（这一项加和不是2786名，使用时请注意，可能是读报告者有误，也可能是受语言限制，整理者有误）。这个地区分布，城市人口是1889名，农村人口是897名。年龄情况是40岁以下的是909名，40岁以上的是1877名。人员来源，组织推荐是2068名，个人申请只有718名。全省基层法院人民陪审员共参审案件78349件，其中普通程序一审案件41761件，简易程序案件是6161件。参与调解案件是18399件，执行案件是1298件，信访案件是167件，其他案件是169件。其中参审案件占一审普通案件的53.3%，这是个基本数据。具体做法我就不说了，我就说一下存在的问题。存在的问题，这个，我们下去搞调研，人民陪审员制度这一块，实际上亟待解决的就两大问题：第一个是陪而不审问题，这个问题解决不了，人民陪审员制度就出现很多现象。当然各位庭长，因为各位庭长都在一线，这些问题他们最了解。还有一个就是保障问题。现在这个参审率里面，2012年全国法院人民陪审员参审案件20件以下的是1400人，从未参审的是357人。经费保障，我省是109个基层法院，仍有60个法院的人民陪审经费是靠挤占法院办案经费自行解决的，有8个基层人民法院人民陪审工作是院外多方筹集。这个经费，就全省来说，我们这个陪审办案的经费、补贴，标准是不一样的，有从300元起，也有从100元起。比如我们S省比较贫困的县，省北那些案件，一个案件补贴3块钱。还有SB地区的Y市，就是有钱的这些区域，那可能补贴得多一些。这就是经费问题。还有陪而不审问题,我们对陪审员要求有三个,其中一个就是要求陪审员有法律知识,但是大部分陪审员是没有的。最高法院还有个要求,提出农村村民要占陪审员的 2/3,还要提高,还要求是一线、基层的,这里面是有矛盾的,这个矛盾怎么解决?我研究这个陪而不审问题,个人觉得,人民陪审员制度设计的时候这个定位是不是准确?人民陪审员在这个案件审理中到底起什么作用,是只是对法律事实和证据进行参与还是对每个环节,包括量刑进行参与。对量刑进行参与,那么只能是陪而不审、审而不议。即使是培训,就像 J 庭长所说,我们全程培训,3—5 天。在全国来说是比较先进的,但是解决不了他这个法律知识欠缺问题。我们在审理案件的时候要讲法语,要用法律术语,这更极大地限制了陪审员对案件的参与。他不敢说话,他说的都是外行话,我们要专业。很多陪审员,包括我们去年对一些优秀陪审员进行表彰,表彰先进性,他们也做工作总结,大部分陪审员表示自己在第一次参加庭审时候,跟蜡像一样。他没有一点知识,法律关系更不懂,经过一年两年的磨合,可能还好一些。过去,有些基层法院,法官肯定非常少,有些庭可能就一个法官,在 2005 年以前很难形成合议庭,每次开庭之前就到处拉。2005 年决议、意见之后,我们招了大批陪审员,我们把他拉进去充当法官,实际上很多案子都成了独任审判,虽然你看着有两个陪审员,但实际上就是法官一个人说了算。所以说人民陪审员,这个定位是一定要搞清楚的。陪审员不可能像法官那么高素质,绝对不可能,培养一个法官不是一天两天能形成的,培养一个优秀法官也不是一年两年能形成的,需要几十年的。所以我建议陪审员只是参与事实上、证据上的认定,或者罪与非罪的确定,对案件量刑要考虑,不然解决不了陪而不审问题,陪而不审问题解决不了,有些人坐在那和蜡像一样,有什么用?还有就是解决不了随机抽取问题,最高法院要求陪审员要随机抽取,这是保证公正、公平的一个手段。但是现在基层法院根本达不到随机抽取,因为有些陪审员根本就不来。案件来了,你叫他,他收到了,案件审理时,他又不来,而有的陪审员常年在法院,对案子好奇啊什么的,他就成了什么,成了咱们的编外法官。再加上前面几个庭长也提到的,我们这个人民陪审员的数量问题。有这么几个问题:第一,人民陪审员多的法院就这么两个层次。一是案件很多的法院,人民陪审员使用率包括这个人民陪审员的量就很充实。还有一个是贫困县,很穷的地方,人民陪审员数量也非常多,为什么啊?因为待遇好。穷啊，50块钱啊。就像你刚刚问我怎么产生的，我对这个产生也很关注啊。这么多年我在给最高人民法院打报告、省人大打报告、政法委打报告，我一直在文件里体现我自己的意见。说得片面点或者怎么样，大部分有一些都是人情关系，尤其是基层那些七大姑八大姨，在家没事，就请过来，来法院审个案子玩，这样的陪审员参案有作用吗？有责任感吗？我的意见是通过媒体、网络大规模地宣传、推动，借助这个舆论，提高陪审员的地位，让大家踊跃报名，从这个里面再选出来，那就相对好一些，是他们愿意去做，有责任感，而不是为了什么某一方面利益。但实践中这部分比例是非常小的。

法官 C：我插一句啊，实际上我们今天讨论的问题就是司法专业化和大众化的问题，它大的问题就是这个，还有再一个是这个公民参与监督司法，这个司法主要我们审判这一块，你比如说在侦查阶段，刑诉法有规定提供线索，那就是一种群众参与司法。我们谈论的司法主要是指我们法院审判阶段，让群众怎么来参与和监督这个司法。不是这个阶段，那起诉阶段咋参与？

研究员 A：这个陪审员的抽取是按照身份证号、驾驶证号随机抽取的？

J 法官：对，它是有这个库，就是陪审员库，从这个库里随机抽取的。有个问题是，开庭前法官都不知道谁是。唉，这是英国法官来跟我们讲的啊。

研究员 A：还有这个人民陪审员的问题，不是说你想来就来，不愿意陪审就不陪审（有哪个地方，几次不来就取消你的资格）。但是现在人民陪审员这样一种采取自愿、推荐的方式，是一种中国特色。

F 法官：第一，刚才院长说到，如果一个人民陪审员长期不参加陪审活动，将被取消人民陪审员资格。但是咱们这个人民陪审员是省人大确立的，一年一检，所以为什么前几年基层出现很多问题？你拿他没有办法。第二，考核机制。人民陪审员如何考核？针对长年有案子陪审的陪审员和没有陪审的陪审员，怎么考核？这也需要建立、完善。因此，你们来，我也很高兴。因为我也有难题。因为你们经验丰富，站的位置高，你们也可以为我们指点迷津，结合其他高院的做法，怎么能把"陪而不审、审而不议、议而不决"的问题真正解决。这个问题如果解决掉，人民陪审的制度就能推进，甚至可以升华。要不然碰到这个环节，而且今年5月22

日，最高人民法院关于人民陪审的电视电话会议要求"倍增"。我对此有看法：在现有的人民陪审员制度的运行下，还存在很多问题，此时提出"倍增"，不合适。

研究员 A：我猜想为什么提出"倍增"。是因为高层面临着很大压力。高法开展了人民陪审员制度，高检为了争取跟高法同样的地位甚至超越于高法的地位，开展人民监督员制度。因为我这里都是司法机关，都跟你一个地位。从高法的角度来看，人民陪审员制度是世界通行的、普遍的制度，而这个人民监督员制度有点不伦不类的。

J 法官：人民陪审员的职责包括是什么？他是检察长的宣传员。

研究员 A：高法认为一定不能弱化人民陪审员制度，只能强化它，不然就可能比不过高检了。

J 法官：强化人民陪审员制度与人民陪审员的数量也有关系，但不起决定作用。人民陪审员的素质与人民陪审员的数量是不一样的。

研究员 A：可能你们在这上面就注重实质效果，但是从上层来讲，它主要是一种从政治角度的考量。

F 法官：所以这就看你是否科学地结合，如果科学地结合，就可以推行下去、起到一定效果。这也是为什么我们要"接地气"。不然的话，你上面在纸上谈而脱离了下面，这就不是科学的结合。

研究员 A：高检搞人民监督员并开始推广，我们老质疑高检作为法律监督者，谁又来监督你？搞出一个人民监督员来抗衡法院，所以这在某种意义上就是两高的博弈。

J 法官：人民监督员好不好？确实好。但是它的效果怎么样？现实中有这样一种情况。就在检察系统市检察院的检察员少。基层检察院的检察员是这个案子的公诉人。到二审之后市检察院检察员少，他就给基层检察院再任命一个为市检的代理检察员。同一个案子，可能一、二审的检察员都是一样的，这是违法的。谁来讲这个事情？

研究员 A：所以我特别能够理解你们想问这是什么理论、要解决什么问题。在实践中办案的认为搞的这种制度也不好使，因此我们在找一个折中，既能符合最高院、最高层的意图，同时又能兼顾到办案的实际需求，两者不能脱节。不能因为单单与高检抗衡，就强化人民陪审员制度，增加舆论监督。我以人民监督员的制度来考核你，高院就加强人民陪审员，现在两个方面结合，效果会更好一点。所以，我们现在在找两者的结合点。

那这个"结合点"究竟在哪?

F法官:还是这个"陪而不审、陪而不议"的问题。这个问题我耿耿于怀。我跑基层人民法院很多,全市 109 个基层法院,我几乎全跑遍了。现在,陪审员从选任到进法院进行陪审工作(包括基层法院),基层人民法院根据省高院要求部署,对陪审员的培训也很严格。

研究员A:是你们自己培训?

J法官:我们省院一年培训一次,市中院也是一年培训一次,基层法院自己培训咱们不管。基层人民法院人民陪审员定期观摩、交流、加强法律知识,用这种方式达到理想化作用,达到在庭上的效果。我们法官还挑灯夜战弥补专业知识,更何况非法律专业的人民陪审员呢?所以更应当重视培训,才能达到其在法庭上应当发挥的作用。建议学者在调研中把人民陪审员定位作为一个议题,着重解决一下。基层法院中,案件多的单位经费相对充裕,案件少的,尤其像偏远山区的法院的经费较少。最高院也要求要有对人民陪审员的专项给付,但是与财政部不沟通。基层法院与县财政局不沟通,无法解决。有些是县法院通过个人关系沟通、解决了一下这个问题,但是并未从制度上得到解决。如 QL 地区,很多人民陪审员住在大山里,(离法院)70 公里。对于我们高速公路来说,很简单。但是对于在山里的 70 公里,却需要走大半天。而补助才 50 元、30 元,因此无人愿意参加。我们讲责任问题,而人家也要考虑到自己的生活生存问题。30 块钱,跑好几次。案子一开庭就去,不划算。所以针对这一点,我认为最高人民法院应该与财政部对接一下,切实保障人民陪审员经费。并且一定要落实到基层人民法院。同时在管理上,人民陪审员由法院管理也有问题。人民陪审员在职责中有一个监督权,是监督法院的。你还让法院来管理人民陪审员,这很矛盾。所以建议在人大成立一个办公室,人大监督法院、同时人大也监督人民陪审员。

L审判长:我认为社会公众参与审理案件,有三个形式:其中之一是人民陪审员制度,这也是刑诉法规定的,已在我国实行了很多年。这个制度确实在一定时期对基层和中级法院起到积极作用,但随着社会经济发展,案件数量的增多、案件类型复杂程度等变化,这个制度也存在很多问题,有需要改进的地方;且随着社会对法院的公信力、信任程度的下降,中央、最高院要求增加法院审判的透明度,增强司法公信力,我们省法院搞了两项活动,一个是邀请公众、人大、党政人员来旁听案件,还一个就是人民陪审团制度。人民陪审团制度就是要求代表征求公民意见。通过这种制度，来具体落实征询公民意见。实际上一些情况下，人民陪审员流于形式，法院的公信力下降，老百姓不相信法院。因此，不管是邀请公众旁听还是实行陪审团旁听制度，起码从形式上看是有利于提高司法、法院审判公信力的。我认为这是一个作用。近几年我们在基层法院进行了试点，对人民陪审团制度做了大量的有益尝试，有些地方法院已经把人民陪审团制度常态化了，基本一半的案件均采用人民陪审团制度，有的地方法院还建立了人民陪审团人才库，几十人、几百人不等，随机抽取；有的地方法院也制定了关于人民陪审团制度的相关规定。但是在实践中，也面临着很多尴尬和困境。因此，如何在法律框架中，既让陪审员发挥应有作用或期望作用又不违反法律规定，确实在这个过程中存在许多问题。去年我们也召开了一个座谈会，是关于人民陪审团制度试行一年来的总结座谈会。总的来说，我认为人民陪审团是有必要搞下去的，但应当在操作过程中把具体问题落实清楚。同时，人民陪审员制度也应继续加强。这两个制度并不矛盾，可以相互补充。

G法官：结合实践情况谈谈"司法公开在具体执行中情况及遇到的困难"。通过努力S省法院在司法公开方面的工作还是做得比较好的。通过一系列活动，取得了很好的效果，使人民群众充分参与到审判中来，有助于提高司法权威。但在实践中也存在不少问题，如思想的误区。这涉及司法的职业化和大众化的问题。司法的职业化是一种潮流，但是引进民意后，如何将民间智慧、大众理性与推行司法职业化，很好地结合起来，比较难掌握。如死刑案件，经过多年的普法教育杀人偿命的观念已经改变，实践中很多案子请了人大代表、政协委员、社区代表来旁听案子，我们的本意是：在开庭前向他们讲述了案件的基本情况并向他们传达了可能不判死刑的理念，旁听完后征询他们意见的时候，他们的意见仍然是判死刑，这与我们的本意是相违背的。那么，他们的意见可能在合议庭讨论、评议案件、最后量刑时是很重要的意见，这违背了我们的初衷。这其中还有个问题，就是请来的代表是文化程度、知识层次比较高的人，但他们对当前刑事政策，包括死刑政策的理解、偏见是我们法官很难想象的。

研究员A：老百姓基本上认为都应该杀。

多位法官：关于"少杀慎杀"的观念，一些学校的学生、老师、专家、教授还是可以接受的。但是一些政府官员、一些企业家、一些人大代表、村委会干部等表示不能接受此种观点。

G法官：整个群众的法制理念、对法律的认知水平没有达到一定的高度。但高层在很高的层面来设计出很多制度。我认为还是缺乏一种基本思路。这一点在我们实践中体会是最为深刻的。因此，我们不单单是执行法律、审理案件，还要在审判之外做很多群众民事调解工作。所以，针对这一块儿，我们的疑问是怎么使人民群众能够有序地参与。

研究员A：这一点是很值得思考。在日本建立裁判员制度后担心判死刑的比例会不会大幅度上升，后来发现并没有大幅度上升。可能有的案件比法官判得重，有的案件比法官判得轻。其实经你这么一说，中国建立这制度好像还是很危险的。因为日本国民法制观念比较好，民众参与案件比较理性。现在中国有一个倾向，比如邀请的政府官员、企业，可能他们是社会的既得利益者，对有利于自己的会很维护。但是现在各个群体不一样，学者、学生相对理性，但陪审的人不应该只是以政法官员为主，老百姓也应该参与进来。但是老百姓参与进来，会不会都最后判死刑？这就很可怕。应当值得注意。因为在刑事案件中适用陪审制度，首先就是在死刑案件中适用陪审制度。如果在中国一用就是这种效果的话，好像也不太合理。

G法官：现在开庭时，在法庭上这些陪审的不理性。所以，如何能让人民群众有序参与司法，这也是司法公正中很难解决的一个问题。这也是为什么我们有些案件邀请公众参与，而有些案件不参与。

研究员B：也就是，选案件之前你自己有一个预设的标准？请举个例子吧。什么案子，你倾向于适用人民陪审团制度？

G法官：是有个预设的标准。例如，有的案件确实是事实清楚，当事人却胡搅蛮缠、说一些无关事实。这些案件邀请旁听一下，不会影响法官判案，有助于法院审案效率。

F法官：我认为，公正司法审判工作的主体是法院和法官。陪审员，参审也好，观审也好，从字面上看他毕竟不是法院的主体，只是为法院起辅助性作用的。这样做，有利于保障司法。

法官（女1）：我简要说两个问题。

第一个问题是司法公开的问题。首先应当明确司法公开是为了什么？司法公开是因为司法不能回应人民群众对司法的期待问题。人民群众想让公开哪些内容？是公开法官的信息、公开审判过程还是其他内容？人民把具体要求提出来，我们法院予以公开。具体来说，我们希望民事案件都可以上网。因为民事案件中最重要的利害关系人都可以看到案子。一般来说,民事案件不上网的原因有两个:一是有些当事人需要上市、害怕上网会造成影响,主动申请不上网。但是这类案件往往有不属于我们不上网的范围(商业秘密、个人隐私)。二是当事人不希望上网。中国人的传统理念中"厌讼"的观念犹存,当事人担心会给自己造成不良影响。因此,民事案件中,不是法官不愿意上网,而是当事人不愿意上网。另外,司法公开最关键的还是社会民众想知道些什么内容。如果都公开透明了,并不是他所需要的,那么我们的这种公开有意义吗?所以,一定要回应人民群众这种新期待。司法不公问题不是社会公正问题的最主要的一个方面,司法腐败也不是腐败中最厉害的一个方面。那为什么司法不公问题现在提到了这么重要的层次?就是因为法制理念的传播和依法治国理念的提出,司法不能回应人民群众这样一种新期待。

第二个问题是人民陪审员的问题。这是一个好制度。我了解到,S 省 X 市有一个人民陪审员叫 Z,很负责任,他从 2005 年到 2008 年的三年时间里,陪审的案件有 500 件,我们也曾对他的事迹进行过报道。他虽然文化程度不高,但是很热心,对于我们民事案件的陪审很有必要。民事案件不是单纯地认定事实和适用法律,更主要的是要把纠纷解决掉。有基层工作经验、调解能力强的人民陪审员更适合做民事案件的陪审。同样的事实、同样的道理,由人民陪审员告知,他就会相信人民陪审员,认为人民陪审员比法官更加公正些。因此,我认为人民陪审员的制度是好的。然而,中国的法律、制度、政策存在一个根本的问题,即他们应该是一种理性的产物,不能今天一变、明天一改。事实上,人民陪审员制度是从 2005 年 5 月 1 日起正式施行,刚刚实行八年。在这八年中,该项制度存在哪些问题?有哪些问题是人民陪审员制度所不能解决的?是否还有必要再次提出一种新的制度——人民陪审团制度?人民陪审团比人民陪审员的优越性在哪里?如果人民陪审员制度解决不了的问题而用人民陪审团制度能够弥补,我觉得这是可以接受的。但是,还有些问题只需严格遵循人民陪审员制度就可以解决,为什么还要把现成的制度抛开不用而要另采用一种新的制度呢?所以,应把两者的范围、优越性进行整体对比后,如果发现有些问题用人民陪审员制度无法解决而必须采用人民陪审团制度时,我们是否可以在现有的基础上,在不抛弃人民陪审员制度的同时,将人民陪审团制度也纳入其中,形成涵括二者的"人民陪审制度"?形成两者的有机结合？这两年很流行一个词叫作"重塑"，我在想"重塑"是否真正达到这样一种严重的程度，必须推倒现有的制度来塑造一种新的制度？量变是不是真的已经到了必然要质变的程度了呢？所以，我的观点是，在现有人民陪审员制度的基础上，将人民陪审员制度和人民陪审团制度两者结合到一起，搞一个"人民陪审制度"。另外还有一个问题，人民陪审员并不知道自己的意见是否被采纳、其陪审的案件的结果，法院能不能将最后的文书寄一份给人民陪审员？（研究员 A：这是理所当然的）这是理所当然的。但是现实中并没有这么做。

法官（女 2）：我说一下裁判文书。裁判文书，最高院审管办做了一个调研。法官的普遍意见是，裁判文书公开的步伐不宜迈得过大。但若形成一种制度，应当明确地告诉当事人，一旦提起诉讼，除涉及商业秘密、国家秘密、个人隐私外，所有的文书都要上网。这对于有的可诉可不诉的案件，也是有影响的。这要求你有一个制度规制到这儿，而且这个制度是广而告之的。如果现在单单提裁判文书上网而没有配套制度，好多后续问题、责任甚至需要当时的办案人员来承担，这是不合理的。所以，在当今没有指定相关配套制度的前提下，还是不宜过大地公开。这是我们这里的情况。至于全国的情况，最高院审管办应该有详细的资料。

J 法官：至于这个上网与否，我看 X 市中院采取的做法是，采取表格的形式征求当事人的同意。这是值得借鉴的。但省法院的要求是尽可能都要上网，除涉及国家秘密、商业秘密、个人隐私的以外。省法院的要求符合最高人民法院的要求。

研究员 A：刚才你们的意思是不是，上诉审法院是不是也可以采取陪审制？

法官（女 2）：我觉得可以把这个范围扩大一点。不限于一审案件，二审案件也可以采取陪审制。

研究员 B：民事案子，陪审员的参与能够帮助当事人做一些工作，比如说调解方面，会起到一定作用。但是昨天我们在 X 区法院，法官称针对民事案子，法官不太愿意让陪审员来，而刑庭用陪审员用得较多。但是现在有考核，所以都得用。针对这两类案件，到底是什么情况？

（讨论）

研究员 A：也就是说，哪些案子用人民陪审，哪些案子不用人民陪审，实际上是没有明确规定的，是法官自己选择的。

法官（女2）：但是从法官角度来看，法律关系复杂的、疑难、复杂的案件，他们还是不希望适用人民陪审员。只是限于一些简单的刑事案件、简单的民事案件或者是出现一些当事人闹的这种情况时，才适用人民陪审员。

法官（女1）：还有就是，每个法官对问题的认识不太一样，有些法官认为，重大、疑难、复杂案件或者当事人很难缠的案件，法官反倒愿意请人民陪审员过来。因为人民陪审员调解纠纷的能力很强，易于与当事人进行沟通。像知识产权等专业性很强的案件，也愿意请陪审员过来。另外，为什么不是每个案子都请人民陪审员，因为请人民陪审员过来真的非常累。

J 法官：第一，司法公信不高是世界性的问题，因此很多国家都纷纷开始改革。韩国、日本以及中国台湾地区，要么实行了陪审制，要么实行了参审制。中华人民共和国成立以后，就实行了人民陪审员的制度。这种制度可以说是中国的一个创新，所以我们积极抓住它不放。从陪审制度和参审制度的本意来看，陪审制度就像咱们的陪审员具有两个目的：一是监督司法，二是司法的大众化，吸收民众的常识、常理、常情，使判决更加符合民意，避免判决结果和社会的常态产生鸿沟。人民陪审员制度除了刚刚提到的"陪而不审""审而不议""议而不决"这三个弊端之外，另外还有一处弊端在于易形成固定化的思维模式，即人民陪审员是准法官，他们的思维模式已经司法化，真正从人民陪审员那里得不到符合常识、常理、常情的意见了。当初建立人民陪审员制度的初衷是使它能够符合民情、符合大众判断。反而现在因为高度的司法化、专业化以后，当初的设立目的落空了。所以，如果在陪审制和参审制中有所选择的话，我觉得参审制更加合适。参审制的参审员更加超脱一些，参审员的意见仅仅是法院、法官裁判的依据，不作为一种结论，能达到既监督法院又能够使裁判符合民意的双重效果。

第二，我们国家是一个大国，是一个熟人社会。如果采用人民陪审团制度来搞审判的话，最终可能导致一种司法腐败。如果是参审制度的话，建立一种专家库随机抽取，这样可以杜绝人民陪审员滋生腐败的后果。

第三，不管是陪审还是参审，都有很大的好处，能够帮助法院法官减少来自党委、政府各类关系等方面的干扰，起到帮助说服当事人的作用。

第四，去年去中国台湾考察，他们实行观审制，是参审制的一种。我说的这个更加符合我们国内的实际情况，更具有民族性。观审员来参与审理，同时发表意见，但是这种意见仅仅作为法官的一种参考，而非结论性意见。但是针对观审的范围，也有明确的界定。仅限于杀人、制造一级毒品等最终判刑为死刑、无期徒刑的重案。这让我想起美国陪审团制度仅仅限于刑事案件，特别是重大的刑事案件。这也是对我们的参考。但不管采用陪审制还是参审制，都是成本较为高昂的审判模式。例如台湾观审员出席庭审，费用为3000元新台币（约700元人民币）。但是台湾地方很小，一旦选定人民参审员后，很快就可以到达法院出庭。而我们大陆是不一样的。所以代价成本很高，应当界定适用案件的范围。同时对观审员的选拔。因为我们是要倾听民意，所以应当采取随机抽取的方式更好一些。从这个角度来讲，在陪审制和参审制中选择的话，我还是更倾向于选择参审制。

附录 3　H 省各法院座谈会录音整理

H 市 X 县人民法院：

第一，X 县法院是 2010 年 10 月公布的第一批全国司法公开示范法院。第二，在工作中严格按照最高法院关于司法公开的规定、要求对立案、庭审、裁判的文书进行公开。

在立案中，以便民、利民为主导思想，主要是在加大资金投入、强化作风建设等方面实行立案公开。我院投资 90 万余元购置了案件信息查询电子触摸屏、庭审公告电子显示屏、案件审判流程管理系统等，以便当事人在立案大厅随时可以查看这个案件进展程度。

庭审公开，一方面是做好开庭公告，另一方面是设立庭审直播报告制度，建立专门的数字化法庭。从 2010 年下半年到现在，实行庭审直播的案件一共 158 起。这扩大了人民群众对法院工作的支持与监督，同时也督促了庭审人员、审判人员庭审驾驭工作和审判业务水平。因为你庭审直播直接上互联网，所有人都能查询，所以说，无形之中给了自己压力才能不断提高自己实力。另外，除了在固定审判场合使用庭审直播以外，还实行巡回制度。就是到村里面去开庭，全程录像，回来之后再上网。这是庭审公开，当然还包括要求陪审员参加审判、要求人大代表参与陪审等。

文书公开工作是从 2009 年下半年开始进行的。刚开始因为一些审判人员思想上认识不到位，还有一些阻力，认为文书一旦公开就会加重审判人员的负担，担心文书上有一些瑕疵会引起一些负面的效果。但经过一段时间的推进以后，现在已经形成很正常、自然的流程。庭审法官在裁判结束后，会自觉将裁判文书拿来上网。当然这其中也使用了一些措施，包括统稿、点评，使文书上网工作做到文书该上网则全部上网，除了一些涉及隐私、秘密不适合上网的。

司法信息公开部分，我们按照对于审判法院的要求，从审务公开做了一些工作，网上公开包括法院工作人员、法院的职能、部门、工作人员、法院的一些流程、管理制度，能公开的全部公开。还有法院的一些重要工作会议、会议报告、重大活动以及一些司法统计上的数据。再一个就是建立网络查询系统，成立专门的网络管理办公室，对这个诉讼程序通过一些软件全部录入，以方便当事人查询。

在微博工作方面，第一，我们建立了一支"专尖直"的队伍，要求每个部门成立信息员负责微博工作。第二，完善了一套微博管理制度。第三，形成良好的微博的工作环境。法院工作人员一开始对此比较抵触，因为以前没有接触过，不知道怎么用，因此要强力推进，领导带头发微博、查看微博，做出表率，另外有专人管理微博，再一个就是重大活动需要上网，要求全体人员全上微博，几次大的活动之后，大家对微博很熟悉，现在已经形成一种很熟悉的东西。上班之后打开电脑，看看有什么需要回复的。

在"三同步、两公开"工作方面。第一，我们按照中院的要求，成立了一个专门的组织，由一把手同意、审判长签字、业务庭具体参与、综合部门积极配合的工作机制。第二，就是完善设备，需要一些物质、技术上的要求，经过投资，并建立了两个录音、录像同步的审判庭。第三，监督制度，进行通报批评。第四，发挥优势，于2010年成立了书记员管理办公室，书记员统一管理，实行庭审笔录速录，于2011年进行集中培训，为庭审"三同步、两公开"打下坚实基础。

再一个就是司法建议公开。要提高认识，提出司法建议是社会管理的一部分；对司法建议实行通报、点评制度，然后是要求司法意见必须结合司法工作，司法建议必须要有针对性，不能泛泛而谈。强调效果，司法建议提出之后，要对司法建议的效果进行调查并要求各部门进行及时汇报。

存在的问题主要是司法公开意识要进一步提高，司法公开物质投入要进一步增多，司法公开单位要进一步扩大，司法公开制度要进一步完善。

一点建议就是审判公开要处理好司法公开与公民隐私保护的关系，一方面要做到的是司法公开，另一方面是公民隐私保护。（这两者的关系是）很难处理的。例如，裁判文书公开后被转载，相关人员就会提出侵犯隐私权、姓名权，要求删除。希望出台一些具体可操作的制度，保护好公民隐私，也推进司法公开。再一个就是处理好网络视频直播与节约审判资源之间的关系，各基层法庭没有视频直播审判庭，如果选择开视频直播庭，都要到法院来开庭，基层法庭是为了就近方便当事人，但如果开视频直播庭，当事人必须乘车到法院来参加庭审，造成了审判资源的浪费。对于这个主要建议是对基层法院加大资金、技术投入，对基层法院工作视频直播人员加强培训。

研究员 A：立案公开这一块，哪些案子立案了，哪些案子没立案，你通过什么方式公开？

法官 L：随时给当事人发放有关信息。

研究员 A：那这个立案信息是对当事人公开还是对社会公开？

法官 L：我们有这个查询系统，可以查询。

研究员 A：那就是说社会也可以查？

法官 L：可以。

研究员 A：因为立案公开这一块涉及公民权利。权利被侵害后可以利用法院实施救济。社会想知道立案率有多高，作为普通公民不是当事人，就想知道我如果权利受到侵害，起诉到法院，我在多大程度上，有多大可能被法院立案。

法官 L：有专门的立案标准、立案条件。

研究员 A：不管设立的是什么立案标准，因为国际社会现在是能立案就应该尽可能立案，而不能通过实质审查将一些案件排除在司法救济之外，应该尽可能多立案。那么您觉得您这个法院立案率有多高啊？

法官 L：立案只要符合条件就能立。

研究员 A：就是说，不能立案是例外，因为例外有时候……就像我们要以不羁押为原则、羁押为例外，但实际上操作，逮捕率多高啊。实践中，所以担心的就是这个，因为法院涉及大量民商事法律关系处理，涉及公民权利这一块。

法官 L：只要符合立案条件，我们就立案。

研究员 A：这个不是条件，因为这个国家就不能设定严格的立案标准。

H 省高院法官：这个情况是这样的，我一直关注立案这一块，民事案件的立案率应该为 98%—99%，除了特别敏感的案件。

研究员 A：特别敏感的案件。

H 省高院法官：对，比如说 H 省艾滋病问题，全国影响特别大。在 2008 年的时候，有个美国人权基金支持的一个非政府组织，搞了一个活动，要求 300 名律师，每个律师代理 2 起（艾滋病）案件。就有艾滋病

（患者）来 H 省起诉。我们突然收到了这样的起诉，这些艾滋病（患者）主要都是过去通过艾滋病输血造成的。于是就紧急和省委宣传部、最高人民法院写报告、写请示，最后了解到的背景是他们准备在世界人权会议上掀起一个就说中国对艾滋病人救济不及时的情况。（高院）和省委、省政府研究沟通，艾滋病案件如果要司法受理的话、引入司法程序的话造成几个危害：第一，由于这是在特殊时期、集中在一段时期形成的大量案件，首先涉及的问题就是对所有艾滋病人的公共保护问题，受理一个艾滋病人可能赔偿上百万元可能导致当地一个医院的破产，如果有一个县医院有 3—5 起（这样的案件）就破产了。对这一个艾滋病人的保护，可能还涉及其他艾滋病人以及其他该医院负责的公民的医疗保障问题。对其他艾滋病人不能提供保护，另外对其他公民也不能提供保护。最后请示最高人民法院以后，我们 H 省省委、省政府特别重视这个问题，派出所有厅级以上干部包村、包乡对他们实行"四免一关怀"，通过行政进行一些救济，没有司法介入，没有书面文书，但是有口头也是说考虑 H 省这个情况，像这种情况就是说暂时不受理，如果受理了，相比较弊大于利，所以暂时没有受理。H 省一年一审受理案件有二三十万起，这样的案子可能也就几百起，整体占的比例比较小，可能社会一炒作，以个案炒作放大了，不受理案件不会超过 1%。

研究员 A：因为这个社会转型期这种特殊案件，国际社会比较能理解，比如像这样、像拆迁，但是一般案件，就可能不太理解。

H 省高院法官：就像 90 年代这个整体改制、集体下岗案件，有司法批示，现在有些地方的强制拆迁的纠纷啊。

研究员 A：嗯，这个您介绍得比较清楚。另外，我想知道，庭审直播您是怎么选择的，哪些案件直播，通过什么程序或者什么实质标准？

法官 L：这个主要是适用于普通程序，简易程序不直播，因为简易程序比较简单，时间也很短。

H 省高院法官：另一个是不是要考虑法制宣传教育、典型性啊？

法官 L：嗯，对，典型案件。还有前沿性的、重大社会影响的。

研究员 A：那您觉得这个直播效果好吗？

法官 L：效果不错。

研究员 A：那你们是通过什么方式了解这个效果的反馈？

法官 L：直播设置上有一个点击率，还有一个是评论。还有通过当事人、社会上比较熟悉的熟人了解，偶尔会发现还有直播，另一个是对庭审人员的庭审作证，全世界都知道了。

研究员A：有没有一些负面评论？主要是哪些？

法官L：没有发现。因为基层院案件相对影响较小，点击率相比中院、高院案件相对较低，评论相对较少。可能就是当地老百姓会关注。

研究员A：所以说这个措施不一定要推开，因为只有效果特别明显的措施才需要推广。另外您说这个上网率是100%，当然是指规定应该上网的。我们想知道，比如涉及国家秘密的这一些案件，法律规定是要公开判决的，虽然审理不公开，我们想了解一下，实际公开案件占所有案件的多少？

法官L：90%以上。

高院法官：只要是民事裁判结案的案子，约60%的是调解结案的。

研究员A：就是说调解结案的不公开？

高院法官：对。

研究员A：简易程序的公开吗？走简易程序结案的？

法官L：公开。不过刑事案件中涉及死刑，未成年人的，这些不公开。再一个是民事案件中一些婚姻家庭案件不适宜公开。最后是当事人协议不让公开。

研究员A：我们想知道，这个当事人不让公开对法院公开文书有多大影响？

法官L：不同意就不公开。对，我们现在是这种做法。

研究员A：哦，你们现在是采取的比较尊重当事人的做法，现在制度设计上就遇到这么个问题，就是当事人权利和社会公众的知情权，这种情况，不能完全受制于当事人，比如说被告人涉嫌犯罪接受公开审判不能因为他不同意公开审判就秘密审判，实际上公开审判也是保护他的合法利益，也是让社会公众可以旁听知道这个事。

法官L：民事案件，比如婚姻案件就是因为当事人大多不同意，比如涉及夫妻感情，说公开对孩子不利。

研究员A：现在做法就是当事人不让公开就不公开？

法官L：嗯，是。

L市J区人民法院：

L市J区人民法院在上级法院的指导下，在司法公开方面进行了一系列探索，取得了一定成绩，尤其是"三同步、两公开"方面，被省高院确定为司法公开示范法院。同时，在去年被确立为全国司法公开试点单位。

下面从信息化建设方面谈谈加强司法公开。J区法院年均办案5000件以上，法官是35个，法官年人均办案数近200件，尤其是民事审判方面，近300起，审判执行工作的效率、效果得到极大的提高，法官的司法行为得到了规范，司法透明度得到了进一步提升，人民群众的满意度不断提升。

1. 领导重视，科学决策

随着各类社会矛盾大量涌入法院，案件数量持续增加，人民群众与社会各界对司法公正的要求和期盼越来越高，信访形势越来越严峻，而另外，法院审判力量严重不足。要改进法院工作，既要重视发扬优良传统和作风，继续坚持好的管理办法，更要注重适应社会信息化的新形势，走科技强院的道路。

为此，我院领导班子不断解放思想、更新观念，决定以信息化建设推进法院工作全面健康协调发展。在经费比较紧张的情况下，想方设法加大科技投入，改善硬件设施，完善软件管理系统，确保信息化建设工作的顺利开展。分别向上级法院、区委、区政府汇报我院的基本情况和信息化建设的方案。市中院、区委、区政府领导在听取了我院的汇报后，对我院信息化建设的工作打算给予了充分肯定，要求按照全省一流、全国先进的高标准进行设计、采购、施工。区财政对我院的信息化建设工作提供了大力支持，为我院信息化建设和升级改造顺利进行提供了有力的保障。各级领导的信任和重托，使我院党组一班人统一认识，下定决心，确定了向高科技要效率，向高科技要审判力的工作目标。

2. 先进实用，科学合理

近两年来，我院党组始终坚持超前规划，突出实用性和可持续性的理念，先后投入资金300余万元，建成了包括由网络、硬件、软件支撑的完备的信息化体系，实现了"审判流程网络化、庭审活动数字化、卷宗管理信息化、司法信息公开化"，完成了从传统粗放型审判管理模式向精细化、信息化、全面化管理方式的转变，极大地提高了工作效能和人民群众的满意度。

一是完成三大网络建设。三大网络包括我院内部的局域网，全省三级法院联通的广域网和国际互联网，三大网络既能独立使用，又可连接共享，在确保信息交流安全、快速的同时，极大提高工作效率，法官通过这三大网络平台，足不出户便可进行信息交流与共享、网上庭审直播、远程视频会议等活动。

二是高标准配齐硬件设备。先后建立起了科技审判法庭系统、审委会办公系统、证据展示系统、媒体查询系统等硬件设施。审委会会议室配备了1台高性能交换机，13台笔记本电脑，用于网络办公。审判庭全部配备有标准化审判台、电脑、速录机、打印机、语音传输、数字化证据展台、电子显示屏、等离子显示屏等，实现了审判法庭"三同步、两公开"的全覆盖。另外，全院配备高性能计算机110余台，人机配备比例达到了100%，办公区域还包含30台摄像机和11个双监探头的多媒体监控系统，实现对我院审判法庭、办公综合楼的全方位、全天候监控。

三是不断完善软件建设。随着硬件设施的不断充实，与之相匹配的软件建设也在不断完善。目前，我院已建成了包括公共信息查询系统、法院综合信息管理系统、电子档案系统、电子卷宗、法律文书校对系统等九大软件系统。通过这些软件的运用，在实现办公公开化，进一步提高审判质效的同时，还提高了我院科技化、规范化管理水平。

3. 抓好培训，事半功倍

科学技术是第一生产力，而人是生产力的第一要素，一流的设施离不开一流的人员素质。因此，我院始终把提高干警素质放在首要的位置去考虑，在提高队伍的业务素质方面，注重法官的业务培训，鼓励法官参加各种形式的专业学习，以适应信息化发展的要求。举办了庭审"三同步、两公开"工作培训班，结合庭审实际，就庭审"三同步"的具体操作规程，采取集中讲解、实践操作、现场指导、解疑互动等形式，对全体审判人员进行业务培训，提升"三同步、两公开"的适用能力。

在加强培训，提高干警操作能力的同时，我院还加强监督考核。强化司法公开工作的监督管理，由院政治处、监察室、审管办等部门人员组成专项督查组，采取定期检查和随机抽查相结合的方式，对庭审"三同步、两公开"、裁判文书上网、庭审网络视频直播的落实情况进行督查。一月一通报，一月一点评，要求未达到要求的部门和个人及时进行整改到位。书记员从事着庭审"三同步、两公开"等司法公开最基础的工作，为此，我院向社会公开招考了12名高素质书记员，全部配备速录机，经培训上岗，以书记员所任职级、学历、业务水平、工作实际和工作年限为依据，确定书记员等级的评定条件，将书记员分成四个等级。现在 L 市 J 区法院共有四名一级书记员，每分钟打字 400 个，为庭审"三同步、两公开"等司法公开工作的入手打下坚实的基础。

4. 效果明显，大有可为

经过几年来的实践，科技强院的效果已在我院初露端倪，给我院以审判为中心的各项工作带来了巨大的变化。审判管理、网络化管理、庭审"三同步、两公开"等工作先后在省级会议上作经验发言。我院的审判管理庭审"三同步、两公开"工作被省高院确定为全省法院试点单位，司法公开工作被最高院确定为"全国法院司法公开示范单位"。

（1）司法过程公开化，群众满意度不断提升

一是实现办案过程公开化。办案人员在完成每一项工作的同时，将产生的诉讼材料第一时间采集进系统，案件的所有信息能在第一时间汇集到统一的资源平台，社会群众可以通过一楼大厅的公共信息查询系统查询案件信息等，实现办案的公开透明。二是实现庭审过程公开化。所有审判法庭均安装庭审视频直播和庭审监控系统，实现对庭审情况即时监控，对符合条件的案件进行网上视频直播，提升审判透明度。所有审判法庭均启用多媒体电子证据显示系统，对庭审活动中的各种文书、资料、实物证据、法律条文、庭审笔录等进行当庭展示，实现了同步录音录像、同步记录、同步显示庭审记录以及证据公开展示和法条公开展示。法官司法行为得到规范，司法透明度得到提升，审判质效大幅提升，群众满意度不断提高。三是实现庭审过程即时监督监控。利用多媒体监控系统，通过网络使庭审的图像和声音可以同步传输到院领导的计算机终端上，院领导可以在自己的办公室内通过自己的电脑观察每个审判庭的庭审情况，使每个开庭的审判人员都能时时刻刻感受到这种无形的监督，促进了庭审的规范化。四是开通 L 市 J 区人民法院政务网站。设置了审务公开、队伍建设、裁判文书等 10 多个栏目，公布法院基本情况、工作流程、管理制度等基本情况，公开法院的重要活动部署、重要研究成果、裁判文书等信息，增进人民群众对人民法院的整体了解，我院裁判文书上网率达到了 100%。开通 L 市 J 区法院政务微博，同步发布重大院务信息和审判信息 5000 余条。

（2）诉讼程序数字化，工作效率明显提高

在我院的综合信息管理系统中，审判执行过程中的每项工作，从工作

启动、数据录入、信息采集,到流转衔接、审查审批都有标准流程,形成了审判流程标准化体系,办案人员按标准办案,审判工作高效运转。

案件一经受理,立案庭就将案件的基本情况输入电脑,建立案件的电子档案,案件的审判流程在网络上进行。审判人员通过网络查询每天的任务,审查电子档案,了解案情,在规定的时间出庭审理案件。在庭审中,审判人员通过数字化实物展台组织当事人交换证据,并借助 2 台 42 英寸的等离子显示屏向旁听人员展示。书记员通过"亚伟"速录机记录,大大提高了庭审效率。庭审结束后,审判员利用网络软件中的裁判模板和法规查询系统迅速起草法律文书。审委会讨论案件也不再局限于承办人的书面报告,每个审委会委员既可以通过监控系统了解庭审实况,也可以通过自己的终端打开案件的电子档案,查阅有关案情,避免了仅凭承办人口头汇报案件时的片面性和个人倾向,保证了审委会做出的决定更客观、更公正。2012 年以来,我院的结案均衡度达到 66.98%,提升了 10 个百分点,平均审限 45 天,同比缩短 11 天,无一超审限案件。五年前,我院个人结案只要达到 100 件,即可获得"办案能手"称号,近两年,个人结案 200 件以上才能获得"办案能手"称号。

5. 几点体会和建议

结合推行信息化建设多年来的实践,我们认为,要做好信息化建设,最大限度地发挥高科技装备对审判工作的促进作用,需要注意以下几个方面的问题。

(1) 加强领导、争取支持

信息化建设需要花费大量的资金,包含三个方面:一是电脑等硬件及相关环境。二是应用软件的购置与升级。三是专业人员的引进及现有人员的培训。这是一个长期的、持续投入的过程,需要党委、政府列入财政预算予以保证,这些经费光靠法院有限的办案、办公经费无法解决,必须取得党委、政府的大力支持才能达到预期的效果。我院 10 年间,前后经过三次大规模的建设和改造,先后投入近千万元,如果离开了区委、区政府和上级法院的支持,是无论如何也办不到的。因此,党委、政府的支持是信息化建设工作的有效保障。

(2) 统筹规划、科学决策

科学技术的飞速发展,尤其是电子产品的换代周期不断缩短,真正做到让高科技设备更好地服务于审判工作,就需要结合法院实际,购置先进的电脑等硬件设施和符合全国法院"四级联网"技术规范的应用软件。因此，我们在设计时，需要结合自身情况，严格按照最高法院《计算机信息网络建设规划》的要求科学规划，立足长远、适度超前，避免低水平建设、重复投资造成不必要的浪费，确保软件和硬件能够符合实际需要和日后的升级、联网要求。

（3）人机结合、加强培训

高科技装备的投入使用，对使用者也提出了更高的要求，网络等电脑系统的日常维护，也需要引进专业技术人员。只有做到了"人机结合"，才能最大限度地发挥高科技装备的作用。我院在信息化建设之初，许多同志担心不能熟练使用网络系统，或者网络系统建成后长期不能正常发挥作用而成为一堆摆设。可实际情况恰恰相反。目前，我院的全体法官均能熟练应用网络系统，连50多岁面临退休的老同志也能熟练操作电脑。通过多年来的实践，不仅解决了能不能用、会不会用的问题，而且解决了如何用好的问题。

（4）系统配置、高效适用

信息化建设是一项系统工程，电脑等高科技设备和局域网络对外部环境以及内部的软、硬件兼容等各个方面提出了较高的要求；网络等的运行，需要持续稳定的供电；网络主机房等要求恒定的运行温度；同时，网络的正常运行，还需要一个安全、清洁的环境，需要从各个环节防止电脑病毒的侵入。这就对我们其他的外部条件也提出了较高的要求，任何一项的不足，就会造成"短板效应"，形成制约系统正常发挥作用的"瓶颈"。

（5）资源共享、充分利用

在审判流程各个环节录入的资料，在应用软件的支持下，可以实现资源共享，达到合理利用。如司法统计，以往需要各庭内勤将统计结果报院统计员处汇总，如今，在网络的支持下，统计员只需在软件中设置几个关键词就可以自动生成需要的报表，大大节省了人力、物力。又如审判监督，以往的卷宗评查，只能在年底以抽查的方式进行，如今在网络的支持下，可以随时进行，实现了逐案审查，真正确保了案件质量。再如，法院管理，以往的法院管理是软指标，靠管理部门有限的人员无法做到对全院范围内各部门和每名干警的考核和评价，考核时难免是凭印象而使考核结果有失公允，现在，在网络的支持下，对各部门和每名干警的案件质量、队伍建设、宣传调研等各个方面的工作进展情况都能随时如实、详尽地反映出来，做到了考核的经常化、公开化。

通过多年来的实践，我们深深感到，要解决审判任务繁重与审判力量薄弱的矛盾，实现人民法院工作新的突破，必须向高科技要审判力，向高素质要审判力，信息化建设是实现人民法院跨越发展的必由之路，这也是我们推行信息化建设最大的体会。我们坚信，只要我们坚持走信息化之路，必将为法院审判工作的公正和高效起到应有的作用，开创法院工作的新天地。

研究员 A：我有个情况想继续了解下，就是有些地方法院因为比较小，它容量有限，可能有些措施，有的地方是拿身份证就能进去，有的地方是还要过安检，你们这一块做得怎么样？比如我现在是普通公民，你们法院有几个庭正在开庭，我可以随意地去旁听吗？

法官：18岁以上（的人）、凭身份证、通过安检就可以进去（旁听）。

研究员 A：这有点问题啊，就是未成年人，就是开庭审理的案件，他应该可以啊？

法官：为什么我们要看身份证呢？这个我们主要考虑到的第一是安全，第二就是未成年人不让进。凭身份证过安检就能进，我们审判庭比较小，最大的也就只能坐200人，哪能坐那么多人，最小的也就只能坐二三十人，全部坐满就不让进了。法庭比较小、硬件比较差，比较拥挤，怕出事，所以安检比较严。包括我们在门口设立了存储区，过了安检之后，包应该存储起来，不让带进去。这主要是吸取教训，因为过去发生这样事情比较多。但是呢，尽量保障公民的权利，坐不下请你出去。

研究员 A：公民旁听庭审的积极性高吗？

法官：我们那儿比较高，L市J区是个城区，有些人喜欢关注我们这个东西，有些人经常去我们那个大庭。

研究员 A：根据你们的经验，就是会有很多人去听？

法官：嗯，是的，很多人会去听。坐着坐着就满了。

研究员 A：哦，那就是还有那个媒体监督，现在就是说媒体去旁听，可能涉及要报道这个案件啊。

法官：这种情况，我们要让他们提前和我们联系，接待完了决定专门让他旁听。

研究员 A：就是针对比较敏感的案件，有没有媒体发言人这一块？主动去公开？

法官：这一块也有，比如比较大的案件，我们会主动接触媒体、主动介绍案情，邀请来也行，可以报道你就可以报道。法院你也知道，"审判裁"这一块，包括执行的、立案的都是。

研究员 A：你们现在这个裁判文书上网，就是判决书上网之后，裁判书对于理由这方面有明显加强吗？

法官：有加强。上网决定之后，刚刚 X 县法院也讲到了，刚开始由于思想认识的不足、素质问题，主要是有的法官文化功底不强，怕有错别字啊等。经过这几年的探索努力，现在质量比较高，但是也不是说一点问题没有，也存在这样那样的瑕疵，比如说个别错别字。但是，文书公开这一块也是我们头疼的部分，为什么头疼呢？当事人的私权与社会公权这个对冲比较明显，比如有的民事案件，我们文书上网，把有的企业名称登在上面，有的企业反映，我是被告，但是我赢了，你登上去搞得像被告一样，对我企业造成一些影响。严格来说，上市公司，公开也就公开了，举一个例子，有个企业，我们把文书上网了，他结果就起诉我们法院，要求偿还，最后我们是立案了，然后调解，当事人要求。公开也怕出现这种情况，但公开又是上面这么要求。

研究员 B：你刚刚（提到）建立电子档案这一块，律师去阅卷是还像以前一样看卷宗材料还是可以直接在网上看？

法官：我们去年才买了这样的系统，现在还在不断地上电子档案、不断地完善，这需要一个完善的过程。我们专门的纸质档案可以给律师阅卷，需要复印可以复印。

研究员 B：那在实践中，包括庭审的直播，还是内部系统的录音录像，有没有律师或者其他人需要这个材料、想直接可以拿个 U 盘说拷贝走？你们遇到过这样的事吗？

法官：这个我们还没有遇到过这种情况。主要是因为网上都有可以下载吧。

研究员 A：主要就是因为，比如说一审律师没参加，现在是二审，我们到一审法院去联系。

法官：去网站上可以去下，我们暂时还没有遇到过这样的情况。

研究员 A：还有一个就是审判委员会决定在你们裁判中占多大比例啊？

法官：民事案件中，发回重审是由审判委员会决定的，还有就是辖区内有重大影响的案件。第三个是刑事案件的缓刑、减轻处罚的。再一个是合议意见与主办法官意见不一致的。

研究员 A：检察长列席审委会的情况有吗？

法官：我们去年有两次，主要是抗诉案件。

G 市人民法院：

第一个我说一下裁判文书上网，按照 H 省高院的统一部署和 Z 市中院的具体安排，我院法律文书上网从 2009 年 4 月开始试行至今三年有余。法律文书上网的范围逐渐从有选择的上网、当事人申请不上网，过渡到了 2012 年的全部上网。2012 年，我院共计审结各类案件 4572 件，扣除不公开审理以及调撤案件外，全部上网，共计 1778 件。今年上半年，我院上网法律文书 736 件。我院判决书上网率达 100%。如果当事人申请不上网的话，我们认为这个裁判文书是公共产品，如果你认为侵犯了你的权益，你可以写书面申请，写清理由，经过审批程序我们认为成立的话，就不上网。但是法律文书上网也确实有一些问题，比如说有的企业，就不同意上网。他们不同意的理由就是有的企业要上市，不管做被告还是原告多了，对企业上市都是不利的。还有一点是贷款，企业资金流转一般都要贷款，银行要查，通过查询系统可以查到，不管你是原告是被告，不管赢不赢，查到了一般就认为你信誉不好，不给贷款。所以，当事人是自然人的申请不公开的倒不是特别多，主要是涉及隐私的这一块都扣除了；但企业法人他们不高兴上网，但是我们让他们提出正当理由，否则一般都是要上网的，全部登上。我们法律文书上网有以下特征：第一，数量全。2012 年我院法律文书上网非常全。我院法律文书上网和不上网都有严格的审批手段，层层审批。第二，上网准。首先统计的区间是每月 20 日前后，向上级法院报送报表的时间是 21 日，法律文书上网的时间截至 20 日凌晨。所有上网和不上网的数量要和司法统计一致，不能有任何差错。我们也是有责任的。如果出现问题都要追究责任的。但现在还有一个问题，就是大家都用电脑，案件比较简单的时候，文书都是复制粘贴过来的，但是这样容易出现问题，错别字、多一个字少一个字也是有的。刚刚 X 县法院也讲到，就是原来年审理案件 100 起就可以评选优秀，但现在不行，现在是 200 起。200 起案件，扣除节假日，那么至少一天要审结一起案件，法官还要老开庭、做各种工作，法律文书方面就容易有一些错别字、标点符号之类的比较低级的错误、通过复制粘贴方面的错误。法律文书上网对于审判员来说，可能也比较谨慎。而且也不是很支持。当然，不管支持不支持，这是制度，我们也一直落实得很好。

再一个就是网站、法院微博、庭审网络视频直播。我们在 2004 年就建立了法院自己的网站，多次被中国法院网评为优秀会员单位。2012 年初以来，我院更新了网站栏目设置，每月更新内容在 100 条左右，月点击量在 3 万多次。我院共计开通了四个微博：腾讯微博、新浪微博、人民微博、新华微博，我们发微博，也有自己的粉丝。对于评论的回复，我们回复率达到 100%。我院从 2010 年 10 月开始实行网络直播，截至今日，总共 363 起。其中 2010 年完成 17 起，2011 年完成 159 起，2012 年完成 141 起，2013 年截至今天（7 月 17 日）完成 46 起；其中刑事案件共 166 起，民事案件共 197 起。这个数据都是真实的，因为我们有任务，不同类型案件做网络视频直播，每个审判员都是有任务的，每个审判员每年要做几个。

再一个就是"三同步、两公开"工作。2006 年初，我院投资 15 万元建成了第一个数字化审判庭，实现了对庭审的同步录音录像和远程监控，在刑事审判和重大疑难案件的审理中发挥了积极作用。2011 年以来，我院总结数字化法庭建设经验，更新完善了 2 个"三同步"数字化审判庭，投资 40 余万元在所有 25 个审判庭安装了音频视频采集设备，做到了庭审活动录音录像的全覆盖，进一步提高了审判工作信息化水平。领导在办公室打开电脑，就能看到全部情况，包括着装等方面进行抽查，实现同步的监控。同时，投资 10 万元购置了移动录播直播设备，实现了庭审巡回直播。我们 GY 法院还有一个特点是，因为 GY 法院有 7 个中心法庭，有的也比较偏远，从前年加大投资力度，完成了七个中心法庭庭审"三同步"硬件建设，实现中心法庭与院机关的联网，建成覆盖中心法庭在内的远程监控系统，促进了对全院庭审活动和其他工作的有效管理。原来法庭"天高皇帝远"，上班时间啊什么的，管理起来难度比较大，但现在好了，院领导打开电脑可以对他们实行监控啊，签到啊。还有庭审监督，包括接待监督、调解监督，我们都可以做到。今年 4 月，在省高院、中院的严格要求下，我们又投资 115 万元，新建高清标准自动化录播庭 3 个，标清录播庭 5 个，采用智能球形摄像机为主，辅助 3 台人物一体化摄像机，实现了全程录像、多机位录像，具备远程点播、现场录播、互联网上同步直播多种功能。增设证据展示台、证据和法律展示终端设备，满足了庭审过程中证据展示、法律法规显示等功能需求。至此，我院的庭审"三同步、两公开"硬件建设已全部到位。为了规范"三同步、两公开"工作，我院出台了相应的制度规定，从庭审"三同步、两公开"适用案件的范围类型、不同参与主体的权利职责、操作流程、使用过程中的注意事项、庭审程序规范、硬件设备的维护管理等方面予以规范，建立奖惩机制，使庭审"三同步、两公开"工作有章可循。

还有一个是司法信息公开。第一，所有的案件信息都是可以公开的。我院从2010年开始推进信息化建设在案件查询中的运用，增进当事人对法院诉讼活动的了解。在法院审判区就是大厅安装了当事人案件信息电子查询系统，当事人凭姓名、案号等案件信息或身份证识别完成案件信息查询，方便当事人了解案件所在庭室、合议庭组成人员、案件进展等信息。实现了人民法庭与机关的联网，基层群众可以通过人民法庭服务窗口实现对案件信息的网络查询，及时向当事人通报诉讼进展情况。通过这种手段，依法公开庭审活动。第二，主动公开审理期限管理情况，及时将案件流程执行情况在法院内网、电子显示屏上公示，向当事人做出通报，接受群众监督。还有一个是公开裁决结果，通过法律文书上网100%公布。第三，公布执行情况。当事人通过互联网可以查询到本人案件的进展情况和基本信息。完善了执行日志制度和执行进程告知制度，将执行情况及时通知申请人，取得当事人的理解与支持。

另外，关于参与庭审这一块，我们门口有安检系统，只要通过安检就可以进入，另外由于有的审判庭比较小，但只要你不怕挤，不影响审判秩序的，你都可以听。像他们经常站在走廊里，但是我们这个旁听的人大多是与案件有关的，或者是对这一类案件比较感兴趣的人。另外，我们也定期邀请一些人，主要是人大代表、政协委员，目的是加强与社会之间的交流、沟通。

研究员 A：你们现在是对所有的案件都搞同步录音录像吗？

法官：是，所有的。

研究员 A：你们开通了微博，应该是开放了评论的功能？

法官：对。

研究员 A：现在就是说，对于这个庭审的结果还有其他的，别人反映的意见或者网络视频直播，网民也了解到了，网民可能有些评论意见，你说你们的回复率达到100%，那么谁负责回复啊？

法官：我们有专门的网络办。还有宣教（办），网络办大概有三四人。除此之外，我们每个庭室都有一个网评员，每个庭室都有人在关注这个事情。

研究员 A：视频远程审判，当然是根据你们管辖区域（划分的），可能有的比较偏远地区的视频远程审判会不会使用的频率很高？因为远程审判跟直播庭审不一样，一般只针对当事人吧。主要是为了节省成本、怕当事人、证人跑得太远了。

法官：另外还有一个比如说调解，有的法庭特别远，跑到就一天了，需要盖章，我们通过（视频远程审判）这种方式，加盖电子章，那边就可以直接打印出来了，是一整套的系统。

高院法官：这个是所有法院都上这个系统啊，只要这边需要，那边就可以送印模，就盖出来了。比较简便。

法官：我们现在是上班必须要先上网，类似于QQ号那样，直接可以看到谁在谁不在。

Z 市 E 区人民法院：

上面有的我就不再说了，主要说说执行公开。中央政法委把我们法院做成司法公开的示范法院，我们这一块下的力气更大一些。目前一般执行公开主要是法院内部公开或者对当事人公开，下一步是把所有信息放到网上，当事人可以随意查阅。其他的程序什么都不说了，都一样。E 区法院的特点是 E 区法院是司法公开示范法院，同时也是司法改革试点法院，我院比较有特色的是开放司法与阳光司法。我们偏重于司法公开的实质性公开。在开放的司法场合，我们主要就是建设诉讼服务大厅，这个是2011 年 10 月建立的，我们的服务大厅与其他法院的服务大厅相比，有四个特点：一是充分体现坚持党的领导。由 E 区区委、政法委牵头协调行政机关、乡镇、办事处参与大厅诉前矛盾化解工作。政法委每日派出一名科级干部到大厅值班，根据调处纠纷的需要，协调劳动、卫生、工商、公安等机关和办事处，在第一时间参与诉前矛盾化解，使大批敏感复杂纠纷，在诉前得到妥善分流和处理。二是推行"一站式"透明办公。设置"导诉台"和便民服务台，便民服务台上各类常用书状格式样本、诉讼指南、温馨提示等一应俱全，查询电话、电脑等也都是免费使用的；电子触摸屏和上墙公告栏上公布案件受理范围、诉讼费用收取标准、案件办理流程等相关规定。并设置了导诉员，由导诉员引导诉讼，为群众提供立案查案咨询服务。三是人大代表、政协委员监督司法并参与社会矛盾化解工作，充分依靠社会力量广泛参与。每日由一名人大代表或政协委员到服务大厅参与诉前矛盾化解及诉讼监督工作。充分发挥人民调解、行政协调、巡回法庭等诉前联调化解矛盾的作用，形成化解矛盾纠纷的强大合力。四是充分体现便捷、高效司法。把立案、审判和执行部门职能集中大厅一站式服务，对法律关系明确、争议不大的案件，要求当日立案、当日调解、当日执行，服务大厅审理的案件原则要求在十五日内结案。诉讼服务大厅运行一年来，诉前化解各类纠纷758起，调解裁判民商事案件1264件。中央创先办、中组部领导先后到E区法院视察诉讼服务大厅工作，对该院司法公开、优质服务予以充分肯定。

阳光司法方面，主要是构建四级矛盾化解体系。去年7月，我院在主要街道办事处组建七个巡回法庭，着力构建四级矛盾化解体系，即"一个办事处常设一个巡回法庭、一个社区建一个巡回审判站、一个楼院设一个巡回审判点、一个楼洞聘一名调解员"。巡回法官具体当好"九员"：（1）国家法律、政策的宣传员；（2）民商事案件的审判员；（3）化解各类社会纠纷的调解员；（4）民调组织及人员的指挥员；（5）社会法庭及其他调解工作的辅导员；（6）人民群众诉求帮助的服务员；（7）党委、政府的法制员；（8）法院联系党委、政府及辖区群众的联络员；（9）辖区社情民意的收集员。同时通过社会法庭延伸法院触角，在45个社区建立巡回审判站，613个楼院建立巡回审判点，1579个楼栋选任调解员。巡回法庭在实际工作中，以打造和谐社区、和谐街道为目的，坚持把法庭开到群众家门口，把法律送进机关、学校，送进企业和工地，让广大人民群众享受零距离、全天候、低成本、便捷式、高效率的司法服务。巡回法庭成立至今，巡回法庭诉前调解各类纠纷482起，调解办理民事案件816起，辖区治安和刑事案件发案率大幅度下降。阳光和公开司法，有效化解了一大部分民间纠纷，达到"小事不出社区、大事不出街道"的社会矛盾化解目标。

阳光公开司法，把大量的矛盾从源头治理，把大部分纠纷化解到诉前。在Z市商贸主体区，案件数一般是连年攀升，但我院2011年全年受理案件数却比2010年下降了1421件，下降比例约为17%。省高院Z院长连续两次做出重要批示给予充分肯定，最高人民法院以工作信息形式转发了我院的工作经验和做法。

研究员 B：邀请人大代表和政协委员这个制度，你们做得是更充分了，每一天都有值班的，这个效果怎么样？身份怎么样？直接参与调解？是特邀调解员还是什么？

法官：直接参与调解，以人大代表身份，主要是诉前调解。因为群众比较看重这个身份。

研究员 A：诉前调解，和司法部系统的调解员是一样的是吧？

法官：不一样的。

研究员 A：实质是一样的，制度上没有，只能以公民身份。

高院法官：他们这个诉讼服务大厅和别的不一样，没有"法院"两个字，是区委的。政法委每天派人来，涉及劳动纠纷，劳动局派人过来。限你几个小时调解，调解不成再立案，人大代表、政协委员也是这样，排表过来。

研究员 A：我们担心的是这样，因为在整个司法体制中主要还是三个机关分工负责、互相配合，政法委的参与还是被质疑的，易导致联合办案的发生或是对个案的干预。比如说 H 省的 Z 案，本来就是检察院也不乐意，法院判得很勉强，政法委一协调就成了这样。所以，就怕政法委对个案比较了解、对个案进行干预，因为保障司法权依法独立行使还是司法改革的主要方向，这些干预是影响司法权独立行使的。

高院法官：仅限于民事，个别行政案件，刑事案件它不参与。

研究员 A：行政诉讼介入吗？这个就涉及法院司法权制约、监督行政权的问题。政法委究竟扮演什么角色？

法官：对于开庭审判案件，它不参与，仅仅参与庭前调解。

研究员 A：调解，主要民事。你说人大代表、政协委员可以调解，政法委究竟是来做什么的？

高院法官：主要是一个督促作用，政法委通知你劳动局了，你就必须来。

研究员 A：主要就是协助、协调的作用吧，那就是现在实际上这个东西，这么个制度强调积极意义比较多，有没有副作用？

高院法官：对，（对法官说）你们这个回去要把研究员 A 提出来的问题再研究研究，比如说这个党的领导，实际上政法委不是在领导，应该协调，充分发挥组织、协调作用。

研究员 A：我们可以说贯彻党的政策、方针，但是好像不适宜直接说在这方面坚持指导个案。

高院法官：这个应该好好研究。

研究员 B：这个我比较感兴趣，新《民事诉讼法》第 122 条建立审前调解机制，会不会出现以调代审这样的问题？

高院法官：实际上他这个做法是基于一个大调解的背景，不仅是审判工作，主要是调解社会纠纷。理念是能在诉前解决的尽量在诉前解决，变相增加了一个诉前前置程序，除非当事人明确表示无误不愿调解。就是不能把它作为一个诉讼中的东西来对待，实际上是诉前的东西。

P 市中级人民法院研究室：

一个是应对媒体这一方面，处理重大案件、典型性案件，也锻炼了我们应对媒体的能力，应该说我们经住了考验，这应该算是我们一个亮点吧；另一个是社会工作这一块做得比较好，开展各种社会服务这一块。再一个是人大代表、政协委员这一块，是司法信息公开的重要群体，得到重视。

再一个立案公开这一块，实行"一条龙"服务。从立案到诉前调解都在立案大厅进行，有的案子可能直接在诉前就调解了。从 2011 年 4 月 1 日起对劳动者起诉的劳动争议案件一律免收诉讼费；实行院长接待、信访接待双承诺等制度，同时，完善预约立案、引导立案、繁简分流等工作机制，公开案件信息，配备专人导诉，解答当事人诉讼疑问，实行诉讼风险提示，推行"一站式"服务，方便当事人来诉来访。

重点提一下，去年，我们开展司法公开这个工作，现在确实有些问题。我觉得影响司法公开的因素最核心的是两点：一点是当前仍有部分法官认识不到位，不能充分认识司法公开在确保司法公正、树立司法权威、提升司法公信力方面的重要意义，片面认为司法制度的运行不宜让公众知道和参与太多，否则会有损司法权威，因而对司法公开工作消极应付。主要是当前这种情况下，法院司法公开程度越高，法院压力越大。这是从我们内部来讲的。从外部来讲，最大的影响因素是，司法受到社会关注越来越高，社会舆情、网络舆情的关注，尤其是网络舆情更多关注负面内容，对法官压力较大。尤其是在微博中，有很多话不太合适。还有一些是当事人借助网络，用网络来进行舆情审判，对法院施加压力。在社会一公开，肯定会引起主管领导关注，可能会影响法官裁判。我认为上述两点是影响司法公开的最重要的两个因素。

还有司法公开，控制到什么度，是个问题。有些问题，比如院长说的这个艾滋病事件，省委、省政府没有给文件，这个能不能公开？暂不受理的理由能不能公开？这也是需要研究的。另一个是涉及地方安置的文件，公开可能引发矛盾激化。这个能不能公开也是个问题。还有我们了解到当事人不仅仅想了解这个裁判文书，更多的是想来了解法院内部运作程序。在司法权内部运行的案件调配、请示、讨论等环节没有向当事人公开，当事人很有意见。这就是能不能公开，公开到什么程度怎么去确定的问题。比如说这个案件分配到哪个法官审理，这个是随机性的。但是每个法官的能力是不一样的，有些能力不太符合这个案件，必须调整，这个能不能公开、怎么公开？

这个主要问题在哪？我觉得核心冲突就在于公众知情权与个人隐私权保护的冲突问题。这个问题，理念有个度。全国司法文书上网，这个绝对没有问题。但是你必须要在裁判之后，才能公开。这是上网期限的问题。还有上网的问题，上网文书被其他网站大量非法转载，尤其是110网，转载了之后根本撤不下来。最后还是你的问题，因为是你发上去的，非法转载你没有界定。还有庭审网络视频直播工作，作为司法公开的一项制度必须要执行，但是也要结合实际，工作定位究竟在哪？定位是为了完成任务还是什么？尤其是基层法院，基层法院处理的大量案件是调解方式结案，就能把矛盾化解了。庭审不一定是必需的，所以说要定位好。也不用件件都直播，这样造成大量资源浪费。比如说一个庭10个人，你抽4个人去搞一个案件的直播，所以网络直播这一块也是问题。还有司法建议公开工作，一是司法建议公开的范围不明，二是对于向党委、人大、政府及其部门发送的司法建议书的反馈情况是否也应一并进行公开，规定不明。司法建议公开可以反映我院的工作，但是这个效果要不要公开、怎么公开都是问题。还有司法建议是给政府的，公开司法建议要不要和他联系。另一个问题是司法信息公开工作中，一是司法信息公开的方式不统一。二是司法信息公开的范围不明确。三是对应当公开而没有公开或者公开的方式、范围达不到要求的，缺乏相应的责任追究机制和处罚措施。我们应该建立申请公开的制度，因为我们不可能把所有信息都公开出来，你想了解什么信息，可以申请。比如说一些问题，法官不需要和公众公开，但是你想知道，你可以申请。

研究员 A：司法建议公开是只有 H 省在做，还是全国都在做？

高院法官：现在是我们 H 省在探索。

研究员 A：是在探索，最高人民法院并没有要求是吗？

高院法官：这个没有，现在这个事情，我们内部认识也不一致。

研究员 A：这个主要还是司法公正之外，主要是服务大局的理念。比如说审理个案时，发现你这个建筑领域有哪些问题，或者说哪些领域腐败比较严重，腐败原因怎么造成的，怎么堵住这个漏洞。但这个不是司法本身要解决的。但司法公开主要不是指这个，如果要公开，怎么公开还是要研究。针对政府、行业这个方面。

法官：司法建议的价值大不大，实事求是地说，意义确实大。但是怎么样发挥它的作用，比如说通过司法建议公开或者报给更高层，是需要研究的。

研究员 A：我看您这个上面写到在全省法院率先实行裁判文书后附法律条文制度，并从 2011 年 5 月开始生效裁判文书后并附送履行义务告知书。现在这个 B 市有些法院判后释法、判后说理这个附在后面，你们现在是没有是吗？有时候判决书比较简单，比如说根据刑法某某条判什么什么。

法官：对，所以我们附上条文。不然很多当事人不理解。

研究员 A：这个还是比较有推广价值的，虽然是很简单的事情，但还是很有意义的。

X 市中级人民法院政治部：

我主要是从司法公开的这个管理体制方面进行说明。现在司法公开是院里多部门管辖，院办公室管辖的是"为人民群众办十件实事""对当事人公开"以及"法院公开日"。审管办主要管理的是案件的信息，即"三同步、两公开"情况，H 省三级人民法院都是这么做的。我们宣调处是属于政治部的，管理的是宣传、网络、裁判文书上网、庭审直播、微博、舆情引导，也就是承担了司法公开 90% 的工作量。就是这个司法公开管理制度，我们进行了一些探索。我们进行了现场的布置，每个庭处室分管了司法公开的制度方面，都实行制度上墙。另外就是网络管理制度、手机报的管理制度，目前司法公开还有一个是要求媒体监督和新闻发言人制度，这是司法公开必须要建立的制度。

另外是在司法公开的具体形式上，我把它分为内部公开和外部公开两个方面。内部公开主要是法院内网，主要是一些综合信息、出席大的活动的公开。对案件，我们设立案件管理系统，主要从"三同步两公开"，对案件的流程进行关注。但这个我们发现的问题是，不同的人有不同的查看权和申请权。我们发现有两个法院对同一个案件、同一标的物做出了不同的判处，最后出现两份矛盾的判决书。这个对审理流程管理提出非常严峻的挑战。比如，民一庭一个系统、民二庭一个系统、基层法院和中级法院还有不同的系统，可能对同一个标的物做出不同判决，到目前有五起这样的案件，就个案还不是问题，但把两个一比较就是问题了。

研究员 B：同案不同判的问题。

法官：最终还是审判流程问题。然后看外部公开问题。第一是立案公开问题。我们现在是按照规定设立了立案大厅，各项设施比较齐全。我们那儿现在做得比较好，向当事人发手机短信。我们认为，当然这是我们的观点，需要进一步探讨。审判信息的公开是对特定当事人的公开，而不需要对社会公开。有的人根本不关注法院的事，你让他关注，我觉得也是一种不好的行为。就将双方当事人、律师的手机纳入手机系统，什么时间受理、什么时间审理、什么时间出结果除了诉讼法规定的书面送达，我们都进行通知，包括调解。就是说我们把办公室、审管办、立案庭的一些职能整合到这一块，都是由诉讼中心解决，包括怎么受理，怎么执行。将来就可以不再设立立案庭了。第二是庭审公开。依赖于庭审网络直播，对于群众感兴趣的、热点的，（占所有案件的比例）达到10%—15%。如果法庭坐不下，我们就告诉大家可以去看直播。对于当事人旁听的案件，我们规定的是只要持有效证件，身份证、驾驶证等就可以听任何一个案件，包括媒体，除了正式采访或者要录音录像，你作为一个公民或者什么，就不需要宣传部门受理了，直接就可以，我们把他们当成普通公民看待。开庭公告，比较多的都是在外网上进行公告、在网站上对外公布。在执行上与听证程序没啥谈的。主要是文书这一块，裁判文书上网，这个月最高人民法院成立了统一裁判文书上网专网。这里面涉及一些问题，上次最高人民法院来调研的时候，我就和他们说过这个问题。第一，如何保护当事人的问题，当事人姓名权、隐私权受宪法保护。即使是正面裁判，比如企业作为原告，胜诉了，你放在网上，别人也要让你撤，他会说他公司要上市了，虽然你法院支持我了，但对我上市不利。另外就是这个裁判文书上网的责任，H 省出台规定，按照关注度，如果两年以后，这个关注度低于一定数量，你就有相应责任，因为大家都不关注了，说明你效果不好。法院微博工作，目前，X市中院官方微博拥有粉丝超过3万，粉丝数以每天近150人的速度增长。主要是我们对一些大型活动进行微博宣传，吸引大量粉丝。今年以来，我们积极参与省法院网络办组织的各项微博、微直播活动，坚持对全市法院微博发布情况进行日通报制度，每周及时向省院网络办报送周报表。现在还实现网上立案。对于执行这一块，我们应该加强公开。实际上我做网络这一块10年多，网络的负面评价仅仅占1%不到，文书上网之后，可能挑刺的、挑错别字的多，但真正恶意攻击的并不多。包括我们每年召开的网民座谈会，大家提的都是正面建议。

研究员A：你刚刚提到司法统计数据，您说涉密的不公开，那么涉密是指哪一块？

法官：内网上都公开，内部都能看到。包括调撤率、改判率、上诉率等。

研究员A：现在这个是不对外公开的是吗？

高院法官：这个我们高院审管办Y法官主管这一块。

高院Y法官：最高法有个规定，公开是有限的公开，能公开的尽量公开。哪些能公开，我们也不能完全确定，但我们有统计年鉴，这个是规定的。

研究员A：你们现在的涉密主要就是这个。

法官：我觉得最大的公开就是人大报告。

研究员A：嗯，但是对于社会或者对于学者研究，还是需要更详细的数据。

Y法官：这个我们可以进一步交流。

Z市中级人民法院研究室：

司法公开这个事涉及很多部门，不同部门负责不同的职能。裁判文书上网这一块，研究室主要负责的是审核、统计、考核。宣调处负责具体怎么操作，怎么上网。数字上大同小异，材料上也有，不多说了。微博和庭审直播都在宣调处，"三同步两公开"是在审管办。我觉得这个"三同步、两公开"，主要是指庭审同步录像、同步记录、同步显示庭审记录，那么这个记录要不要由当事人确认签字再修改修改？

Y主任：你提的这个很好，主要是同步公开不是向社会公开，而是向当事人、向参加庭审的人公开。以前的核对都是事后核对，现在推进的是同步核对。以前是整个庭审完了核对，现在这个核对完了对不对，对，进入下一个程序，防止出现错误。

法官：那庭审程序会不会受到影响？

Y 主任：这就是我们刚刚在讨论的问题，刚开始不熟悉的时候，尤其是审判长与书记员配合不好的时候，节奏上会出现一些问题。但我们发现庭审结束后再核对需要 30 分钟到一个小时，你在庭审中分开来核对，不见得多花时间。L 市 J 区法院实践发现，反而更有效率了。而且即使核对，你有录音录像了。你看现在 GY 法院开完庭以后，他的光盘都可以给你。所以这是对当事人的公开。

法官：所以重要的是审判长如何协调、怎么去处理。我就是这个意思。第二个，司法建议公开。省高院要求的司法建议公开。对各单位做得不对或者不足的地方进行一个提醒，这是一个很好的大趋势。关键是怎么推进。还有就是一些基本制度，比如人民陪审团制度，组建人民陪审团成员库。我们 13 个基层法院均已建立人民陪审团成员库，公开选任人民陪审团成员。二是明确适用案件类型和范围。重点选择重大复杂疑难、有较大社会影响、涉及群体性利益、法律评判与社会评判可能出现重大偏差等案件，听取群众意见，提升社会认同。三是随机选择陪审团成员参审。从陪审团成员库中，随机抽取 5—11 名陪审团成员参与案件审理，同时确定一名陪审团成员作为团长主持评议。四是规范陪审意见使用。陪审团重点就案件证据认定、事实认定、有罪无罪等发表意见，形成陪审团意见，作为合议案件的重要参考，并在评议笔录中予以显示。邀请人大代表、政协委员旁听庭审，监督审判执行是我们一直坚持的一项工作，并从 2009 年开始形成制度化，纳入考核。主要做法：一是分解任务。规定基层法院每年要选择 20 个案件，中院各业务庭每年要选择四个案件邀请代表旁听。二是突出重点。重点选择有重大影响、社会反响强烈、人大、政协、政法委、上级法院关注或交办、转办、检察机关抗诉等案件开展旁听。三是实行回访制度。随机抽取旁听代表进行回访，征求对庭审工作建议，并根据建议进一步规范庭审程序，提高庭审水平。四是建立裁判结果反馈制度。对于没有当庭宣判的案件，将裁判结果在第一时间通过邮寄等方式告知受邀参加旁听人员。

研究员 A：您说实行回访制度，政法委对这一块可能会比较关注，说提高司法公信力，那么司法公信力怎么去评价，还有说法院司法质量，现在是通过内部的一些数据，那么未来怎么涉及更加科学的评价机制。您说的这个回访制度就是一种探索，对旁听代表的问卷也是一个机制，那这个效果究竟怎么样啊，一种外部评价？

法官：主要是针对案件结果，主要是针对庭审程序、驾驭能力等方面进行打分。

研究员 A：通过这种机制，普通民众可能感受到审判员庭审能力很好、审判程序很严格，结果与我预期很接近，这样很好，但同时司法是一个专业性很强的工作，对于司法公信力的评价可能有很多机制，也比较有弹性，但是可能一个案件出了问题，普通民众就感觉你这司法公信力就会有问题。可能在外部评价中这个律师、专家学者的评价更专业一些，我就想知道在您的这个制度中，回访制度的实际效果。如果很有效就值得肯定和推广。

法官：应该是比较有效的。刚开始推行这个机制时，就突击调查参与旁听人员打的分，纳入考核体系。比较实用。现在比较实用了，大家就不再考核了。司法公开已经实行到这种程度了，一般已经不会这样。

高院法官：研究员 A 的意思就是你们这一块有没有一些数据，还可以再分析、论证一下。

法官：这个是有数据，我今天没有拿。

研究员 A：再一个，我们去一些法院调研，法院通常会说推进司法公开导致人手不够，我看你们是从社会招了 60 名司法辅助人员到法院，他们的身份是什么？是临时的还是正式的，还是公务员身份？

法官：主要聘用来的。

研究员 A：素质要求是什么呢？承担什么任务？

法官：更多的是做一些书记员的工作。

研究员 A：书记员你们现在人数不足吗？

法官：从去年开始招的人很多都是硕士以上、有司法资格的，进来以后很快就能当上法官。书记员基本不够。

研究员 A：我现在想问一下您的看法，国家推进司法改革，想把法官序列和书记员序列分开，因为书记员做得再好也像是护士和医生的关系，书记员不能成为法官的培养程序，护士做得很好也可以得南丁格尔奖的，也有很高地位。就是法官序列就不把书记员作为前置程序，你觉得你同意这样的意见吗？

法官：这个法官、法官助理、书记员是多少年的事，这是顶层设计的问题。

研究员 A：这是顶层设计的问题，但现在就是想听听你们的意见。

法官：这个多少年没动静。

研究员 A：对，是，现在我们也是一直在呼吁，但这里有很多问题。比如说呼吁法官高薪制，但这个高薪制就有很多问题，比如社会认同问题。法院有很多人，各种人都有法官身份，但实际上有些不是一线法官，也不办案，这都要分开，让一线法官可以升级，最后享受很高待遇。这种方式使社会能够接受。不然大家觉得法官也和我一样，凭什么你的薪酬就比我的高 1/3 或者高一倍。

高院法官：这是一个方向。

法官：这不是一个调研问题，应该顶层下定决心。

研究员 A：这不仅是顶层下决心，也希望得到基层支持，因为这肯定是一种推动力。这个比较好的。

H 省高级人民法院：

司法公开主要是两个方面，一是对当事人的公开，这个主要是保障当事人的知情权，我觉得这个应该是法院主动的、积极的公开。二是对社会公众的公开，这个主要是保障社会公众对司法的监督权，当然在监督权之前有知情权。

先说当事人公开方面。我们 H 省法院在搞"诉讼服务中心"提升工程，主要是通过当事人在诉讼服务中心的建设、硬件、软件，我们还专门提出"科技提升"，科技提升主要就是利用科技手段，就像刚刚提到的，只要一立案就给当事人发短信：这个案子立了，案号是多少。一旦案子分到主办法官，该发传票的就发传票，该发短信的我们短信通知。另外还有一个是网络查询，当事人输入一定的身份识别系统，比如身份证号什么的，当事人在法院网上就能查到，网络查询我们刚刚提出来，可能各地也在推进吧，只是推进程度不同。另外其他的信息可以到诉讼服务中心查询、通过触摸屏查询、电话查询，这些都是老的做法，这些都有，也都能实现。

现在我想说一下对社会公众公开，我主要想从两个方面说公开。第一是审务公开，类似于研究员 A 刚刚提到的司法统计数据、一些信息、案件类型，类似于政府工作报告，是不是每年定期公开，按月按季按年或者什么的。第二是个案公开,刚才提到的庭审直播、三同步两公开,三同步两公开主要是庭审中的,是庭审电子化的一个记录、留档的东西,和对社会公众公开的、上网的还是不一样的。上网的,主要还是庭审直播,主要考虑的是与国家机密、商业秘密、个人隐私的冲突。还有一个是要防止舆论裁判的问题,司法专业性与公民的认知水平之间的关系。这个我觉得不一定是过度的主动,或强调这个比例,不是为了公开而公开,很大程度上要保障司法公信力,就是要选择一些受社会关注的案件、有宣传教育意义的案件、司法指导的案件,这个里面我觉得适度引入一个对当事人征求意见的前置程序,或者是像政府信息,即使不是当事人也可以申请公开。可能做到适度标准,有些案件需要征求当事人意见,有些案件需要当事人申请公开。特别是庭审直播,以前看一篇文章说庭审直播全部上网,这个对服务器的资源占有也是一个浪费。

另外还有几个问题。一个现在信息化发展程度还不够。目前处于社会最前沿的就是信息化,但是现在这个信息化还不够,市级法院还没有联网,包括内网还没联。以前看过一本关于美国法制史的书上说,现在科技对于一些法官来说,除了静电复印机以外,其他一些技术可能都和他无关。第二个是与相关部门的信息共享、互联互通还不够。这个主要是执行方面,之所以现在这么多赖账户,主要就是信息没有与其他部门互联互通,比如说对赖账户可以限制高消费。

我现在提出一个具体建议就是公告,我们立案庭涉及这个送达,最高法院有《人民法院报》,《人民法院报》登的视为送达,这是最为严格的一个,法律程序上没有瑕疵和障碍。但是实际上《人民法院报》在社会上的认知和订阅量都是比较低的,登了也不知道。我的建议是最高法院法院网上是不是专辟一个公告栏,公告都登在网上,现在网上网民不是五六亿,除了年纪大的和未成年人,是不是所有人都是网民。所以是不是可以在网上登,网上查阅也比较方便。固定到这个地方,有些企业可以自己查一下。另一个建议是现在各地法院都有自己的法院网的建设,Z法院刚刚提到一个,现在法院网是重在一个宣传,我觉得要把这个网改成一个服务型的。应该和律师事务所建立紧密联系,我觉得应该是一种配合的关系。形成一种实名制的,我把身份证一输入,就可以提交诉讼文书。说得形象点就是把新浪新闻网变成淘宝式的一个服务型的网站,通过网站办一些司法审务的东西。

另外，介绍一下"三同步两公开"的目的是什么。第一个目的是对当事人庭审过程的一个记录，这是主要的目的。同步的记录、同步显示就是为了让他随时修正，有时候庭审时间比较长，怕他事后纠正，自己都记不起来。

第二个目的是弥补书记员不足。为什么会出现这个问题，问题不在设备，在人。现在的庭审记录记得都很简单，其实说的远远不止这些，就是记不下来。甚至H省还有些情况，书记员素质不高，自己写的字自己事后都不认识。

再一个就是，不仅是要提高书记员的素质，也是对整个庭审过程法官行为的一种监督与规范。搞了试点以后，去年三个法院试点，下半年扩大到22个法院，每次开完"三同步两公开"的会之后，我们每次对检察院、当事人、律师进行回访的时候发现，确实对审判长的表现更加肯定，这是三同步对法官行为的规范。很多律师经常来法院，对一些法官比较熟悉，他们就发现平时可能法官坐姿啊，可能有些小动作，但是庭审录像之后，就没有了，这就是对法官的一种规范，从整体来提升庭审质量。

研究员A：其实我们还想起另一个作用，就是审判委员会，就是审者不判、判者不审，就是审判分离这样一个问题。通过这样的话，以前只能通过书面材料，或者汇报，现在他可以通过直观的录像，也可以间接地起到这样一个作用，就是落实直接言辞原则。现在我们想知道审判委员会讨论案件的时候会播一下吗？

法官：我们下个礼拜要在G市开一个会，它现在走得比较先进。有三种方式：第一是直播庭审；第二是在人民法庭开庭，通过远程视频，让审委会直接在审委会会议上看见；第三是有移动直播设备。效果比较好。

研究员A：主要是中国现在有些案件，审判委员会也是离不开。

附录4 Q市各法院座谈会录音整理

C区人民法院：

研究员B： 陪审员和法官之间是否形成了一种很紧张的关系呢？对陪审工作有什么消极作用？我想请大家谈一谈。

法官A： 我简单地谈一谈个人的看法。一个问题可能是司法民主和接受人民监督，让人民参与到司法之中来。为什么有陪审员参与审理的案子会被认为是不同的？因为有陪审员审理案件，自然就有了监督的效果。就算不让陪审员合议，只让陪审员开庭也是会有监督的效果的。原因之一是基层法院案子太多，人太少。这是个很现实的问题。陪审员倍增计划也好，针对陪审率的考核也好，最现实的一个原因就是"案多人少"。法官根本就不够用。每一个合议庭三个人，要是一年一个法官就要处理一两百个案子，甚至两三百个案子，根本不可能由三个法官组成合议庭。每个案子都这样，法官是不够用的。实际上，陪审员最现实的一个需求就是解决法官不足的问题，还有用普通程序合议庭审判问题。另外一个就是法官和陪审员之间的关系。我觉得法院所作的这种"监督"，还是比较侧重于形式主义。陪审员陪审完了之后，要就案件填写一个表格交到政治处，法官也要对陪审员的陪审情况填写一个表格。这样，法官和陪审员之间就有了一个相互评价。我们目前还没有针对陪审员的其他监督措施。所谓的陪审员对法官的监督，在我个人看来，还是一个比较形式化的东西。一个案件的处理，最深刻、最核心的那一部分内容，比如说，判决、合议以及审委会研究，陪审员可能接触不到。因为陪审员不管怎么样，他在法律知识上和法律能力上是不够的。他与当事人没有太大的区别。如果当事人有代理律师的话，陪审员的法律素养是不如当事人的。另外我认为，朴素的社会观也会在形式上起到监督作用。陪审员会感觉法官的判决不符合朴素的社会观念，在合议的时候会给法官提出来。但是，这样能够制约到法官吗？我觉得是不能的。

研究员 B：也就是说这个制度实际上是不可能做到监督法官的。那我就来提一个问题：既然陪审员只是在合议时起到监督的作用，假如把合议制改称独任制，那么陪审员不就可以不要了吗？比如说，在很多案件中，法官的素质很高，完全可以独立地承担审判职责，那还要陪审员干什么呢？我完全不要他也可以啊。是不是可以得出这样一个结论？

法官 A：这是一个程序法改革的问题。现实中多数案件还不能适用这个简易程序独任制，大多数案件还是普通程序。普通程序需要三个人组成合议庭。还有就是时间的问题。按照现有的法律规定，你给我三个月审理案子，我这个案件处理不完。如果说修法之后，法官独立审判，倒是有可能在审限内审理完案件。

研究员 B：司法公正的本质并不在于一定是合议制或者一定是独任制。并不是说，合议制一定比独任制强。我们不应该有这样一种先验的假设。因为现在年轻的一代法官都起来了。你怎么能说合议制一定比独任制强呢？比如说，我知道台湾有一个姓张的法官，他是台大法律系的高才生，他一天就可以审理五六个案子。我想，大陆也有这样的法官。

法官 A：你们都考虑考虑刚才研究员 B 提到的这个问题。假如普通程序可以独任审判，会不会对司法公正或者司法的正确性产生影响？

研究员 B：你们有没有这个自信，就是我可以独立审判？

法官 B：审判长、各位老师好。我个人觉得，咱们国家这么大，每个地方风土人情啊，包括社会经济发展水平啊，以及当事人的素质是不一样的，因此这个问题不能一概而论。像 Q 市的 N 区和我们 C 区，和当事人打交道是有相应差别的。我们 C 区和北京、上海相比，当事人的法律素养以及当事人对法律的信服是不一样的。我觉得，在居民的法律素质比较好的地区，比如说北京和上海等地，可能与台湾的发展水平相当。但是就我们 C 区来说，现在居民的法律素养还没有达到这么高的水平。尤其像城乡接合部，其他地方发展还好。如果独任审判，尤其像我们现在所提的传统模式，涉及婚姻家庭、邻里关系的案件，合议庭合议的案件，信服力相对能够高一点。这就是司法公信力的问题。可能独任法官，这个法官审理的过程、结果都是没有问题的，但对当地的风土人情不是很了解。比如像我这样的法官是外地人，陪审员是当地的。甚至有些陪审员就是附近辖区曾经做过居委会工作的干部、领导，他们对当地的风土人情很熟悉。陪审员开展调解工作、提出的调解意见并不那么专业，甚至有些时候说的话有些过。但是在法官的主导下，陪审员对服判息诉、调解、调撤，还是起了很大作用的。而且这对审判员也是一种保护。因为像民事案子，有的当事人之间可能积累了很长时间的矛盾，双方的情绪都很激动。如果三个人组成了一个合议庭审理案件，可能更具有公正性。法官说出来的这个意见，包括这个审理过程，首先让两位陪审员觉得这个事情法官处理得比较公正。这对法官是一种监督，同时对陪审员也是一种保护。

研究员 B：这位女法官你也来谈一下你的看法吧。

法官 C：您刚才提的问题是，合议制是否比独任制要强。但是我觉得，要关注这个问题的一个前提是，我们首先要体会到实际意义上的合议制是什么样的。我是从 2012 年开始审理案子的。开庭时陪审员往这儿一坐，开完庭就走了。等案件宣判之后，有了宣判笔录，他们再来签字。目前为止，在审限压力和案件的数量压力下，审判的模式就是这样的。我比较不出两者到底有什么区别。所以，也很难说合议制和独任制哪个更强。我觉得，如果想得到这个问题的答案，首先是要把合议庭落实到实处。现在合议庭，有的是陪审员，有的是其他审判员。如果有其他审判员的话是最好的。像我们这些年轻法官可以和其他审判员进行交流，对案件事实的认定进行一些讨论。但是如果有陪审员的话，他们实际上并不参加到我们的合议中来。像我是商事庭的法官，商事庭的案件有一个特点，法律事实和客观事实是不一样的。也许以我们最朴素的观点看，好像正义是这样的，但实际上按照证据规则或者实际上的案情来说，法律事实却是 B 答案。这样，陪审员参与到我们的合议制之中的话，他们以最朴素的观点支持 A 答案，而实际上法官的最终结论如果是 B 的话，那么按照法律的规定，两个陪审员和一个审判员组成的三人的合议庭，每个人的表决权是同等的，那就是 2：1 的比例。这实际上对我们的案件审判就是一个问题。

研究员 B：既然陪审员不参加你们的合议，也就是说，在法律问题上陪审员基本上没有发言权。

法官 C：陪审员如果要求的话，实际上我们会依照法律让他们来参加合议。实际上陪审员也很忙，我们法官也很忙。陪审员要各个庭参加陪审，我们也有各个案子要办。所以，都没有时间。这样，大家都流于形式了。

研究员 B：那在法律这个层面上来讲，它的监督就是空的嘛！

法官 C：在这个问题上，我们也觉得很奇怪，为什么要提"监督"

呢？从法律上来讲，我们合议制是一个审判员和两个陪审员这样的结构，他们之间不是监督的关系。法官和陪审员是站在同一个"战壕"里面面对当事人、处理法律问题。我们互相之间对法律问题进行探讨。最后，给当事人一个满意的结论。检察机关是监督审判人员的。根据现行宪法和诉讼法的规定，没有陪审员监督法官的规定。

研究员 B：这是一个比较新颖的观点。

法官 A：是这样的。不存在互相监督的问题。

研究员 B：既然不存在监督问题，那么法官对陪审员的期待是什么呢？仅仅是希望开庭时他能来参加？装装样子？是这样吗？

法官 C：目前基本上就是这样。因为就像刚才法官 A 说的那样，一个是我们人数少、案子多，如果只有法官的话，每个案子不可能都组成合议庭。首先就是陪审员进来之后，程序上是普通程序。开庭的时候按照规定是三个人坐在庭上庭审。目前的要求是这样的。因为现在只对陪审员的选任有相关的规定，而具体怎么参与审判、怎么合议没有具体的规定。实践中的情况基本就是"陪而不审、审而不议"。

研究员 B：我们的陪审制并不是这几年开始的，实际上是从 20 世纪 80 年代就已经开始了。

法官 A：是的。应该说，这次是从 2005 年开始的。全国人大出了一个文件之后，又重新把它作为一个重要的项目开始做。刚才三位法官说的，可能老师们听起来，会有所不同。商事庭陪审员的作用跟民事庭陪审员的作用是有所不同的。民事庭处理的是婚姻家事、邻里纠纷的案件，在这种案件中，陪审员是能够起到缓解紧张、对立情绪的作用，是能够成为法官与当地群众沟通的媒介的。商事案件有些特殊，案子往往涉及大的企业与企业之间的纠纷，它更偏重于事实认定和法律争议。在这种情况下，如果陪审员没有相关的专业知识，他可能不愿意参与案件的调解。合议的时候，陪审员也听不懂像"不安抗辩权""撤销权"这种专业术语。合议的时候，陪审员能跟法官讲什么？"诉讼时效"能跟他说明白就很不错啦。因此，实践中，在这类案件中，陪审员可能发挥的作用就比较小。并且在商事案件中，法官与当事人沟通、了解当事人的想法、化解当事人之间的矛盾的这些需求，较民事案件而言，也不是那么明显。民事案件注重化解矛盾，商事更注重给当事人一个结论，两者是存在差异的。因此，研究员们可以考虑一下，我们的陪审员制度是不是可以在不同的审判行业的案件中有不同的要求和安排？比如，知识产权案件是不是也可以由陪审员审理？涉及上市公司的一些高端案件是不是也需要按照现在要求的那样，陪审率必须要达到百分之九十几？需不需要？总的来说，民事案件陪审员的价值更大，商事案件陪审员的价值更小。

研究员 B：这个问题提得好，确实需要研究。

法官 A：有刑事庭的吗？你来说说。

法官 D：刚才各位老师来之前，我们就在聊这个问题。就像法官 A 刚才说的那样，根据案件的性质确定陪审员性质的大小是非常关键的。我们刑庭跟商事庭的特点差不多。陪审员基本不懂刑事审判工作，要判几年以及量刑的问题，他们是弄不清楚的。因此，我们这边基本也是"陪而不审"。但是，对于一些附带民事诉讼，比如说人身伤害涉及赔偿的问题，对于被告人、被害人之间的化解矛盾和调解工作，还是比较起作用的。陪审员的优点就是生活经验丰富，年龄比较大，说话比较有信服力。缺点就是法律意识不足，基本是没学过法律，很多都是退休的大爷大妈。

法官 B：陪审员制度和法官职业化一样，都有一个发展过程。虽然陪审员制度目前有许多不完善的地方，但是随着陪审员制度的发展，陪审员的素质以及选任条件会越来越高，将来也会朝专业化的方向发展。就像法官 A 说的，我们有的陪审员可能就专门参与知识产权案件的陪审，因为他对这方面很了解，甚至可能比有些法官还要专业。将来陪审制度会逐步完善的。不能说现在处于这种不太理想的发展阶段就否定它。像西方的陪审制也是发展了几百年，它是有一个历史发展过程的。从 2005 年到现在，不到十年的时间，应该说这项制度是逐步完善、逐步向前发展的。不能对陪审员选任的条件要求太高。总要有一个培训，吸引更多的优秀人才使他们愿意从事陪审工作。将来我觉得发展到一定程度，会使法院地位越来越高。现在我觉得虽然陪审员的能力和专业知识有限，但大部分陪审员还是比较敬业的。他们作为陪审员，甚至比我们都能感觉到职业荣誉感。他们退休时还会跟我们合影，他们觉得自己从事这份工作是很自豪的事情。将来我觉得随着发展，吸引越来越多的优秀人才参与陪审工作，陪审员具有较高的法律素养可能是一种普遍性的现象。而不是像现在这样，只有学过法律的人才具有法律素养。陪审员的素质和法律素养提高了以后，就自然而然地会解决"陪而不审""陪而不议"的现象，就可以参与大部分刑事和民事案件的审判、就案件发表自己的意见。现在全国这些影响大的案件，也不是说只有学过法律的人才可以讨论、才可以有自己的感想。社会各阶层的，不限于受过高等教育的人，都会有自己的意见。因此，我觉得陪审制度还处于一种从初级到中级的发展阶段。

研究员 D：刑事那块儿，如果陪审员不参与法律适用，在参与事实认定方面起的作用大不大？打个比方，在刑事、民事、商事案件中，陪审员只是在事实认定方面提供他的意见，在法律适用上由最后的法官做处理，就像国外的陪审团差不多，陪审团只是对事实进行认定。尤其是刑事方面的，他们能起到作用吗？

法官 E：针对法官认定模糊的、需要社会公序良俗或是社会观念来认定事实时，陪审员会起到一定作用。但是如果涉及证据问题，需要陪审员来审查证据时，这一块儿其实作用不是很大。

研究员 D：还是审查不了？

法官 E：对。比如说，两个人不小心碰了对方一下，引起的邻里纠纷，认定主观意图到底是不是故意伤害？在法官认识模糊的地方，陪审员起的作用可能比较大。他可能根据他的生活经验来判断当事人的想法。但是，对于证据不好的案件需要补充哪方面证据，需要认定证据的证明力是多少等涉及专业问题的时候，陪审员所起的作用不是很大。

法官 A：他跟国外的陪审团是不一样的。国外的陪审团是基于言辞，所有的证据都转化为言辞。他是根据所听到的内容做出最终判断。我们这种审判不是这样的。咱们这种审判不管是刑事审判还是民商事审判，不是以言词方式进行。我们在审判中，事实和法律是分不开的。没有严格的区分，这一部分是事实问题，由你来解决。那一部分是法律问题，我来解决。比如，合同成立与否，这是个事实问题，实际上也是个法律问题。有要约了有没有承诺，什么悬赏广告，什么能不能吸纳作为合同条款，这些事不完全是个事实问题，还需要法律判断。因此，陪审员真正的作用不是特别大。不管别的法院汇报得怎么样，在我们这里，保障陪审员的决策的正确性是很难的。但是，陪审员能够让这个案子处理得很和谐，或者可以说，他可以让这个案子的社会观感更好，被接受度更好一些。陪审员有一个特别好的地方，在于其开完庭以后愿意与当事人聊天，这就使案件会处理得更好。稍微复杂一些的案子需要合议的时候，因为法律和事实是分不开的，事实判断与法律判断，陪审员是把握不准确的。有些时候，研究案子的不是合议庭。这个案子是我这个法官当审判长，还有两名陪审员参加了审理，但真正研究疑难问题负责处理案件的时候，审判长会另找两位比较专业的法官共同研究案子。这样一来，陪审员只是一种形式。

研究员 D：法官 A 刚才提出，陪审员能不能只针对事实认定发表意见，对法律适用不发表意见。但我们国家很特殊，事实认定和法律适用合在一起、很难分割开。所以，陪审员在与当事人沟通方面起的作用很大，真正在案件中的主导作用还是小一点。

研究员 B：有的人曾经讲过，我们之所以要建立陪审员制度，是为了要搞民主，也起到法制宣传的作用。那么通过这么多年的实践，在法制宣传方面到底起到了什么作用？其实每个法院的陪审员的数量不多……

法官 C：我们法院一共 63 名陪审员。

研究员 B：那是这几年发展的情况，前几年可能更少。那么，这么少的人，他们的宣传面也是很小的，而且这种宣传又是不公开的。所以，很难起到媒体所说的那种宣传作用。也就是说，所谓陪审员有宣传作用是个假的命题。再一个，在发扬民主方面，陪审员在审议、合议时所起的作用到底怎么样？在西方，例如在古希腊，陪审员有辩论的权能。但在我们国家，陪审员敢不敢跟法官进行辩论呢？辩论就是一种很民主的方式。不辩论，就像哑巴一样，还有什么民主可言呢？在座的法官，能不能结合你们的经历，发表一下意见？

法官 F：结合我自身的经历来讲一下。我是负责陪审员的考核、使用和管理工作的，我是 2009 年来我们院政治处工作的。在我还没有到职上岗之前，陪审员就已经找到我了。所以，我对陪审员的工作印象很深刻。因此，来了之后，我和他们的接触也比较多。您刚才提到的宣传和民主这两个问题，我就结合具体工作中的小的事例来谈一谈。宣传方面，就像您刚才说的一样，社会对我们陪审员的认知度并不高。因为老百姓对法院本身是比较排斥的，所以关注度不很高。刚开始，老百姓真的不认识陪审员。后来，我们为了让大家知道这是陪审员，给他们做了工作牌、为他们佩戴徽章。这样，当事人就知道了陪审员。最初，不知道的时候，就以为陪审员是对方的家属。之前还出现过攻击陪审员的现象。后来，我们做了一些小的工作，让大家知道了这是陪审员。即便如此，现在对陪审员的认知度还是不高。我们这几年也发布了一些公告招聘陪审员。但目前看来，社会对陪审员的认识还不是很清晰，不清楚陪审员是做什么的。这几年通过法院的宣传，陪审员已经慢慢地被社会所了解。来打听陪审员工作的人，相对来说，也越来越多了。目前我们陪审员在法律宣传方面，不能说一点作用都没起。但是他的作用有多大，不敢说。我们院有一个老的陪审员，从2008年起从事陪审工作。他的亲属、朋友以及他的生活环境中的居民，通过他，不光是帮人家出主意、写调解书，他也做了很多工作。另外还有一个陪审员到医院看病拿药时，碰到一起因为医患关系打架的事情，他对医生和患者说自己是法院的陪审员，当场进行调解，把调解书都写了出来。最后，双方按了手印，就把这件事解决了。从这点来讲，陪审员确实也有社会意义，不能说他没起到一点作用。我们院60多个陪审员，我不能简单地说他们的作用有多大，并不是每个陪审员都像刚才说的那个陪审员一样。也有个陪审员，她的老公有官司，她是帮助她老公打官司打出来的经验。人家都说"久病成医"，陪审员看的案件多了，接触的案例多了，慢慢就像一个法律工作者一样有法律意识了，懂得程序方面的问题了。这样，他的亲朋好友或者经介绍到他那里咨询的，他确实也做了一些工作。因此，从这块儿来说，陪审员也是起到了一定的作用。只是这种作用并不是像我们在外面搞宣传一样阵势那么大。对于民主来说，我觉得从专业角度来看，有的陪审员是搞工程建筑的，有的陪审员是搞医疗的，有的是退休的。比如说一些医疗事故的案子，陪审员就可以通过他的专业知识，对化验、检验等问题提出一些专业意见。对于我们法官来说，法官是没有这种专业知识的，是不可能靠鉴定得出这样的结果的。但是具有相关知识的陪审员就可以现场给当事人做工作。涉及医患关系的案件，他就可以直接跟医院、医生交涉。医院方一看你是明白人，他就不敢再狡辩。而对于病人来说呢，他一看，法院方有懂专业知识的人来帮我，他心里也会非常踏实。因此，通过这种形式，法院也利用陪审员的专业知识支持了民主。但这毕竟只是一些个例。从陪审员的选任和使用的方面来看，我们其实也希望能从社会各界找出一些这样的专业人士，但这其实是比较难的。难在哪里？经济上的支持是不足的。如果法院系统有专门经费，我们就能够聘来这样的一些人才。我们一个案子就给陪审员几十块钱，我们跟江浙一带是没法儿比的。现在房屋拆迁等问题那么严重，我们也想聘来一些搞工程建筑的陪审员。但是，他们一个高级工程师的证挂在公司里面，一年就是十万块钱。即使不在公司上班，就能挣十几万块钱。而我们一个案子就几十块钱的话，这些高级工程建筑师根本就不愿意来。浪费人家时间嘛。还有退休的医生，越老越吃香，经过返聘回到医院工作，其实他们也不愿意来做陪审工作。所以，我们的情况就是这样。考虑到各方面的情况，还得靠社会各方面的支持。也得是陪审员愿意来才行。但是来了之后的问题是什么呢？虽然要求我们随机抽取陪审员，但实际上，我们也有一些定点。比如说医疗事故的案子，我们鼓励具有相应知识背景的陪审员多参与；像产权类案件，我们就缺少相关的专业人士。

研究员 B：那么，也就是说，民事案件、刑事案件，陪审员参与的可能性会大一点，商事案件、知识产权案件、商标案件，对于陪审员来说，难度要大一些。

法官 A：陪审员的作用不体现在司法决策上，而体现在案件处理上，他们会使案件处理得更容易、更轻松、更和谐。不是说陪审员不参与司法决策，实际上他也参与。之前我开庭的时候，因为陪审员都不在院里，我又不能让人家来一趟，来一趟又需要费用。我就给他们打电话，反正上周你们也参加开庭了，你们的意见是什么？他们也会给我说上一两句建议。然后把合议庭笔录做出来，等下次来的时候都签上字。现实中的法院和陪审员的决策过程就是这样的。陪审员在法院是没有办公室的，他是不坐班的。因此，合议的时候要不然见面，要不然就是以打电话的形式进行远程的沟通。

研究员 B：在法官和陪审员的相互关系上，我还是想提几个问题。这个制度搞这么多年，法官对陪审员的教育和业务指导方面，有没有搞出什么具体的条款？像除全国人大关于陪审的改革意见以外，还有别的东西吗？比如说，业务指导？程序规范？

法官 F：我们在培训方面，有一些比较粗线条的规定。陪审员上岗前，由我们 Q 市的中级人民法院将陪审员召集起来，分批进行培训，时间为一周左右。一些老的法官会对新任陪审员进行培训，讲授三大诉讼法的知识以及一些案例。培训结束后进行考试，考核达标取得上岗证，就可以进行陪审了。我们各院在使用陪审员期间，对陪审员的培训是每年两到三次。主要还是陪审员在实际参与庭审时，一边参与庭审，一边通过案例就学习了。这是普遍情况。从 2009 年到 2011 年，只能按照陪审员的专业性质，把陪审员每五六个人放到一个庭室里面，由各庭室自我管理、自我培训。庭室需要陪审员参与庭审时，由各庭室自己联系。2012 年之后，我们调整了模式，因为要求随机陪审嘛。我们就把依照陪审员的专业性质划分庭室的这种模式打乱了。以前的话，一个陪审员可能在某一个庭室里一两年，那么经过这一两年，陪审员就对这一块儿的案子很了解了，慢慢就形成了专业化了。时间长了，针对这一块儿的案子，陪审员也就能说出个一二来了。但是我们的陪审员的人数也很少，如果专门找一个人天天听案子也是不现实的。另外，我们法官和陪审员之间也不是上下级的关系。不管陪审员在退休前是在机关当领导的，还是在居委会从事调解工作的，我们都把陪审员称作老师，这也是对他们的尊称。我们给他们的定位是"良师益友"，陪审员是帮助我们法院工作的，他们就是我们社会上的老师。我们对他们的培训和管理上，在强调某一方面时，完全是靠他们自觉。如果他们在某一方面出了问题，除了人大免去其职务外，法院是不可能再去处理他的。如果陪审员是在职的，法院可以向他的单位提出处罚建议。但如果是退休的话，就没有其他的处理方法了。因此，在对陪审员的管理方面，不好把握尺度。说多了吧，他们都比我们年长，我们平时对他们说话都很客气的。说得太轻吧，他过两天又是那个样子。所以，在对陪审员的管理上和使用上，是存在一定问题的。我们也很为难。另外，真正能常来常往的陪审员，也只有那些已经离开岗位、没有工作的人，能够做到随叫随到。很多案子，特别是民事案件，一次开庭解决不了案件，可能要经过两三次，甚至是五六次才可能结案。合议庭已经组成，不能随便撤换人员。陪审员这次来了，但能不能保障这个案件下次甚至是下下次开庭时他能够随叫随到？万一因为陪审员自身的工作原因，需要外出开会、学习，这次开庭时来了，下次开庭时来不了了。遇到这种情况，法官也很为难。尤其再遇上不好沟通的当事人，就更难办了。所以，在陪审员的管理、使用上，我们法院也有许多吃力的地方。陪审员的管理和使用制度本身也存在一些弊端。法官不能强制陪审员到庭，如果强制的话，就破坏了相关的法律程序。但如果陪审员就是不能来，法院又该怎么办呢？这样看来，最好用的陪审员就是 50 岁到 60 岁的陪审员，或者 45 岁以上的陪审员，反正是没有工作以及没有家庭或者其他客观原因牵扯、可以随叫随到的陪审员。针对这样比较好用的陪审员，法院再给他一些福利保障，他也有兴趣来参加陪审。这样，法院用起来才能比较顺手。

研究员 B：像你说的这种情况多吗？

法官 F：我可以说，所有的法院都存在这个问题。这是绝对都存在的。除非把陪审员作为专职的，给他高薪，让他专门当陪审员。

法官 A：有这样的情况。他们名义上是陪审员，实际上是法院从社会上高薪招来一批人。不按照案子给他们算钱，他们在法院也有办公室、办公桌、电脑。这些人中大部分都是年轻的、刚毕业没有工作的大学毕业生，法院一个月给他们开 3000 块钱。开庭时他们是陪审员审案子，开完庭他们就是法官助理或者书记员，干法院的一些活。那种陪审员是可以的。

研究员 D：现在中院招了一批这样年轻的人，使用期限一年，干得好的可以再续。

法官 F：这确实解决了法院人手不足的问题。实际上，我们也确实存在人手不足的现象。

研究员 D：但这就变相改变了人民陪审员制度。

法官 F：对。这样陪审员的性质就变了。这与我们当初对陪审员的定位是有出入的。不能既当运动员又当裁判员啊。我们院是严格按照规定，陪审员是从社会上招来的。即使这样，在陪审员的使用和管理上也存在很多弊端。作为陪审员的那些老人，每个人都有自己之前的工作习惯。比如人家之前从事的工作节奏比较慢，来这儿之后我们就不能给人家拘束得太死。还有就是，之前一直强调庭审要穿正装的问题。结果，他们来了之后，还是穿得比较随意。不能每次见到他这样，每次都说啊，面子上也挂不住。所以，这几年，我们也提高了陪审员"进来"的标准。尽量招各方面素质高一些的人。"进"的渠道有两个，一个是申请来的，一个是各单位推荐来的。虽然我们也会下去调查、摸底、政审。但是，仅仅根据和他们一两次的接触是不能够确定他们的个人素质的。来了之后也是有素质高的和素质低的。而且，陪审员的任期一任就是五年。我觉得，任期太长了。

研究员 B：有这个规定是吧。

法官 F：是的。其实人都有这个特点。第一年陪审员摸不透行情的时候，就会很认真、很细致地工作。第二年比较了解你的工作的时候，就可以正常开展工作。到了第三年，就可能出现漏洞了，变成仅仅以挣钱为目的了。有些作用能发挥就发挥，不能发挥的话就算了，工作也不那么积极主动了。第四、五年的时候，法院再使用他的时候，可能就不那么顺手了。法院招他过来，总不能一直找一个人两只眼睛盯着他吧。虽然我们也专门招了几个老师负责陪审员的自我管理，但是我们院一共 60 多个人，个别的陪审员还是存在这样、那样的问题的。有的时候，我们确实感觉，这个瓢刚压下去，那个葫芦又上来了。60多个陪审员的水平真的是参差不齐啊。总的来说，在使用、管理上，这个制度有好的一面，也确实存在不足的地方。但话说回来了，这也不算一个新生事物吧。陪审员在中华人民共和国成立后就有，只是一直都没形成制度。我们从2005年开始实施这项制度，到今年也不过刚刚实行了九年的时间。我们也在慢慢地摸索。虽然别的地方和法院也在摸索中，但是，我们法院比他们要用心些。虽然也有很多问题，我们还没有一条很好的路子解决这些问题。我觉得，这与陪审员的定性可能也存在一定的关系。从定性来讲，一个是任期五年，另外一个是陪审员都是从社会各界招来的。还有就是陪审员的年龄问题。虽然规定23岁到75岁的都可以。但是年轻的陪审员，可能刚开始来的时候是社区工作者或者没有工作，后来又考上了比较好的职位。人家也是很忙的，年轻人也想在自己的单位要求进步的，他肯定不想把过多的精力放到法院的工作上。法院的工作再好的话，把自己本单位的工作撂下了，这也是不现实的。这样的一批人逐渐被边缘化，而后来慢慢用的人就是那些老一点的人了。年龄大一些的人也有他们的好处。比如在解决家庭纠纷的案件中，退休的老公务员就能发挥自己的优势。而我们那些年轻法官，他们有的刚结婚，有的还没有结婚就开始承担家庭纠纷案件的审理工作。那些年纪稍大一些的当事人，可能对年轻法官并不服气。但如果老的陪审员在这里的话，就会给他们做一些安抚工作和说明工作。因此，不能说陪审员不起作用。他们在有些案子中起的作用还是非常大的，有的案子则相对来说，起的作用小一些。比如说，在刑事案子的审理过程中，可能感觉陪审员就是坐在那里，他们知道是非就行了。比如，一个陪审员在刑庭做了四五年陪审工作之后，对于刑事案子，他也知道应该判多少年了。这就是之前说的"久病成医"。陪审员看得多了，听得多了，自然也就有这么一个概念了。法院也是一样的。根据法官的工作职能分别负责专门审理商事案子、民事案子、刑事案子、行政案子，法院也不能把法官倒来倒去的换啊，否则法官也成了"二把刀"了。

研究员B： 对，要专业化。

法官D： 在刑事案子的审理中，陪审员在服判息诉方面起的作用还是比较大的。比如说有一些上诉的案子，被告人贩卖毒品仅仅卖了一两克就被判了一两年，他觉得很重。法官判完之后就向他说明法理：贩卖毒品，一克以下就是六个月到九个月的有期徒刑，每增加0.3克增加一个月的刑期。这样算出来，我们应该给你加六个月到九个月的刑期。我们应该给你加九个月，但是实际上给你加了六个月，实际上是判轻了。但被告人是听不懂这些法理的，他就是觉得法官给他判重了。但是陪审员向他解释说："你看前面那几个人，跟你贩卖的克数差不多，比你判得重。你还叨叨什么啊。"经过陪审员这么一说，被告人就服气了。这样看来，陪审员简单的一句话确实比法官给他们讲道理要有用得多。

法官 A：这也是因为现实的社会状况。陪审员专业化与司法民主的理念是背道而驰的。

研究员 A：对的。

法官 A：陪审就是让普通的百姓来参与司法，让他们行使国家的司法权，让百姓在司法中有参与度。如果找一些懂商事法、民事法、刑事法的专业人士来陪审，是很奇怪的。就相当于培养了一批"二法官"。因此，我觉得还是一个理念问题。陪审制度到底要弄成什么样？顶层必须对此有一个清晰的界定。实际上陪审员全部都在基层。省高院和市中院的陪审员都是在基层的。基层的陪审员都是工具化的。不能因为现在我们基层法院案子多，为了审理期限、为了组成合议庭，为了化解当事人之间的矛盾，把陪审员当作一种工具来使用。我认为，第一是要让程序处理更合法，第二是让案件的处理更舒服。目前，陪审员还是个工具化的东西，还没有上升到参与国家司法的高度。现在的"参与"是一种辅助性的参与，不是真正的角色的参与。像我们之前审理的那个案子，陪审员很厉害，既懂医疗设备又懂医学，他说什么法官都听。这是个例。90%的案子都是审判长决策的或者是审判长和其他没有参加庭审的法官共同决策的。

法官 F：是这样的。现在来看，陪审员设立的原因，第一，弥补人数不足。因为一线的法官人数太少，为了弥补这方面的不足，法官和陪审员组成合议庭审案子，所以才招收陪审员的。去年，我们做了一下统计，法官每年平均要审理160多个案子，相当于两天审理一个案子。数量确实也挺大的。如果我们找三个法官去审理一个案子，那么占用的时间实在是太多了。第二，在案件的审理中，陪审员能起辅助的作用。特别是在调解过程中，能够起到一些作用。

研究员 D：裁判文书制作好之后，有没有经过校对？有没有陪审员看裁判文书的？

（众人摇头）

研究员 D：都没有啊。

法官 A：没听说过。裁判文书是这样的。由承办人拟稿，根据不同的案件，交由庭长或者审委会委员审核。从系统内直接提交审核。

研究员 D：如果是三个审判员组成合议庭的这种形式，另外两名法官看不看裁判文书呢？

法官 D：他们可能在某一个事实认定上，比如说在裁判文书书写时，两位法官互相商量着怎么写、怎么认定。

研究员 D：最后成文的时候，两位法官看不看？

法官 A：最后在校对的时候，是由书记员来做的。

研究员 D：也就是说，在裁判文书出之前，陪审员是不会看了。

法官 D：是的。但是我们这边儿有这么个情况。在开庭审理过程中，陪审员认为这个案子他们比较感兴趣或者比较熟悉，他们在听的过程中自己大概有一个判断。大概知道这个能判几年。事后，陪审员会过来问这个案子判了几年。看最后的判决跟自己的预期是不是一样的。

研究员 D：那合议庭的笔录他们也不看了？直接签字？

法官 D：合议庭笔录他们看得比较少。基本上就是这种情况。

研究员 D：有没有陪审员不签字的？

众法官：全签了。

研究员 D：都是回来补签的？

众法官：对，回来补签。

研究员 D：形式化太明显。

法官 A：现在不行吧。现在的程序是先做合议庭笔录，否则判决书没法儿写。

法官 D：虽然他们的意见比较少，但是基本上是不会反对的吧。但是不一定是做笔录的时候把陪审员叫过来。我们现在是开完庭之后，问陪审员有什么意见。虽然他们平时是不会提意见的，但必须要有这么一个程序。防止案子判完后，当事人问陪审员这个案子是怎么判的，陪审员不知道。

研究员 D：每个案子都会说吗？都像法官 A 说的那样，打电话落实一下？

法官 D：基本上每个案子都要告诉陪审员案子的结果，问问他们有没有意见，都会跟他们大概说说我们是怎么认定的。至于陪审员起什么作用，就像法官 A 说的那样，还是取决于怎么设计这个制度。根据宪法和法院组织法的规定，陪审员和法官是具有同等的权利和义务的。但现在，陪审员是不承担任何责任的。而且陪审员的权利，也取决于法院授予他的权利。法院在使用陪审员的过程中，真正让他来干什么。可能就像刚才所提到的那样，起初用陪审员就是因为法院存在"案多人少"的问题。如果法官足够多，几个法官就可以组成合议庭了。那么，对陪审员也不会有这么急迫的要求了。陪审员不可能一再扩招，已经扩招这么多陪审员了。

研究员 A： 在我们调研过程中，发现你们一直在强调，陪审员之所以存在，最基础的原因是解决"案多人少"的问题。这个问题，按照国家现在的考虑，是不可能在基层法院大量地增加专职法官的。而且，现在还有要缩小它的趋势。现在我们想转换一下思路。你们刚才提到，陪审员要年龄大一点的比较好，素质高一点的比较好，以及五年任期的问题。还有就是使陪审员相对固定化。针对某种类型的案件，比如这位陪审员经常搞民事案件的陪审，或者那位陪审员经常陪审刑事案件，这样他的经验就可以比较丰富了，可能起的作用就更好了。那么，针对"案多人少"的问题，我们能不能像国外那样，设立家事法官或者治安法官？只是在小额诉讼和涉及婚姻家庭纠纷的案件中适用陪审员审案子，会比较好？那些退了休的、有社会公益心的陪审员，与专职法官还不太一样，有点儿像社会法官。他们来自社会，能够发挥积极作用，把简单的、轻微的案件分流给这些人来做，而不是像现在这样，按照普通程序审理的案件由陪审员来参与。你们觉得有这种可能性吗？

法官 A： 我个人觉得，这种做法在农村比较适合，在城市不太适合。城市的基层社区外来人口很多。像 C 区，会有很多外来人口。如果安排一个愿意调解家长里短的、不是社会人士的治安法官，在城市社区是很难做到的。一是基于城市的文化，邻里之间不走动、不来往。比如楼上楼下发生口角了，一个老头、老太太进行调解，说"楼上你家漏水把楼下的住户给淹了，你别赔 5000 元，你赔 6000 元好了"。这在城市是很难做到的，谁也不敢去多这个事儿。上个礼拜我亲眼看到，有一个常年住在某小区的人晕倒了，让周围的同一个小区的住户扶一下，但没有一个人敢扶。这就是活生生的例子啊。在城市的社区里面，没有人愿意做这样的事情，因为它所承担的后果太严重了。就是说，你给人家调解一个矛盾，结果矛盾没调解成，还有可能被别人揍了一顿。而且像城中村里住着全国各地的人，你也不知道他们的职业。有可能白天是挺好的一个人，晚上就是黑社会小哥。这我们哪儿能知道啊?! 发生矛盾，还有治安法官来做调解工作吗?! 没人愿意承担这个。但是，在农村就比较容易实行。因为农村有家族，有家族势力。每个村都有德高望重的人，有辈分大的和辈分小的。如果两个人发生矛盾，由德高望重的和辈分大的人来协调协调，这是可行的。过去村里不是还有什么族长！而在大城市，比如说在北京、上海、深圳、青岛等本地人和外地人混居的大城市，是很难的，你找不到这样的治安法官。你像刚才法官F所说的那位陪审员，家长里短都能解决。这是为什么？因为他所在的那个地方以前是个村，村民之间都很熟悉，本村和邻村的也都很熟。

研究员A：根据你们提供的数据，按照普通程序审理的案件的陪审率是96%。我想知道，你们院是基层人民法院，你们通过简易、速裁处理的案件占总的案件的比例是多少？

法官A：大概1/3。

研究员A：1/3啊。

法官A：对。如果我们有4000件案件的话，按照普通程序处理的案件为2500—2600件。还有1000多件是按照简易程序审理的。为什么普通程序会多呢？因为审理期限的问题。

研究员C：只是因为审理期限吗？

法官A：对，只是因为审理期限。很多案件在三个月是处理不完的。因此，法官拿不准的案子绝不会用简易程序。如果用简易程序的话，到了三个月，法官会很麻烦，得转成普通程序什么的，还不如直接就用普通程序。对法官来说，增加了他的工作量。

研究员C：但是2009年简易程序的适用率其实是挺高的啊。

法官A：对，是这样的。

研究员C：但是，没有特别严格的规范审限。

法官A：主要是审理期限的问题。20世纪90年代跟现在相比，法院方面是存在很大区别的。当时案子少，现在案子多。当时如果案子简单的话，法官就可以用一两天的时间来处理这个案子。现在比如说我手上有10个案子，我就可以今天办一个、明天办一个。但如果法官手上有60个案子，即使每个案子分给他一个小时，也是需要60个小时的。法官绝对不敢说，这个案子三个月之内肯定能结。一旦出现意外情况，肯定是结不了案的，反而工作量会加大。以前我们说办理的案件多，也就是一年办理几十个案件。现在说办理案件多，那就是一年办理两三百个案件。现在说的"案子多"跟 90 年代说的"案子多"肯定不是一个概念。90 年代，一个法官一年办理的案件数是三四十个，平均每个月也就是三四个，也就是一个礼拜办一个案子。现在是一年一两百个案件，一个月也就要办理一二十个案子。所以，工作强度、法官工作的风格肯定是截然不同的。现在，我们很难再去做非常细致的调查和调解。

研究员 A：你是刑事庭的法官吧？因为你们 Q 市也是刑事速裁程序的试点城市。现在有一个问题哈，根据修改后的刑事诉讼法，可能判处 25 年有期徒刑以下刑罚并符合其他规定的，基层人民法院是可以适用简易程序的。但是简易程序又分两种，一种是可能判处三年以下有期徒刑以下刑罚的，另一种是可能判处的有期徒刑超过三年的。现在又多了一种速裁程序。我想问的是，实践中在运用这三种情况时有什么困难吗？如何把握？

法官 D：我们现在适用刑事速裁程序是有几种固定的案件的。一是"情节比较简单"的，我们最近也做了很多相关的工作，我们这些工作开展得也比较早，基本上在分流方面是没有什么问题的。因为简易程序和普通程序，法官只需根据刑事诉讼法的规定来定就行了。可能判处三年以上有期徒刑的，就用合议庭审理案子；可能判三年以下的就适用独任制。关于速裁程序，我们院也在试点和探索。适用速裁程序，我们一上午就可以开十个庭。每个案子从开庭到宣判也就三到五分钟的时间。能用简易程序的，我们就不用普通程序。一年以下"轻刑速裁"的，保证在三天以内审结。但是，这就涉及书记员和其他人员的工作分配问题。这里面的工作量还是很大的。

研究员 A：你们刑庭这一块儿通过简易、速裁程序审结的案件占刑庭所有案件的比例是多少呢？

法官 D：我们简易程序占的比例比较大，具体比例我说不准。

研究员 A：大概有多少？你觉得简易程序分流得很好吗？

法官 D：对，分流得很好。简易程序审结的能超过 90%。简易程序分流的能有一半以上吧。

研究员 A：是这样的。简易程序也有可能判处三年以上有期徒刑的。针对这种情况，你们就不搞陪审了吗？

法官 D：不，这种情况也搞陪审。

研究员 A：但你不是说简易程序就不搞陪审、普通程序才搞陪审吗？

法官 D：不。

研究员 A：也就是说，你们这里只要是组成合议庭的案件，都要有陪审员参加陪审，而不是只有普通程序才搞陪审、简易程序不搞陪审，是吧？

法官 D：是的。

法官 A：简易程序中组成合议庭审理案子，是新生的，是吧？

法官 D：是的。

研究员 A：对。是从2013年正式实施新刑事诉讼法后才开始的。

法官 A：我们统计的陪审率，主要是指普通程序的刑事案子。民商事案件不存在适用简易程序还是普通程序审理的问题。我们院的刑事案件多，一年也有四五百件吧。这其中，适用普通程序审理的案件约为1/3，简易程序是2/3。但是民商事案件就反过来了，简易程序占1/3，普通程序占2/3。为什么民事案件的简易程序少？是为了解决审限的问题，必须要组成合议庭。刑事案件和民事案件有个重要的区别，刑事案件不管是适用普通程序的期限还是适用简易程序的期限，相比较民事案件的审理期限而言，都是短的。因此，刑事案件不管是采取合议庭审理案件，还是独任审判，对案件的审理期限没什么大的影响。

研究员 A：材料中提到"陪审员召集人"工作制度，是一个创新？

法官 F：是的。我们从陪审员里面选取六名陪审员作为召集人，之前是选取四名陪审员。召集人跟法官是一样的，实行八小时工作制。各庭室如果开庭需要陪审员，则需提前一星期通过网络系统，向陪审员召集办报计划，具体什么时间、在哪个庭室开庭，需要几名陪审员。办公室每天有两名陪审员值班。将计划进行登记后，按照所需的人数与院里的60多名陪审员进行联系。这也算是随机的吧。但如果各庭室对陪审员的专业有要求，由召集办的陪审员将哪名有时间参审的陪审员的信息反馈至各庭室。确定参加庭审的陪审员到了开庭时间，持陪审单到法院参审就可以了。整个过程都由召集办的召集人负责召集和协调，他们起着上传下达的作用。我们法院在工作中的一些要求和指示，也是通过他们来传递给陪审员的。

研究员 A：好像起的就是一个协调人的作用？

法官 F：是的。

法官 A：刚才法官 A 讲的是陪审员的具体的运作过程。那我就来讲一讲为什么有陪审员召集人制度，陪审员召集人是什么吧。这其实是我们院长想出来的一个点子。陪审员在管理上存在着一个问题：他们不是法院的人，是社会上的人。虽然通过了培训和人大的任命，但他们终究还是社会人士，他们在法院是没有身份的。所以，法院不能按照院里科层制的管理方法来管理这些人。但同时，这些人还是要给法院干活的。他们又不住在法院，怎么来管理他们呢？原来我们的老办法是把陪审员分到各个庭里面。比如，给你们庭分六个陪审员，给你们庭分八个陪审员。然后，把陪审员的联系方式都给各庭室。各庭开庭时需要陪审员时，由各庭室给陪审员打电话看他们有没有时间、是否能够参加庭审。然后就把他们和法官排成合议庭来审理案件。后来，我们实行了陪审员召集人制度。从陪审员的团队中确定四名召集人，这四人常驻法院，分班值班。审理案件需要组成合议庭时，就在计算机系统中随机挑选陪审员，和法官组成合议庭。再由召集人通知各陪审员开庭时间等事情。如果案子少的话，这四名召集人其实就可以和法官组成合议庭审理案子了，无须再去系统里挑选其他陪审员。案子多、他们忙不过来的时候，则需要从系统中挑选陪审员。我们将这个称为陪审员的自治管理模式。我们院长还提出，陪审员可以轮流当召集人。如果我们还按照以前的那套模式，将陪审员分到各庭室，那我们法院就需要派专人负责他们的工作。这样，也需要给他们配备办公室、电脑。而且，相比较陪审员的自我管理而言，由公职人员专门负责管理陪审员，公职人员和陪审员之间也比较容易产生分歧。

研究员 A：自我管理也会产生类似的问题。比如，召集人和某个陪审员关系不错，则该陪审员陪审的案件就比较多啊。

法官 A：有这样的问题。

法官 F：针对这种情况，我们也有相应的对策。我们在系统中对陪审的案件设置了上限。召集人在值班的时候，参加审理的案件不超过 20 件。不值班的陪审员审理案件的上限是 30 件。因为召集人是轮流值班的。在不值班的情况下，他们也是需要参加庭审的。根据我们的统计，值班的召集人员每天 50 元的补贴。这样算下来，不值班的陪审员与值班的陪审员每个月的补助相差 200 元。我们现在的这种整个陪审团团队的运行模式，与之前将陪审员分到各庭室，再由各庭室决定陪审员是否参加庭审的模式相比，要公平一些。

法官 A：召集人还是有一定优势的，因为他们都是陪审员嘛，互相之间批评没啥。

法官 F：对于陪审员工作，我们院的确从硬件设备和软件管理方面都做了很多努力。我们院为陪审员设有很大的阅览室，方便陪审员阅读杂志、期刊和新的法律法规。此外，陪审员还可以在阅览室和召集办公室进行交流或是午休。

法官 A：随着信息化以后，不光法庭变成计算机系统随机分配的，陪审员也变成了计算机系统随机选取的。就像外国学生上学一样，每节课程的教室是不同的。不像以前那样，这个法官总是在这个法庭开庭，那个法官总是在另外一个法庭开庭。随着信息化的推进以及这一套计算机工作系统的引进，我们的工作模式也发生了变化。这让我们的管理更方便了，不会出漏洞。

研究员 C：这个软件系统是什么时候开始使用的？

法官 A：我们从 2012 年就开始使用了，一直在不断完善中。

研究员 C：因为我们上午去 L 区法院调研时发现，他们也在用计算机系统开展陪审员工作。你们之间用的是一套系统吗？

法官 A：不是。他们法院用的是自己开发的陪审员管理系统，我们用的是审判管理系统。

研究员 A：你们用的是最高人民法院推广的那套系统吗？

法官 A：不是。我们的系统是跟某公司合作研发的。这套系统之前是没有陪审员这一块儿内容的，后来才将这一功能加上去。给陪审员召集人一个登录的权限，他可以登录系统进行操作，选哪个人担任案件陪审员。我们跟 L 区法院不同之处在于，他们的系统只针对陪审员工作，而我们则将其作为审判工作系统的一部分。

研究员 C：你觉得哪个更好一些？

法官 A：我们这个更省事，不用再就陪审员的工作另外登录一个系统了。法官在系统中选择"需要组成合议庭"这个选项，陪审员召集人直接就在系统中给法官安排了。我们是一整套办案活动系统，不是单独的陪审员系统。

研究员 C：别的法院也是这样吗？他们是怎么做的？

法官 A：应该都这样吧。像上海、江浙地区应该都是一样的吧。

研究员 C：因为我们去年在 S 省、H 省调研时，没有人谈到陪审员的管理模式和这样一套计算机系统。

研究员 A：好像你们 S 省都在这样做。

研究员 C：你们是从 2012 年开始的？

法官 A：我们从 2012 年就开始使用这个系统了。刚开始的时候只是审判工作系统，当时没有陪审员这一块儿。将陪审员工作加进系统后，是从 2014 年 1 月正式启用这个系统的。

研究员 A：难怪我们去年调研的时候没有听说，看来情况发展得很快啊。你们现在有一种设想，是将陪审员功能进行全面化的推进，就是使陪审员参与到包括执行过程在内的诉讼全过程中。那你们法官希望陪审员发挥多大的作用？

法官 A：这是一个理念的问题。我们认为，陪审员在决策时所发挥的作用是十分有限的。实际上，我们觉得让陪审员坐在那里开庭，我们还得给他们补助，我们法院其实是挺亏的。我们不如让他去干一些实际点儿的事情。你让他写判决书，这对他来讲是有难度的。让他干点儿别的，是没难度的。我们有个陪审员是妇联的副主席，同时她也是一名心理咨询师，我们就专门把她配给少年审判法庭，她就是全程参与的。陪审员最核心的职能不是对案件决策的，而是做调解工作的。所谓陪审员职能的扩展，实际上是将陪审员的职能摞起来，让他们多做点儿工作。

法官 F：比如送达程序方面。人家一听我们是穿着制服的法官，根本就不给我们开门。法官没办法了，就请陪审员跟他们一起去送达。陪审员就跟着去了。人家一看有个陪审员大妈，就把门开开了。

研究员 A：陪审员参与的话，和当事人会好沟通一些。如果国家给你们解决了"案多人少"的问题。比如，按照法官能够完成的工作量，给法院足额的法官编制。那你们认为，在这种情况下，陪审员有或者没有，差距大吗？

法官 A：从"形而上"的司法来讲，单就司法业务来看是不需要陪审员的。但立足于中国的现实，陪审员参与到司法中来，其实就是社会人士参与司法工作。安排陪审员做当事人的情绪安抚、调解。由社会人士介入司法，比如说提供当事人的住址啊，帮助送达啊，安抚啊，缓解情绪的案件可能也需要陪审员的参与。特别是一些民商事的案件以及人身伤害类案件，陪审员是有一定价值的。但是陪审员制度，就不好说了。

研究员 C：陪审员帮助送达、进行调解，是因为他们是陪审员吗？如果有一天，他们不再被称为陪审员了，换了一种身份，效果会大打折扣吗？他们还会发挥这样的作用吗？是因为他们现在是陪审员身份，所以可能有用？还是说其实叫他们什么都无所谓，只要有这么一些人做这些事情就可以了？

法官A：怎么称呼他们都无所谓。

法官F：前段时间，有妇联的同事给我提意见，他们说你们院招录陪审员的时候，可以到民政部门要一点社会工作者。这些社会工作者多数是刚毕业的大学生，考公务员没考上，所以才去民政部门做社会工作者的。他们的素质都很高，平时做事也很认真。如果法院把他们要过来，他们又不用你们法院拿钱，每个月由政府发3000多元。这些人可能比陪审员的效果更好。

研究员A：你们也认同这个观点吗？

法官F：这是上个星期我们聊天的时候，说起来的。

研究员A：这确实是一个解决的思路。在其他国家也是这样的。比如在公设辩护人办公室也有一些社会工作者啊，主要针对被害人进行心理安抚、协调一些棘手的事情等。但如果是这样的话，他就不叫陪审员啦，也不是公设辩护人，他是帮助做一些额外事情的人了。

法官F：假如没有陪审员这个制度，我们从民政部门招一些社会工作者参与法院的案子，然后政府给他们发工资。其实对于这些人来说，也是一件很有意义的事情。因为他们的素质很高，做事也很投入。

研究员A：把陪审员定位为社会工作者，让他们做一些相关的事情。这样的定位是不准确的。但在你们看来，你们还是需要这些人的？

法官A：法院和社会都越来越需要这么一些人。因为他们都是大学生嘛。先是通过司法考试，再通过公务员进入法院。他们就是直接从校园到法院。特别如果是从外地来到我们当地工作的，跟我们当地完全没啥牵连，在处理事情的时候会更公平、公正。

研究员A：这一块儿内容不一定放在陪审制度的框架下考虑。未来的走向是要让陪审制度回归它本来的面目——参与决策，那就应当把参审的案件范围限制在很少的一部分、典型的、具有代表性的案件上了。

法官D：那么，陪审员就不会参与其他事务性的工作了，这样把法院的专业化问题也给解决了。

研究员A：对。因为我们国家的陪审应当与大陆法系的参审制是一样的，例如，法国。他们针对陪审员参与的案件的范围，是做了非常严格的限制的。但我国的陪审员是广泛参与到法院的事务中的，这就不应该叫作陪审了。

法官A：司法民主并不是要让每个案件都体现民主。如果一个案件无任何公共性，仅仅是一个私事，两个人要离婚，还要什么民主？！找两个陪审员监督一下、指导一下，又有什么意义呢？但如果是公共案件，就可能涉及司法民主了。比如，这个案子侵犯了社会公共利益，或是这个案子具有重大的社会影响，审判的时候应当民主决策，而不是司法专断。这样是有意义的。要不然陪审员的陪审就变成形式化的了。虽然陪审率超过96%，陪审员也参与了，但实际上他们并没有真正地参与到其中。

研究员A：对。真正的陪审，其他国家在民事案件中适用的也很少，陪审主要适用于刑事案件。像日本，陪审员参与的案件基本上是可能判处死刑、无期徒刑的案件，或是可能判处十年有期徒刑以上刑罚的，比较重大的案件。我们国家适用陪审的案件似乎太普遍了。我们国家陪审员的功能，可能与其他国家陪审员的功能不是一回事。另外，你们提到对陪审员有一个考核，以此作为是否留任的依据。如果陪审员尚处于五年的任期中，没有认真履职的，是法院直接把他们除名？还是上报人大，由人大来除名？有没有正规的程序？

法官A：必须通过人大。我们所说的将考核结果作为是否留任的依据，是指将其作为五年任期满后是否留任的依据。

研究员A：这种留任的情况多吗？

法官A：好的陪审员，我们都尽可能把他们留下来，愿意继续用他们。如果再换一个新的陪审员，法院对他各方面的情况都不了解啊。以前的陪审员经过法院五年的考验，各方面表现都很好，只要他们的身体条件允许，我们法院就愿意将他们留下来继续使用。

研究员A：不认真履职的陪审员很少，是吧？

法官A：是的。法院针对陪审员的考核主要是奖励，不是惩罚。不陪审就没有陪审费，陪审就有钱。罚他怎么罚？又不能倒罚钱，对吧。陪审员三次陪审没来，或者答应来了又没来，给我们案件审理制造麻烦了，我们怎么处罚他呢？陪审员是社会人士，又不在法院拿一分钱。我们只能说，对不起，法院不用你了。人大有时候也可能在陪审员的任期之内、不到五年的时候，撤掉一部分人。

研究员 A：这是极少的情况，是吧？

法官 A：很少。我们通常的办法就是直接不用这个陪审员了。

研究员 A：任期未满、届中的时候，人大不用他们了，是你们建议人大这么做的，是吗？

法官 A：是的。但这种情况非常少见。现在人大十分重视陪审员工作，严格管理陪审员工作。比如，我们院新扩 15 名陪审员。人大还要给我们提要求，这 15 名里面需要有几名专家陪审员，几名人大代表。

研究员 C：你们院的陪审员中有人大代表吗？他们的履职情况怎么样？

法官 A：有。他们有的还行吧。

法官 F：不怎么样。人大还想把人大代表当陪审员作为一个创新呢。

法官 A：但是陪审员中必须要有人大代表啊，不然人大不愿意。

法官 F：他们很忙，每天都要下去开会什么的。他们来法院陪审，无形中也会给我们压力。

法官 A：这是人大强制的，我们也没办法。

研究员 C：所以一定会保留人大代表的名额。你们院陪审员中，人大代表的比例是多少？

法官 F：我们院 60 个陪审员，目前也就六七个是人大代表。我们今年刚好有三个人大代表、政协委员任期到了，自动免了。要不然，加上他们，会多一些。

法官 A：陪审员们在外面等着，需要跟他们谈一下吗？

研究员 A：好的。一共有几个陪审员？

法官 F：一共五个。

研究员 A：你们五位都是陪审员？

陪审员 A：是的。我们都是退休的。

陪审员 B：过去我是 L 区政府妇联主席。

研究员 A：那您参加维护妇女权益的案件是不是会多一些？

陪审员 B：我固定在了少年审判法庭。

法官 A：这五位是我们院陪审员中表现比较突出的陪审员，是我们院目前的陪审员召集人。他们对我们院的陪审员的情况，比我们了解得还要清楚。因为他们天天都在庭上审理案子。他们在案件中起到什么作用，可能比我们说得更真实。

研究员 A：您以前是从事什么工作的？

陪审员 C：我退休前在工厂里面是技术科科长。

研究员 A：您现在陪审的案件，主要是一些什么案件？

陪审员 C：主要是民、商事方面的案子。欠款啊、合同纠纷啊。但是刑事、民事、商事的案子，我都参加过陪审。

陪审员 D：陪审员 C 是我们院的第一批陪审员，从 2005 年就开始从事陪审工作了。

研究员 A：那您一年大概会陪审多少个案件啊？

陪审员 C：一年大概 150 件。

研究员 C：你们几个基本上都是这个数吗？还是互相之间差距很大？

法官 F：都差不多，都是 100 多件，最多的大概 200 件。

研究员 A：您过去从事什么职业？

陪审员 D：我过去的职业很多，干过装卸工、业务员、供应科科长、经营副厂长、建筑等，主要是经济领域的工作，也曾经做过调解工作。我还在 Q 市职工大学法律系学习了三年，有法律专业的文凭。

研究员 A：您担任陪审员的召集人有多久了？

陪审员 D：从 2012 年 4 月开始担任召集人的。

研究员 A：您现在是周一到周五都在法院坐班？

陪审员 D：我们现在有 4 名陪审员。刚开始是四个人每天都值班。现在是每两个人为一班，轮流值班。两个人中一人是主班，一人是次班。我一个月大概有十天或十一天在法院值班。

研究员 C：各位陪审员老师从事陪审工作期间，有什么体会？或是觉得比较有意思的、印象比较深的案件，可以跟我们聊一聊。

陪审员 A：我是 2008 年开始从事陪审工作的，今年已经六年了。

研究员 A：您以前是从事什么工作的？

陪审员 A：我以前是在社区工作的，分管土地、房屋宅基地和清洁工。

研究员 A：你们从事陪审员，都是单位推荐过来的吗？有没有是自己报名的？

陪审员 A：我是推荐和自荐结合的形式，经过培训，再持证上岗的。

研究员 A：您呢？

陪审员 E：我是从 2012 年开始的。以前在企业里面做过党委宣传工作，退休后在社区做过党务工作。2012年法院让社区推荐陪审员，我报名参加了。经过法院的考核、参加培训班学习并经过考试，才从事陪审工作的。

研究员A：你们都不是从网上看到法院发布的信息，才报名的？

法官A：这里面有两个部分。一部分，我们有11个街道，我们把任务安排给街道，让街道给我们推荐一部分人选。另一部分，我们在报纸上也会发布相关公告，他们看到后会自己报名。自己报名的也需要原单位或者街道给出个推荐信。两种"推荐"是不一样的。

法官F：自己报名的也需要街道或者原工作单位出具推荐信，方便我们法院政审、了解他们个人的情况，以防以前历史不清白的人进来。我听说有些法院招来的陪审员，居然是以前有案底的。这样就很麻烦啦。

研究员A：你们对他们有一个筛选，是怎么一个筛选法？有面试吗？

法官F：我们院是这样的。他们拿着材料来法院报名的时候，我们都会问一下，"你们对陪审员这个岗位有什么认识？"或是"你们通过什么渠道了解陪审员这个工作的？"另外，初选之后，我们会去他们的单位和社区了解他们的基本情况。我们院招收第一批陪审员的时候是有面试程序的，但后来发现，面试其实没有多大的意义，就不再举行面试了。

法官A：我们觉得陪审员只要有责任心就行了。面试没有多大用处的。他如果不干活，面试得再好也没有用。2005年招收第一批陪审员的时候，我们还没有实行单位推荐这种方法，只是通过电视台和报纸发布公告，面向全社会公开招聘陪审员。

陪审员B：我就是我们院的第一批陪审员。当时我是人大代表，我是通过人大推荐来的。

陪审员A：我是第二批陪审员。我退休之前在司法局工作过，退休之后由司法局推荐过来的。

研究员C：你们对陪审员工作的参与程度如何？对这份工作的满意度如何？

陪审员D：就陪审员的参与程度来看，大多数的陪审员都是很积极的。按照人大的规定，陪审员除了不能当审判长以外，与法官具有同等的权力。我一开始觉得在法院从事陪审工作，能够在当地有点儿小威望。处理纠纷、做一些调解工作，多少是有点儿激情的。毕竟陪审员都很熟悉当地的风俗习惯嘛。法院很重视陪审工作，一开始将陪审员分到各庭室，比如分给民庭四个陪审员，两个常来的、两个不常来的，两个在职的、两个退休的这么搭配。需要陪审员到庭审案子的时候，法院提前给陪审员打电话。但是陪审员往往家里或者工作上有别的安排，只有没事的时候才会来，当然不能天天来。最后往往就是法官也很忙，打电话又联系不上那些陪审员，或是联系他们的时候正好赶上陪审员外出旅游，或者陪审员因为其他别的事情出门了。法院发现这个问题后，很重视这个事儿，最后专门成立了陪审员召集人办公室，由专人值班，陪审员进行自我管理。召集人把陪审员的电话号码记下，法官需要陪审员的时候就把人数、专业、开庭时间等要求报到召集办公室，由召集人电话联系陪审员，询问是否有时间到庭参加庭审，然后做好登记。现在我们院有了一套系统，这就更先进。不用召集人和陪审员之间来回跑腿了。只需连上网，系统就会自动安排。但也需要电话联系法官开庭，比如当事人因为特殊原因未到庭或者临时不开庭、不需要陪审员来了，这些都需要召集人电话通知陪审员。

研究员 A：您作为召集人，是负责通知陪审员和法官的，是吗？法官说这个案件要陪审，你们就从系统中选择陪审员来陪审，由您负责通知陪审员，询问是否有时间，然后您再进行确定，是吗？

陪审员 D：是的。我们值班也分主班和次班嘛。比如通知这个陪审员来开庭，人家有事儿临时没来，我们召集人也可以临时替他们开庭。

研究员 C：通知他们来，临时又不来了。这种情形多吗？

陪审员 D：基层法院不像是中院、高院开庭时那么正规，很多案件是没有辩护律师的，全是当事人。当事人又不懂开庭或者被告缺席这些专业知识，通常在原告未到庭或者被告未到庭的时候就开庭了。但是我们法官也把各方面都照顾到了，陪审员如果不来的话，说明理由也是可以的，要求的不是那么严。还是得有点儿人情味儿，是吧？

研究员 C：你们觉得刑事案子和民事案子的差别大不大？你们觉得自己在刑庭陪审和在民庭陪审，发挥的作用有什么不一样的？

陪审员 D：我觉得陪审员在离婚、邻里纠纷、涉及继承、赡养等家庭纠纷案件中，发挥的作用比较大。因为邻里纠纷涉及当地的风俗习惯，而离婚案件如果一方愿意离婚，而另一方不愿意离婚时，陪审员做当事人工作的时候比较容易。遇到这样的案件，陪审员就给他们调解了。刑事案件因为涉及侦查、起诉，陪审员主要是在与法官合议的时候发挥一些作用。在合议的过程中，法官会向陪审员详细解释为何做出最后的判决的。先根据法条，再根据被告人的认罪态度、被告人对被害人的赔偿情况确定被告人的刑期。

研究员A：您刚才说在合议的过程中，法官会对陪审员解释得很细，比如案件因为量刑规范化了，每个情节大概怎么考量，法官的意见您都能接受吗？您自主、独立地补充法官意见的情况多吗？

陪审员D：这得看是什么样的案件了。有些被告人的家中上有老下有小，又没有别人能够照顾老人和孩子，我们就出于同情心，把这些情况跟法官提一提。

研究员A：就是建议法官在量刑时考虑他们的家庭状况。

研究员C：那法官采纳吗？

研究员A：比如说，建议法官判缓刑，跟法官讲讲他们的情况，法官会采纳吗？

陪审员E：我在民庭做过一年的陪审工作，在刑庭也做过一年的陪审。我对法院的工作很适应，我是抱着学习的态度来的。在担任陪审员的这两年中，真的可以说是受益匪浅啊。通过在法庭上向法官的学习，通过看《人民法院报》以及媒体对人民陪审员的宣传，我更加了解了法律适用的问题。而且，现在我的亲戚朋友遇到相关的法律问题，我就能根据我在陪审工作中所学习的法律知识为他们解答。在合议的时候，法官确实也征求我们的意见。比如被告人是累犯，他作恶多端、社会危害性较大，我们可能就会说一下我们的意见。如果遇到被告人的家庭条件不好，确实有困难的，我们也会提一下我们的看法。一般来讲，法官对于法条的掌握程度比我们好多了。当我们提出异议时，他就会给我们解释为什么会这么判。

研究员C：那你会跟当事人去解释吗？

陪审员E：不不不。因为我们是有纪律规定的。法庭上，在没有法官的允许下，我们是不能向当事人讲这些的。庭后我们可以去问法官。

陪审员A：刑庭开庭的时候会很严肃、很神圣。

研究员A：那你们有没有开通微信、微博，把你们在法院陪审的经历写出来？

陪审员D：我写过类似的经验介绍。

法官F：他是我们的先进陪审员。

研究员C：你们当了陪审员之后，生活有什么变化吗？会有人找你们来问案子吗？

研究员 E：当了陪审员之后，别人会觉得，我们是在法院工作的，很羡慕。也有些人，不大清楚陪审员是做什么工作的。我们就跟他们解释，陪审员是协助法官工作的。有的人想起诉离婚，找我来给案件把把关，有的人家里有老婆、孩子，又没出现过家庭暴力，我就经过调解，使他们最终和好了。有时候我们陪审员还会到他们家里去，有时候去了当事人家里，他们不愿意接待。即使这样，我们陪审员还是很有耐心的。就是因为我们懂法律知识，所以能在处理邻里纠纷、打架斗殴时说上话。我们过去还没有那么主动。现在陪审员都很好，都愿意发挥这方面的特长。

研究员 A：我想了解一下，以前讲为什么要搞陪审制度，是因为法官存在司法腐败问题，因为我们国家终究是一个关系社会。所以，有案子就找法官，因为案子在法官手上。现在陪审员也相对固定化了。陪审员变成准法官之后，会不会有当事人也找上门，请求陪审员疏通一下或者给他们介绍一下案情？有没有这种情况出现？

陪审员 C：一般是保密的。当事人在开庭之前不知道具体由哪个陪审员陪审这个案件。

陪审员 B：这个制度是不允许陪审员未经允许，私自接触当事人的。陪审员和法官的义务是一样的，责任也是一样的。我们对于陪审员的仪表、纪律、应当遵守的规则是有明文规定的。这是制度上面的规定。另外，在给陪审员培训的时候，也会有相关内容的培训。一个是业务培训，另一个就是包括仪表、具体参与案件的程序的培训。陪审员还会定期召开座谈会，通过座谈会发现一些问题。

法官 E：我们有陪审员例会。例会不是所有的陪审员都来。四名陪审员召集人和参加陪审的参加例会。提一提陪审员的意见和看法，法官对陪审员的建议。我们陪审办有什么问题也会提一提。比如，什么网络问题，我们都会讲一讲，归纳归纳。把工作协调一下，把事情或者工作理顺些，学习一些法律法规，向陪审员传达一些文件。

研究员 D：有没有一些当事人会找到陪审员，私下交流？这种情况多吗？

众陪审员：有这样的情况。

研究员 A：《法官法》虽然对法官的行为也有很多规定。但规定是一回事，实践中也会出现一些不好的现象。

陪审员 E：涉及邻里纠纷案件的当事人，偶尔会来找我们。我肯定不能帮忙啊。但如果是帮助写个答辩状倒是可以的。还有就是当事人不同意法官的调解，最后来找我们陪审员给当事人做工作、调一调就行了。

陪审员 B：我介绍一下，我是固定在少年法庭从事陪审工作的。从今年 6 月正式开始做调解工作的。这是我们法院的创新。我们法院的陪审员工作最突出的地方就在于它的创新性。第一是在陪审员召集人的制度上，这在全省乃至全国都是比较认可的，也有很多法院前来参观、学习。还有一点就是我们法院的政治处也会发现一些问题，根据各庭室的需要来做创新工作的。我退休前是在政府部门工作的，而涉及婚姻家庭的案子主要以调解为主。政治处就发现了这个情况。将庭室的需要与我以前的专业结合起来，就把我放在了那个庭。庭室也很重视这件事情，他们的工作很认真。知道你们要来调研，就把我参加的陪审的案件数，我们庭受理案件的数量，调解的案件的数量都提供给我，而且这个数据是庭长亲自做出来给我的。通过这件小事，也说明了他们真的很重视陪审员的工作。我以前在妇联工作，退休前涉及妇女权益的案件，我也会来法院参加，但不像退休后这种专门来法院当陪审员，用这么长的时间来参加庭审。到 10 月，我们这个庭，受案是 113 件，调撤的案件是 105 件，调撤率达到了 96.03%。调撤率确实是很高的。当然不是说，是因为我来了所以才有如此高的调撤率的。刚才陪审员 D 也提到，陪审员在哪个科室能发挥的作用大一些，他的资源能得到最大的利用。我觉得是在婚姻家庭的案子中。客观地讲，法院有这么多的科室和业务，一个陪审员不可能精通每一个科室的业务。就像医院有耳鼻喉科、内外科之分，每个科室都有自己的业务特点。我来当陪审员之后，政治处也发现了我这么一个资源，再加上我之前也做过婚姻家庭的调解工作，所以就把我这么固定下来了。我认为，在陪审员今后的改革中，如果能够定向地招聘一些有针对性的陪审员是十分重要的。陪审员不可能面面俱到，之所以能够来当陪审员，他们肯定对这份工作都抱有很大的热情，是凭着公益心和责任心来参加的。我建议在陪审员"进"的这样一个渠道上，应该有一个科学的"把控"。应当综合考虑陪审员的社会阅历、工作经验和他所从事的工作，根据这些优势来进行调配。这样确实能发挥一定的作用。在当事人心中，法官是十分严肃的，而陪审员则易和当事人进行近距离的沟通，陪审员也能够比较容易化解当事人之间的矛盾，尤其是在婚姻家庭案件当中。这就是陪审员的优势。当然在其他案件中，陪审员也是很重要的。比如，商事案件，很多当事人是因为置气才闹到了法院，最后因为置气双方相持不下，形成了一种敌对情绪。这对社会稳定不是一件好事。但是很多案件经过陪审员的调解，当事人之间的关系有所缓和。陪审员的优势体现在调解上。第二方面，在案件的事实认定和自由裁量上，陪审员也发挥了很大的作用。法官虽然精通审判业务，但他们的社会经验不如陪审员。比如，在离婚案件中将孩子判给夫妻哪一方，法官可能只是根据法条来判案，而陪审员则更多地会考虑社会经验问题和情感问题。这样，法官和陪审员的意见综合起来再进行调解，效果就会很不错。我觉得，我们院在这方面做得很不错。另外，我想讲一下陪审员的培训工作。我认为培训应分为专业性培训和常规性培训。有些陪审员是医生、或是从事保险工作的，法官也有相应的培训，能不能把这些专业性较强的陪审员纳入法官的培训中？也就是说，这个陪审员今年是在某个庭从事陪审工作，能不能就跟法官一起来培训？再一个是常规性的培训，就是对每个陪审员应该掌握的基本的法律知识进行培训。陪审员招进来以后，管理问题、培训问题是很烦琐的，另外，还要考虑如何能使陪审员最大化地发挥作用。就像我刚才说的，陪审制度确实是不错的，陪审员也有许多自身的优势。现在不也是在司法改革嘛，如何从机制上、制度上规范陪审员的权责问题，以及能不能以任命制和聘任制相结合的方式来招募陪审员，这样既保障了陪审员的社会地位、政治地位，又使陪审员在其他方面有所保障？如果陪审员真正地参与到了陪审当中、能在当事人之间调解成功了，这对于陪审员来说，也是一种很大的鼓舞，对庭里的工作量也有一种很大的缓解。而陪审员最大的作用是化解了当事人之间的矛盾、促进了社会的和谐稳定、维护了社会安定。这是我的一些感触。

研究员 A：您一般参加陪审的案件中，合议庭是由两名陪审员、一名法官组成的？

陪审员 B：是两名陪审员。

研究员 A：那你们两个陪审员的意见，经常是一致的吗？

陪审员 B：不会说完全一致，有不一致的时候。

研究员 A：陪审员做婚姻家庭案件的调解工作，审理这类案子的法官也是长期做这样的调解工作，他们也很有经验。你们是和法官一起做调解工作，还是法官觉得有必要时才让陪审员单独去做调解吗？

陪审员 B：根据实际情况来定。比如这个案子开庭的时候就能调解，那么我们就来调这个案子。

研究员 A：是您主动说让我来调这个案子吗？

陪审员 B：不是。这要根据庭里面的统一安排。庭里是有统一规定的。庭里有庭长、审判长，陪审员要在他们的统一安排之下来做这个工作。

研究员 C：你们和法官是否会商量一下？

陪审员 B：是的，我们要商议。审判长是掌管全局的。案子应该怎么进行调解，审判长会根据案件的难易程度进行分配，是法官和陪审员一起调解还是单独派陪审员去调。派陪审员去调解前会提前征求陪审员的意见。说到创新，我再多说两句。我们法院少年审判法庭针对当事人成立了一个心理咨询室。我们有庭前疏导和庭后疏导。能调解的案子，经过我们的调解，案子就撤诉了或者案子最终能够友好地解决。有些婚姻家庭案件的当事人，由于长期受家庭因素的影响，遇事过激、爱钻牛角尖，有的还会有抑郁倾向。我们院的心理咨询室，就是针对这样的当事人。我们在庭审中、在调解过程中积极疏导他们的情绪，甚至在庭审程序结束以后也进行疏导。虽然法律层面上这个案子算是结束了，但是从心理层面上来看，我们的心理辅导并没有结束。心理咨询室聘请了社会上的各界人士：心理咨询师、婚姻家庭咨询师、社区里的女性干部、妇联里的有关工作人员、热心公益的老师等。我们心理咨询室是今年5月建立的，到现在先后辅导了十位当事人。对其中个别的当事人作用很大。有一位离婚案件的当事人，在十年的婚姻中起诉离婚达到了四次。她的主要生活就是在起诉中度过的。这就形成了她的一种生活模式，对她的孩子也造成了不良影响，孩子说将来要给母亲报仇，要杀了她父亲。我们觉得这事情一旦发生，就会造成很严重的社会后果，不但构成刑事犯罪，而且她的家庭也全毁了。通过我们的心理辅导，进行"沙盘体验"，这个小孩意识到了自己的行为的不妥。这是题外话。

研究员 A：不，这是题内话。我们的主题是"公民参与和监督司法"。陪审是公民参与司法的一种方式。您刚才说的也是公民参与司法的一种方式。

陪审员 B：现在都在讲人文关怀啊，对当事人进行情感疏导、心理疏导。心理咨询不单单应用于婚姻家庭案件，我们在其他案件中也有所涉及。当陪审员，而不是法官直接面对当事人，当事人就不会那么紧张。再一个,从事心理疏导的志愿者的素质和水平都比较高,他们都是利用业余时间,义务为当事人进行心理疏导和矛盾化解的。我们招心理咨询的社会志愿者时,有很多人来报名。我觉得我们法院有一个特点,就是做了很多工作但是不大宣传,只是默默地在做。都是当事人在事后,觉得我们法院做的工作很好,再通过各种渠道传出去。现在,人大、政协也觉得我们做的工作很好,他们也要借鉴。

法官 A:我们建立一个名册,大概有十几名社会志愿者。他们为特定的当事人服务。对法院来说,实际上就是个平台。志愿者是为当事人服务的,不是为法院服务的。

研究员 A:这就是我们课题要调研的内容。你们给我们提供的信息很重要。过去我们认为,社会人士参与司法的积极性不足,国人的公益心比较弱,总是抱着"多一事不如少一事""事不关己高高挂起"的心态。现在听了你们所讲的,发现他们的积极性还是很高的。

法官 F:我们都有记录的。

法官 A:比如你想做社会公益服务,进到社区、进到企业总会有一种不安全感。但是如果在法院做公益,首先安全是有保障了,保障你不会受到伤害。法院有安检系统什么的。

研究员 C:大家比较乐意来法院做公益。

研究员 A:您刚才讲,招陪审员,有很多人来报名。现在你们招心理咨询的社会志愿者,也有很多人来报名。资源还是很充足的。可以得出这个结论吗?

法官 A:是。应该说在人数上是没有问题的。在我们陪审费这么低、给陪审员的交通补助这么少的情况,招收陪审员时,报名人数还是很多的。

研究员 A:这肯定不能大量增加司法成本的,因为它本身的定位就是公益性。会有一些象征性的补偿。不能说我参与这个陪审,自己还倒贴很多,这可能不太好。但是也不可能给很高的待遇,这不算是经济收益,可能更多的是精神层面的奖励。我付出,但我很有荣誉感。

陪审员 B:我想提个建议。为了使陪审制度能够良性发展下去,我建议陪审员采取聘任制和任命制相结合的方式。陪审员的任命虽然是由人大任命的,但也可以把他们的工资固定下来,这样既给了陪审员经济上的保障,又可以调动他们的积极性。现在毕竟是一个经济社会吧。虽然说陪审员都很踊跃，都很有公益心。但是，能不能从国家这个层面上，给陪审员提供一些制度上的保障。

研究员 A：您说的这个，也是值得考虑的。

陪审员 B：我们志愿者做心理疏导都是自愿做的。心理疏导过程中所用的案例都是手写的，还有图片什么的。它的社会效果很不错。这样从根本上解决了当事人的不良心理。如果这种心理不解决的话，即使我们的审判程序、诉讼程序结束了，当事人也可能从别的渠道将不满的情绪发泄出去。这确实是我们法院从人文关怀的角度所做的创新。

研究员 A：除了你们 C 区法院有心理咨询室，Q 市的其他基层法院也有吗？Q 市中院有吗？

陪审员 B：这个问题得问问法官 F。

法官 F：我只了解我们法院的情况。其他法院的情况，我不太清楚。

法官 A：Q 市的各基层法院基本上都有，个别法院没有。我们 C 区法院不是最早设立心理咨询室的，但还算是比较靠前的。

研究员 A：是从什么时候开始搞这个的？

法官 A：就是今年。

研究员 A：看来一年的变化真的很大！去年我们调研的时候没有听说过这种做法。今年再来 Q 市，真的是出现了很多新情况。您刚才介绍的情况对我们真的很有帮助。我们一直在想，陪审制度现在并不尽如人意。从研究的角度看，它的定位一直都饱受争议。实践部门多是从实用主义、现实的角度出发来审视考虑陪审制度的发展方向是什么？陪审员队伍究竟怎么转化？你们今天所讲的内容真的给了我们很大的启发。它虽然不是世界范围内的、普通的陪审，但是它也起到了别的作用。而且在我们目前的这种社会转型期，又是高风险社会的情况下，它的确很有意义。

陪审员 B：因为陪审员跟法官不同，他最大的功能就是化解矛盾。陪审员的作用真是不可替代的。陪审员的工作阅历、社会经验，真的不是一两天就能形成的。

研究员 A：您说得特别好。这也是世界性的一个趋势。过去司法过于专业化，法律专业人士把司法这一块儿垄断了。现在世界各国都在加大公民参与的力度、深度、广度。但是，以怎样的一种形式参与司法，确实是一个问题。各国的情况也不太一样，各国公民的素质也有差异。我们梳理这个的时候也有些困惑。可能它在理论上和在逻辑上都没有问题，并且在实践中又切实可行。这就是我们调研需要了解、解决的问题。你们真的给了我们很大的帮助。

法官 F：我们实话实说。在开展工作的时候，冲突和矛盾是在所难免的。毕竟陪审员制度是从 2005 年才正式起步的嘛。

研究员 A：对，一直都有问题。

法官 F：应该说我们院在陪审员的管理和使用上，做得还是比较好的。

陪审员 D：召集人办公室就在楼下，你们可以去实地看一下。

研究员 A：好，我们等一会儿下去看看。你们来法院当陪审员之后，对法院的信任度是不是增强了？因为过去大家总说司法不公、司法腐败。

陪审员 B：增强了。因为原先有这样一种说法，叫作"大盖帽、两头翘"。我们来法院担任陪审员之后，就向其他人纠正："根本不是这样的，你们不要这样说。"

陪审员 C：对，法院审理案件是很公正的，也很有责任心。这一点我深有体会。有一个法官在开庭时，突然得知孩子发烧 40 多度，他坚持开完庭才走的。还有一位法官，他家里的老人突然送到医院抢救了，他没有休庭，也是坚持开完庭才赶到医院去的。

研究员 A：你们确实能起到宣传员的作用。

陪审员 C：社会的安定与法官的司法公正密不可分。

陪审员 B：有一些婚姻家庭的案子，我们要调解好几次。

研究员 A：你们很理解法官的工作，这是很不容易的。

法官 F：我们不提倡他们来送锦旗什么的。我们反复跟当事人讲，你们不要来送。但是，根本杜绝不了。

研究员 A：当事人来送，是吧？

法官 F：对。因为如果他们来送锦旗，基本上都是我们来收。每个月都有来送的。我印象最深的是一个婚姻家庭的案子，女方带着孩子住在外面的小报亭里面，我们法官反复做工作。法官看女方实在可怜，就把身上仅有的 200 元给了当事人。案子解决后，当事人很感激，把事情讲给我们听。我们也很感动。法官确实很辛苦，工作量虽然很大，但他们很认真负责。社会上说法官是"吃了原告吃被告"，其实是冤枉我们法官了。

陪审员 B：别的庭的法官我也接触过，都是很认真负责的。尤其是少年审判庭的法官，都是怎么为未成年被告人好怎么来。真没想到这么年轻的一群法官，尤其是一些男法官，能这么耐心地做调解工作。

陪审员 C：我们院法官的素质都很高。

法官 A：以前老百姓对我们法官的认识是错误的。说我们法官好，没人相信。说我们法官坏，就有人相信。法官队伍这么庞大，肯定有个别是坏的，但是也一定有好的。

法官 F：法官的工作非常琐碎。他们的压力也很大。我们很多年轻的法官，头发都已经白了。

研究员 A：您说的是。现在中国的法官有很多。不是说案子审完就完了，还要做到"案结事了"。所以，陪审员参与进来，分担一些法官的压力，也是很有必要的。

法官 A：陪审员的职责一定不在监督和裁判上。

研究员 A：您说得特别对。您今天的观点非常好。过去大家还没有很明确地提出来，还很模糊。在我们过去的调研中，法官们通常很质疑这一点，陪审制度该不该持续下去都是个问题。

陪审员 D：陪审员就是要提建议，把自己的看法和想法大胆地提出来。

法官 F：快下班了，我们要不要去现场看一下？

研究员 A：我们去实地看一下，可能更有感觉。

陪审员 D：有些案子都要去社区审理，社区法庭。

研究员 A：我觉得我们这次选择来 Q 市调研，选择对了。我们今天下午收获很大。尤其是你们院的审判管理系统，我们觉得很好。除此以外，还有召集人制度、心理疏导机制，你们还明确提出来了陪审员的功能转化。真的非常不错。非常感谢大家在百忙之中能来与我们座谈。

H 区人民法院：

研究员 A：我们室承担了一个研究项目，项目总名称是"社会治理的程序法治保障"。今年，我们选择了一个研究重点，即"公民参与和监督司法"。之所以选择这个作为研究的重点，是因为这个内容在国家司法改革的方案中是比较重要的。十八届三中全会决定中提到，要"广泛实行人民陪审员、人民监督员制度，拓宽人民群众有序参与司法渠道"。人民陪审员制度在过去是一直存在的，但也有许多弊病，理论界和实务界也曾一度在讨论它的存废问题。2005 年全国人大常委会出台《完善人民陪审制度的决定》后，此项工作又受到了重视。最高人民法院周强院长上任后,更加强调人民陪审员工作。目前司法改革的总方向是要加强陪审员工作。但如何加强这项工作,的确是一个问题。现在各地也进行了一些试点、提出了一些改革举措。S 省高院的 A 院长和 H 省高院 Z 院长都在人民陪审制度方面推出了很多改革举措。我们也想去看一看他们改革的效果如何。所以,去年我们到了 S 省 X 市和 H 省两地调研。现在,最高人民法院又推出了人民陪审员"倍增计划"。所以,我们也要去摸一摸底,可能各地会有不同的做法。我们所要做的是广泛搜集信息,能够听到基层部门的实际反映。这样,就能够为国家有关部门在完善陪审制度的立法上提供一些专家意见。尤其是你们在实践中的经验,我们听取后也会将一些具有可行性的方法,通过对策建议的方式反映给决策部门。这就是我们调研的背景。我们已经去过你们 Q 市的 L 区人民法院和 C 区人民法院,他们都各有特色。我们来这里调研,实际上也是来向你们学习的,我们想了解你们的一些做法、经验和改革举措,以及你们在工作过程中的困难。请大家畅所欲言。

法官 A: 我汇报一下人民陪审员的情况。目前我们法院共有人民陪审员 149 人,分别是 2009 年、2010 年和 2014 年采取单位推荐或者本人提出申请的方式,由法院筛选,然后提请人大任命的。这 149 名人民陪审员,从文化程度来看,取得研究生学历的共 9 人,大专以上学历的为 123 人,高中以下学历的是 17 人,其中 24 人已获得了法律职业资格证书。从职业分布情况看,陪审员中基层干部有 66 人,机关事业单位职工为 35 人,企业及个体人员是 37 人,社区居民和农村居民共 11 人。从年龄层次看,60 岁以上的陪审员有 12 人,51 岁到 60 岁的有 28 人,30 岁到 50 岁的是 109 人,30 岁以下的陪审员共 12 人。从这些数据可以看出,我们院的人民陪审员的层次比较高,人员分布比较广泛,人员构成比较合理。这几年来,我们充分发挥陪审员来自群众、工作阅历丰富,易与群众沟通的优势,积极引导人民陪审员参加庭前调解。2013 年,全院陪审员累计参加审理各类案件 2581 件。其中刑事案件 867 件,民商事案件 1519 件,行政案件 195 件。参审案件占普通程序案件总数达到 82.36%。今年上半年,我院人民陪审员办理普通一审程序案件 1549 件。其中,刑事案件 304 件,民商事案件 1084 件,行政案件 161 件,参审率达到了 88.25%。从我们 Q 市来看,我们院陪审员的工作还是名列前茅的。人民陪审员参审的案件,案件的调解率比较高,上诉率比较低。我们院采取集中化的管理办法,院政治处设立人民陪审员工作办公室,统一负责人民陪审员的管理和培训。经常沟通情况,加强与政法委、司法局的联系和配合,取得政府部门对人民陪审员工作的支持和配合。另外,我院加强对人民陪审员的业务培训,每个季度组织一次培训并向人民陪审员发放学习资料。再有,我院根据人民陪审员的情况,组织他们现场观摩庭审、开展经验交流会,最大限度地为人民陪审员提供学习条件,以调动他们工作的积极性。我们在实践中也发现了一些问题,主要体现在以下几个方面:第一,人民陪审员的积极性、主动性有待提高。有的陪审员因为实践经历所限,或者法律知识欠缺,无法深入理解部分案件、无法形成独立的见解。"陪而不审""审而不议"的现象时有发生。第二,人民陪审员之间参审案件的数量分布不均。从我院的情况看,离退休陪审员参加庭审的机会多,而相对参加陪审时间短的、特别是具有行政职务的陪审员,参加庭审的次数比较少。我们院的陪审员中,有一部分是人大代表或者在政府、工会等部门任中层领导职务,他们平时工作很忙,所以参审的案件少。第三,经费机制有待完善。目前,我院人民陪审员的经费虽然都是由财政部门拨款的,但人民陪审员的补助比较低,原来Q市H区和J市合并之前标准不一样。以前H区的陪审员,每陪审一个案子会发50元的补助。而在以前的J市,因为以前我们有两批陪审员是2009年、2010年才选上来的,对他们是实行驻庭制。目前针对人民陪审员的管理办法、陪审员的权利义务以及刚才提到的补贴标准等方面还不是很完善。总体感觉,虽然陪审员的数量比较多,但是怎样才能够最大限度地发挥人民陪审员的作用方面,我们做得还不是很好。下一步,我们有以下几点打算。一是建议制定出切实可行的人民陪审员管理办法,对陪审员参加陪审的权利、义务、职责、程序做出相应规范。二是进一步加强人民陪审员的培训、考核。针对陪审员参审案件的数量、陪审员的出庭率、陪审能力、陪审员的纪律作风等各方面进行考核,建立人民陪审员的"退出机制"。根据现行的规定,陪审员的任期为五年,陪审员如果没有特殊违规、违纪行为,是不会被免职的。三是进一步规范人民陪审员的管理机制,构建合理的陪审机制、优化陪审程序、提高陪审质量,充分发挥陪审员、裁判员、调解员的作用。

研究员A:很感谢您刚才提供的具体数据。您刚才说有的陪审员实行的是驻庭工作制?

法官A:上级不允许或者说不提倡我们对陪审员实行驻庭工作制。因为人民陪审员之所以设立，是从加强民主、监督的角度考虑的。但因为我们开始选人民陪审员的时候比较早，是从 2009 年、2010 年开始的。人民陪审员的任期是五年。虽然有些陪审员因为特殊原因退出了陪审员队伍，但是大部分陪审员都发挥了比较积极的作用。驻庭的陪审员比不驻庭的陪审员发挥的作用要大。从我们办案的角度来看，人民陪审员积极参与案件的调解工作，也为法官做了一些辅助性的工作。但从宏观的制度设计来说，驻庭陪审可能与人民陪审员的监督职能不符。今年我们又重新选了 66 名人民陪审员，并没有对他们实行驻庭制的工作机制。

研究员 A：你们现在不搞驻庭了，而是随机选取人民陪审员，是吗？

法官 A：对。

研究员 A：现在每个陪审员的工作量还均衡么？

法官 A：这个就是我们要完善的地方了。一个是补贴费用比较低，另外一个是陪审员的身份也有不合理的地方。我刚才也提到了，我们院的陪审率已达到了 88.25%。这主要是因为我们驻庭的陪审员陪审的案件数量多，所以把陪审率提到这么高的。

研究员 A：那陪审员最多一年能陪审多少案件？

陪审员 A：我们庭有一位陪审员陪审的案件比较多，一年有二百五六十件到三百件。根据各个庭的案件数不同，会有所差异吧。

研究员 A：您是陪审员吗？您一年能陪审 200 多个案件呢？

陪审员 A：二百五六十个案子。刚才提到的那位陪审员是驻庭陪审员，所以庭室一有案子，他就去陪审。

研究员 A：现在你们不再驻庭了，是吗？

陪审员 A：还在驻庭。

法官 A：他们是比较早的一批陪审员，所以还在驻庭。

研究员 C：当时选这批陪审员的时候，就跟他们说是要驻庭的，是吧？

法官 A：是的。当时是这么对他们说的。

陪审员 A：不仅是要驻庭参与庭审。因为陪审员的经验比较丰富，有些需要庭前调解的案件，陪审员也是需要参加的。后来，咱们国家要治理"吃空饷"的问题，所以陪审员每天还需要去单位报到，这样陪审员在法院的时间就又被压缩了。

法官 C：现在陪审率这么高，主要是来源于这些驻庭的陪审员，不然根本达不到这么高的陪审率。

研究员 A：你们是因为"案多人少"的问题，必须要有这些陪审率，还是说因为最高人民法院有这方面的指标，所以你们怎么样都要提高陪审率？

法官 A：也是多方面的考虑吧。如果陪审员驻庭的话，肯定也会帮助法官做一些辅助性的工作，解决案件中的冲突矛盾。

法官 C：其实设立陪审员的初衷就是为了解决案子太多、法官人数不够的问题。单纯由法官组成合议庭是很困难的。

法官 B：现在两个区合并以后，我们院一年 2 万件案子。一线审判员又没有那么多。很多庭室，比如派出法庭就两个法官，一个庭长、一个审判长。如果按照普通程序审理案件，就必须从社会中吸收陪审员。

研究员 A：你们按照简易程序审理的案件，能分流多少？独任法官审理的案件的比例是多少？

法官 B：百分之八九十吧。

研究员 A：百分之八九十都是独任制解决的？

法官 B：对。我们以前从社会上招来的陪审员，有些是局长，有些是人大代表，或者某个部门的党委书记，或是某个企业的老板，他们根本就没有那个时间来审理案子。

研究员 A：这些人就不太适合担任陪审员。为什么当时选任的时候，没有考虑到这个问题？

法官 B：这是历史形成的，我们也没办法。当时选任的时候考虑人员多元化，才把这些人招进来的。后来因为他们实在没时间陪审、合议，原来的 H 区人民法院又招了一批年轻人。

研究员 A：新招进来的一批陪审员年轻到什么到程度？是没有工作，这个就当成固定工作了么？

研究员 C：他们是什么时候招进来的啊？

法官 B：2012 年招了 25 名陪审员。要求他们必须是本科以上学历，学法律专业。最好是已经取得了法律职业资格证书。这样他们来了以后，不单单是陪审，还可以帮助法院做其他工作。

研究员 C：那就成了你们法院的工作人员了？

法官 B：确实给我们法院分担了很大压力。我们也是迫不得已才这么做的。

法官 A：对。确实是迫不得已才这么做的。我们这个陪审制度，在设计的时候就存在一些漏洞。

研究员 A：那这样就把陪审员变成法院工作人员、兼职审判员了？

研究员 C：他们的收入呢？

法官 B：由区财政部门统一拨款。

研究员 A：他们都是大学毕业、没找到工作的吗？

法官 B：有的是有工作，觉得工作不好就辞职来法院了。

研究员 A：那你们的工资是不是比较低？

法官 B：不低。全职的陪审员实际上就是法院的职工了，工资是按照法院职工的标准来计算的，每月 2000 多元。

研究员 A：在座的这两位陪审员是兼职？

法官 B：他们俩是专职的陪审员，只是没有编制。他们完全由法院来管理。另外几个是兼职的陪审员，他们有自己的工作。

法官 C：专职陪审员的名称虽然也是人民陪审员，也是由人大任命的，但实际上是我们法院专门列出条件招录的一批专职的、长期驻庭工作的陪审员。为什么现在案件的陪审率这么高？就因为这些专职的陪审员。他们长期在法院里面，一有案子，他们就陪审。

研究员 A：专职陪审员都是本科学历？

法官 B：本科和研究生都有。还有的已经通过了司法资格考试。

研究员 A：哦，有的还通过了司法资格考试啊。

法官 B：对。这些专职的陪审员不仅仅是陪审案子，还做其他工作。

研究员 C：现在一共有多少驻庭陪审的陪审员？

法官 B：26 个。

法官 C：这些人才是我们陪审的主体。

法官 A：因为他们学历比较高，有些还通过了司法考试。

研究员 A：这与真正的陪审不是一回事。那就是说明你们本身法官编制不足的问题了。专职法官不够。那就是另外一个制度要解决的问题了。陪审制度主要是要让那些非法律人士到法院来陪审，他们究竟能起到什么样的积极作用。

法官 B：作用也是有的，但是非常少。

法官 C：这类案件往往是一些涉及信访隐患的、具有重大社会影响的案子，或者是当事人申请的，可能才会从真正的人民陪审员当中选一些过来参加案件的审理。

研究员 A：我们从其他的法院了解到，一个案子究竟要不要搞陪审，都是法官说了算的。因为现在要求那么高的陪审率，法官只好选择让陪审员来陪审。我们想了解一下，当事人提出要求，要陪审员参加案件审理的，多吗？

法官 C：这种情况很少，但也会遇到这种情况。

研究员 A：是民事案件会遇到这种情况还是刑事案件会遇到这种情况？

法官 C：民事案件比较多。有些专业性比较强的案子，比如涉及医疗事故赔偿的案子。

研究员 A：这种情况下，陪审员要求的是专业陪审，而不是一般性的陪审。

法官 C：我们的陪审员队伍中也有专业知识很强的陪审员。要不要请普通的陪审员来陪审，由法官来决定。因为现在这种普通的、专业性不强的人民陪审员都很忙，他们要么是领导，要么是企业家，要么是政协委员，要么是人大代表，没有几个是普通的老百姓。因此，他们也没时间过来陪审，法官也尽量不请他们过来，怕麻烦。

研究员 A：也就是说，陪审员的工作量是很不均衡的。有的陪审员陪审的案件数量多，有的陪审员一年也陪审不了一个案子。

法官 C：还是法官自己来选择。

研究员 A：主动权还是在法官手里。

法官 A：要解决这个问题，要从选任的源头上来考虑。陪审员要积极、乐于陪审。

法官 B：现在如何进行陪审员的遴选？各地的做法都不一样，没有统一的模式。以前我们多是模仿苏联的做法，那些东西苏联都不用了，我们还在继续用，这样是不行的。

研究员 A：俄罗斯现在改成陪审团制度了。

法官 B：对。咱们现在又不想再引入那样一种东西。现在没有一种统一的模式，各地的做法都不一样。

研究员 A：你们 Q 市的法院没有搞那种超越法律制度的改革啊。

研究员 C：我们之前也去你们 Q 市的 L 区人民法院和 C 区人民法院调研。他们两个法院的情况不太一样，当然跟你们的情况就更不同了。L

区人民法院更注重陪审员的选拔，选任的时候还组织面试，以控制每个陪审员、达到陪审员之间工作量的均衡。

陪审员 A：我在 L 区待过。因为 L 区很小，地方小，人少，案件也少，好管理。

研究员 C：是因为人少、案子少，好操作啊。你们这里就属于地方大、人口多，法院案件也多、案件类型也比较复杂啊。

研究员 A：那我们敞开来说啊，说的不对有冒犯的地方，还请你们多多担待。你们的意思，是不是院里既有新招来的年轻的一批陪审员，还有一批驻庭的专职陪审员，这些驻庭陪审员能确保陪审率达标。也就是说，其实招多少陪审员都无所谓，也没指望他们起什么作用？

法官 B：说实话，社会上招的那批陪审员，我们根本指望不了他们能发挥多大的作用。除了耽误时间，把案子一直拖着，没有任何意义。

法官 C：即使他们过来陪审，也是"陪而不审"，起不到什么作用。合议的时候只会点头，也没多大意义。法官也不愿意给自己找麻烦，叫他们过来。用我们院里自己的法官多好啊。

研究员 C：现在你们院里能够保证陪审率的陪审员大概有多少？

法官 A：一共 30 多个。现在 H 区和 J 市两院合并，很多问题都是因为历史原因遗留下来的。所以，我们也没办法。我们院里的这些陪审员已经够用了，基本就不再用外面的了。

研究员 C：那现在五年的任期到了……

法官 C：对。五年到了之后，可能他们的身份要转变。

法官 B：下一步我们要考虑怎么选任。要选那些愿意参与的、符合我们法院条件的人来当陪审员。双向都符合要求，就好办了。不能是虽然我们看好了，但是人家没时间来不了，这样不行。一些不符合条件的，也不行。

研究员 C：你们现在当陪审员有几年了？

陪审员 B：两年。

法官 C：2011 年到现在，三年了吧。有些是老 H 区人民法院选来的那一批。

研究员 A：那他们未来的前景是怎么样啊？

法官 A：他们未来是要作为法院的司法辅助人员，退出是不大可能的，因为他们是我们正儿八经招进来的。

研究员 C：司法改革的话，他们就要成为法院的司法辅助人员。

研究员 A：现在司改推行员额制，有个比例，现在是压缩，给不给他增编，还很难说。

法官 A：前一段时间 S 省高院来调研，我们也提到了这个问题。

研究员 C：驻院的陪审员是和法官一样吗？有办公室啊什么的，和法官没有区别？

法官 C：没区别，他们也参与法官的考核。

研究员 A：他们就类似于编外法官的角色。可能这个就不算正常的、典型的陪审制度的范围了。你们也认为，普通的陪审员流于形式、所起的作用不大？

法官 A：据我了解，有些法院把陪审制度的作用发挥得淋漓尽致。上次我去 Q 市中级人民法院，案件需要陪审时，法院打了个电话通知陪审员来，他们马上就来了，十分方便。

研究员 A：你们觉得中院做得比较规范？

法官 A：是的。我们院也朝着这个方向在努力。

法官 A：他们的陪审员很少。

研究员 A：中院的陪审员比较少，常去的就两个。

研究员 C：L 区人民法院有一个审判工作管理系统。你们有吗？

法官 A：我们现在没有。我们必须把措施跟上。如果现在原封不动拿过来用了，可能对我们来说不一定合适。我们需要把我们院的陪审员机制完善之后，再使用这套系统。

研究员 A：为什么他们法院能有那么大的选择权，自己还搞面试、考核？

陪审员 A：他们法院挑选陪审员的标准和我们中院挑选陪审员的标准是一样的，都是对外统一发布公告，从社会上招收陪审员。

法官 B：我们院以前招收陪审员是单向的。

研究员 A：你们院这块儿是由历史问题造成的？

法官 A：现在我们院领导也注意到这个事情，包括在选任的时候，一个要求是有陪审意愿的，二是要求了解法庭、庭审程序、从事陪审工作比较合适的。

法官 B：我们 H 区人民法院的情况也有点特殊。假如我们也像 L 区人民法院一样，让社会上的人陪审，其实我们也看好这个。但是因为合并后，我们 H 区很大。比如说一个陪审员离法院有 100 公里，我们让他过来陪审，他愿不愿意？我们估计他也不愿意来。

研究员 A：要就近啊。

法官 B：跨度比较大，还得考虑地理位置。

研究员 C：确实差别非常大。

研究员 A：这三位都是驻庭陪审员吧？驻庭陪审员的角色和法官一样，没多大差别，你们觉得是这样吗？

陪审员 C：我们来了之后，先进行庭前调解，然后再陪审、调解、合议。法官有什么问题，会找我们沟通。判决以后，我们会继续向当事人说明一下为什么是这么判的，我们会参与整个过程。

研究员 A：在庭审过程中，审判长会向当事人说明你们俩是人民陪审员？

陪审员 C：会的。

研究员 A：当事人没有什么异议吗？

陪审员 C：没有。开庭之前我就会进行庭前调解，了解一下当事人双方的意见，将案件情况了解清楚后再开庭。

研究员 A：你们和审判长之间有一个分工？

陪审员 C：我们之间肯定会有分工的。

研究员 C：调解工作主要是由你来做？

研究员 A：你在哪个庭担任驻庭陪审员？

陪审员 C：民二庭。

研究员 A：民事庭一般不都是年龄大一些的，社会经验更丰富一些的陪审员来做调解工作吗？你这么年轻……

法官 B：是这样，我们院是由两个院合并而来，他们这几个驻庭陪审员是属于原来的 H 区人民法院的陪审员。他们院的陪审员整体都比较年轻，年龄大一些的陪审员数量比较少。原来的 J 市人民法院正好相反，年轻的陪审员少一些，岁数大的陪审员多一些。我们现在还是分开办公。设多少机构、多少职位，现在还没有确定，我们现在处于特殊时期。

法官 A：民二庭主要是商事案子。如果对合同、票据、股权纠纷以及相关的法律知识不了解的话，陪审员去参审了也听不懂。

陪审员 C：我们本来就是学法律的。

陪审员 A：涉及婚姻家庭的案子，需要社会经验丰富、调解能力强的陪审员。

法官 B：我们现在还有涉外案件、知识产权案件。如果这些案件，我们找社会上的人来陪审，这对法官压力也非常大。法官向陪审员解释半天，他们还是不清楚。

研究员 A：会增加你们的负担。

法官 B：对，本身法官的压力就很大。如果再找两个陪审来，还得再给他俩上课。所以，涉及这种专业性很强的案件，我们就避免使用社会来的普通陪审员。

研究员 A：作为基层的法官，你们认为陪审的正道在哪里？像现在这样，可能已经不是陪审制本来的面目了。如果让陪审制度步入正常的轨道的话，怎么做才好？

法官 B：我觉得这取决于顶层的设计。顶层需要设立一个标准。但是现在没有具体标准，只是在光喊口号，那没有意义啊。我认为，需要制定具有可操作性的制度标准。比如陪审员的选任方式，哪些人能当选，哪些人不能当选。

法官 C：明确什么案件陪审员能够参审，陪审员有什么权利义务。

研究员 A：你们的意思是，希望顶层设计把陪审员制度的一些问题具体化？

法官 B：西方是陪审团制度，我们还想自己单独搞一个模式，但现在该用什么样的模式？没有统一的模式！

研究员 A：现在称为参审制度，是混合陪审。由一个法官、两个陪审员构成，或者是由两个法官、三个陪审员构成。只是运行了很多年，效果不好，出现了"陪而不审、审而不议"的现象。

法官 B：参审制度应该怎么参审？按照我们现在的参审，陪审员是不是和法官有相同的权利义务？

研究员 A：对，是这样规定的。

法官 B：关键是，陪审员能不能承担这么大的权利和义务？他承担不了。

研究员 A：也不是中国一个国家这么做的，像俄罗斯、德国、法国也是这样的。尤其是德国，和我们很相似的，但是他们的参审制度运转得非常好，也没有什么问题。"陪而不审"的问题仅在我们中国比较突出。现在，各个地方也在想办法，怎么能让陪审员发挥作用。像我们去年到 H

省调研的时候，发现他们有两项改革：一项是合议庭增加陪审员人数，人多了，陪审员讲话分量也就大了，对法官的影响也就大了。第二项举措是公民评审团，参加评审的十几位公民都坐在旁听席的第一排，庭审后就案件事实法律问题发表意见，然后将意见提交合议庭，供合议庭参考。他们也在摸索中。

法官 B：真的是五花八门。人民陪审员到底是个什么样的标准？双向选还是单向选？一个合议庭不可能那么多人，最多也就十来个人。

研究员 A：当然合议庭最多也就 12 个人。

法官 B：那得看案件的类型。如果没有相关的法律背景就来参审，听了半天像听天书一样，还得让法官一个个地向他们解释，这无疑也增加了法官的工作量。像比较复杂的知识产权的案件，有的专业名词他们听都没听过，法官还得解释。

陪审员 A：你们现在知识产权的案件也陪审吗？

法官 B：法律有规定嘛。

研究员 A：法律的规定是可以陪审，也可以由专职法官组成合议庭进行审理。不是说所有案件必须由陪审员和法官组成合议庭审理案件。中院就掌握得很好。他们的合议庭是由一个陪审员、两个法官组成的，有时是由一个陪审员、四个专职法官组成的

法官 B：中院案子少，还不缺法官，法官有四五百人。跟我们正相反。我们是案子很多，还缺法官。

法官 A：很多案子请陪审员过来，也解决不了什么实质问题。因为他们没有相关的知识。像婚姻家庭的案子还好，专业性稍强的案件，他们确实起不了什么作用。

研究员 A：听你们这样一说，审判人员恐怕要进行结构性的调整。

法官 B：不要专门规定陪审员的数量，那没有什么意义。像我们这里聘用了这么多社会上的陪审员，有的我们法院通知他们来，他们也不来。很多人大代表、政协委员、企业老板，他们根本就没有时间。

法官 A：和陪审员约开庭时间比和当事人约开庭时间还要难。约好了来，到时候也有陪审员不来的。

法官 B：案子拖得越久，反而越不利。

研究员 A：我们去 Q 市 L 区人民法院调研，他们说如果人民陪审员两次无故不到庭，法院就会建议人大免除其陪审资格。

法官 B：L 区人民法院之所以能够这样做，一是因为他们辖区内的人口数量少，二是他们在选任陪审员时是双向选择的。这样，法院和陪审员之间互相都比较熟悉。

研究员 A：他们对陪审员是有考核制度的。

法官 B：这就是上面的硬性规定了。没必要规定陪审员必须要达到某一个数，否则就流于形式了。

陪审员 A：对，真正来的陪审员，像我们法院的一位陪审员，一年要陪审 260 个案子。这就意味着所有的工作日都算上，有时一天需要开两个庭。陪审员得一直坐在法庭，参加调解、合议，不能光走形式啊。

研究员 A：我们从 Q 市的调研情况来看，甭说不同的省了，就你们 Q 市各个区的法院之间的差异也是很大的。

法官 B：J 市法院（Q 市的一个县级市）和我们院差不多。我们是向他们学的。他们也招了这样一批驻院的陪审员。J 市比较大，人口也很多，案子也很多。要是招社会上的人作为陪审员，肯定是流于形式，也完不成上级的任务。这样，我们就招了一批驻院的陪审员，既方便管理又减轻了法官的压力。

研究员 C：还是与你们区的财政有关系。区财政愿意拨款才行。

法官 B：对，还得在财政上能负担得起才行，有的地方根本负担不起。

研究员 B：驻院陪审员作为编外人员，也是财政专门拨款来解决他们的工资吗？

法官 B：对。

研究员 C：因为法官少所以合议庭组不起来，那您认为，应该多少的法官才能应对全院一年一两万件案件？

法官 B：根据中国的现实情况，应当把每名法官平均每年审理的案件数量控制在 200 件以内。如果法官审理的案件过多，他们承受不了这种压力。

研究员 A：如果一年一个法官审理 200 个案子，那你们院需要多少名法官？

法官 B：我们院现在 149 名法官。

研究员 A：不是 100 个法官就已经足够了吗？

法官 A：这 149 名中也包括不在一线审理案件的法官。一线也就七八十名法官。

研究员 A：也就是说，还有一些法官是占着职位却不在办案一线的。

法官 B：新的司法改革中，法院、检察院除了一把手之外，其余的都是法官，他们都一样。

研究员 A：按现在改革的趋势，现在当院长也得办案的。但需要三到五年的过渡期，是这样吗？

法官 B：改革的趋势是这样。现在大部分法官很年轻，像年纪稍大些的、平时又不在一线办案的法官没办法就早早退休了，否则改革后也只能在法院当服务人员。我听说中院有几位这样的法官已经辞职了。

法官 A：将来一部分人也是要退出的。

法官 B：现在这些法官退下来后做司法辅助人员，他们能不能接受这种安排也是个问题。

研究员 A：这是必然的趋势。

法官 A：对。法院内部开会的时候，也在讲要留住法官。法院也注意到法官流失现象比较严重了。

研究员 A：法官精英化的方向肯定是没错的。

法官 A：是的。但如果越改革、法官越少，只是一味地强调去行政化、去地方化，没有对法官的职业保障措施也是一个问题。能不能最大限度地把人民的积极性调动起来，退出了一部分法官，能不能再补充进来一部分新的法官。

研究员 A：按照现在的趋势，是不太可能补充新的法官了。现在是一个重新洗牌的过程。先把一些法官清除出去。现在有一个基本的考虑，就是针对还未到退休年龄、需要退出法官队伍的这批法官，国家要保留他们法官的待遇。因为现在处于五年过渡期嘛。这种待遇一直到他们退休为止。他们这些不在一线办案、已经退居二线司法行政部门工作的法官，不再具有法官身份，但他们还是公务员。

法官 A：对，是要有五年的过渡期。这些退下来的老法官也可以辅助一线、年轻的法官开展工作。

研究员 A：因为中国的法官过于年轻化，司法公信力无法树立起来。我们之前旁听的一个案子就是这种情况，法官和检察官都很年轻，只有律师年龄稍大一些。

法官 B：去年全国批准成立两家经济技术开发区法院，一是我们 H

区人民法院，另外一个就是 S 省 W 高新区人民法院。他们面向全国招录法官，招来的法官都很年轻的。整个法院从领导到下面的人，全部年轻化。

研究员 A：现在司法改革中要求提高初任法官的年龄、要考虑如何适当地延长法官的退休年龄，法官要比其他公务员的退休年龄晚一些。法官审理案件，除了专业知识以外，还需要经验和阅历。美国有些州的法官都是到了很大岁数才退休的。

法官 A：现在我们中国的法官都想早点儿退休。因为平时工作的压力太大、承担的责任太大，每天都要不停地开庭。

法官 B：是的。基层法院、中院、高院的法官的人数，应当是金字塔形的，越往上走，人数应该越少。但现在，我们中国三级法院法官的人数是倒金字塔形的。

研究员 A：现在的麻烦就是，必须从最高人民法院改起。因为三级法官的分布是呈金字塔形的，应该是越往上走法官越少。现在可以说是一种圆筒形的。基层人民法院办理的案件数最多，但是和中院、高院相比，他们在法官的人数上并不占优势。

法官 A：从我们基层院各个庭的情况来看，"案多人少"的问题普遍存在，法官的负担很重。

研究员 A：你们不觉得中院也存在"案多人少"、工作负担重的现象吗？

法官 A：没有这么明显。我们院一年一个法官最多办理 500 多个案子。

法官 B：案子一急起来，法官能有多少时间思考问题？更别说正常的休假了。我已经十年没有休过假了。我们这里的法官根本就没有时间休假。

法官 A：真的是压力太大了。所以你们也不难理解为什么我们要招来一批驻庭的陪审员。

法官 B：招来的驻庭的陪审员，让他们写个判决，完全没有问题。如果是用从社会上招来的普通陪审员，甭说让他们写判决书了，庭审的时候还得向他们解释。我们是出于现实压力、不得已才这么做的。

研究员 A：这些驻庭的陪审员就变成了法官助理了。写判决书应该是法官助理的职责。法官主要还是负责裁判、把握案件审理的方向，具体的这些技术类的活，还是要由助理来做。

研究员C：你们院适用简易程序审理的案件数还是很多的？

研究员A：他们刚才说占到了80%多。那这样的话，你们要组成合议庭审理案件就应该很少了。

法官B：我们法院案件的基数大。20000多个案件中，除去执行的6000件，还剩下一万三四千件案件。再除去百分之八九十适用简易程序审理的案件，还剩下三四千案件适用普通程序、需要组成合议庭。

研究员A：大概3000件。

法官B：对，我们案件的基数大。L区人民法院总的案件数才不过3000多件，我们是2万件案件，我们两个法院的差别太大了。

法官B：Q市区有两个法院和我们院的情况差不多。一个是N区法院，他们法院每年的案件数约为1.2万件，他们院里有一个法官一年办理了700多个案子。

研究员C：确实挺多的。

法官B：我以前在N区法院工作过。据我了解，有些法官已经辞职了。案子太多，收入也不高。当事人对我们法官想打就打、想骂就骂。

研究员A：现在你们基层法院的法官平均收入是多少呢？不考虑行政级别。

法官A：4000多元。

法官C：中院法官的收入要高一些。

法官B：因为是按照级别来发工资。中院法官起步就是科级，我们熬到退休也只是个科级。

研究员A：现在就是改革，原来是按照行政级别区分法官的待遇，以后要打破以前法院以行政级别确定法官待遇的做法。比如说，基层法院的一个资深法官就可能比中院的院长工资还高呢。

法官B：这样的话会好点。但是我们S省东、西部的差距比较大，像我们沿海地区的生活费用很高，根本没法比。

研究员A：这肯定是要考虑人均工资。法官的工资主要是和公务员的工资比的，要比公务员的工资高。

法官B：我们省西部地区肯定要与我们东部地区比啊。省会城市会受不了的。这个压力不在下边，在省会城市。

研究员A：因为各地的经济发展状况不同，法官的平均工资肯定就不一样。

法官 B：到时候西部地区的法官肯定不愿意啊。凭什么干同样的活，你们东部地区的法官拿 10000 元，我才拿 5000 元。

研究员 A：拿钱多少与当地的生活消费水平有关。拿得少，当地的消费水平也低；拿得多，当地的消费水平高。

法官 B：客观情况是这样的。但涉及个人利益的时候，就不这样想了。

研究员 A：但也不是说，只是因为法官是这么想的，就要满足他的要求。

法官 B：对，那确实得考虑。

研究员 A：确实是有压力。但也不是说有要求就一定要满足的，也要看这种要求合理不合理。

法官 B：现在下到省里，是肯定也要搞平衡的。

研究员 A：不会由省一级负责人财物的具体管理。

法官 B：G 省是省财政厅统一管的。像我们 S 省、H 省这种经济状况不上不下的，很难弄。像我国西部地区，都是靠省里财政转移支付来的。我们 H 省确实很有压力。

研究员 A：陪审制度怎么搞，中院对你们基层人民法院有统一的指导吗？

法官 B：没有。各法院根据自己的情况在独立摸索。

研究员 A：哦，那就是遍地开花了。你们省高院有统一的指导吗？

法官 A：这些年 Q 市中院比较重视对陪审员的培训、管理。中院对陪审员进行统一的培训。而对陪审员的管理，因为其中有历史的因素，由各个法院根据自己的情况来管理陪审员。

法官 B：中院没有一个具体的、可操作性的标准，都是一些原则性的要求。还得靠我们各基层院自己去摸索、找寻方法。

研究员 A：现在我发现是这样的，基层法院看中院、省高院的做法，省高院看最高院的做法，最高院又看中政委。其实到最后都是基层院自己来摸索。

法官 B：所以说，所有的压力都转移到我们基层人民法院了。我们没办法，只能靠自己了。现在还有各项考核指标，还要排名，这就是我们的现实压力。

研究员 A：完全靠陪审率来排名吗？

法官 A：那是其中一项。

研究员 A：按要求，陪审率要达到多少？

法官 C：去年要求陪审率不低于60%。

研究员 A：只是针对基层法院的一审案件吗？对中院的陪审率有要求吗？

法官 B：不太清楚。如果中院的案件也有陪审率的要求，那它可能压力是最大的了，因为他们的案件全部适用普通程序。

研究员 C：幸亏我们来你们这里调研了。你们提到的都是特别现实的问题。

研究员 A：像现在这样"一刀切"的做法是不可行的。比如让你们法院跟L区法院或是C区法院那样，你们也根本做不到啊。毕竟你们这里压力大，人手就是不够。

法官 B：对，像我们Q市有两个县级市，L市和P市，它们两地的法院也不可能达到这种标准。陪审员陪审案件是需要补助的，法院方面单是出人头费就没钱了，县里又不可能给他们拨这笔。像我们H区，不差这个钱，所以才能做到请陪审员过来参审。我们区的检察院也是这样做的。

研究员 C：检察院聘的这些社会上的人是做什么的？

法官 B：做辅助工作。

研究员 C：聘用检察官助理，也是由区财政出这笔钱。

研究员 A：看来真的是不缺钱啊。

法官 B：因为他们的工作水平也不是很低。

研究员 A：检察院不是在实行人民监督员制度吗？他们不会也招了一批人，专门做人民监督员吧？

法官 B：也是有这种可能的。

法官 A：这个事情只能私下讲，官方网站是不能说这些的。

研究员 A：不会。我们做调研，对被调研对象是严格保密的。我们在调研中发现，L区人民法院的做法比较好，值得推广。但是今天来你们法院这里，发现你们的做法只适合本地区，不具有推广意义，但是也不能"一刀切"啊。所以，没有解决好制度基础的问题，就不能开始第二步的推进。

法官 B：我们院现在的做法和陪审制是背道而驰的。

研究员 A：是的。你们院现在的做法就不是真正意义上的陪审。你们现在的做法是为了解决基层法院法官不足、压力过大的问题。现在你们院案件增长的趋势是怎样的？

法官 B：每年以 20% 的速度增长。没有一年下降的。尤其是商事案件，上升最快。现在商事案件太多了。

法官 A：民事案件也有。

研究员 A：刑事案件上升不多？

法官 B：也在增长，但是增长得不多。

研究员 A：因为刑事案件涉及社会整体的治安形势，所以增长得不多。

法官 B：但总体也是呈增长趋势。因为我们两个区合并以后，流动人口比较多。流动人口多了，犯罪也就多了。这是正常现象。

研究员 A：所以，在确定法官数量时，一定要给未来留出空间。比如依据过去五年的案件数量配备法官，但问题是未来案件数量还在增长中，就不能把法官的员额定死了。

法官 B：我们之前和台湾地区的法官交流过，他们的做法是，法官数量由法院根据案件的急缺来定。

研究员 A：对，应该根据案件的增长来增加法官的名额。

法官 B：S 省西部地区总的案件数量是在下降的，东部地区基本是上升。

研究员 A：但是 S 省整体也是在上升，是吧。

法官 B：对。案件数量就是被我们东部地区拉上去了。Q 市的案件占全省案件的 1/4。再加上 Y 市、W 市，S 省一半的案件都在东部。这是比较特殊的情况。

研究员 A：对。我也觉得这是一件特别难的事情。因为我们进行改革的时候，要在全国范围内制定一个统一的改革方案，但是各个地方的情况差异很大。所以，改革方案只能是规定一些原则性的要求，不可能做得很细致。

法官 B：有时候我们 S 省高院开专业会议，就很不一样。东部地区在 W 市开会，西部地区在别的地方开。我们面临的情况很不一样。有时候，东部有的案子，西部永远也不会有那种类型的案件。所以，陪审制度在各地都不一样。

研究员 A：现在是网络社会，一个司法案件被媒体或者自媒体曝光的话，产生的影响就很大。我们既要吸收民意，又不能被民意所绑架。那以什么样的正常方式吸收民意更好呢？我们之前去 S 市调研，他们有一种做法，就是向旁听人员发放调查问卷，了解他们对案件的看法。

法官 B：这只是个别情况，而且成本太高。我们法院虽然能负担得起，但其他法院就不一定了。

法官 A：媒体曾经报道过他们的做法，批评的声音居多。

法官 B：对啊。20 世纪 90 年代，我在 Q 市中院任职的时候，他们就曾有过类似的做法，但也限制在了一些重大、敏感的案件。

研究员 A：我们之前调研的两个地方，他们很喜欢搞创新，但你们相对比较务实，在不超越法律的情况下去搞改革。

法官 B：我们主要是压力太大，不得不将所有精力都用于办案。先把基础搞好，再去想其他的。现在确实没有精力再去搞什么创新了。

研究员 A：我们来你们法院也是很有必要的，否则我们就会根据之前调研的那两个基层法院的情况，误认为陪审制度在 Q 市区的法院开展得很好，效果也不错。

法官 B：总体上是不错的。但我们院不能采取 C 区和 L 区法院的那种模式。B 区人民法院可能和我们的情况也不一样。

研究员 A：你们现在也想搞一些专业陪审？

法官 B：因为我们法院的法官学理工科的比较少，涉及技术转让、计算机软件等专业性较强的案件，我们会从大学生里选一些陪审员，请他们来解决一些技术性的问题。

研究员 A：他们也是在名单上，然后选出来陪审？

法官 B：是的。

研究员 C：你们这里的案件，类型是特别多的？

法官 B：对。

研究员 A：那现在改革说，要成立知识产权法院，这样的话，你们的负担是不是会减轻一些？

法官 B：不会。我们 S 省一年知识产权案件才 4000 多件，南京中级法院一年也是 4000 多件案件，江浙地区的知识产权案件多，我们 S 省这种二线省份的案件少，不可能单独设立一个法院。

研究员 A：刑事诉讼法和民事诉讼法先后都修改了，今年全国人大常委会表决通过了刑事案件速裁程序试点的规定,这些改革举措肯定都是在最高人民法院的推动下进行的。这些举措是否会有效缓解你们"案多人少"的情况啊?

法官B:新的民事诉讼法出台那么长时间了,新的司法解释一直未出台。新法和老的司法解释之间存在一些矛盾。

研究员C:新的司法解释在起草中,我也参加了起草工作。

法官B:现实问题怎么办?因为90%的案件还是在基层人民法院,很多案件因此结不了。

研究员A:小额诉讼这一块你们怎么用的?

法官A:小额诉讼,我们该搞还得搞。

研究员A:有专门的小额诉讼专门法庭吗?

法官B:有。

研究员A:什么时候建这个庭的?

法官B:2012年吧。

研究员A:运行得怎么样啊?

法官B:还算可以吧。

法官A:一般标的额都是10000元以下的。

法官B:再高了法官也承受不了这种压力。

法官A:来了之后我们先进行调解。调撤率能达到百分之九十七八吧。

法官B:数额小嘛,容易调解。我们是刑事速裁程序的试点法院。我们现在也在筹备这个工作,明年这一块儿的压力也很大。

研究员A:你们现在有刑事速裁的案件吗?

法官B:现在还没有。

研究员A:哦,还没开始呢。因为全国人大常委会6月刚刚通过的决定。

法官B:这项工作会由中院统一布置。

研究员A:刑事诉讼法的修改,实际是扩大了简易程序的适用范围,只要被告认罪,并符合其他相关规定的,都可以适用简易程序审理案件。

法官B:实际上还是很多的。

研究员A:那你们用得怎样?根据刑事诉讼法的规定,可能判处三年以上有期徒刑的,就用合议庭审理案子,可能判三年以下的就适用独任制。刑诉法修改后，适用简易程序审理的案子占所有刑事案件的比例是多少？

法官 B：百分之六七十吧。因为可能判三年以下的案件还是占了大多数。

研究员 A：比例是多少？

法官 B：百分之七八十吧。

研究员 A：那就是说搞合议的就很少了？

法官 B：刑事案件的审限短啊。

研究员 A：对，根据刑诉法的规定，适用简易程序审理案件，人民法院应当在受理后 20 日以内审结；对可能判处有期徒刑超过三年的，可以延长至一个半月。

法官 B：我们院的刑事案件比别的法院要多。

法官 A：两院合并之后，我们刑庭的法官一共八个。

研究员 A：那你们觉得刑事速裁程序的立法有没有什么问题？

法官 B：我们现在还没有开始实行，不太清楚。

研究员 A：我们现在也在对两大诉讼法的实施情况进行调查，了解新法实施后的效果，在实施的过程中有什么困难。

法官 B：新法规定一种新的程序和制度，省高院、市中院都要求我们基层法院赶快搞，但是我们也很为难。立法规定的都是一些粗线条的东西，没有具体的司法解释，我们基层法院也不清楚到底应该怎么搞。

研究员 A：对。还有像公益诉讼的主体问题。

法官 B：对。我们只能等进一步的推进了。

研究员 A：虚假诉讼这一块儿呢？

法官 B：虚假诉讼抓得还是可以的，去年出了好几个这样的案件。

研究员 A：现在我才知道顶层设计对你们那么重要，基层都在等着顶层设计能够更具体化。

研究员 A：但话又说回来了，就说陪审这一块儿吧。如果上边真的有一个具体的明细，比如说规定了陪审员应该怎么选任、达到什么样的标准，甚至假设必须要实行 L 区法院那样的系统，你们觉得能做到吗？像 H 区法院这么特殊的法院，真的能做到吗？

法官 B：能做到一半吧，情况太复杂了。

研究员 A：对，确实太复杂了。

法官 B：要不就是给个大体的标准，各省市再根据自己情况分别实施。我觉得统一模式是比较难的，近期内也肯定是不可行的。

研究员 A：是挺难的。

法官 B：如果我们国家东西南北各省市的差异不那么大，城乡差距不那么明显，各地的情况都大体类似，统一的模式肯定是能行得通、搞得好的。但现在差异那么大，上边还有统一的标准要求，又规定了一系列的考核指标，不达标的又要通报。

法官 B：估计你们也听说过，以前 S 省、H 省有要求，年底结案率必须达到百分百。这怎么可能做到啊！

研究员 A：只能突击结案。

法官 B：如果真的达到了百分之百，那肯定是造假。最高人民法院对此还批评了他们。

研究员 A：那现在你们立案这块还像以前那样吗？10 月中旬之后就不再立案了？

法官 B：以前是这样的，但现在不行。现在是随时立案。现在要平衡，只要不超审限就可以。

研究员 A：对，均衡率。

研究员 A：现在要实行法官责任追究制度，你们认为错案主要是因为什么原因造成的？

法官 B：首先要明确什么是错案。是上级法院改判的算错案，还是发回重审的算错案？实践中我们遇到的情况比较复杂。比如，我们基层法院审理完了之后，案子上诉，上级法院发回重审，或者全改了。败诉的一方上诉到省高院，省高院又发回重审；上最高法院，最高法院又发回来了。翻来覆去，有七八个判决。到底谁错谁对？

研究员 A：我们所讲的错案是指比较明显的错误。比如，对法律的理解有误，认定事实有误。

法官 B：我们院没有什么错案。只是有些案子在事实认定上偶尔会出现瑕疵。我们 H 区人民法院在合并之前和合并之后做得都很好。但凡是上级发回重审的案子，我们都会提交审委会讨论。我们在 Q 市各基层法院中，做得很好。

研究员 A：你们觉得没有什么错案？

法官 B：我认为，违法审判的案子才能被称为错案。其余的因为各个认识不同，怎么能算错案？同一领域的学者还有不同的观点呢，更别说不同法院的法官了。

研究员 A：那就您看，您是院长嘛，您觉得基层法院的法官办案的质量如何？

法官 B：我对我们 H 区人民法院的法官还是比较满意的。

研究员 A：现在案件处理的过程中，既有审委会的讨论，又会有院、庭长的审批，这些人都在为案件把关。如果通过改革，这些人都不再参与案件的决策，只是让法官自己裁判，独立裁判没有拐杖了。您觉得有多少法官能胜任呢？

法官 B：百分之七八十的法官能胜任。剩下的百分之三四十的法官是心里没底的。我认为也没有多大问题。很多法官都是从书记员开始做起，再到法官、审判长、庭长一步一步地做起来的。我认为没有多大问题。

研究员 A：您认为放权以后，滋生腐败的可能性有多大？

法官 B：以我的经验，不比之前多。法官都是受过高等教育的，都很珍惜这份工作，谁愿意为了十万、八万把自己的前途打发了？我之前审理过一起涉外案子，被告的代理律师收了被告方 10 万美元的代理费，他拿着 5 万美元的现金来找我。我不会为了那点小钱把自己的前途毁了啊。所以，到最后，我该怎么判还是怎么判的。

法官 A：我们法官都很珍惜这份工作。

研究员 A：现在不是也有人提错案责任终身追究？

法官 B：违法审判的肯定是错案，是要终身追究。但是现在的错案，我认为都是外界干预造成的。

研究员 A：您觉得出现错误都是干预的？

法官 B：以我的经验来看是这样的，都是上级领导干预了。法官自己是没有足够的胆量违法审判的，他自己又不傻。但最后挨板子的还是法官。毕竟他收钱了。

研究员 A：现在普遍认为审委会制度导致法官没法独立审判，您是怎么认为的？

法官 B：也不是。审委会现在正在萎缩。

研究员 A：审委会现在萎缩？

法官 A：我们法院的审委会研究案子的频率是两三个礼拜一次，案件的类型不太明确。

法官 B：但现在，办案人把审委会当作推卸责任的工具了。为了避免这种情况，审委会讨论案件的频率有所下降，一般都让法官自己审判。

研究员 A：您的意思是审委会讨论案子没有太大必要？

法官 B：90 年代，有大概五年的时间，审委会基本不讨论案子。法官独立审判的案子也没出现过大的差错啊。

研究员 A：您觉得取消审委会没有问题？

法官 B：我觉得是没什么问题的。当然在有些地区，情况不太一样。像有些县里、偏远地区的法院，对法官缺乏必要的监督。小地方新来的法官都是大学生，他们也不太愿意在小地方工作，过两年考研就考走了，留不住人。

研究员 A：那就需要审委会了。

法官 B：我们 S 省的东部地区的法院招考时，很多省内西部地区的报考。东西部的待遇不一样啊。可能他们在西部一个月也就 1500 元的工资，吃住条件也没有我们东部好。他们当然愿意来了。最典型的是 N 区的法院急缺人，就想在别的法院"挖人"，Q 市中级法院就跟他们讲，"挖人"不允许在 Q 市挖。最后，他们院招聘来的都是省内的西部地区的优秀法官。

研究员 A：日本过去是没有陪审制度的，最近他们也在进行改革，建立陪审制。但是，在日本，适用陪审制度的案件范围非常小，可能判处无期徒刑、死刑的案件才适用陪审制。他们就有点像英美法系的陪审团了，由九名陪审员、三个法官组成。最初，他们认为老百姓可能对此没有兴趣，因为可能判处死刑、无期徒刑的案件都属于重大疑难的案件，由这些陪审员来做，可能能力不足。但后来发现效果还很不错，只是成本略高。另外，庭前会议要做充分的准备，法官要说明争议点。现在有一种声音，中国的陪审制度未来的改革方向也许会像日本那样，将陪审员参审的案件限定在少量但有标志性的案件中，意义就是人民参与司法嘛。死刑案件的争议比较大、社会关注度比较高、法官责任也比较大，由九名陪审员参与肯定是会好一点的。我们在其他法院调研的时候，有人认为这在中国肯定是行不通的，因为老百姓的素质不高、社会诚信度又这么差。

陪审员 C：农村有农村的生活模式，彼此之间都很熟悉，他们是不愿意参审的。城市不存在这种问题。

研究员 A：怕得罪人。

陪审员 C：对。很多村都是亲戚连着亲戚的，彼此之间关系都不错。

研究员 A：如果我们采取日本的做法，您觉得可行吗？

法官 B：可以试试。

研究员 A：您觉得是可以试点的？

法官 B：如果不会产生多大的波动，是可以改的。

研究员 C：今天上午我们在律师事务所座谈。有的律师说，按照中国现在的情况，陪审基本上是可以取消的。

法官 B：陪审制要改一改，不要所有案件都陪审。

研究员 A：还是要分类。

法官 B：司法民主化只是一个标志，不是方向。有学者认为，司法应当独裁化。

研究员 A：那位学者认为司法应当由司法人员垄断。我们称为司法精英化。陪审团在英美法系国家是一直存在的，虽然适用陪审的范围越来越小，他们认为这是他们的立国之本，是不能取消的。但亚洲国家，像之前韩国、日本是没有陪审制度的，现在也在改革。

法官 B：有这种标识，会好一些。

研究员 A：不是这个原因。长期的司法专业化也存在一定的问题。长期从事法官职业，会与社会生活有所脱离，法院的"三段论"也会成为一种职业病。引入陪审员进来后，把社会观念、老百姓的朴素智慧都带进来，可促进法官的反思。

法官 B：普通法院适用日本的那种陪审制度的话，成本过高。对于我们法院，虽然成本不高，但没有实质意义。

研究员 B：从消耗的角度来说，成本也很高。

法官 B：不仅成本高了，司法民主化作用也没有起到。

研究员 A：我们国家的刑事案件，侦查机关侦查终结之后一般会得出有罪结论。我们国家的无罪判决率是极低的，不足1%。法院一旦做无罪判决，检察院的考核就成问题了，侦查机关的考核也成问题了。但是如果现在陪审员参审后得出无罪的结论，这样就保证了案件的公正判决。不然的话，法院又不好得罪检察院。陪审员在刑事案件中真正能够起到作用。

法官 B：这是制度，法院也没办法。还有就是政法委的问题。

研究员 A：现在党领导司法。但现在政法委也面临着改革，政法委不宜协调个案。

法官 A：作为基层法院的法官，我们真切地希望国家为基层法院增加审判力量、为基层的法官减轻负担。另外，要提升司法的权威性和司法的公信力。这是亟待解决的两个问题。现在，我们还有许多司法公开的举措，比如裁判文书上网啊，科技法庭又要录音、录像啊，我们基层法院的法官真的有太多事情，司法公开让我们的负担很重。

研究员 A：现在新的改革举措，比如裁判文书上网、提高陪审率啊，都成为你们的负担。

法官 A：最迫切的是要增加基层法院的审判力量。

法官 B：现在都说要良性运转，但对于我们基层法院来说，确实是恶性运转。案件数量上涨，还要我们减少法官的数量。上级法院还给我们提出各种要求。最高人民法院的各种电视、电话会议就真的让我们吃不消。所有的压力全部都集中在我们基层人民法院了。

法官 A：这几年，地方的司法行政化现象有所改善。

法官 B：如果刑事案件采取日本的大陪审团的模式，那么就一定要修改刑事诉讼法。审理期限如果短了肯定不行。

研究员 A：但是这种案件，中院作为一审法院。你们觉得他们负担也不是那么重，可以采取哪种模式？

法官 B：中院、高院有很多人都没事干，还每天给我们基层人民法院找事，不如给他们安排一些活。

研究员 A：高院好几个庭都在搞死刑复核，很忙。

法官 B：他们就那么几个人会很忙。

研究员 A：他们的任务也很重。各种改革任务都压在他们那里，经常需要加班。

法官 B：我们法院的法官，基本都是白天在法院开庭，晚上回家写判决书。不过，我们基层院的调解率比较高，会稍稍减轻些压力。

研究员 A：你们的调解率多少？

法官 B：平均是70%多，个别庭能够达到百分之八九十。

法官 D：平均下来是75%—80%。

法官 B：但是我们案件的基数大。

法官 D：我们院有一位法官，50多岁了。有一天他告诉我，什么时候他工作满了30年，他就准备退休。因为他的压力太大了，一年要办180件案子。几乎每个工作日他都要开庭、写判决书。晚上回家写判决书要写到 12 点多。他说这份工作真的没什么值得留恋的，哪怕早点退休、少拿一点退休金。

法官 B：压力太大，我们有一个女庭长才四十来岁就退休不干了。

研究员 A：那不会对退休金有影响吗？

法官 B：发 90% 的退休金。

研究员 A：即使这样，他们也愿意？

法官 B：对。40 多岁退休也不错，回家干一份自己的事业，在这儿压力那么大。碰见有些不好的当事人，骂你一顿、打你一顿的。

研究员 A：我们去 L 区法院调研，发现他们还建立了心理疏导室。

法官 B：是的。中院办了心理辅导班。

研究员 C：你们也有吗？是 S 省高院要求的吗？

法官 D：是 Q 市中院要求的。他们办了心理辅导班，我们法官可以去上课，然后考取心理咨询师的证书。这样，同行之间可以进行心理疏导。

研究员 A：现在有些人都比较焦虑，出问题的人也越来越多了。

法官 B：对。我们虽然压力大，但也不能回家跟自己的家人发泄，只能自己藏在心里。有些心眼儿小的就受不了了，会出问题。

研究员 A：现在法官也有出问题的吗？

法官 B：有。我听说 L 区人民法院就有两个法官，精神上出现问题了。

研究员 A：女的还是男的？

法官 B：男的，三十来岁。工作压力大、生活又不如意，没办法上班了。

研究员 A：非常感谢大家在百忙中与我们座谈，给我们提供了很多有价值的信息。

L 区人民法院：

研究员 A：我们承担了一个课题，课题的名称是"公民参与和监督司法"。因为最近一些年，国家大力推进哲学社会科学创新，所以社科院系统有一个创新的整体规划。我们四名研究人员承担的是"社会治理创新的程序法治保障"，这与我们的专业息息相关。我们课题组会选择新一轮司法改革中一些比较重要的问题来进行调研。十八届三中全会深化改革的决定里面就有"大力发展人民陪审员、人民监督员制度，扩大人民群众有序参与司法的渠道"的规定。所以我们就选择了这个课题来调研。去年,我们已经去S省X市和H省进行调研。你们可能知道,S省高院的A院长和H省高院的Z院长搞了很多的创新和改革。比如说人民评审团、大陪审庭等做法,所以我们就去了那两个地方调研。今年选择你们这个地方,是因为你们也有自己的特色。因为国家司法改革里面关于陪审员这一块儿,这几年最高人民法院开展了人民陪审员倍增计划,所以整体的趋势是要加强人民陪审员制度。但究竟要怎么加强,采取什么样的方式是最好的,还需要进行研究。我们这个课题组最终是要形成一些对策性的建议,提供给国家有关的决策部门,这是由我们单位的性质所决定的。这就要求我们准确了解实践中的情况,了解有哪些经验是可以总结的。我们这个调研活动是研究员B联系的,我们很感谢你们能够在百忙之中接待我们。你们在实践中有很多的经验,尤其是在陪审员的管理方面。现在陪审员选任的问题,一方面是要扩大陪审员的人数,另一方面还要加强参与者的广泛性和选择上的随机性。但是,有些地方就把陪审员搞成了驻院陪审团,太过于固定化。规定一个陪审员一年审理多少案件,主要是弥补法官人数上的不足。我们认为,各个地方的差异可能比较大,所以你们如果有好的经验可以告诉我们,我们就可以带回去反映在我们的研究报告里面,我们调研的背景大概就是这样的。

法官A:大家进行这样一个座谈。法官有感兴趣的话题,你们也有感兴趣的问题,我们可以互相交流一下。驻院陪审员是做歪了,但不是故意所为的,确实是客观情况逼的。法院的编制、司法的编制都是中央编制。就那么几个编制,案件又那么多,"案多人少"的现象非常严重。怎么办呢?没有其他办法解决这个问题,人民陪审员恰好就提供这样的便利,所以很多法院用人民陪审员来弥补司法队伍人员不足的问题。这是没有办法逼出来的。穷则思变嘛。有的法院经费保障不足,书记员跟不上。聘用书记员是需要经费的。政府又没有提供经费的强有力的保障,怎么办呢?也用陪审员制度来解决。一方面陪审案件,另一方面在别的案件中可能又是书记员,这也是个办法。如果司法将来省级垂直管理以后,经费保障能跟得上去的话,你让法院这样做他也不会这样做。人都是想要往好的一个方向追求,逼得没办法才这样做,这是由客观原因造成的。

研究员B:我有这样几个问题提出来,可能比较尖锐,还请多多担待。因为我们是想把这些真实的问题搞清楚。第一个问题就是法官和陪审员的相互关系。我们建立陪审制度的根本目的到底是什么，是不是让陪审员监督法官？有的法院就是这么搞的。既然是让陪审员监督法官，法官肯定就不愿意，法官就排斥甚至压制陪审员，关系搞得相当紧张。刚才听到你们所说的情况，觉得很可惜。这个正当的关系应该是个什么样子，想请你们谈一谈。

法官 A：这个问题更想听一听我们的陪审员和审判员的真实感受，谈谈大家的看法吧。

研究员 B：请陪审员。

法官 B：刚才你们没来的时候，我说我们的法官如果对你们态度不好，或者你们有什么其他不满意的地方，你们就找我告状。我们就批评他们法官，这是开玩笑说的。结果他们说跟你们的关系可能比跟我的关系还好，我就没话说了。刚才我也说了，今天就是实事求是的，刚才研究员 A 也说了，是想来了解一个真实的人民陪审员和法官的关系。因此，我们院长很重视这个事儿，所以一定要来参加这个座谈。一方面是想听听我们人民陪审员的想法，另一方面是想听听来自你们科研单位的观点。这样，陪审员 B 你带个头，让大家都说，是怎么回事就怎么说。

陪审员 A：我个人的意见是从大的方面来说，人民陪审员就是人民群众参与司法诉讼活动。他们起的是监督作用。人民陪审员除了有像法官一样的权力以外，就只有一样不同，就是不能主持审判活动。人民陪审员又是被领导的，被领导的是监督的，而被监督的又是领导的。这里边的关系不是三言两语可以说清楚的，也不是一个陪审员或者一个法官能说清楚的。世界上没有两片树叶是一样的。我是从 2005 年开始从事陪审工作，也是从 2005 年开始接触法官的，就是 L 区的法官，其他地方的我也没接触过。就是这十几个法官，在这十年时间，我一开始是接触刑事庭的法官。咱们有什么说什么。法官就先问我有什么看法，很多时候我看到被告，我就很义愤填膺地讲。在法律上讲感受是浅的。但是作为社会上的一员，对于犯罪行为我的感受就特别强烈。他们都是先听我的意见。有时他们内部先做一些定论，我也要把我的反对意见说出来，而且可喜的是，有时审判长他还采纳我的意见。这个事情在中院座谈的时候都讲过。这是刑庭的情况。

其他的庭和刑庭的审判不一样。我感觉，刑事庭的程序色彩比较重。民事庭都是和风细雨式的。在交谈之中，它是这么一种情况。因为我在民事庭陪审的案件比较少,所以我提的意见不像在刑事庭得到法官的首肯。事后我也在总结经验,下次民事庭再开庭的时候我要怎样做。刑事庭很容易确定被告行为的对错,而民事庭的被告和原告就不是那么回事了。就我本人来讲,我感觉法官和陪审员是一个长期的磨合过程,要互相交心,这样才能真正达到既监督又能在审判长的主持之下进行公正审判的目的。我先说这些,因为没想到是我先讲,准备得不是很好。

研究员A:我想追问一下,您是怎么成为陪审员的,是您自己申请的还是被推荐的?

陪审员A:因为我们单位就属于L区,我是中国民主建国会的会员。

法官A:他还是我们的区政协常委,是政协推荐给我们的。

陪审员A:我是民建L区基层委员会副主任,在副主任的位置上被推荐为政协委员,我是当政协常委的时候,政协要推荐人当陪审员就推荐了我。

研究员A:您现在还是政协委员?

陪审员A:我现在已经不是了,我已经干了三届了,当选的时候是政协常委。

研究员A:刚才您说您参与的案件既有刑事的又有民事的?

陪审员A:不是,参与刑事的多,最初我就基本上定在了刑事庭。

法官B:从来没定,是因为当时人少。我们第一批人民陪审员招了12个。12个,您想想肯定是不够的。当时我们面临的情况是,刑事庭的案件激增。庭审要组成合议庭嘛,因此我们基层法院迫不得已而为之。很多案子根本组不成合议庭,当时我们这么大的一个法院只有12个陪审员,而且我们要有一定的比例,这12个陪审员里边有些是市人大代表,但这些人又很忙。他们本来就很忙,还占着咱们的名额,一年中陪审不了一两个案件。

法官A:人大代表一般都不是专职的,都是企业的老总或是各个行业的优秀的人,他们都有自己的本职工作。他们当上人大代表,我们又让他们过来做人民陪审员,他们是肯定不会扔下自己的工作来种别人的地。特别是这些人当上人民陪审员之后,特别不好用,保证不了陪审率。所以后来我们尽量不用人大代表和政协委员来当陪审员,而是找一些能有时间过来参与的,自己的时间能自己说了算的陪审员。

法官B:上级对第一批陪审员有这个要求。

法官 A：刚才研究员 B 提出的这个问题非常好。陪审员的将来发展的方向是什么？是纯粹监督司法呢，还是有其他的职能或者其他目的？对这个问题我也思考过，我也有我的看法。为什么要把陪审员纳入司法？可能既要有专业的判案理念，又考虑到了普通老百姓对案件的看法。我们的司法判决要让整个社会，特别是普通老百姓接受。把人民群众纳入司法诉讼中，这是很重要的目的。

研究员 B：你是说，监督应该成为他的主业？

法官 A：应该是监督。但更重要的是要发挥人民群众对审判案件的看法，让他影响法官。同时，法官也从专业角度影响陪审员。很多情况下，陪审员是很尊重法官的。刑事案件中，大家一看就是明白的。陪审员和法官的认识差不到哪儿去。但是民事案件涉及非常复杂的法律适用，还有时效等问题。陪审员对此非常谨慎，有时甚至是不自信。在这样一种情况下，陪审员是非常尊重法官的意见的。当然，在涉及原则性问题的情况下，当事人违约或是不讲诚信，法官做出的判决却是有利于这样的人的时候，陪审员也会坚持自己的看法。陪审员这样的意见，法官也要尊重，同时也要考虑法律适用的问题。实践中，多数情况下，法官谈的意见陪审员基本上都是尊重的。陪审员下一步怎么发展，我们也想听听学术界对这个问题的认识。

研究员 B：对于第一个问题，在这里有几个法官，如果把陪审员当成外来户的话，他们进来的时候你们有什么压力没有？你们是怎么认识的？

法官 C：我来谈一下。刚才说到陪审员监督的问题。陪审员制度一个很重要的功能就是司法公开。通过司法公开，让群众自发地参与到司法中来。公开之后就必然产生了监督。这个监督从我们法官的角度来讲，从个案的角度来讲，这个案子法官邀请陪审员参与到合议庭来审判，对我们法官来讲确实也是有压力的。一般陪审员参与庭审，是从庭前阅卷了解案件开始参与；最重要的开庭，庭审的过程；然后是庭后合议的过程。这些都是对我们的监督，是一种压力。这就使得我们庭审的程序更加规范。如果没有陪审员的话，只是我们法官和书记员处理案件，可能在某些相对不是特别重要的程序节点上，就不是那么严格了。有了陪审员以后，我们必须按照法定的程序来处理案件。我们都知道程序公正、程序规范这是实体规范的一个基础。如果没有程序公正，实体方面再公正，对于老百姓来讲，他都会对你的判决结果产生怀疑。因此，这是一种监督。另外，在案件的合议阶段，这是案件处理最核心的阶段。合议案件我们要听取陪审员的意见。陪审员对事实的认定、对法律的适用有什么意见，包括对于之前的庭审阶段，我们也会听取陪审员的意见的。这也是一种监督。这是从个案的角度讲的。从大的方面来讲，陪审员参与裁判案件，现在以 L 区法院为例，陪审员的数量已经远远超过了法官的数量，因为是陪审员的倍增计划嘛。陪审员的数量有四五十人，我们的办案法官也就是 20 多人。

法官 B：陪审员是 60 人。

研究员 A：这是什么时候变成 60 人的？

法官 B：最早在 2005 年的时候是 12 人。然后到现在我们一共选了四批了。我们院是 Q 市第一个实现"倍增计划"的法院。我们院的法官的总人数刚刚又批了几个，原来也就 50 人。但是，我们的人民陪审员第一次倍增的时候增加到 60 个，超过我们院的法官总数。他刚才说的 20 多名法官是指一线办案法官的人数。

法官 C：这 60 多个陪审员来自社会上的各个方面各个行业，实际上就对我们法官形成了一种无形的、被动的监督和压力。像我们法官对外接触的时候，偶尔也会听到陪审员对于我们法官的素质等方面的看法和一些评价。这些都促使我们法官反过来思考我们在案件的处理、审判作风等方面存在的问题。我们想办法加以改进。我觉得，这也是一种非常重要的监督。从我们法院法官自身来讲，通过各种制度和各种程序的设计，也是在主动地接受陪审员、接受群众的监督。我觉得监督方面是没有问题的。但是，监督的力度和监督的效果可能没有老师们设想的、社会大众要求的期望的那么高、效果那么好，但我们是一直在一步一步地往前走，一步一步地完善这个方面。

研究员 B：谢谢。我还想提一个问题，请一两个陪审员说一下。就是陪审员对于法官的监督，是不是在陪审员的潜意识里说我就是要监视法官的，或者是仅仅通过审案子来提出自己的看法进行这方面的监督？我想听听陪审员们的意见。假如说，陪审员来法院就是来监督法官的，那么，正确的监督方式应该是什么样的呢？请陪审员们说一下。

陪审员 B：我来说一下。先做个自我介绍，我是央企退休下来的。来到 L 区法院做陪审员也是一个巧合。当时我在报纸上看到有一个广告一则招聘启事，因为自己退休前在企业是做营销工作的，对于陪审工作和法院方面，知道的太少啦。退休之后我想为自己找些事情做。如果再去做业务，感觉也没什么意义了。但是我对这个陪审工作很感兴趣。因为在我的印象中，国外有陪审团制度，所以我就将它们联系在一起了。我是抱着好奇的态度报了名，从去年12月起正式加入陪审员工作。经过这半年多的时间，我开始慢慢喜欢上这个工作了。在这之前，我感觉法院对人民陪审工作是非常地重视。当时我参加应聘的时候，也是在这样的办公室，是在这里面试的。

众研究员：还面试？

法官B：是的。我们最后一批倍增的时候有70多人报名，我们只选了30多人。

陪审员B：当时觉得法院特别重视，以副院长为代表的，可能一共有7个法院领导吧，有问题也发发问。因为我们都来自社会的各个领域。我是来自营销方面的，在这方面案件的调解工作中也起到一些作用。销售合同方面的内容，我慢慢地就熟悉了。

研究员A：报名的有多少？

法官B：70多个。

研究员A：看来老百姓还是积极参与愿意来当陪审员的，这是很好的。因为大家普遍觉得陪审员的积极性是个问题。

法官B：对，我们对积极性一会儿再讲吧。对积极性还有不同的看法。

陪审员B：我说句心里话，因为我是从央企退休的，我们的收入也不错。后来我们一起退休的人干了别的工作，因为单位返聘什么的。我就没有返聘。我感觉做这个工作慢慢地时间长了以后，不管是兴趣也罢，还是它的社会地位，或是价值观，大家都是非常赞许的。后来，我和我们厂里以前的几个领导聊起这个事儿，他们就感觉真不一样。我们一起退休的这么多人，就我一个人干陪审工作。其他人要么什么工作都不干，要么是挣钱去了。现在做人民陪审员，在制度上是和审判长、法官平起平坐的，就特别有荣誉感和自豪感。刚才研究员B讲到法官和陪审员的关系，我也简单地谈一谈吧。我感觉，在庭审阶段，我们都是相对独立的。在合议庭呢，我们和法官是既独立又统一的。在庭审阶段，我们可以和法官一样发问，有什么问题就可以直接向当事人发问，行使法官的权力。从某种意义上讲，我们就是不拿工资、不穿法袍的法官。合议庭、审判长也非常尊重我们的意见。我们大胆讲，但也不能胡讲，得根据案件情况，一是一、二是二地这么讲。就某件事把自己的感受讲出来。尤其是牵涉自己的专业的时候，一定要讲出来。在这之前，我还感觉法院的陪审工作好在哪里呢？在审判之前，我们陪审员还可以提前查看案卷。在法院的审判大楼的一楼，陪审员有一间屋子，有电脑、办公桌、水等各方面设备都非常齐全。这就让我们陪审员感到，比如说有个案件吸取我（做人民陪审员）之后通知我，下午没事的话我就可以来预审，我先把案件调一调，先看一看，要不当时来的话时间很紧。我头一天下午来把案件准备一下、看一看是个什么事情，是民事的还是刑事的，是个什么东西，做个好的了解，做一下记录。这样就对第二天的陪审工作肯定是有的放矢了。我们陪审员的工作确实不能说是"陪而不审、审而不议"。我们确实参与到其中了。陪审员参与审判管理，这也是大势所趋。我看中央领导讲话，下一步要实现人民参与审判、拉近人民和法官审判的距离。我也感觉到，陪审员在庭审过程中有一个很大的好处，就是很容易和当事人拉近关系。尤其是在民事案件中，有利于调解好多工作。法官穿着法袍什么的，老是被抵触。但是作为陪审员，我穿着普通老百姓的衣服，当然也是规规整整的，而且上面写着人民陪审员，自然而然地能和当事人拉近关系。在休庭的时候，在庭审结束后，我们可能更便于沟通。这样就把这个案件从很激烈的矛盾相对缓冲一下，变成一般的矛盾进行调解，最后到撤诉。这也是我们陪审员想做的事儿。另外，刚才讲监督这个问题，因为我做陪审员的时间也不长，我感觉法官现在在各方面都是透明公开的，现在还没有到监督什么的。因为最后判决书和庭审记录陪审员都是要签字的。如果这个案件发回重审的话，我们都是有责任的。所以，合议的过程我们陪审员也都是畅所欲言的。有什么事情，尤其是在刑事案件中有量刑的问题，审判长一般都会先讲一讲他的意见。因为我刚开始从事陪审工作，法律制度方面我们肯定没有他们那么精，我们得听他们的意见，法官把量刑幅度解释一下，接下来我们谈一下我们的感受。就我个人来看，大部分刑事案件，陪审员是尊重审判长的意见的，尤其是在量刑这一块。因为它是一个幅度嘛。我们看看也可以讲出来。所以，您刚才讲的监督的那个职能，我也不知道有没有这个职能，但我相信是有的。虽然现在我还没有感受到，但是时间长了以后，肯定还能感觉到。

研究员 A：去年 12 月加入的话到今天，大半年了……

法官 A：这就涉及将来陪审员是用老陪审员还是新陪审员的问题以及

将来发展的问题。大家都知道一句话叫作"久病成医"啊。这些陪审员，在我们法院干到一定年限就相当于半个法官了。老跟法院打交道，见得多了，接触的案件多了，他们也懂得一些判案的经验。刚才说到人民陪审员是"不穿法袍的法官"。那么是像现在这样更符合陪审制度呢，还是从广大民众之中随机挑选来参加一两次陪审，或是让这些久经沙场的陪审员来做，这是一个方向问题。从监督的角度讲，我觉得还是用老陪审员更好一些。还是像刚才讲的那样，新陪审员可能在原则性问题上，比如在良知方面，用老百姓的良知来判断案件不应该这样判，法官如果这样判，是会闹出笑话的。在这样的案子上，陪审员可能会仗义执言。向法官说我的意见是什么，（法官）那样的意见是不能接受的。可能在这个方面，陪审员是对办案有利的。因为陪审员有自己的权力，他也有一票的投票权。但是在这个范围内判案，法官肯定有他的道理的，他可能就不讲话、不发表意见，基本上就尊重了法官的意见。但是，如果陪审员参加的案件多了，他的经验多了，知识多了，他可能在这个范围之内也还有他的意见。比如，前面的案子是判这一方胜诉，后一个案子案情和前一个差不多，为什么后一个案子这么判呢？在有差异的情况下，他可能讲话讲得多，对法官的监督更大，履行的职责就不用说了。从监督的角度讲，陪审员就是在履行职责嘛。这样，履行职责就更到位了。在这方面，用老的陪审员比较好。但是从民众的代表性来说，陪审员也算是法官队伍的一员，算是半个法官啦。那么，在代表民主这一方面是有欠缺的。所以，陪审员到底往哪个方面发展，确实是摆在理论界和实务界面前的一个课题。大家是怎么看，你们是怎么看这个问题啊？

研究员 B：法官 A，我来接着你的话提出第二个问题，就是对陪审员的培训问题。最高人民法院也好，下面的各级法院也好，我相信法官 A 也有这方面的体会，就是法院花了很多时间对陪审员进行培训，特别是对陪审员进行法律法规的培训。我们国家已经建成了社会主义法律体系。一个法律体系该有多少法律法规呀。把这些东西向所有的陪审员进行培训，实际上是一个很艰难的任务吧。但是，各级法院还是朝着这个路子在迈，在这件事情上投入了大量的时间、金钱。我想问的是，你们怎么看这个问题？这样做是对的还是错的？假如你们觉得这个事情很难，上级硬是要你们这么做，你们是否向上边提出过这样的问题？上边又是怎么看的？想听听你们的意见。

法官 A：这个问题本身是不是已经表示了你们对这个问题有一定的看法了？

研究员 B：对的，在我的心目中是有问号的，但我的问号只能代表我一个人，我想听听陪审员特别是你们的意见，请那位女同志回答一下吧。

法官 B：她是 Q 大学法学院的老师。

研究员 C：这位老师不需要培训吧。

（众人笑）

陪审员 C：我觉得这个问题是属于国家在制定政策、制度的时候，对于人民陪审员的定位问题。因为西方的陪审团只是对于事实问题发表意见，他们不对法律问题发表意见。在咱们国家，看国家对陪审员怎么定位了。如果对人民陪审员仅仅定位于促使司法实现公开、公正，通过司法改革实现法治社会，这样一个背景下来建立陪审员制度的话。虽然我们向前迈了一步，但这一切都还在摸索之中。我认为，如果像现在这种已经向前迈出去了一步的情况下，对于法院来说做得还是不错的。法院根据上边领导的指示，还是发挥自己的智慧、精力、人力尽可能地为陪审员制度的完善在努力。但是，现在主要的问题是，从大的方向来说要对陪审员怎么来定位。要是就像你刚才所说的，让陪审员参与法律法规的培训的话，那就不是在事实问题方面发表意见了，而是从司法公开、公正角度，让老百姓参与审判。这其实是有个公示的作用。让老百姓参与到审判中，就是传递这种声音，让人们不要感觉法官很神秘，人民一提起来就说不知道他们法院是怎么弄的，好像里边有什么关系似的。有了陪审员，陪审员出去会说法官判案子都是很公正的，不一定就是像你们想的那个样子的。我的想法主要就是陪审员的定位。如果要他对法律问题发表意见，那么对陪审员的培训任务就太大了。依照目前的机制，是解决不了的。因为陪审员不是专职的，他们也有自己的工作。而对他们进行法律法规的培训，又不是一两年能够培训出来的。因此，主要还是陪审员的定位问题。

研究员 B：关键是定位的根据是什么？

陪审员 C：对。你看西方的定位就很明确，必须是不具有法律知识的人才有资格担任陪审员。但是咱们国家现在的陪审员是这个样子。陪审员有一定的（法律）知识是可以的，但是不能让他成为专家，成为专家的话就不应当当陪审员了。

法官 A：老陪审员已经参与了一定量的庭审，他已经具有一定的法律基础了，他们所具有的法律知识总是要比那些从来没有参与庭审的老百姓要高一些。如果要进行培训的话，花费的成本更大。甚至选完他们，他们到不到庭还是一个问题。我有一个同事在中院工作，他出国考察过国外的法院。比如一个案子下个月就要庭审了，需要提前一个月或者两个月选出案件的陪审员，国外选陪审员是从非常大的陪审员库里点出来的。点到谁，问问你能不能参加。选陪审团的成本非常大。选出的陪审员都要到法院来的。也就是说，选出的陪审员，一次（开）庭就要结案的案件陪审员是必须要到庭的。陪审员本身的成本很大，挑选陪审员的成本也很大。我们法院这些老陪审员，特别是今天参加座谈会的陪审员，都是久经考验的。我们也有我们的考核办法。比如法院通知你不到，通知你老是不来的话，我们也会觉得这个陪审员就是在履行职责能力方面出现问题了。我们就会在下次人大常委会开会的时候提出来。但是，我们这些老的陪审员是一叫就能到的。而要是用那些初任的陪审员，他到庭就很难了。所以我觉得，从能否到庭的角度讲，用老陪审员更好一些。

法官 B：关于陪审员培训，我也有几点看法。我觉得，就像法官 A 所说的那样，培训涉及一个司法成本问题。老陪审员已经在实践当中了。俗话说，"常在河边走"。老的陪审员已经知道一些法律上的程序了，对培训就有一定的参考作用。以我们 Q 市中院为例，今年我们中院共进行了五批培训。每一次的培训是一个星期，管吃管住，而且还需要陪审员有时间，能够拿出五天时间来参加培训。对于法律知识的培训，我觉得成本应该很大。其实就像刚才陪审员 C 说的，如果他们只对事实问题提出自己的意见，陪审员凭借社会良知对一个案子做出评判的话，是不需要太多的法律知识的。但是他又不能一点也不懂。所以，我个人认为，陪审员应该掌握一些基本的诉讼法知识。在庭审的时候最起码应该知道到了哪一步、应该干什么，哪一步陪审员应该提问，哪一步是质证环节、哪一步是辩论环节等。因为我们在开庭前，陪审员都有提前阅卷嘛。所以，我觉得陪审员培训问题，除了该不该培训，涉及陪审员的法律定位问题，还有就是他们的职责定位问题了。而这个问题，涉及司法成本问题。还有的地方给陪审员制作服装，你像我们这个服装就很贵，我们就对做服装问题一直存在争议。我们院长整天说人民陪审员如果都和我们一样坐在庭上，实际上就一样了。你又把自己摆在人民的（头上）。假如人民觉得审判员和他们不是站在同一立场的话，你等于又找了一个"帮凶"。所以我们就不主张给陪审员制作统一的服装。我们觉得，陪审员穿着自己的衣服来开庭也是可以的。只要穿得端庄合体，适合你的身份就足够了。从另一方面来讲，这实际上也是减轻司法成本的一个方法。比如，现在我们院一共 50 多名法官，60 多名陪审员。如果给这 60 多名陪审员都制作统一的服装，法院又要多花一大笔费用。并且，我们考虑到最实际的问题是，陪审员本来打扮得很漂亮需要出门和家人吃饭，法院通知其下午要开庭。如果法院非要给陪审员弄个制服，陪审员还需要找地方换上制服再来法院。刚开始，我们院长还考虑到要给他们做上更衣橱，但我们做衣橱的考虑是，比如说人家陪审员要逛街什么的，别开庭的时候大包小包的拎进法庭，这样不好看。有的时候，男性陪审员出门穿个格子衬衣挺漂亮的，来法庭后也得套上一件衣服。确实不方便。

陪审员 A：年龄这么大，还要穿上制服，确实不好看。

法官 A：的确有一种这样的观点。

研究员 A：没有实际制作制服？

陪审员 A：也有实际做过。最近他们告诉我开始做了，量尺寸了，他们院长愿意给陪审员做制服。

研究员 A：在哪呢？

陪审员 A：Q 市 B 区。

法官 B：我们觉得如果用这笔钱，可以给陪审员创造一个外出学习的机会或者给人家多发补贴，这样也比做制服好。因为制服有时候总是不像便服那么合体，而且陪审员可使用的机会又没有多少。

法官 A：对陪审员的培训主要有两个，一个是上级法院针对陪审员的培训，另外一个是我们院自己对陪审员的培训。

研究员 B：一年能培训几次？

法官 B：一次到两次。

法官 A：但是我觉得，对陪审员进行培训的一种更重要的形式，是使陪审员从实际中进行学习。陪审员通过一个案件的审理来学习。开庭前陪审员提前阅了卷，在庭上见了当事人，对事实了解清楚了，最后合议的过程也参加了。知道为什么最后对案件做这样的判决。他甚至可能刚开始会觉得，按照我的想法不应该是这样审理或者判决的。但是，现在上网查资料太方便了，他上网一查，可能找出的根据更充分，和法官之间就形成了一个交流。

研究员 B：我们国家的陪审制从 20 世纪 80 年代初就开始了。你们这里到 2000 年或者 1999 年，是不是也出现了"陪而不审，审而不议"的问题？

法官 A：一开始肯定是这样的。应该说现在陪审员是越来越好了吧。

研究员 B：现在是变得越来越好了。针对陪审员的培训，20 世纪八九十年代也做过吧？这种做法是否能够长期进行下去呢？

法官 B：八九十年代很少有给人民陪审员培训的。我们法院是 1994 年成立的。1996 年就有了几个人民陪审员。但当时的人民陪审员就像我们院长说的那样，就是要解决合议庭的人数问题，他们主要是去刑庭陪审。最初的那一批里面，有两个陪审员都已经不干了，还有一个。在 2005 年国家实行陪审制度的时候，他还担任我们的陪审员，那两个都不干了。据我所知，那时候没有什么培训。培训是从 2005 年开始的。首先要求对陪审员必须有一个上岗前的培训，这是法定的。我们中院做得比较好，还会增加培训的次数，给人民陪审员再做一次培训。有一些新的法律、法规出台后，比如说在刑事诉讼法修改后，我们直接就找我们的刑庭庭长来给陪审员讲一讲。如果正好是民事方面的法律法规修改后，我们也会召集陪审员来培训一下。培训时间是 45 分钟到一个小时。通过这样一个简短的培训，实际上就是告诉陪审员，新的法律有这样一个规定，并为他们点出重点。

陪审员 A：针对我们陪审员的培训每年都在进行的。上一次就是我们院的一个庭长给我们培训的。我有几句话想说。一个就是前边所说的陪审员的社会监督问题。我之前说过，我是以政协常委的身份来当陪审员的。我担任政协常委的这几年，政协都会召开社会监督工作交流会。他把我们这些人民陪审员、检查员、人民监督员以及公安交警的监督员全部召集在一块，将政协委员派到这些有关部门中去，听听我们的所见所闻。其中有一名监督人民检察院立案工作的人民监督员还有我这个陪审员的发言，大家是比较感兴趣的，引起了很大反响。从这之后，我就被划到了 L 区政协的社会和法制委员会，一直到我从政协委员的位子上退下来，我都在这个委员会里面。我想，这也是政协机关监督法院工作的一种措施吧。特别是在"两会"期间，关于检察院和人民法院的工作报告，当过陪审员的政协委员就特别有发言权，他们就问这问那。特别是 L 区的村干部、村委会主任什么的，他们往往对 L 区法院不见得比我们了解得准确，我们就针对他们的讲话，纠正并详细说明了一些细节。因此，我认为，从社会监督的角度来讲，人民陪审员的责任是在宣传和监督之间的。我作为民主党派的成员，在 L 区也算是个核心成员。在我们党派的活动中以及在我们党派的成员中，他们知道接触法律的人当中，我作为陪审员这种角色，增加了一些他们的任务，也避免了一些杂事，这个因为时间原因，就不再详细地讲了。我认为这也是社会监督。但是，这种监督不是我一个人盯着你这个法官，"盯"实际上是有的，要让法官感觉到我们是在关注这个事儿，关注本身就是监督。但绝对不是管，也不是控制，也不是其他的。我还喜欢一个词，就是介于有意和无意之间。这是一种客观的监督。实际上，如果说陪审员没有起一点监督作用，那肯定是假的。其次，是关于陪审员新老交替的问题。陪审员五年为一届是挺好的。至于连任不连任的问题，一开始一定是不连任的。我最初因为各种原因，是连任了。我赞赏的是每两年或者三年就增加一批陪审员，同时将过去两三年中不参加或者不适合参加陪审员的就剔除出来了……采用这种办法使队伍更新。我以前在中院汇报的时候，也讲过这个事情。我认为这个是很重要的。再一个，关于"陪而不审，审而不议"的问题。作为陪审员，要清楚自己是人民陪审员这样一种身份。有观点就应该大胆地说出来。最初都是不敢说。我记得上次我遇到新陪审员 W 时，他就跟我说自己在法庭上发表意见会打怵。实际上，我当年也是这样的。刚开始庭审时，我只看审判长。后来审判长看出来了，跟我说你有什么想说就大胆地讲。从那天开始，我就"一发不可收"。有些细节很奇怪，你不深究不行。因为法官很忙，他有很多事情，但是由于我们的角度不一样，比如我是做财务工作的。被告拿出民事诉讼或者是刑事附带民事诉讼的单据，我一看就知道对不对。像某件事情能开出那么一张大票来，而且写的收据、盖的章一看就不能被认可。再有，之前看到一个被告说话结结巴巴的，我断定这个人有问题，但是我说不上来问题在哪儿。我把案卷拿过来看了看，就明白是怎么回事儿了。检察院在做文字工作的时候没把被告人的民族写对，而是直接套用其他的范本。这个被告人是朝鲜族的人，汉语说不好。所以我就打断他，问问需不需要朝鲜族翻译。最后，有一个罪犯他做了个事儿，他说那天他看不见。我就说，我们审理这个案子的时候是冬天，他可能看不见。但是发生的时间是夏天啊，那时候天正亮，你怎么可能看不见？法官说对。遇上这样的事情比比皆是。所以，你们说的"陪而不审，审而不议"的问题并不严重。我觉得，陪审员在庭上憋都憋不住，关键是看你投不投入。陪审员不要把自己当庭审的旁观者。

法官 A：主要是有责任心。如果没责任心的话，作为合议庭的审判员他也不讲话。

研究员 B：你说的内容我很感兴趣。因为你在前面也有一些发言，提到自己在担任陪审员期间主要是负责刑事案件的陪审的。那么，培训中的刑法、刑事诉讼法知识对你们审理案子有什么作用吗？作用有多大？

陪审员 A：因为平时财务工作很忙，实际上有时候还要参加政协活动和党派活动。我认为我的财务工作比较机动，我都会晚点儿回家，以便腾出时间陪审。陪审是占用工作时间的。但是我晚上回家会把工作补上。所以我觉得学知识，有些时候逼急了就学了，有些就一般的学学。在网上看看书，培训教材都有，要有问题就回去看。因为现在判案一般都不是当庭宣判。回去以后可以与审判长联系。我感到高兴的是，审判长一般都是主动跟我联系，有一些拿不准的问题可以相互交流。不必采取像法官那样的培训办法，那样太浪费钱了。上次座谈会我就是这么讲的。培训的时候包吃住，但是陪审员不一定有时间去，有时候单位都批不了假。但是，有些事情比较机动，保证能够完成任务。再加上我是个老同志了，有些事情领导也知道。一般来讲，一般都是法官告诉陪审员这个最高刑期是多少、最低刑期是多少，根据被告人的态度量刑。比如说五年以上十年以下，有些东西大多是法规条款之外的。比如说有一次审理"法轮功"的案件。"法轮功"现在是大家都没法回避但是都不愿意谈的事儿。在我们 L 区逮捕了一个宣传"法轮功"的犯罪嫌疑人。大家不用想都知道，他肯定是不服，但陪审员就是要让他在不服当中相对的服一点。他就是有罪嘛。那个案子中，被抓的犯罪嫌疑人有一个宣传品，横的是 8 件，竖的是 8 件，八八一共六十四件。但是，它是用塑料压膜的。检察院起诉时是按照 64 件算的，就像邮票一样。这样算算，他就可能判十年啊。最后我就提出来，我问能不能剪开，他说不能剪，一剪开就碎了。我说这就视同为一件，不管他印了多少个，什么相同的图案，四方的连续还是几方的连续，那就是一件。这样最后被告人就判了 5 年以下的有期徒刑。我觉得，法律的相关规定肯定没有那么细，但是得具体问题具体分析。我觉得我们陪审员就是要起这样的作用。当然不是说要给他减刑。我们陪审员永远赶不上法官，法官永远是我们的老师。法官是专业人士，从上学到工作，一直研究这个，而我们（要是懂）就真的成神仙了。如果真正说我们和法官一样并驾齐驱，那我们肯定不是人民陪审员，可能是陪审员，但"人民"两个字就没了。

研究员 B：就像你刚才讲的，这种差别肯定不是能通过培训拉平的。像你这种，能够在案件的审理过程中，壮着胆子发言的陪审员，主要是凭着自己的财务工作经验勇敢地提出来。这显然是说法律培训的作用是有限的。

陪审员 A：我觉得最重要的是要加强责任感，多学学那些优秀陪审员。我曾经向上级要 S 省的优秀陪审员事例，给我们发的每一本我们都认真看。其次就是学习他们怎么在审判细节当中起帮助作用的。

研究员 B：陪审员 D、陪审员 E 你们也说说吧。

陪审员 D：我也是新的陪审员，当时就是看报纸，喜欢这个工作。觉得自己退休了、没事做了，干别的没做陪审员的意义好。我们陪审员来 L 区法院以后，确实觉得 L 区法院的陪审员工作起到了模范带头作用。法院为我们提供了平台阅卷、办公室，再就是法院报、开幕式的都有，我们从中也学习了不少。在审案当中，陪审员是起监督作用的。其实也可以说我们是来向法官学习的。比如在量刑方面，我们肯定不如法官那么专业。我们必须跟法官、庭长学习。合议庭合议的时候，庭长、法官都很尊重我们。合议的时候，根据案件的性质判断可以判几年，如果认罪态度好的话是可以减刑的。在这个过程中，我们学到了很多法律知识。民事庭我们也参加，再就是商事、行政案件等我们陪审员也都涉及了。像我之前是学校的吧，就在涉及未成年人的案件中发挥作用。针对少年犯，中院说，我们这有少年犯罪案件，你可不可以来帮忙，我就说可以啊。跟小孩沟通、感化他们，再就是增加亲情。我们 L 区法院在另外一个方面也起到了模范作用，这一点在别的法院是没有的。庭审前给陪审员发短信确认陪审员是否可以参加庭审，我们如果确认参加就回复短信，然后再告知我们是什么案件，案件的开庭时间、地点，特别细致。这个工作量确实是挺大的。到了开庭那天，法院会再给陪审员发一次信息通知到庭。这就方便我们有足够的时间安排自己的工作。就像现在我们也去 H 法院帮忙。我就觉得在 L 区法院熟悉了之后，再去别的地方就有点别扭。比如只通知陪审员案号，像开庭时间以及案件性质，陪审员都不知道。我还是感觉 L 区法院比较温馨，这也算是我工作的一种动力吧，这份工作越干我越喜欢。

研究员 B：谢谢。

陪审员 E：我给你找这个我们院的通知短信。今天下午我就有一个案件要出庭。我给你念一下，"L 区人民法院（2014）L 民初书字第 285 号定于 2014 年 10 月 14 日 14 点在第二审判庭审理，同意回 1，不同意回 0"。我回了个"1"。接着过了十分钟，发来一条回复短信"（2014）L 民初字第 285 号案件将于那个时间审理，请准时参加"。同意之后，咱们就达成了合意，到时候签字就行了。我感觉参与到陪审员工作里面之后，就能产生一些很好的想象。陪审员在调解邻里纠纷时发挥了很大的作用。我再给你们看一下我们 L 区法院印的一些东西。这里有陪审员的工作证和执法证。有时候，我给邻居看我现在是人民陪审员，他就会很相信我。对于邻里关系，我觉得陪审员是站在公平公正的立场，把邻里关系调解好，这对维护社会安定团结和谐无疑起到了促进作用。我是越来越喜欢这里了。我也想把这份工作好好做下去。这份工作让我非常有成就感。

研究员 B：我刚才听到各位陪审员对你们工作的赞扬，我很想提一个问题。通过我们看这些材料以及听到这些表达，我感觉到陪审员是需要法院的扶持。假如法院不扶持，那么陪审员、陪审制会不会存在一种内生的动力，如果法院不扶持会不会逐渐衰落呢？设想一下今后陪审员该怎么发展？在你们这个地方怎么继续？会不会长远发展？你们有什么设想？

法官 C：不管是从司法公开方面，还是从其他方面，陪审员对法院都有一个很大的帮助作用。不论是在开庭的时候，还是在合议的时候，对法院的帮助是很大的。法官虽然具备较强的专业知识，但案件中涉及各方面的知识也很多，陪审员就会提醒我们注意很多细节，这对审理和判决都会有很大帮助。这是一个相互的过程。我们院的确在陪审员方面比较领先了。刚才陪审员也说，在我们这里越干越开心，我认为这也是一个相对的过程。

研究员 A：你们这里的陪审员每人每年审理多少个案子呢？

陪审员 A：平均算下来，每个月大概有四个案件。有时候多一点，有时候少一点。

研究员 A：每个陪审员还不太一样？

法官 B：我们是随机抽取。

研究员 A：大概被抽中的频率是？

陪审员 C：大概三次吧。

研究员 A：一个月三次，那工作量还是挺大的。

法官 B：我们这个是达到随机抽取的标准的，是电脑操作而不是我们人为操作的。比如说一个陪审员，他第一次开庭的案子是行政案子，第一次庭没开完，第二次开庭只要法官提出来这是一个二次开庭的案子，我们还是人工选择他，保证案子的连续性。除了这个之外，还有一些很重要的涉及专业性的案子时，比如说公证预算案件，我们就选择有公证预算资格的陪审员。除了这两个原因，其余的都是随机抽取。抽了谁就是谁，有时候可能有些人会多点、有些人会少点。

法官 A：陪审制度将来的走向，能不能发展下去，主要是看法院和陪审员这两个主体，各自认为这项制度有没有实现自己的价值。对于法院来说，像陪审员 A 以及我们在座的各位陪审员，对于审判员来说，确实起到了拾遗补阙的作用。他们所关注的案件焦点可能会和审判员不一样。审判员可能更关注法律适用问题，但还有很多细节方面的问题，比如说发票问题，夏天和冬天天黑的时间问题，一整版到底能不能拆开的问题。陪审员说得就非常到位、非常准确。如果一个法官觉得有一个陪审员能够帮助我全面把好法律适用关和实施关，就会感到非常的放心。自然，他也会尽全力满足陪审员的要求，搞好和陪审员的关系。另外，陪审员到法院来，认为在法院可以达到什么样的目的，实现自己的人生价值，他就会把法院当成自己的家。法院也拿陪审员当自己的人。这样一来，这项制度肯定会很好地发展下去的。

研究员 B：H 省高院的院长 Z，他搞的人民评审团、大陪审庭制度。人民陪审员是跟法官分开的。

法官 A：他是学了国外，有点太超前啦。诉讼法相当于小宪法，最高法院如果授权它作为试点的话，是可以的。如果没有授权，这样做事没有法律效力的。这相当于违宪。

研究员 B：请大家就这个模式以及事实问题畅所欲言，谈谈自己最真实的想法。像陪审员 A 说的那样，有什么说什么，有什么不可以的呢?!

法官 A：国外就是这样做的。国外能做到这一点，肯定是走了漫长的道路。但是如果要将这个制度搬到中国，首先要考虑成本问题，以及它的方方面面适不适合中国的国情。这还需要探讨。就像刚才说的，一个案件要挑选陪审员就需要很大的成本。挑选出来的陪审员符不符合、像不像我们久经考验的陪审员，需要我们反复证明。因此，要把一个制度移植过来，要考虑到方方面面的事情，不能绝对说行还是不行，还有很多问题需要探讨。

研究员 A：你们陪审的案件大概是什么类型案件？我们现在考虑的是，陪审制度主要是用在刑事案件还是民事案件或是其他案件？现在很多国家不太追求陪审案件的数量。可能是，在比较有影响力的案件里面确定会适用陪审制度。所以我们想了解一下，你们陪审的案件中，刑事案件大概占多大的比例，民事案件大概占多大的比例？因为各个地方的情况是不一样的。我们在调研中发现，有的地方是以民事案件为主的，有些基层法院的刑事案件要多一些。有的地方，越是简单轻微的案件用得越多，越是重大、疑难的案件用的反而越少。

法官 B：我们院没有这个区别。像刚才提到的"法轮功"的案件，已经算是重大疑难案件了。我们一般都用陪审员审理案件的。其他案件，只要是普通程序的案件，我们也全部用陪审员审理案件。

法官 A：简易案件我们都是独任审判。除了简易程序以外，其他全都是普通程序。普通程序一定要组成合议庭。组成合议庭时我们要考虑我们的陪审员。我们院的陪审率都达到了百分之九十几。

法官 B：应该说，我们院陪审员的使用率是非常高的。

法官 A：陪审案件是刑事案件多还是民事案件多，这需要抽样调查一下。我们来问问陪审员。

陪审员 E：我是 2014 年 1 月 13 日第一次参加庭审的，加上即将参加的下午的这个案件，我一共参加了 50 个案件的庭审。刑事案件有 11 个，民事案件有 39 个。

研究员 A：普通案件究竟需不需要陪审制，是由谁说了算？

法官 A：到底是独任审判还是合议庭来审判，是由法官决定的。

研究员 A：合议庭现在要求必须要用陪审了。

法官 A：尽量用。

研究员 A：哪些案件不用？

法官 B：国家有规定的两种案件。

法官 A：哪两种？

法官 B：涉密的，还有当事人自己提出要求的。

研究员 A：当事人提出来不愿意的，也尊重当事人的意见吗？

法官 B：对，就这两种。

法官 A：这个我还真不知道。

研究员A：你们对于专业陪审怎么看？我们在调研过程中发现很多法院认为专业陪审效果挺好的，觉得陪审员发挥的作用比较大。

法官B：对，我们也有计算的，包括财务的、营销的、医疗纠纷的。有特殊需要的时候，我们就人工操作选择相应的陪审员。除了这些，适用普通案件的就随机选择陪审员。

研究员A：随机的结果是怎样的？你们陪审员的工作量大概都相差不大，是吗？

陪审员C：对，我也是一年不到50个案件。

法官B：对，相差不大。

陪审员A：我们陪审员参加庭审，法院都会事先通知我们。到了临近审判的前一天，再给我们提示一下，确保我们能到场。

研究员A：怕忘了，是吧。你们让人民陪审员提前阅卷。这是你们这里的一个新的做法，这在我们过去的调研中是没有的。提前阅卷是你们的创新，还是你们的市中院、省高院要求在全省统一实行的？

法官B：这在法律规定里是没有的。但在最高院的一些文件里面是有的。我就我们院的人民陪审员制度做一个简单的介绍。我们院长2012年就提出，对于我们院的人民陪审员工作要变换一下管理模式。根据我们院长的思路，我们院就做了一个顶层设计。这个顶层设计就是为了加强管理、提高效率。新的陪审员可能不知道，我们原来的老陪审员也是走了老路。老陪审员一共12个人，原来是由L主任负责管理。开庭前L主任会打电话询问陪审员有没有时间，这样效率非常低。

陪审员A：有时候忙，没空接电话。

法官B：对，有时候这个方法非常不好用。后来我们这个院长来了后就说分离陪审员。一段时间内，每个庭就这么几个陪审员进行陪审工作。

陪审员A：就是那段时间，我被分到了刑庭。

法官B：陪审员就固定在一个庭。但固定下来就出现了一个问题，就是愿意来参加陪审的人越来越少了。后来经过调研，找陪审员都问了问才了解到真实情况。法庭的书记员是很缺人的，所以就有很多实习人员来充当书记员的工作。而这一部分人没有受过机关工作素养的教育，拿起来电话也不用管对方有多大年龄，也不管是不是咱陪审员，就直接说"唉，那个案子你能不能来一下"。这种语气让人感觉法院根本不拿陪审员当回事。于是，陪审员就告诉书记员自己没空。后来我们发现，愿意参加的陪审员越来越少。发现这种情况后,我们就又把这个权利收回来了。但是,那时我们已经有二三十名陪审员了。我们管理不过来。后来,我们院长就提出了这个思路,一共有四点。第一,加强管理,提高效率。这是我们顶层设计的主要思路。第二,最大限度地发挥好人民陪审员的作用。第三,形成对法官的倒逼机制。第四,实现人文关怀,提高陪审员的热情。我们当时主要就是这四点考虑,开发了一套陪审员信息管理系统。这个系统也有很多地方中院来学习,明天 W 市中院要来学习,前两天 S 省高院也来我们这里学习。我们现在用一个人可以管理 60 多个陪审员,效率明显提高。刚才你也听到了陪审员念的短信。我们现在开庭,不需要电话通知了,我们都是随机抽取的。只要我们在系统上选择一下,一个短信就自动发过去。

陪审员 A:收到短信后一个小时内回复就可以。过去没空接电话,法院就会不停地打。

法官 B:陪审员收到短信以后只要回复一个"1",系统就会回复一条短信告诉陪审员开庭的信息。开庭前一天,陪审员还会收到一条提醒第二天出庭的短信。我认为发挥陪审员的作用,不是说发挥某一个陪审员的作用,而是要发挥每一个陪审员的作用。陪审员大体上是比较均衡的。我们也大致实现了随机抽取。大家都可以有机会参审,只是有的人陪审的案子稍多点,有的人稍少点,这体现了公平原则。在人民陪审员使用的过程当中,我们的法官都要对人民陪审员做一个评价。所以,他们在我们院当人民陪审员实际上是非常不好当的。我们针对人民陪审员有一个考核,包含三个考核指标。一个是当事人评价体系。开完庭之后,书记员要邀请当事人对合议庭成员进行打分,其中也包括陪审员。我们会将当事人对陪审员的评分作为考核的一个指标。另外一个考核指标是来自审判长。审判长要对陪审员打分。比如,陪审员是否遵守了法庭纪律、是否在庭前进行发问、迟到与否、在庭上有没有玩手机等。第三个考核指标是视频监督。我们院所有的审判庭都已经建成了科技法庭。这样,我们在办公室每天点开系统看陪审员到庭与否。如果两次无故未到庭,则取消其人民陪审员的资格。如果陪审员有急事无法到庭,需要提前通知法院,这样法院才有时间找其他陪审员代替其出庭。但是如果陪审员说可以到庭结果却未到庭,我们就不能开庭了。好在到现在为止,我们院还没有出现过这种情况。这就是我们对陪审员的考核系统。下一步我们还要增加庭前阅卷(作为考核指标）。同时，我们院的陪审员每个月也要对院里的一线法官进行考核。这种评分是不记名的。我虽然是负责陪审员工作的，但是连我也不知道谁给谁打了多少分。陪审员打开系统平台进行评价，我们一共有20多个一线法官，陪审员选出七个比较好的法官。事实上，投票是很分散的。得票率最多的一般就是11票。并不是所有的陪审员都去打分，还有没打的。但打了的有10票的，有7票的，8票的，非常分散。我们会通过评分结果判断法官对人民陪审员的态度：庭审时法官是否主动鼓励陪审员发问、是否尊重陪审员、是否允许陪审员阅卷、是否认真听取陪审员的意见。再就是人文关怀。我和我们院长到最高人民法院政治部汇报工作的时候，陈部长就说我们这个制度非常好，我们这个系统非常好，我们已经走在了全国的前列。这让我非常感慨。这是他们第一次这么高度评价陪审工作。其实，他们也一直想做好陪审员的工作。因为全国实行陪审员"倍增计划"之后，陪审员的数量的确是"倍增"了。法院里的陪审员来自四面八方。但是，陪审员的管理工作比法官的管理工作要难很多，这一点我等会儿要再细讲。法院虽然给陪审员发放补贴，但是怎么样才能让法院的钱真正地、如实地发到陪审员的手里面？所以，陈部长说我们这个系统非常好。他说更令他感动的是L区法院在人民陪审员制度上所体现出的，对陪审员的人文关怀，即让人民陪审员觉得他们自己当家做主了。这个工作可不是哪个法院都能做出来的。其次，我们院还专门为人民陪审员划出专属停车区，以免来晚了找不着车位。为陪审员制作法院的车辆通行证。此外，在一楼、二楼审判庭最密集的地方设有两间人民陪审员候审室，方便陪审员休息和提前阅卷。再就是我们法院自己的报纸。我也曾经发短信鼓励陪审员积极投稿。我们的杂志每一个季度出一期，我们会通知陪审员到法院来领取。这样，通过院里的报纸，陪审员也能了解法院到底做了哪些工作。还有就是就餐问题。我们会为开完庭的陪审员提供免费的午餐。综上所述，我们院针对陪审员有一系列的服务措施。我曾经不止一两次地提醒各庭长，一定要对我们的法官说，对待陪审员要热情。如果一个当事人说法院不好，他的说服力其实并不高，因为他有利害关系。但是如果一个陪审员出去说我们L区法院某某法官不是东西，这个杀伤力是相当大的。所以，我们就把这个道理告诉法官和当事人。我们通过法官对陪审员的热情，看到陪审员对法院和法官的态度也在逐步改善。以前曾经出现的法官不允许陪审员阅卷，或者对陪审员是一种应付的态度，这样的现象现在越来越少了。我们负责一审的 Z 庭长和 W 庭长，人民陪审员给他们"点赞"的数量是很多的。眼下，对我们来说陪审员工作尚有不足的地方是，人民陪审员的队伍为什么难管，这里面有一个很重要的因素。我们选最后一批人民陪审员的时候，报名的总共 78 人。最后我们从中选了 30 人。报名的人中有一部分是与法院有利害关系的人，他们削尖了脑袋也想进入我们的陪审员队伍。刚才陪审员 A 也说了，现在他们跟法官都很熟了。我们一看报名的那些人中，有很多是不符合条件的。有一个单位居然有四五个人报名。经我们调查发现，这几个人都不符合条件。我们要求陪审员是要在我们辖区内长期居住的，他们均不符合条件，但单位就给这几个人全部出了证明，证明他们长期住在我们这个辖区。只是因为，这个单位在我们法院有好多案子，所以来报名当陪审员的。这些有法律顾问、还有办公室的人员，全是有法律基础的人。最后，他们那几个人，我们一个都没有选。这就说明了选人民陪审员时面试的意义。这里面真的是很复杂的。如果调查不仔细，把他们选上了。实际上就相当于我们法院有了他们单位的卧底。所以，人民陪审员的工作不好干。我不知道别的法院有没有遇到类似的问题，是不是也像我们一样坚持原则，坚决把这些人排除在陪审员队伍的外面了。这些在法律里面并没有规定，但在实际的生活里的确出现了。

研究员 A：那你们的工作还是很难的啊，还需要去调查，才能发现这些问题。

法官 B：对啊。审查的时候我们就要发现这些问题。第二，我觉得现在陪审的参审意见不够。像陪审员 A 这样的陪审员大约占 1/3。因为我们在高校区，像 G 老师，还有好多陪审员都是 H 大学、Q 大学的教授。他们在我们院兼职担任陪审员，表现非常积极。我们也会根据老师坐班的时间，在系统里进行设定。比如，老师星期四有课不能参审，经系统设定，只要是星期四开庭的案件在抽取陪审员的时候，就抽不到他。另外，导致陪审员参审意见不够的原因主要有两点：第一是客观上法官不主动鼓励陪审员发问，也不给陪审员发问的机会。法官把陪审员当摆设。我敢说，法官心里面肯定或多或少有这样的想法。我们不能回避这个问题。第二是主观方面的原因。我觉得又分为两种，一种是陪审员没有多少法律知识，所以怕说错话。可能像刚才陪审员说的那样，陪审员在法庭上不敢发问。还有一部分就是随大流。把陪审员当成一种招聘。我们在报纸上登的是公告,不是广告。但是很多人把它当作一种招聘。我们在选择陪审员的时候,要进行面试。上次我们从下午一点半开始面试,一直到晚上七点才结束,大约 70 名候选人,最终选择 30 名陪审员。所以,不只是二选一的比例。比例还是很大的。这一方面说明,大家对陪审员的认识越来越到位,已经不像最初的时候了。刚开始的时候全是单位推荐而来的,没有人来报名。现在懂的人越来越多了,就有想当"余则成"的人也想进来了。

研究员 C:陪审员 A,你们那时候也没有登公告吧。

法官 B:登啦。我们是这样的,一部分是自荐的,另一部分是单位推荐的。他是属于单位推荐的。我们的公告在电视台滚动播出。陪审员的选任有一个流程表,选任程序非常规范,不能在程序上出错。陪审员 A 那个阶段选任的时候,我们也登公告了。但是没人来报名。为什么?是因为当时人们不知道人民陪审员是干什么的,但是现在情况变复杂了。什么人都想进来,所以我们把关就难了。再一个就是培训问题。我认为,人民陪审员的成本大可不必在这些方面浪费太多。刚才陪审员 A 也提到,潜台词根本也没学进去多少。像我们院长说的,很多都是通过案件学的。

陪审员 A:《人民法院报》有一个民主增刊,其中就有大量关于人民陪审员的案例。我主要就看那个,反复看。这也是一种学习。在报纸上看、上网查,既省钱又省时间。这种原生态的学习方式最好。

法官 B:人民陪审员的社会影响力就是"五大员"作用。一是这"五大员"的作用要发挥好,另一个就是让咱们国家的司法成本再降低一些。说实话陪审员年龄都比较大了,你再学也赶不上我们这些法学科班出身的,对吧。我们这些科班的是从脑子特别好使的时候就开始学习法律知识了。而年龄稍大些的陪审员,你说他能学进去多少。

研究员 C:你们院陪审员的平均年龄是多少?

法官 B:年龄分布情况,我们有统计,很详细。全部都是通过系统统计的。你们如果需要,我们马上就可以打出来。除了这个,我觉得用于陪审员培训的钱不如用于陪审员去其他法院进行经验性的交流。用于经验交流方面的投入应该多一点,用于培训的投入应该少一点。有远程培训就足够了。下一步,我们院准备实现网上阅卷。陪审员就可以在家阅卷了。现在这个系统还没有使用的原因是,还没有设定防火墙。我们通常给陪审员五天的时间,陪审员登录系统进行操作。比如,你是 12 号案子,我是 15 号案子,我想看看你的案子,我是看不到,我只能看到我自己的案子。再一个是参审率的问题，陪审员的本职工作和陪审关系怎么处理的问题。我们选的这些陪审员一部分是有工作的，另一部分是已经退休、没有工作的。像陪审员 A，他尽管从他们单位退休了，他是一个财务专家，一直在外边儿有工作。这就需要协调两者之间的关系。如果法院点了陪审员的时候，比如说是昨天，我看当时是红色的，这就是到了点儿，他拒绝了我们。我们系统有时候偶尔也会出错，我们就会打电话联系陪审员确认一下。所以，参审和陪审员的本职工作之间的矛盾怎么解决，也影响到参审率。像陪审员 E，他完全可以出去外聘。但他就很喜欢我们这份工作，离我们这儿又近，他有时候也会"救场子"。比如，突然有个陪审员决定出差了。就像我们 Q 酒店的副总，也是我们的陪审员，突然有事情单位让他出差了，怎么办？时间太紧，我们就找住在附近的，就打电话问陪审员 E："你有没有时间，有时间就来救一下场子吧。"针对陪审员陪审的案件，我们最近也在统计服判息诉率。相比较一般的案件，有陪审员参与的案件的服判息诉率会不会比较高？因为陪审员陪审的案子都是适用普通程序审理的案件，这说明案件肯定是有一定难度的。如果有人民陪审员参与的比没有人民陪审员参与的服判息诉率高，那肯定能说明问题。我们院的陪审率太高了，去年的陪审率就在 90% 以上，所以在这一块也不好统计，除非是跟以前比。人工统计太费事了。我们现在的系统里面还没有一个自动统计的功能，我也想把这个加上再自动统计。我们院的人民陪审员的工作大体上就这些。再有就是关于我们一线的法官和陪审员。我只是从宏观的角度讲了讲我们院做了什么、怎么做的。具体存在什么问题，我刚才也谈了几条。除了这几条以外，还是得听听陪审员有什么补充的。我们的陪审工作也是一直"在路上"。我们院的这个陪审员的系统是从 2012 年年底开发出来的，到现在快两年了，一直在不停地升级，在使用中发现问题就进行改正。今年 6 月，我们取得了全国知识产权计算机软件的登记。这套系统是根据我们的工作需要，自主开发的。现在 S 省各地市都在用。T 市高院现在也在研发中。去年 10 月，我们在《人民法院报》的头版上专门登了一篇文章。今年 6 月，我和我们院长带着我们的成果去最高人民法院汇报工作，现场演示这套系统。他们看了以后很震撼，他们一直在考虑人民陪审员倍增以后怎么管理，没想到我们已经拿出这么成型的东西来。

　　研究员 B：陪审员 A 和陪审员 D 说的都是刑事案件。在民事诉讼里面，民事法律法规很多，而且在法律技术上我们有法律解释方法，所以，一般的陪审员根本不可能接触这些东西。在这种情况下，陪审员在审理民事案件的过程中，在法律的适用上能起到什么样的作用？

陪审员 E：我实话实说。对于一些特别专业的商标法，一些涉及知识产权这方面的东西，说心里话我们还是听法官的。因为咱不懂专业的东西，有的纠纷不是人情上的问题。我们在这些方面是缺乏人才的。我们通常的做法是在这些专业问题上不发问。

研究员 B：陪审员 C 在学校里是学什么专业的？

陪审员 C：宪法行政法。

研究员 B：那你也陪审过民事案件吗？

陪审员 C：比较少。

研究员 B：我没有别的问题了，你们看一下还有其他问题吗？

研究员 A：有两点，我觉得印象很深。一个就是很务实。你们在当中也有很多的创新。您说的那个软件开发系统在全国也有推广价值。我们是否可以搞一个合作，你们可以把那个东西提供给我们看一下，如果它的科学性非常强，比如说 T 市高院没必要重复劳动，重复开发的必要性就不大。

法官 B：我来介绍一下这是什么情况啊。T 市高院为什么会去开发呢，就是因为 T 市高院和 S 省高院用的不是一个软件公司。我们用的比方说是 A 公司，S 省的所有法院用的都是 A 公司开发的审判管理系统，而且我们的人民陪审员的管理系统是跟我们的审判管理系统链接的。比如陪审员 A 审了十个案子，我在系统上一选择他，比如 1 月 1 日到 1 月 10 日，这十个案子的案号、什么时间开庭、案由是什么，就以一个列表的形式直接出来了，是很先进的。从我们开发出来到现在已经两年了吧，一直在不断地修改。这个系统的可操作性是非常强的。刚一开始我们只是以一个信息发出去，通知陪审员到庭。后来听了陪审员的意见后，我们又不断地修改。如果系统选定的开庭日期，陪审员正好有事，短信回复拒绝我们就可以了。这样的话，我们可以再通过系统去选别人。后来又进行了修改，设定程序，在开庭前要再发一遍短信提醒陪审员出庭。现在没有超越我们的。当时 G 省高院、T 市高院也想来学习。T 市高院就觉得比较好，他们现在也在开发。我看到他们的政府公开信息介绍说"系统还在开发阶段，我们非常重视"。我一看就笑了，我们早就搞完了。

研究员 A：这是一个技术性的系统。软件公司可能也有一些利益，我们对它评估可能更多地关注它的专业性和内容都设计了哪些元素？

法官 B：这个元素就是我们根据全国人大的那个决定把它分成了三块，分成了选任、管理还有考核。我们就把这一个办法改成三个办法，一个选任办法，就是一开始他们进来之前的这一套流程我们非常重视。第二个就是管理，第三个就是考核。

研究员 A：我觉得你们这些就有推广价值了。不同的软件公司技术上是不一样的，但是内容上大同小异。

陪审员 A：以前院长就说别收别人钱，能推广就推广。

研究员 A：你们可以做一些宣传。

法官 B：我们已经在《人民法院报》上宣传了。

研究员 A：宣传以后，比如你们要在全国范围内做更大的宣传，通过宣传产生什么样的一个效果呢？比方说一说起少年法庭，那肯定想到上海长宁区人民法院；未来一说陪审员的管理系统，就想到你们 L 区法院。

法官 B：你看我们怎么才能宣传成这样的效果呢？我们的研究室主任就在这。

研究员 A：你们跟最高法院已经建立这么一个关联点。当然，跟我们合作也是一个途径，我们可以帮助宣传。

法官 B：最高院是这样，最近我们又上了一个内参。

法官 B：我们上最高院的目的也是扩大宣传，但现在最高院司改革办就忙着整天加班，它就没有时间来管人民陪审员这个工作。

研究员 A：这个本来就是司法改革的一个组成部分。

法官 B：这两项工作都在政治部法官管理部，所以司改办没有时间来弄这个，他们答应等把法官的司法改革的事情告一段落，就到我们这里调研。

研究员 A：我们也可以向上级反映这个事情。现在这个陪审制度，它的基本定位、基本方向有一些特别大的争议，还没达成共识。

法官 B：我很着急，您说这个，我就插一句话，明年"五一"这个制度实行十周年了。十周年一定要有一个很好的纪念活动，这个时间节点也很好。但是现在不知道别人怎么说，我们当时做这个系统时没想着出名，我们就想方便我们的工作。但是我们做着就发现没人提出这个思路来。

研究员 A：我们也很惭愧，要不是来调研，可能也不知道你们做了这项工作。

法官 B：人民陪审员工作的试点法院现在有两个，没把我们列为试点，但是他们都没有搞出什么名堂来。原来全省的人民陪审员制度的推进会就在我们这儿开，结果正好 Q 市举办海军军演，叫海军论坛什么的，又有市研会要开，当时就有四个事。结果我们省高院的院长很谨慎地说，别来凑热闹了，就临时决定到 Z 法院去开，结果 Z 法院一听到它那去开，接着就问我们要这套系统，我们能给它吗？

研究员 A：这个系统已经形成一种共识了。但是刚才我为什么问你提前阅卷的问题，是因为法官提前阅卷没事的。因为法官是以这个为职业，他的理性程度相对要高一些。陪审员比较容易受舆论、媒体的影响。现在自媒体比较多，比如提前阅卷知道这个案件了，有的案件社会也不关注，这个倒没关系。但恰恰是关注度比较高、影响力比较大的案件，才最需要陪审员参审来平息一些争议。如果陪审员提前阅卷，事先知道案情，然后又到网上去搜索一些信息，肯定会被舆论左右。这也是一个隐忧吧。

法官 B：原来吧，我们想搞提前阅卷，就是因为陪审员向我们反映，说是在开庭之前不知道是一个什么案子，上去一坐，两眼一抹黑，不知道要说什么。后来我们才让陪审员提前阅卷的。我们从最高人民法院回来以后，也在思考提前阅卷的利弊。就像你刚才所说，人民陪审员更容易受到舆论的左右，确实是这样的。有些案件中被告人本来不应该判死刑。

研究员 A：像河南的张某某这个案件，对吧。

法官 B：对。那个案子就因为受了舆论的左右，在舆论压力之下这个人非死不可。但是因为我们院是个基层法院，影响重大、引起社会广泛关注的案件，我们也审不着。所以，对我们来说，提前阅卷应该是利大于弊。现在人民陪审员的工作开展的也是参差不齐，各地差别非常大。我们 Q 市各法院的差别就很大。

研究员 A：现在有一个方向性的问题，最高人民法院推动倍增计划，虽然是实务部门自己搞的，但学术界对它是持有怀疑态度。这样的方向对不对，倍增有没有必要搞这么大的覆盖面。我们认为，搞是应该搞的，但没必要这样大的覆盖面……

法官 B：S 省的人民陪审员倍增以后，人数远远大于法官的人数。全省的法官总数是七八千人，人民陪审员就到了一万人。

研究员 A：这个数量倒没关系。数量一大，陪审员参与得越多越好。

但是陪审员参与的案件不能就说占到了案件总数的90%，这有点大了。

法官B：这个问题，最高人民法院也有疑问。当时我们去了以后，他们就问是越多越好还是有选择性的比较好。现在我觉得对我们来说是越多越好。为什么这样说呢？如果他们不来，只有法官组成合议庭，那我们一天根本审理不了几个案子。比如，我们四个都是法官，我们今天都要开庭，都要组成合议庭，谁给谁组合议庭都不行。所以，就我们基层法院来说，目前陪审员是越多越好。人民陪审员把陪审这份工作看作更高的一个职业，是看陪审对社会、对重大案件的影响力。对法院来说，还是缓解了"案多人少"的矛盾，是这样一个辅助的补充。比方说，我们院目前在一线审理案子的法官有50多名，人民陪审员就不用倍增了。比方说，社会关注的、重大疑难的案件让陪审员来，剩下的不用让陪审员来，那陪审人员就参与不了几个案子。肯定是不用那么多陪审员了。

研究员A：它是一个总体的方向。你也知道法官管理制度目前也在改革，助理啊，行政人员啊。最后一个问题，你们参加陪审的那些案件，刑事案件有判无罪的吗？

陪审员A：有，当庭释放嘛。缓刑算不算？

研究员C：缓刑不算。

陪审员A：有。

研究员A：无罪释放是您发挥了作用吗？

陪审员A：我不能说是我发挥了作用。先讲一下案情吧。一个小男孩跟着姐姐从外地来Q市打工。姐姐到了Q市以后想找一个靠山，就找了一个流氓叫"大哥"，陪着这个"大哥"一起生活。小男孩干架子工。有一天，从架子上掉下来了，腿摔折了。小孩在姐姐和"大哥"住的地方养伤。"大哥"平时就打姐姐，他们虽然不是一个家庭，但对姐姐实施的是家庭暴力。"大哥"拽着姐姐的头发往墙上撞。一个小孩就上前劝"大哥"饶了姐姐。"大哥"就把小孩一脚踹到墙角上去了。小孩说，你再敢打姐姐，我不客气啦。他抱着"大哥"，咬着"大哥"的耳朵，你要敢怎么样。"大哥"一动，耳朵被咬掉了。姐弟俩打"120"抢救掉下耳朵的"大哥"。将"大哥"送到医院后，他们又打着手电筒找耳朵。"大哥"的直接医疗费用有六七千块钱吧。姐弟俩说，一定赚钱还上这笔钱。受害人后来也不再要误工费等费用了，但是要求对小孩判刑。当时是我跟着C庭长参与庭审。检察院就说应该是故意伤害罪。我认为，这个小孩是为了他姐姐才把人家的耳朵咬下来的，并且当时是受害人先对被告人的姐姐实施暴力的。所以，我不同意定罪关押，小孩应该是无罪。因为不到法定刑事责任年龄。再一看这个小孩，非常瘦小，一看就是弱势群体。最后，也没有给小孩量刑。这是我所亲身经历的案件，我有记录。但还有类似的案件，只是没有显示出差异来。

法官 B：那个小孩算认罪态度好。

陪审员 A：我在庭上的习惯就是上下打量被告人。被告人虽然涉嫌故意伤害，但是看个头，是被害人伤害被告人还差不多呢。

研究员 C：您那个案子是哪年的事？

陪审员 A：五年了。

法官 B：至少五年，他说的这个 C 庭长，已经是我们政法委的政治处主任了。

陪审员 A：关于社会监督司法，不光是监督法院，还监督公安局。有一个案子，有一个老头说他在公安局被打，还提到了在预审中侦查人员刑讯逼供这个问题。恰逢政协的法制委员会到 L 区公安局开会，我就跟公安局的领导和 L 区政法委副书记提到了这个案子，警察在预审中对犯罪嫌疑人进行刑讯逼供，为这件事我们还约谈了两次。后来我还写过一个政协提案，内容是关于在刑事案件中，只要被告人在预审中遇到类似的情况，就需要当时参与预审的人员来作证，第一是自证，第二是他证。后来，我看到《人民法院报》在去年和前年都登过类似的观点。出现这种情况，刑侦人员就应该出庭。以前法院好像是叫不动他们的，他们不愿意去或者法院压根儿就没叫他们出庭作证。通过这件事情，我觉得这也是人民陪审员监督司法的一种方式。

研究员 B：我们今天也没有什么问题了。

法官 B：你们有什么需要的也可以给我打电话，到时候我们整理整理给你们发一个邮件。

研究员 A：对，尤其你们说的那个系统，我们可以帮助你们宣传推广。

法官 B：非常感谢，那今天就先这样。我们也非常感谢你们社科院这么远还关注到我们这么小的一个基层法院。非常感谢，也希望把我们的这个心声带上去。这是陪审员 E 的陪审工作日记本，上面有日期，这边有个人的资料，然后是庭审记录表，这都做得很细。后面是开庭的记录、案由。

研究员 A：您可以把这些资料提供给我们，我们可以考虑以什么方式去宣传更好。

法官 B：也感谢我们的陪审员。

附录5　Q市D律师事务所座谈会录音整理

D律师事务所：

研究员B： 我们采取问答的方式，这样沟通起来会灵活一些、活跃一些。之前在你们Q市L区法院和Q市C区法院都是这么做的。我们到那两个法院调研，主要了解了法官和陪审员之间的关系、陪审员对陪审工作的一些想法、不同法官对陪审员的看法。他们所提供的信息，许多是我们之前从未听说过的。我们也对陪审工作有了更直观的认识。之所以来D律师事务所进行这样一个研讨，是想了解，经常进出法院、跟法官打交道的律师对陪审制度的设置目的，有怎样的认识，或是对制度本身有什么样的期待。我的第一个问题是，你们认为，陪审员在办案过程中是公正的吗？对你们办理的案子有什么作用？请大家谈一谈。

律师A： 我是1989年开始当律师的。刚开始也做过诉讼业务，来D律师事务所后，从2009年开始做的非诉业务多一些。我有着二十五六年的诉讼经验。

研究员D： 律师和法官都是法律共同体，我们会秉着对中国法治负责的精神来说话。

律师B： 咱们今天就说实话。今天给你们提一些建议，看能不能对法制建设和司法改革起一点儿作用。实际上设立陪审制度的初衷是好的。法官虽然在法律方面是专家，但是涉及一些专业性比较强的案子，就需要一些专家为他提供一些建议。我们国家和英美法系不一样，他们会有很庞大的陪审团，各种人都可以来帮助法官判案。但是我们国家现在的陪审员时，让我们律师感觉，他们是一种陪衬。我也接触到一些陪审员，有一些陪审员还是我母亲的同事，退休以后聘到法院当陪审员的。他们在整个庭审中，只是坐着，一句话也不说，评议时也很少参与讨论。只是因为按照普通程序审理案子时，需要组成合议庭。现在法院的法官少，每个法官办的案子又太多，如果是由三个法官组合议庭，比较困难。所以，现在经常是由两个陪审员和一个主审法官组成合议庭，这至少是在人数上能够满足庭审的要求，也符合我们国家法律关于陪审员的规定。但我认为，陪审员真正起的作用很小。至于合议的时候，主审法官是否参考陪审员的意见，那是法官的事情。从我们律师的感觉来看，对案子的影响或者参与的角度，陪审员起的作用不是很大。至于下一步应不应该有陪审员，我感觉是应该有的。这涉及改革的走向：是否要限定陪审员的人员结构，以及中西司法制度的融合程度、能不能通过下一步的司法改革来促进。另外，鉴于现在这样一些情况，能不能在招录陪审员时，不要只是审查陪审员的政治资格或是人品，也要考虑他是否具有专业技能，尤其要在招录时优先考虑一些曾经从事过司法工作、有法律知识背景的人加入陪审员队伍。这样的陪审员会给法官提供一些参考意见。仲裁的时候经常会聘请仲裁员，我们认为仲裁员的专业素养比陪审员的素养要高得多。我们完全可以借鉴过来啊。怎么样通过逐步改革，提升陪审员的有效性和对司法的参与度，这是值得思考的。现在我们的司法体制正在不断地改革，也有很多比较复杂的案子，如果主审法官不能完全左右这样的庭审的话，就要组成合议庭来审理，但法院方面又满足不了全是法官组成合议庭的这种条件，还要为了组成合议庭配备一定数量的陪审员。那么，就应该提高陪审员的整体素质，以满足老百姓对案子质量的期待和要求。

律师 C：律师 B 以前做过仲裁员。

律师 B：所以我认为，应该借鉴仲裁员的选拔标准。

研究员 C：可是仲裁员是很贵的，陪审员现在多便宜啊。

律师 B：但是起的效用都不一样。

研究员 C：但是你有多少钱才能负担得起什么样的专业的案子。

律师 D：我很同意律师 A 刚才说的，我觉得陪审员还是形同虚设的。这样做的意义并不大。陪审员制度设置的初衷是好的，但在实践中是有些难度。

研究员 B：你认为初衷是什么样，应该是什么样？

律师 A：设立陪审员制度，尤其在一些专业领域，人民陪审员就应该具备这个专业领域的专业知识。比如，建筑工程的案子，陪审员如果就是建筑师或者建造师，是这个领域的人，在审理这个专业领域的案件的时候，就可以发表一些专业意见。这是法官不具备的。有时候在审查一些事实的时候，法官很难查清。双方各执一词的时候，法官的判断能力还是比较差的。

研究员 B：你认为具有专业知识的陪审员和我们的鉴定专家有什么区别？

律师 D：鉴定的内容和项目毕竟有限，并不是所有的专业知识都去搞鉴定。比如说，建设工程的审价可能搞一下价格就确定了。但是我觉得有些事实认定方面，不是庭审过程当中的，法官也是私底下去咨询一些人的意见或者是看双方代理人发表的意见。作为陪审员的话，在庭审中有些事实是能明确的。

律师 E：我觉得案件不同，陪审员还是有一些作用的。

研究员 A：你做什么案子比较多呢？

律师 E：民事案件。我之前做过家庭纠纷的案子，对陪审员的感触比较深。现在做劳动的案子。有一次在庭审中，我提出对方当事人的主体资格有问题，这个案子不能开庭。当时审理案子的是一个年轻的女法官，对这种突发情况脑子反应不过来不知道该怎么办，这时候两位年老的陪审员就站起来对我说，我不能这个样子，对我进行说教，最后架不住她们一唱一和的，我妥协了。后来我就觉得，这两位陪审员不仅是在帮助年轻的法官，而且对当事人情绪也起到了一定的安抚作用。还有一起家庭纠纷的案子，也同样是年轻的女法官审理案子，我能明显感觉到她的庭审经验并不特别丰富，对家庭矛盾的调解经验也不足。第一次开庭就闹得不欢而散。第二次正式开庭的时候，因为陪审员在下边很忙，法官说我们现在能不能先开庭。因为第一次开庭时我就觉得她经验不足，我就建议等陪审员来再开庭。开庭后，年龄稍大的陪审员利用自己的经验，及时疏导了当事人的怨气，把话题引到正确的方向。这样，庭审才得以进行下去。通过这两件事，我就觉得陪审员在处理小的矛盾和家庭纠纷的案件中的确发挥了作用。现在选任陪审员时，多是选择年龄稍大些的、有调解经验的，他们的确发挥了比较大的作用。但如果案子过于复杂、专业性太强，陪审员可能也不愿意发表过多的意见。主要是因为不具备相应的专业知识，所以不愿意过多地说话，只是听、不表态。

研究员 B：在调解过程中，陪审员能在法律方面发表意见吗？

律师 E：陪审员主要是给当事人讲情理，不讲具体的法条。

律师 C：我也是做诉讼的。我感觉特别是小的民事案子的审判员，年龄偏大，有一定的生活经验，他们也很擅长处理婚姻家庭方面的纠纷。但是在一些专业性比较强的案子里，就像刚刚律师 A 说的那样，如果参审的陪审员碰巧他是这方面的专家，那肯定是没问题，能发挥很大的作用。否则，也是形不成独立的意见的。设立陪审员制度的初衷，可能并不是让陪审员用法律的眼光来审视案件或者对法律问题发表独到的见解，或是扮演审理者的角色。我认为，之所以设立这个制度，实际上还是参照了西方的陪审员制度。陪审员只是一个实体，对程序方面上的东西不一定有太多的关注，从这个方面来讲，可能有它存在的意义，但是从现在来看意义不大。我并不清楚现在的陪审员是从哪里选来的。前几年，陪审员是从一些政府部门、比较好的国有企业、街道办事处的退休人员或者是半退休状态的人中挑选的，甚至掺杂着一些人情方面的关系。总体上来讲，因为律师代理的案子不同，接触到的陪审员不同，所以对这个群体的认识也是不一样的。但我们感觉，现在的陪审员制度和当初设立这项制度的初衷还是有一定差距的。另外，陪审员制度的政治意义大于其法治意义。"公民参与到司法审判中来，以促进司法公正。"这和西方的陪审团不一样，我们国家是为了要人民看到法律的正义，才设立这项制度的。

研究员 B：这种"参与"是让公民参与到这个队伍里来，是不是有"监督法官"这个意思？

律师 C：我感觉有这个意思。但这种监督可能只是形式上的监督，达不到实质上的监督。在我们目前的司法体制下，检察院可能监督法院办案。陪审员的监督作用真的不大。

研究员 B：让他们参与到其中，才能体验到公正？

律师 C：对，这就是我们的表面制度和实质的司法体制相悖的地方。现在有些陪审员认为当上陪审员，是党、政府或者法院给他的荣誉。我代理过几起婚姻家庭方面的案子，陪审员和我们唠家常，确实不是和我们讲法律问题。有些离婚案件，当事人真的是过不下去了，陪审员还是一味地调解。有的时候我都看不下去了。

研究员 B：在座的各位女士，你们代理过刑事案子吗？你们认为陪审员在刑事诉讼中起到什么样的作用？

律师 D：陪审员在刑事案件的审理中属于"陪而不审"，完全是一个摆设。有时候和陪审员熟了以后，我就和他们沟通，我说你这是"陪而不审"啊，他说不是的，他也在合议笔录上签字。我就问他，他和法官谁先签字。他告诉我，一般法官什么意见他就是什么意见。有的陪审员在开庭的时候还出去抽支烟、玩个手机。所以，我感觉真的没什么作用。我的意见是废除它。刑事案件如果法官没有审判权的话，任何东西都是形式化的，应当废除陪审制。现在审委会又讨论案件，法官就成了摆设，审判长都变成形式化的了，更何况两个陪审员呢。刑事案件我接的多，假如主审法官向庭长汇报，庭长又向分管案件的副院长汇报，只有科班出身的副院长才会懂案件。如果不是法官负责制的话，陪审员也只是一种形式。所以我建议，取消刑事案件的陪审制度。待中国的法官真正独立时，再考虑用一种什么形式来增加公民的参与，陪审团或者陪审员的形式来参与。

研究员 B：谢谢。

研究员 D：刑事案件的陪审员就没提过问，是不是？

多位律师：从来没有。

研究员 D：昨天在 Q 市 C 区人民法院调研的时候，陪审员也是说从没提问过，当了一年陪审员也没提过，但是在传统的民事案件就可以提了。

律师 B：民事案件也没提过，没说过一句话。

律师 D：民事审判他在庭上不提，但有的时候，庭审以后，陪审员会来找当事人做工作。民事案子，陪审员也审，他起的是缓冲的作用。

研究员 D：也就是说，陪审员都是调解家庭纠纷的行家里手，尤其是五六十岁的。

律师 D：我说的这个陪审员 Y，很多人可能知道，退休前是 S 区政法委副书记。现在他在 B 区法院做专职陪审员，有的时候，主审法官不发问，他倒是在庭审中经常发问。因为他是检察官出身，审理刑事案子是非常专业的。

律师 B：这是特例呀，他可能比一般的审判员水平还要高。

律师 A：这样的人民陪审员效果一定很好。

律师 B：我觉得专业水平还是很重要的，如果没有专业水平，陪审员是不可能独立发表意见的。

律师 A：我觉得从律师里面选陪审员，也是不错的选择。

研究员 D：你们律师要是去了，就是真正的监督了。

研究员 B：刚才有律师提到，要取消这个制度。如果真的取消之后，重建是很难的。人民陪审员这项制度，我不知道你们认为设立这样一个制度的目的到底是什么？如果取消的话，是不是就不可能往这个方向走了？

律师B：我不赞成取消人民陪审员制度。我赞成逐步将这个制度规范化，把陪审员制度真正落实到位，更加规范一点，达到这个效果。

律师A：其实我觉得国外的陪审团制度是非常好的，在他们的陪审团中，有各种专业人才，当然也包括普通老百姓。它是一个团体，不会因为哪一个人缺少什么样的法律知识或者专业知识而做出错误的裁判，他们实际上是一个群体的评判。我们国家现在的司法改革在某些方面可以向这方面发展。现在有这样一个陪审员制度，这是基础。取消之后怎么样让司法改革向上迈进，那就缺少一个跨度。但是怎么样去完善呢？首先，我们现在的陪审员制度弥补了法院的编制不足，或者法院的审判人员经验不足的问题。实际上这些所谓的经验、专业性的知识，是法律赋予法官或者说是法官应该具有的审判素质。如果法官真的具备这些，就不需要那些老大妈、老大姐帮助法院做调解工作了。法院的法官素质如果提高了，法官的编制充足了，就不再需要虚设的陪审员了。但是有些专业性的案子中遇到一些真的专业问题，比如建筑纠纷案件，怎么画线，怎么签合同，怎么引堤工程，法官可能根本不懂这些专业的东西，所以该提问的时候不知道怎么提问。但仲裁的时候，有些专家一问就可以问到点子上。现在有很多案子，像贸易仲裁委员会、国际仲裁机构做的案子，具有相关知识的硕士生导师、博士生导师，他们对于案件的审理确实能起到非常好的疏导作用。这些人是从法理上、事实上帮助法官分析案件，充实判决或者审案的结果。有时候一个判决书就可以写到五六十页。无论是律师还是当事人，做完这个案子知识都得到提升。以前判决书中能体现出"三段论"就已经很不错了。法院比以前有了进步，至少在写判决理由时写清了为什么要驳回当事人的请求。总的来说，这个制度应该保留而且应该完善。但是人员取舍也是很重要的，现在说为了降低费用，都是从一些退休人员中选拔陪审员，这样的结构我觉得可能不适合这个法制的需要，应当予以调整。

律师B：可能还有时间成本。如果选这些专业人员，他们可能比较忙，没空儿来法院。

律师A：另外就是费用问题。比方说仲裁给的费用高，法院整个的体制能拿出多少钱，来付这个费用，也是一个问题。

研究员C：一次40元。在Q市C区法院调研时他们谈到了。人民陪审员一次40元，第二次加20元，第三次加10元。40元能请到什么人呢？

律师 A：只能请一些不给钱也会来参加的、有奉献精神的人。

研究员 D：可以做一个名册，将那些愿意提供自己专业知识，哪怕是无偿的也愿意参审的人列入其中，作为主动申请的陪审员。需要这种专业的陪审员时，就从名单中随机抽取。对这种陪审员，任何单位都要提供误工补贴，或者由法院来提供误工补贴。

研究员 A：国外的陪审团是按照驾驶证、身份证随机抽取的，不是普通老百姓自己申请的。

研究员 D：那个主要是刑事方面的多，民事方面的少一些。

律师 B：我记得国外的民事案子，很少有陪审团的。

研究员 A：国外使用陪审团是当事人的一种权利。

律师 B：我觉得法官对人民陪审员还不够尊重。陪审员往往是在庭审时才知道要审理的是什么样的案件，在事先并不了解案情的情况下，只能坐着听。我觉得陪审员能听明白已经很不错了，更别说让他发表意见了。

律师 A：基本上就是陪坐。

律师 B：陪审员应该事先知晓案件的情况，庭审过程中争议的焦点或者是需要向当事人问清楚的、查清楚的一些事实，为庭审做好准备。

研究员 A：你们律师事务所的业务，非诉业务比较多？

律师 B：我们原先没加入 D 律师事务所之前，以诉讼为主，做的非诉业务少，像并购啊，IPO 上市啦，去北京请的律师多一些。进入 D 律师事务所以后，我们调整了业务结构，所里的很多律师已经开始转型了。我们现在基本上是做 IPO 啦，并购啦，包括一些金融方面的这些业务多一些，慢慢开始转型。这些年上法院的次数少了，一些顾问单位碰到案子我就代理一下。

研究员 A：最近法院改革比较多嘛，如果要是说原来一些年的经验的话，过去的确就是在 2003 年之前对陪审有好多争议。当时一直在讨论陪审制度的存废问题，但现在已经不再是存废的问题了，而是怎么完善这项制度的问题。你们刚才说很关注法官独立审判的事情，新一轮司改就明确说了，"让审理者裁判，让裁判者负责"，这是一个大的方向。审委会的功能肯定是要弱化的。即使它一直存在，讨论案件的方式也会改变的。至于陪审制，现在司法改革方案中是要"强化人民陪审员制度和人民监督员制度，拓宽人民群众有序参与人民司法的渠道"。

律师 A：我赞成这个方面。

研究员 A：司法改革是一揽子的计划，会涉及很多的方面，法院会受到很大冲击。法官员额制和他们的切身利益息息相关，省以下法院、检察院人财物统一管理。

律师 A：那法官收入可能会超过我们了。

研究员 D：没有。上海、北京的法官只能比正常多 2000 元，年龄要求是 40 岁以上的，法官助理要在 15 年左右，或者说做律师 15 年左右才能成为法官。所以，以后就不存在陪审员帮助年轻法官的问题了。

研究员 A：我们现在的陪审制实际上是一种参审，由几名法官和陪审员混合着组成合议庭。国外的陪审制度首当其冲的是适用于刑事案件。我们也到北京市律师协会、全国律协进行过调研。律师界一直有呼声，就是最好搞成英美那种陪审团制度，比如说 12 个人用来搞事实认定这一块。您感觉呢？

律师 D：陪审团不合适啊，因为咱们国家公民的素质不高。将来陪审制适用于刑事案件，这是个方向。

研究员 A：您觉得对公民素质有要求是吧？

研究员 D：关于被告人有罪没罪，如果真的扩大人民陪审员的话，由他们决定有罪没罪，不决定法律适用，在中国可不可行？

律师 D：我觉得陪审员取消了以后再等几年。英美法系的陪审团实际上并不适合我们中国目前的状况，我们国民的基本素质不高，再看我们国民的基本诚信和信仰，我们对法是不信的。我认为，不提高公民的基本素质，陪审员根本弄不了。

研究员 A：现在台湾在搞公民评审团的试点，由老百姓组成评审团。它的裁决意见既包括事实问题也包括法律问题，但是不能够起决定性作用，只起参考作用。法官做裁判的时候可以参考评审团的意见。日本现在也改革了，韩国现在也在搞。所以，问题是我们应该以什么方式来搞？

律师 E：我们律师参与诉讼，也碰到过人民陪审员陪审的案件。但是我们也没有关注过人民陪审员在这个过程当中究竟能起到什么作用。再一个，对人民陪审制度我们也没有关注过。给我们的感觉是，各位刚才也阐述了就是没什么用，陪审员就是个摆设。作为律师来讲，实际上我们就没有对它进行深入的研究，包括刚才所说的人民陪审员设立的初衷是什么、目的是什么，我们也不是太清楚。刚才所说的，如果刑事和民事做一个区分的话，我们的人民陪审员制度，在刑事方面，英美国家可能适用的是陪审团制度，陪审员是区分被告人有罪无罪以及一些事实认定的问题，陪审员在罪名认定、量刑以及其他方面，是没有参与发表意见的权利的。那么我们国家呢，我们的文化和西方是有区别的。大部分西方人是有信仰的，与人打交道的时候是以事为主的，我们中国的人情太重了。即使我和你不认识，等进了陪审团的时候，我们多多少少还是会受到干扰的。我觉得，英美这套东西很单纯，在刑事案件中适用。陪审团移植到我们国家，没有适用它的土壤，这还需要进行调研的。如果单纯从民事的角度来讲，我们就要区分刚才提到的律师们的意见。一个是监督作用。人民陪审员参与到案件的审理中，他毕竟不是法院的人，可能有参与监督的作用。另外就是专业背景，包括建筑工程这些专业性较强的案件，还有就是专业性不强、涉及邻里纠纷的小案件。我觉得这就要和我们设立这项制度的初衷挂起钩来，是不是真的能起到监督的作用。再一个，一些基层的法院还有落后地区的法院，之所以要请陪审员来审理案件，不是看重一些法律专业方面的东西，可能更多地看重的是陪审员的调解经验。遇到一些棘手的当事人，他们是很质朴的、只认死理，但我们法律又讲求法律事实。法律事实与客观事实有时是不相符的。这时候确实需要社会经验丰富的陪审员来给当事人做工作，做到"案结事了"。再一个，可能很多的落后地区的当事人没有庭审程序方面的专业经验，如果因为程序方面的问题输了官司的话，案子了了，但事情没有了结，这时候也需要有经验的、能够为当事人讲道理的陪审员进行引导、及时疏导当事人的情绪。针对以上两种情况，陪审员的作用确实能够凸显出来。如果我们搞清楚设立人民陪审员制度的初衷了，如果说确实中央定了调子、陪审制度应该存在下去的话，那么接下来就是如何进行完善的问题了。现在我们律师看待陪审员制度，一是没有关注过，再一个就是关于陪审制的一些可操作的文件到底有多少？我们见的很少。

研究员 A：可能你们办的刑事、民事案子比较少一点，中院很少看得到陪审员陪审案件，主要是在基层法院。

研究员 D：Q 市 C 区人民法院，2007 年就有了一位全国优秀人民陪审员。之后的几年，Q 市 L 区人民法院的人民陪审工作在全国都很有名的。但是这个效果还是要各位研究员们研究出来陪审员应当是什么样的状态，应当如何发展才能对社会是有促进作用的。由他们来反映咱们的心声。

律师 D：陪审员也应该分一分类别。擅长什么类型的案子，就应该去陪审哪种案子。

研究员 A：刚才你们的发言强调了两点内容。第一，陪审员要不要有专业知识，以及要不要有法律知识。但是这些不是陪审制度的初衷。陪审制度就是要将老百姓的生活智慧、生活经验带入司法中来，这个和你们说的不是一回事。法官是不太了解建筑施工等专业知识，再优秀的法官也不可能做到了解法律之外的所有专业知识，现在可以通过其他制度来弥补法官专业知识不足。比如过去刑事诉讼法有司法鉴定制度，现在法律修改后又有了专家辅助人制度。控辩双方都可以请专家，法院也可以请鉴定人，也是专家。这样，从不同角度请的专家相互提问，法官作为消极仲裁者，判断哪一方说得有理。如果请专业人士来当陪审员，很多专业问题是有争议的，他可能有专业偏见，事后可能还会产生很多问题。所以，不是通过专业陪审来解决这个问题的。法律专业的知识问题可能不是陪审制度要做的事情了，何必要搞一个陪审员来呢？法律知识方面法官不是最权威的吗？直接叫法官审就好了，何必找一个陪审员呢？

律师 D：我曾经做过三年的书记员。刚刚提到的那个叫于某某的人民陪审员，他当陪审员不止十年了。从我认识这个人民陪审员，对他的印象就是早上起来提着公文包上班，中午在法院休息，晚上又按时下班。

研究员 A：他这属于兼职的法官。

律师 D：陪审员对法治的宣扬、对法院的宣传并不总是正面的、积极的，陪审员有时把法院的内幕都暴露出来了。

律师 B：我觉得也不只是国民素质的问题，像我们国家，和谐社会的效力是要高于宪法的效力的。比如说拆迁，法院就可以不立案。比如，我就是一个农民，我就可以当钉子户，政府拿我也没辙。但如果我是一个企业家，我敢当钉子户吗？不用多长时间，我就进监狱了。我觉得这是个现实问题。之前看微信上转的一条信息，说中国的企业家都走在去监狱的路上。偷税、漏税现象是每个企业都有的。所以说，这个也不光是国民素质问题，也与我们国家的现状有关系。如果上面不改，下面也很难改。从上到下这个制度建设，如果高层不能改的话，我们能怎么样呢？

研究员 D：在改。

律师 B：法制中国是自上而下的。上边有了健全的制度建设，基层才有可能规范起来。因为平时我们碰到的案子，但凡遇到和谐社会的效力问题时，我就说现在和谐社会比宪法的效力高，当事人你就认账吧。现在宪法也不一定能落实到位。我是做诉讼的，主要做建筑领域的房地产诉讼，所以我对房地产案件的体会还是蛮多的。标的稍微大一点儿的，都会有领导过问，所以我们的案子经常会拖一两年。

研究员 A：什么领导会过问呢？

律师 B：方方面面的领导都会过问。总会有看不见的手过来，判决书写出来批不了。

研究员 A：这个领导是什么原因，是跟当事人有什么关联？

律师 B：一定是当事人打招呼了，不然领导为什么会过问。

研究员 A：每一个都会有？

律师 B：标的大一点的，不是说每一个都会有，我体会的是每个都有，要么是政府的，政府的也通过法院的领导过问。

研究员 B：我们建立陪审制度，刚才有同志说是公民参与司法。那我想，参与司法，"参与"是个动词，是要参与到司法活动中。要提高公民的民主意识。因为这是我们的权利，通过参与的方式提高这种意识，可不可以通过参与来提高民主意识？

律师 G：我觉得在设立制度之初，应该是有这方面考虑的，但现在以这种方式是体现不了公民的参与性的。因为现在陪审员就那么几个，算是专职的。如果陪审员的覆盖面能够更大一点，或许可以体现公民的参与性。现在我感觉，大多数人还不是很了解人民陪审员制度，我们律师也不太了解。如果我们作为法律职业共同体都不太了解的话，民众又怎么能了解呢？如果这样的话，要想提高民主意识，参与案件审理的陪审员的范围要扩大。不能选定了就这么几个人，一干就十年、八年，肯定达不到效果的。必须要广泛宣传。在一定范围的人群里边进行随机挑选，才有可能真正参与到司法活动中来。另外，建立人民陪审员制度的目的并不明确，陪审员的审理机制也不明确。我们律师都不知道陪审员到底是怎样参与司法的。国外的律师很大一部分的工作是要说服陪审员，我们的律师从来没有哪一个说要费力去说服陪审员，工作的重点是要说服法官。从我们律师的工作重点就能看出来陪审员根本就没有什么用。起码，对于律师来讲，他是没有什么用的。所以我认为，陪审制的目的不明确，所以它的机制也就不明确、不透明，所以最后的结果就是我们觉得它也没有用。

律师 D：我认为基层要防止人民陪审员成为司法掮客，时间长了他就是这个法院的人了。

研究员 D：人民陪审员的任期是 5 年。Q 市 C 区法院陪审员的情况是，第一年很认真，第二年开始学习，第三年就可以独立发表意见，第四、五年就做其他的事情了。

律师 B：人民陪审员要建立在公正审判的前提下。我觉得法院审判的公正性对这个陪审制是很有影响的。

律师 D：我刚才想说的是，人民陪审员是否应该参与刑事案件的审理。我是这样认为的，轻微的刑事案件如果真要搞陪审制的话，那可能对被告人并不公正，因为合议制越复杂，它的时间可能就越长，本来应该判 6 个月，而合议了 8 个月就不可能判 6 个月了。另外就是在简单的刑事案件里，独立审判应该是没有问题的，这才是对被告人最大的公正。

研究员 D：陪审员加入进来后，反而导致案件审理的时间增长了。

研究员 B：我们这个社会并不是真正的现代社会，现代社会一个标准就是具有比较强烈的民权意识，公民要维护自己的权利。我一直也在研究这个问题。

第二部分
理论研究

三中全会决定文本中的司法公开与公民参与、监督司法

程 雷*

自1997年党的十五大提出司法改革问题起，经过十六大、十七大以来两轮中央直接设计、推动的司法改革进程，我国的司法改革已经进入深水区。党的十八大以来，第三轮司法体制改革的大幕徐徐拉开，党的十八届三中全会通过的《中共中央关于全面深化改革若干重大问题的决定》（以下简称《决定》）标志着新一轮司法改革进程的正式开启。《决定》对于司法公开与公民参与和监督司法两个相互关联的问题有着一系列重大但相对抽象、宏观的论述，探讨未来我国司法公开与公民参与和监督的改革，很有必要先就《决定》及解读《决定》的相关官方文本作进一步分析、评论①，因为文本决定着未来改革的边界与内容，司法改革坚持顶层设计的基本原则暗示着改革的合法性来自对文本的正确解读，预测与分析改革的未来趋势当然也离不开对文本的正确解读。

一 司法公开与公民参与和监督司法问题在司改文件中的表述

1982年宪法第124条明确规定了人民法院公开审判原则。早在第二轮司法改革和工作机制改革中，中央19号文件就列举过三项改革任务：完善人民陪审员制度，进一步规范人民陪审员参与案件活动及其选任管理

---

* 程雷，中国人民大学法学院教授。
① 截至目前，笔者所指的《决定》官方解读文本主要包括孟建柱：《深化司法体制改革》，《人民日报》2013年11月25日；《中央司法体制改革领导小组办公室负责人答记者问》，《人民日报》2013年12月2日。

和保障措施；总结人民监督员制度试点经验，研究并推进人民监督员法制化，明确人民监督员的选任管理、监督范围和程序；完善司法公开、公开听证、舆论监督制度。①十八大之后，2013年1月召开的全国政法工作会议上，中央政法委书记孟建柱就司法权力运行机制改革问题谈道，"重点拓宽人民群众有序参与司法的渠道，充分发挥人民陪审员、人民监督员的作用。除法律规定保密的情况外，要把司法依据、程序、流程、结果及时公之于众，确保司法权在阳光下运行，让暗箱操作没有空间，让司法腐败无处藏身"。

经过2013年对司法公开改革的推进，2013年11月公布的《决定》承接、沿用上述文件、官方讲话中的许多内容，进一步提出"推进审判公开、检务公开，录制并保留全程庭审资料。增强法律文书说理性，推动公开法院生效裁判文书"；"广泛实行人民陪审员、人民监督员制度，拓宽人民群众有序参与司法渠道"。

二 司法公开与公民参与司法的改革目的

《决定》中强调审判公开、检务公开与人民陪审员、人民监督员制度的完善，其直接目的、主要目标是监督司法、预防司法腐败，通过司法公开与公民参与倒逼司法公开的实现。这一目的从孟建柱书记在《人民日报》撰文（以下简称"孟文"）中的进一步解说中表现得更为明了。孟文中首先将司法公开与人民陪审员、人民监督员制度分列为两个单独的改革事项，单列标题予以强调。在谈到司法公开的意义时，孟文着重强调的是"阳光是最好的防腐剂""增强监督""树立司法公信"。在谈到人民陪审员与人民监督员问题时，也首先强调了两项制度监督司法的重要定位。两项改革均直接指向2013年年初全国政法工作会议上提及的"暗箱操作""司法腐败"两项紧密相连的弊端。②

---

① 2008年中央19号文件全称为"中央政法委关于进一步深化司法体制和工作机制改革若干问题的意见"。
② 孟建柱：《深入学习贯彻党的十八大精神 在新的历史起点上开创政法工作新局面》，资料来源http://www.gov.cn/ldhd/2013-02/17/content_2333024.htm，访问时间：2014年4月1日。

这种改革方向定位，与长期以来理论界、实务界对公开审判原则作为保障当事人权利的一项制度设计的预期是略有差异的，预示着未来司法公开、公民参与司法领域的改革方向会更倾向于面向公众、强化社会监督，而当事人权利的保障视角有可能会被弱化。① 这一着眼点明显不同于国际准则中对公开原则的价值赋予的视角，比如根据《公民权利和政治权利国际公约》第 14 条第 1 款的规定，公开审判原则是当事人最小限度程序保障的重要组成部分，当事人获得公开审讯的权利是"法律正当程序"的核心。② 显而易见的是，与国际社会对公开审判原则功能的通行定位不同，我国司法改革对司法公开价值的理解更强调对司法权的监督和司法腐败的预防，二者制度设计出发点的不同决定着不同理念下制度设计的差异，比如审判微博直播、庭审录音录像、判决书一律公开上网，都是着眼于司法监督的考量，而对当事人利益及其公正审判权的保护难免会出现偏颇。笔者认为，这一视角的片面尤为值得进一步观察，特别是在推进各项具体改革事项时需要对司法公开与当事人公正审判权的实现之间的矛盾做出恰当处理。

三 司法公开与公民参与司法改革的重点

《决定》中对司法公开共表述了两句话："推进审判公开、检务公开，录制并保留全程庭审资料。增强法律文书说理性，推动公开法院生效裁判文书。"在这两句表述中，除笼统提及"检务公开"外，绝大多数的语词与审判公开有关，且详细提出了审判公开的两项改革机制，因此新一轮司法改革的重点显然强调的是法院阶段的公开。孟文中还进一步增加"警务公开、狱务公开"，但表述均十分简洁，显然也不是司法公开的重点。这里的"司法公开"被等同于政法机关事务的公开，从平衡各政法机关

---

① 理论界的先前研究主张审判公开包括三个方面的含义，首先是对诉讼当事人的公开，其次是对社会公开，最后强调判决应当建立在法庭的证据公开、事实公开、认证公开与判决公开之上。参见杨浙京、程新生《论审判公开原则》，《人民司法》1999 年第 4 期。也有观点认为，较之向社会公开，审判公开原则落实中对当事人公开的重视不够。参见左卫民、周洪波《论审判公开》，《社会科学研究》1999 年第 3 期。

② ［奥］曼弗雷德·诺瓦克：《〈公民权利和政治权利国际公约〉评注》，孙世彦、毕小青译，生活·读书·新知三联书店 2008 年版，第 326 页。

司改工作任务的角度,适度扩大司法公开的指代范围是可以理解的,但重点与亮点,或者说真正打算有所突破的改革领域均集中于法院公开上。从这个意义上讲,这一轮司法改革主要是法院的改革,这一点在司法公开举措布局上有着鲜明的体现。①

关于公民参与司法的两种具体制度,人民陪审员与人民监督员改革,虽然孟文中用了大致相同的篇幅加以了阐释,但从改革的实效性与突破的可能性角度来看,二者不可同日而语。人民陪审员制度改革的重要性与实效性要远远高于人民监督员制度,主要原因在于人民监督员制度经过近十年的实践探索所面临的主要瓶颈有二:一是缺乏法律的支撑。二是监督缺乏法律效力。而《决定》与孟文均回避了进一步推进人民监督员必须克服的上述两个瓶颈,既不谈立法也没有具体表明人民监督员监督的法律后果,改革取得进展的前景十分模糊。

四 司法公开与公民参与司法改革的细化完善方向

(一) 旁听制度

公民有权旁听案件是审判公开的基本要义之一。虽然法律都规定了公民凭身份证即可旁听所有公开审理的庭审,但越是老百姓关注越想旁听的案件,往往不让旁听,法院的理由一般是法庭座位有限、旁听证发完了或者只让家属代表旁听等。目前旁听庭审在实践中还是困难重重,问题具有普遍性。公民旁听制度的落实是审判公开的基石,比起庭审直播、录音录像与裁判文书公开而言,更具基础性地位。然而《决定》对这一基础性地位的机制只字未提,目前整个司法公开的改革方案多少显得有些舍本逐末。

为解决这一问题,真正落实宪法、法律的规定,推动司法公开改革回归本源,建议明确人民法院拒绝公民旁听申请的,采取口头方式的,应当

---

① 由于我国宪法第三章第七节"人民法院和人民检察院"将检、法两院平行设置为行使司法权的机关,"一府两院"政治架构的特殊性决定了在现行宪法框架内的司法改革需要同步推进检、法工作,虽然决策者可以选择法院作为改革的重点,但在文本表述中不可能有所取舍,检察机关的改革经常被附带提及。

赋予公民向院长申请复议的权利，参照回避程序的设计，在复议决定前不得开庭；法院维持不允许旁听的，申请人既可以向人民检察院投诉申请进行法律监督，也可以参照三大诉讼法二审程序关于"严重违反公开审判制度"的规定提出案外人上诉，纠正一审程序中严重违反程序的行为。

同时应当增加规定，增设网上预约平台，建立公开、透明的旁听证发放机制，同时可以要求人民法院对旁听席位已满的庭审在另外房间中进行同步视频直播，解决因为旁听席位有限而导致的公民旁听权无法落实的问题。

（二）检务公开

检务公开的价值与边界应当受制于司法公开、服务于司法公开。我国检察机关承担的各项职能中既有司法性质较强的职能，也有纯粹的行政职能，既有诉讼职权，也有诉讼监督职权①，因此检务公开不能完全按照审判公开的逻辑展开。检务公开的内容应当主要限于批捕、起诉两大诉讼职能和各类诉讼监督职能，这些职能具有较强的司法判断性质，与司法公开的整体改革直接相关，对于自侦职能不宜过度强调公开，恰恰相反，自侦案件的办理应当遵循侦查保密原则，以公开为例外。②

孟文中列明了检务公开的改革内容，"要大力推进检务公开。建立不立案、不逮捕、不起诉、不予提起抗诉决定书等检察机关终结性法律文书公开制度，增强法律文书说理性。实现当事人通过网络实时查询举报、控告、申诉的受理、流转和办案流程信息。健全公开审查、公开答复制度，对于在案件事实、适用法律方面存在较大争议或在当地有较大社会影响的拟作不起诉、不服检察机关处理决定的申诉案件，检察机关主动或依申请组织开展公开审查、公开答复"。上述公开的内容强调了结果公开与司法性质职权的过程公开，显然从公开内容的选取上体现了与审判公开的差异，考虑到了检务公开基于检察职能的复合性而呈现出的特殊性，具有一定的合理性。

---

① 参见程雷《新一轮检察改革的三个问题》，《国家检察官学院学报》2013年第5期；中国人民大学诉讼制度与司法改革研究中心：《破解检察监督难题的湖北经验——湖北省检察机关"两个适当分离"改革情况调研报告》，《法制资讯》2012年第4期。

② 参见程雷、吴纪奎《侦查保密原则初步研究》，《山东警察学院学报》2006年第4期。

（三）公开判决依据

实践中许多律师、当事人、民众反映法官做出裁决的依据是内部指导性意见，而这些内部意见、内部规定社会各界并不知悉，这说明规范性依据的公开程度仍然有问题，需要进一步加强。尽管2013年全国政法工作会议以及最高人民法院近期关于司法公开的改革举措都提及这一问题，但强调得仍然不够，法律之外的裁决依据在法官判案中的作用仍然很大，在这种客观背景下，公开各种裁决依据应当成为司法公开的重要组成部分。

（四）裁判文书上网与微博直播庭审的尺度

依托互联网、计算机科技应运而生的这两种新颖的实现司法公开的机制，尽管"时髦"，但在全面推广之前，其边界、尺度以及弊端均应全面审视。判决文书的公开大致有两种方式：一种是依职权主动公开，比如裁判文书上网；另一种为应申请查询。两种方式均能实现裁判文书公开的结果。第一种方式的优势在于全面公开，但弊端在于需要投入大量的人力、物力将裁判文书电子化后扫描且需要设计较为细密的保障隐私权的相应机制。在当前"案多人少"、一线法官工作、生存压力异常巨大的背景下再增加裁判文书上网的工作量，需要考虑相应的压力化解机制。而第二种方式应申请提供查询的方式，更为简便且完全能够符合裁判文书公开的目的，两种方式可以根据案件类型的不同适当交叉设置，比如对于法律争议较大、社会公众关注程度较高的案件可以通过互联网公开裁判文书；或者要求中级人民法院以上的裁判文书在互联网上公布。

微博直播庭审本质上是法院有选择性的公开，与保障公民现场旁听权、新闻媒体采访权相比，公开的程度与内容都是有缺陷的，其在多高程度上应当作为推进庭审公开改革的举措应当从适用频率、主要功能等方面慎重考虑。

（五）人民陪审员制度

针对人民陪审员制度，《决定》要求"广泛实行人民陪审员制度，拓宽人民群众有序参与司法渠道"。孟建柱书记在明列了目前人民陪审员制度的种种弊端之后，提出"扩大人民陪审员数量和来源，建立随机抽选的机制，保障人民陪审员参审权利，提高陪审案件比例，切实发挥人民陪审员制度的作用"。

这些要求可以从质和量两个方面加以理解，"广泛实行""扩大数量和来源""提高陪审案件比例"这些量的要求提得都比较明确，实践中相对容易落实。最高人民法院的数据也显示，为了陪审率目标考核的需要，各地法院近年来都在积极提高陪审比例，由2006年的19.73%提高至2011年的46.5%。[①] 应当说继续强调扩大参审的数量规模已经不再是主要问题了，关键问题在于人民陪审员能否切实发挥作用的质量问题，即解决孟文中所直陈的"驻庭陪审""编外法官""陪而不审""审而不议"等现象。"随机抽选"形成的一案一选机制显然有助于人民陪审员更为独立地发表个人意见、监督司法；"扩大陪审员的来源"主要应当解决目前人民陪审员的构成代表性不强，党政人员占的比例过高，基层群众比例过低，司法民主原则的落实仍有很多局限等问题。

晚近出台的最高人民法院的改革试点方案落实了司改文件的上述要求，提出普通群众代表比例不低于新增陪审员数量的2/3。未来还应当进一步在选任主体方面，加强基层群众组织的参加与协助，修改人民陪审员任职的门槛条件，必要时取消人大任免的程序，同时打破法院一家垄断的局面，在法律上明确陪审为公民的一项法定义务，健全不称职陪审员的退出机制。

在人民陪审员参审权利保障方面，在改革文件限定的"参审"制改革模式框架内，如何切实发挥人民陪审员的监督、制约功能才是值得真正深入研究与论证的关键问题。日本裁判员制度改革中提出的增加平民法官的人数是可资借鉴的一个方面[②]，更为紧要与关键的问题是人民陪审员参与审判的方式与权限需要进一步研究。平民法官参与审判的优势在于事实问题而非法律问题，在事实判断上平民法官与职业法官是具有平等的判断能力的，更好地发挥其事实判断方面的制约能力，而不应过度强调其适用法律的能力与作用，才是符合诉讼规律的改革方向。

[①] 晚近出台的最高人民法院《关于陪审员改革试点的工作方案》要求实现总量上的"倍增计划"。

[②] 日本在2004年推出的裁判员制度改革的实质是在参审制框架下通过增加平民裁判员在裁决机构中所占人数，同时实行一案一选的遴选方式，以充分发挥公民参与、形成裁判的机制，关于这一改革的介绍可参见张凌《日本刑事诉讼法修改与裁判员制度》，载陈光中主编《21世纪域外刑事诉讼立法最新发展》，中国政法大学出版社2004年版，第262—268页。

五 结语

党领导的三轮司法改革历来强调顶层设计与尊重基层首创精神相结合，第三轮司法改革决策与实施过程中也反复强调"坚持人民主体地位"①。《决定》的精神与部署仅仅厘清了改革的大致方向，司法公开与公民参与、监督司法的不少改革内容需要在坚持国情与遵循司法规律的基础上进一步探索、细化。当然，从目前公布的《决定》与相关决策解读文件来看，作为一项政治决策，决策者们首先考虑的是从"人民群众反映最强烈的问题入手"，从最显眼的内容改起，先易后难，这种决策选择从政治家角度来看无可厚非，但本文提及的许多深层次的问题、障碍性问题、限制司法权的不少改革举措都需要在推进司法改革过程中进一步考虑，只有这样，"真正做到改革为了人民、改革依靠人民、改革成果由人民所享"的口号方可实现。

---

① 参见孟建柱《深化司法体制改革》，《人民日报》2013 年 11 月 25 日。

陪审制的功能、机制与风险防范

魏晓娜[*]

人民陪审员制度在中国正式法律文本中的表述经历了一个起落的过程。1954年《人民法院组织法》第9条和1979年《人民法院组织法》第10条均规定:"人民法院审判第一审案件,由审判员和人民陪审员组成合议庭进行,但是简单的民事案件、轻微的刑事案件和法律另有规定的案件除外。"1979年《刑事诉讼法》第105条规定:"基层人民法院、中级人民法院审判第一审案件,除自诉案件和其他轻微的刑事案件可以由审判员一人独任审判以外,应当由审判员一人、人民陪审员二人组成合议庭进行。高级人民法院、最高人民法院审判第一审案件,应当由审判员一人至三人、人民陪审员二人至四人组成合议庭进行。"可见,陪审是第一审法庭的必要构成形式。

但是,1983年开始"严打"之后,《人民法院组织法》第10条修改为:"人民法院审判第一审案件,由审判员组成合议庭或者由审判员和人民陪审员组成合议庭进行;简单的民事案件、轻微的刑事案件和法律另有规定的案件,可以由审判员一人独任审判。"1996年修正的刑事诉讼法第147条也规定:"基层人民法院、中级人民法院审判第一审案件,应当由审判员三人或者由审判员和人民陪审员共三人组成合议庭进行,但是基层人民法院适用简易程序的案件可以由审判员一人独任审判。高级人民法院、最高人民法院审判第一审案件,应当由审判员三人至七人或者由审判员和人民陪审员共三人至七人组成合议庭进行。"陪审不再作为第一审法庭的必要构成形式。

然而,20世纪末以来,由于社会关系变化,利益格局调整,社会矛盾交织,人民法院审判工作面临前所未有的复杂局面,人民法院的管理体

---

[*] 魏晓娜,中国人民大学刑事法律研究中心研究人员,教授。

制和审判工作机制，受到了严峻的挑战。人民群众对少数司法人员腐败现象和裁判不公反映强烈，认为这些现象直接损害了党和国家的威信。在这一背景下，人民陪审员制度又开始重新受到重视，并随着司法改革的启动和深入而逐渐升温，成为司法改革中不可或缺的组成部分。

1997年，中国共产党第十五次全国代表大会确定了依法治国的基本方略，明确提出了推进司法改革的任务。1999年，第九届全国人民代表大会第二次会议又将依法治国的基本方略载入宪法。以此为契机，最高人民法院于1999年印发了第一个《人民法院五年改革纲要（1999—2003）》，其中第23条提出完善人民陪审员制度，"对担任人民陪审员的条件、产生程序、参加审判案件的范围、权利义务、经费保障等问题，在总结经验、充分论证的基础上，向全国人大常委会提出完善我国人民陪审员制度的建议，使人民陪审员制度真正得到落实和加强"。1999年5月8日，最高人民法院向全国人民代表大会常务委员会提交了《关于提请审议〈关于完善人民陪审员制度的决定（草案）〉的议案》。2004年8月28日，第十届全国人民代表大会常务委员会第十一次会议通过《关于完善人民陪审员制度的决定》（以下简称《决定》），对人民陪审员的任职条件、产生程序、参加审理案件的范围、权利义务和经费保障做出明确规定。

此后，《人民法院第二个五年改革纲要（2004—2008）》和《人民法院第三个五年改革纲要（2009—2013）》相继提出"健全人民陪审员管理制度""充分发挥人民陪审员制度的功能"以及"进一步完善人民陪审员制度，扩大人民陪审员的选任范围和参与审判活动的范围，规范人民陪审员参与审理案件的活动，健全相关管理制度，落实保障措施"。

2013年5月23日，最高人民法院召开全国法院人民陪审员工作电视电话会议，提出各级人民法院两年内实现人民陪审员数量翻一番的"倍增计划"，要求各级人民法院结合本地实际按照适当高于基层法院法官人数的比例，进一步扩大人民陪审员规模；审判任务重、地域面积广、辖区人口多的基层法院，可根据条件按照本院法官人数两倍的比例增补，力争将全国法院人民陪审员数量增至20万左右。各级人民法院要不断提高人民陪审员的代表性和广泛性，注意提高基层群众特别是工人、农民、进城务工人员、退伍军人、社区居民等群体的比例，确保基层群众所占比例不低于新增人民陪审员的2/3。

2013年11月，中共中央十八届三中全会通过了《关于全面深化改革若干重大问题的决定》，提出"广泛实行人民陪审员、人民监督员制度，拓宽人民群众有序参与司法渠道"。

在中央和有关方面的积极推动下，人民陪审员制度取得了长足进展。据统计，《决定》实施8年来，全国人民陪审员参加审理案件共计803.4万人次，其中2012年参加审理案件人次是2006年的3.8倍。全国人民陪审员参加审理案件总数共计628.9万件，其中刑事案件176.4万件、民事案件429.8万件、行政案件22.7万件。全国人民陪审员参加审理的案件比例逐年提高，2013年上半年全国法院审理的一审普通程序案件陪审率已达71.7%，比2006年提高52%。全国各地现有人民陪审员8.7万人，比2006年增加3.1万人，增长幅度为55%，人民陪审员总数已超过基层人民法院法官的1/2。[1]

然而，毋庸讳言，人民陪审员制度近年来的成就主要体现在"量"上，即陪审员数量的增加和参审率的提高，而在"质"的方面，如陪审员的社会代表性和参加审判的实质性，人民陪审员制度仍有较大的提升空间，但也存在一些较为严重的问题。这些问题的存在，有些是立法规定本身不合理所致，有的则是在实践中走了样儿，偏离了人民陪审员制度设立的初衷。这些问题，都是人民陪审员制度在下一步的发展中需要着力解决的。

一 关于人民陪审员制度的功能

根据调研了解的情况，目前实践中不少地方由于法院人手不足，人民群众参与陪审的热情不高，少数热心审判工作的陪审员成了"编外法官"，常驻法院。另外，部分地区出现了陪审员名利化的现象，将陪审员头衔作为政治待遇，"授予"县委委员、政府官员、人大代表。上述现象的出现，固然有制度原因。例如，根据《决定》第4条、第6条、第8条和第16条，以及《法官法》（2001年）第9条、第10条和第11条的规

---

[1] 周强2013年10月23日在十二届全国人大常委会第五次会议所作的《最高人民法院关于人民陪审员决定执行和人民陪审员工作情况的报告》，参见人民法院网（http://rmfyb.chinacourt.org），2014年6月19日访问。

定，人民陪审员的资格条件、任免程序和任期与法官大同小异，甚至可以对表现突出的人民陪审员进行表彰和奖励。这种做法，无疑混淆了人民陪审员与法官之间的区别，导致实践中人民陪审员演变成"编外法官"。但总体来说，上述现象的出现，仍是对人民陪审员制度的功能没有清晰的认识所致。因此，改革和完善人民陪审员制度的第一步，必须对其功能做出准确的定位。以此为基础，人民陪审员制度的各项机制改革才能找到正确的方向。

无论如英美等国采用的陪审团制度，还是如法德等国采用的参审制，国内外的陪审制度所承载的功能无非以下几个方面。

一是扩大司法的民意基础，在专业的司法过程中引入普通的民众判断，防止司法无视社会主流价值观的发展而故步自封。司法的特性是排斥外部干扰，固守特定的价值观。其优点是强化了司法的自治，缺点是法官容易在长期的职业生涯中丧失普通的民众情感，养成僵化、冷漠、机械的职业惯性。而民众的参与恰恰可以撕开司法冷冰冰的面纱，在每一次具体的、独特的、新鲜的案件处理活动中注入鲜活的民众情感和价值判断，使"法理"不再游离于"人情"之外，让冷冰冰的司法有了温度。

二是分担和转移法官的负担。黎巴嫩文豪纪伯伦曾经说过："把手指放在善恶交界之处，可以碰触上帝的袍服。"善恶之间的定夺，本是上帝的权柄，因此法官所行原本是上帝之事，是那"把手指放在善恶交界之处"的人——轻者，定分止争；中者，断人毁誉；重者，判人生死。[①] 西方基督教文化中又有"血罪"之说，即任何形式的杀人、流他人血的行为，无论是合法还是非法，包括法官判决死刑，都被视为罪孽，要遭受地狱之灾。[②] 19 世纪的刑法史学家 Stephen 甚至认为陪审团审判其实是一种责任转移机制，通过迫使其他主体（陪审员）承担全部或者部分最终判决的责任来安慰法官："毋庸讳言，维持陪审团审判对法官比对其他社会成员更具有重要性。它把法官从仅仅根据自己的意见来决定被告人有罪或者无罪的责任中挽救出来——这对许多人而言是一种沉重和痛苦得不堪忍

[①] 陈长文、罗智强：《法律人，你为什么不争气？》，法律出版社 2007 年版，第 211 页。

[②] See James Q. Whitman, The Origins of Reasonable Doubt: Theological Root of the Criminal Trial, Yale University Press, New Haven 2007, p. 35.

受的负担。"① 在当下的中国，上述观念虽然缺乏一定的文化背景，但并非没有现实意义。在社会转型期，利益结构重新调整，相关法律并不总是能够同步跟进，各类社会矛盾十分突出。司法作为社会矛盾的主要解决方式，面对的是非常复杂的利益格局，承受着极大的压力，自身也经受着严峻的考验。尤其是在严重的刑事案件中，特别是可能判处死刑的案件中，在一个大多数国家都已经废除死刑的时代，司法所承受的压力可想而知。在这种情况下，陪审员以公民身份进入法庭，并在死刑案件的定罪和量刑中发挥实质性作用，不仅具有贯彻司法民主的象征意义，更可以分担和转移法官的责任，减少国际社会中在死刑问题上对中国的非议和责难。

三是体现同侪审判的精神。早在1215年，英国《大宪章》第39条就表达了这样的思想："凡自由民，非经其具有同等身份的人依法审判，或者根据王国法律，不得加以逮捕、监禁、没收财产……"此后，受到"具有同等身份的人"的审判，就成为被告人的一项权利。被告人与"具有同等身份的人"之间有着大体类似的生活背景，分享着大体相同的社会经验和价值判断，因而更容易达成共识与沟通，也更能够理解被告人在特定情境下的行为选择。由他们对被告人的行为性质做出判断，也更加合理、公正。在"同侪审判"的精神下，被告人有时候还可以通过行使无因回避权在一定程度上选择审判他的人。如果被告人得到了一个不利判决，而做出这个判决的人又是被告人自己选定的，这在一定程度上更有利于被告人接受判决结果。

四是教育功能。日本在颁布《裁判员法》之前，改革的主导者"司法制度改革审议会"向内阁提交《司法制度改革审议会意见书》，提议设置国民直接参与刑事审判的制度，希望"如果国民与法曹一起广泛地运行司法，司法与市民的接触点将越来越厚重而广泛，可以促进国民对司法的理解，国民更容易了解司法和裁判的过程。这种改革的结果将使司法的国民基础更加坚实"②。在刑事审判中，公民个人实质性地参与到案件的审理活动中，可以增进对相关实体法和程序法的了解和理解，提高公民对司法的信任，这对于提高司法公信力，无疑具有积极的作用。

---

① Stephen, A History of the Criminal Law of England, I: 573.
② ［日］田口守一：《刑事诉讼法》，张凌、于秀峰译，中国政法大学出版社2010年版，第215页。

二 关于人民陪审员的遴选机制

陪审制如果要实现上述功能,一个基本前提是遴选出的陪审员能够真正代表社会上的普通民众。以此标准检视我国人民陪审员的遴选机制,则会发现一些问题。

一是人民陪审员的学历要求。根据《决定》第4条的规定,担任人民陪审员,一般应当具有大学专科以上文化程度。不少法院还将大专以上文化程度的人民陪审员的占比作为实施人民陪审员制度的成绩写进工作报告。这是一个严重的误区。我国高等教育尚未普及,接受高等教育,不是人人都能享有的机会,尤其是在广大的农村地区,已经接受过高等教育而依旧留在农村的寥寥无几。这一条件,相当于把中国大部分农村人口排除在外,这对于一个农业人口占据多数的传统农业大国来说,不能不说是代表性方面的严重缺憾。

二是人民陪审员的产生方式。根据《决定》第8条的规定,人民陪审员的产生方式有两种,一种可以由其所在单位或者户籍所在地的基层组织向基层人民法院推荐,另一种也可以由本人提出申请。根据实践调研的情况,目前大多数人民陪审员是通过前一种方式推荐产生,本人申请而成为人民陪审员的只占一小部分。实践中人大代表、政协委员、党的代表、当地名流在各地人民陪审员名录中占据相当大的比例,更有将人民陪审员作为荣誉授予县委委员、政府官员、人大代表的现象。这些做法,加上由当地人大常委会任命的程序,使得人民陪审员多多少少都带有一点"官方"色彩,与陪审制引入普通民众判断的本意产生了距离。

三是参与具体案件审理的人民陪审员的产生方式。《决定》对人民陪审员实行任期制,对于具体案件中人民陪审员的遴选方式没有规定。实践中由于法院案多人少,而并非所有经过正式任命的人民陪审员都有时间和热情参加审判,于是少数"有闲"和"有热情"的人民陪审员就成为常驻法院的"编外法官"。这些人民陪审员经常参与审判活动,虽然可以经常接受历练,提高审判能力,但这些经常参与审判工作的陪审员与法官打成一片,容易淡化陪审员作为一般民众代表的自我定位,混淆陪审员与职业法官所代表的两种不同价值。由于选择哪些陪审员参与案件审理完全取决于法院,少数"热衷"于陪审工作的人民陪审员为了能经常性地参与案件审理，不惜迎合法官的意见，丧失独立性。少数人民陪审员常态性地参与审判工作，久而久之，也难以避免腐败的产生。这种状况，完全背离了陪审制度提高司法公信力、遏制司法腐败的初衷。

因此，为了保证人民陪审员制度功能的全面实现，防止制度走样和功能异化现象，我国人民陪审员的资格设定和遴选方式也应该进行改革。在这方面，国外尤其是一些欧洲大陆国家在陪审员遴选方面的一些做法可以给我们提供一些启发。

关于担任陪审员的资格。在法国，所有法国公民，不论男女，凡年满23岁，能用法语读写，享有政治权利、民事权利与亲权，没有受到《刑事诉讼法典》第256条所指的无能力处分，正在履行的职责与陪审员职责不相抵触的，均可担任陪审员。① 在德国，只要求陪审员是德国公民。但是，25岁以下或70岁以上的人，以及在社区居住不到1年的人、内阁成员、法官、检察官、辩护人、警察、书记官都不能担任陪审员。② 在日本，具有众议院议员选举权的人可以担任裁判员。另外，日本法律还做出一些除外性规定，例如，年满70岁以上、重病、照看同居的亲属、从事的业务中有重要事务、出席父母的葬礼等情况，裁判员可以辞去职务。③

关于陪审员的遴选。在法国，规定只有重罪法院审理案件时有陪审员参与。重罪法院非常设法院，每年有固定的开庭期（审季）。陪审员的遴选过程大概分为两步。第一步，每一个省每年都要在重罪法院开庭地制定一份重罪陪审团总名册，从这一省名册中抽签选出重罪法庭本审季（开庭期）的正式陪审员40人和替补陪审员12人。审季陪审员名单确定后，由法院书记员将所有进入本庭期陪审员名单的陪审员召集到重罪法院，进行点名。陪审员没有正当理由不回应向其发出的通知，将被科处3750欧元的罚金。第二步，在每一具体的案件开庭审判之前，并且当着被告人的面，公开开庭从本审季陪审员名单中通过抽签确定本案的陪审员。在法庭进行抽签的同时，检察院、被告人及其律师当场行使否决特定陪审员的权

---

① ［法］贝尔纳·布洛克：《法国刑事诉讼法》，罗结珍译，中国政法大学出版社2009年版，第273—274页。

② ［德］托马斯·魏根特：《德国刑事诉讼程序》，岳礼玲、温小洁译，中国政法大学出版社2004年版，第28页。

③ ［日］田口守一：《刑事诉讼法》，张凌、于秀峰译，中国政法大学出版社2010年版，第180页。

利，并且无须说明否决的理由。第一审时控辩双方的否决名额为3∶4，上诉审时是4∶5，辩方始终比控方多一个否决票。替补陪审员也是抽签决定。替补陪审员列席法庭审判，但只有在一名或数名陪审员不能参加部分庭审的情况下，替补陪审员才能参加法庭评议。①

在德国，地方议会每隔四年确定一次预备陪审员的名单，然后产生一个由1名法官、1名公务员和10名当地议会选出的人组成的委员会，由该委员会选定正式的陪审员名单，并确定每个县法院和地区法院需要的陪审员数量。参与具体案件审判的陪审员则通过抽签决定。②

日本的裁判员遴选大概分为以下五个步骤。第一步，法院将裁判员候选人员名额分配给各市町村，各市町村经抽签选出裁判员候选人，并制作裁判员候选预定人员名册。第二步，法院收到名册后制定裁判员候选人员名册，并通知该裁判员候选人员。第三步，法院确定了具体案件的开庭日期后，从裁判员候选人员名册中抽签确定应当担任职务的裁判员候选人，法院为了判断裁判员资格可以进行必要的质问，并在事前发去质问票。然后开始裁判员的选任程序。第四步，选任程序，选任程序由审判长指挥，不公开进行，陪席法官、检察官和辩护人出席程序，必要的时候也可以让被告人出席。审判长就裁判员的资格进行询问，陪席法官、检察官、被告人或辩护人需要询问时，可以向审判长提出请求。检察官和被告人分别可以不说明任何理由地请求对最多4名裁判员候选人不予选任。这是模仿英美陪审制度中的专断回避制度。第五步，法院从通过以上程序筛选后剩下的裁判员候选人中，以抽签方法决定最终参加案件审判的裁判员。裁判员每案一选任，判决宣告后，裁判员的任务即告终了。

总结以上国家的陪审员遴选机制，可以发现几个共性，中国的人民陪审员制度在未来的改革过程中可以借鉴或者汲取制度灵感：第一，陪审员资格的普遍性，同时以除外的方式排除特定人员或特定情况下担任陪审员的资格或义务。对陪审员资格不设过多积极限制，有利于保证陪审员制度建立在最广泛的民众基础之上。第二，在陪审员遴选过程中普遍应用抽签方式。抽签方式的随机性可以保证选出的陪审员具有广泛的代表性。第三，在具体的案件中，最终的陪审员基本上都是每案一选任，做出判决

---

① 参见法国刑事诉讼法第258、259、288、296、297、298条。
② 参见德国法院组织法第40条和第45条第2款。

后，陪审员的任务即告完成。由于选定陪审员与开庭之间的时间间隔很短，所以可以有效地杜绝腐败滋生的机会。第四，除德国外，目前英、美、法、日等国都允许控辩双方行使一定次数的无因（专断）回避权，排除特定候选人担任本案陪审员。无因回避权，看似无理，但在一定程度上保证了控辩双方当事人选择裁判自己案件的人的权利，由自己选定的人对自己的案件进行审判，在某种程度上更有利于败诉的当事人接受不利的判决结果，实际上是一种精心设计的促使当事人服判的机制。

三 关于人民陪审员参与审判的实质性与风险防范

进入近代以来，一方面，陪审制开始被理解为"民主"思想引入司法领域的表现。这种思想认为，在刑事法院代表全部国民行使国家的权力，最好是经由一般的国民来实现，同时也能提供对抗来自官方的压力的最佳保证。[①] 因此，参与具体案件审理的陪审员能否实质性地发挥作用，决定了作为其制度根基的民主原则能否真正得以实现。然而，当作为法律门外汉的陪审员面对一个经验丰富、学识渊博的法官，能否保持自己独立的判断、坚持自己的立场、在判决中体现自己所代表的民众意志，是一个需要相关法律特别加以关照的问题。

另一方面，民主在司法领域的贯彻不是没有限制的。民主从来都不是最佳的制度安排，充其量是"最不坏"的制度选择。这源于民主的两大缺陷：第一，民主的铁则是"多数决定"，重"量"不重"质"，因而在"求真"的科学领域和固守规则的法制领域不可能成为最高价值。第二，通过民主达成的公共意志如同汹汹洪水，如果缺少规则的拘束，可能会造成灾难性的后果，也会产生托克维尔笔下"多数人的暴政"。挟民主之势而来的陪审制度如果没有必要的风险防范机制，也必然会将严肃的司法审判演变成低俗的民众狂欢。

因此，人民陪审员制度的改革，一方面要保证陪审员对审判有实质性的参与，另一方面也要有一定的风险防范设计。根据《决定》实施8年来的情况，上述两个方面的问题在我国的人民陪审员制度运行过程中都不同程度地存在。比如，最高人民法院提出提高陪审率的要求后，陪审率被

---

① ［德］克劳思·罗科信：《刑事诉讼法》，吴丽琪译，法律出版社2003年版，第43页。

列入绩效考核指标,因此陪审率整体上有明显提高,但是,陪而不审、审而不议、议而不决的现象仍然比较普遍,陪审质量不高。又如,调研过程中个别法官反映,实践中也有当事人"搞定"陪审员,两个陪审员一"勾兑",法官被架空。

实际上,陪审员能否发挥实质性的作用,司法民主能贯彻到何种程度,在很大限度上取决于具体的制度设计。例如,在法国,可能判处10年以上监禁的案件属于重罪,由重罪法院审理。重罪法庭的构成是3名职业法官加9名陪审员,根据法国刑事诉讼法的规定,法庭评议时,凡是对被告人不利的决定,如认定被告人有罪或适用法定最高刑,最少需要8票的多数。这个8票的判决规则相当值得推敲:如果3名职业法官想要按照他们自己的意见做出判决,那么他们必须争取到至少5名陪审员的支持,而5名陪审员已经构成了9名陪审员的多数派。换言之,最终的判决结果只能由陪审员中的多数派决定,而不是为3名职业法官所操纵,以此确保司法民主真正得以贯彻。2012年以后,法国对参加重罪法院陪审员的人数进行调整,目前一审是6人,上诉审是9人,职业法官的人数不变,一审、二审均为3人。第一审重罪法庭要对受审人定罪需要得到9名法庭成员中的6票,第二审重罪法庭要做出对被告人不利的判决,需要12位法庭成员中的8票。即便3位职业法官事先串通好了,都认定有罪,仍然需要陪审员中至少半数成员(第一审3票,第二审5票)的支持,才能定罪。法国重罪法庭中陪审员与职业法官的人数配比,结合硬性的表决要求,使陪审员的参与具有实质性,保证了司法民主真正得以贯彻。

在陪审员参与审判的风险防范方面,其他国家的法律规定也对此提供了有益的探索。例如,英美传统上实行一致裁决的原则,不实行多数决,因此,要对被告人做出有罪或者无罪的判决,必须说服每一位陪审员,每一位陪审员的意见都不能受到忽视。因此,一致裁决原则在某种程度上可以看作司法领域防范"多数暴政"的有效机制。

在德国,可能判处4年以上监禁的案件由地区法院作为初审法院,由3名职业法官和2名陪审员构成所谓的"大刑事法庭"。根据德国的判决规则,要做出对被告人不利的判决,必须要有2/3以上的多数票。这样,仅有3位职业法官同意认定被告人有罪是不够的(此种情况下仅构成3/5的多数票),必须还要争取到至少1位陪审员的支持。反过来,两位陪审员也必须得到至少两位职业法官的支持,才能够按照自己的意愿做出判决。

在日本，需要由裁判员参加审理的案件一般包括以下三类：（1）相当于死刑、无期徒刑之罪的案件；（2）法院法第26条第2款第2项规定的因故意犯罪行为致被害人死亡的法定合议案件；（3）需要与上述案件合并审理的案件。正式的合议庭由3名法官和6名裁判员组成。但是，对公诉事实没有争议的案件，案件的内容及其他情况认为适当的，可以经法官裁量后由1名法官和4名裁判员组成合议庭进行审理。根据日本裁判员法的规定，与案件有关的所有实体裁判，包括案件的事实认定、法律适用及量刑，都应根据合议庭过半数的成员的意见做出，且必须有职业法官1人和陪审员1人以上发表赞成意见判决才能成立。有关法律的解释及诉讼程序的判断，应根据合议庭中法官的合议而做出。

最后，回到完善中国人民陪审员制度的主题上，为了扭转陪而不审、审而不议、议而不决等陪审作用虚置化现象，同时也为了防范陪审制度走向另一极，偏离法治精神，人民陪审员制度可以考虑从以下几个方面着手进行改革。第一，合理设定适用陪审的案件范围。在上述法、德、日三个国家中，除德国在县法院受理的轻微案件中实行1+2模式（1名职业法官加2名陪审员）的陪审法庭外，法、日均将陪审适用范围限于较为严重的案件。这样可以有效地节约成本，将有限的陪审资源应用于真正能够发挥陪审效能的案件。我国可以考虑将适用陪审的案件分为两种类型，一类为"法定陪审"的案件，包括被告人可能被判处无期徒刑、死刑的案件，以及因故意犯罪造成被害人死亡的案件。此类案件，案件后果或者判决后果都比较严重，甚至可能判处死刑，引入陪审员参加庭审，可以有效地缓解和分担法官的判决负担，强化判决的正当性基础；另一类为"酌定陪审"案件，虽然不属于上述案件范围，但是社会影响较大，人民法院可以根据情况决定采用陪审法庭进行审理。

第二，对于属于"法定陪审"范围的案件，赋予当事人申请陪审法庭审判的权利。陪审制度从其产生就贯穿着"由同等地位的人"进行审判的思想，陪审制度的设计不应偏离这一初衷，应当明确赋予被告人由陪审法庭进行审判的权利。当然，被告人可以放弃这一权利。

第三，在法庭构成上，适当加大陪审员的权重，使陪审员的人数比职业法官多一倍，此举有利于陪审员在定罪量刑中发挥实质性作用。在"法定陪审"的案件中，可以考虑采用3+6模式，即3名职业法官加6名陪审员。在"酌定陪审"的案件中，可以使用与现行法律要求比较接近的 1+2 模式，即 1 名职业法官加 2 名陪审员。

第四，科学设计陪审法庭的表决机制。目前我国法庭表决采用的是过半数即通过的"简单多数决"原则，加上法庭构成人数必须是单数的要求，十分简便易行，不会出现法庭投票时僵持不下的局面。但问题也很明显，对于可能剥夺被告人自由、财产乃至生命的判决仅以简单多数通过，显得不够慎重；在法官人数占上风的情况下，陪审员的声音就变得可有可无，陪审员就完全沦为装饰品；在陪审员人数占上风的情况下，又难以避免判决完全偏离法制轨道。对此，可以有两种解决方案。一是如法、德在认定被告人有罪、存在加重情节、适用死刑等对被告人不利的问题上，必须经过合议庭成员 2/3 以上多数通过才可以做出。二是如日本仍采"简单多数决"，但多数派至少同时包括 1 名职业法官和 1 名陪审员。

陪审制的本质与我国人民
陪审员制度的重构

叶自强*

我国人民陪审员制度在运行了30余年之后，它的生存空间越来越狭小，几乎成了"木偶"与摆设。"陪而不审""审而不议"成为我国人民陪审员制度面临的普遍困境。许多人对此深感失望。本文试图弄清楚如下问题：陪审制的本质是什么（通过探讨陪审制产生和发展过程而予以揭示）；我国人民陪审员制度的危机及其原因是什么；人民陪审员制度的危机与陪审制本质之间的关系是什么；最后探讨解决人民陪审员制度的危机的方案。

一 欧洲中世纪早期的陪审制与分权机制的萌芽

对外国法制史的考察表明，陪审制实际上最先是在民事诉讼中出现的。大约从公元8世纪起，法兰克皇帝和国王就曾经传唤邻居调查团，让他们回答一位巡回王室法官提出的问题。诺曼人从法兰克人手中接过了这种方法，偶尔使用这种调查团。[①] 把争议交给一组邻居来决定的临时做法，也是日耳曼地方法的一个特色。此外，12世纪的教会法院也偶尔将有罪或无罪的问题交给12人组成的团体裁决。亨利二世之父安茹公爵（杰弗里）曾在安茹河诺曼底的重要的民事案件中采用调查团。因此，当亨利二世登上英国国王的宝座时（1154—1189年在位），传唤一伙人（12人被认为是合适的数目）在庄严的宣誓程序下提供情况，甚至对一个案

---

* 叶自强，中国社会科学院法学研究所研究员。
① 参见［美］哈罗德·J. 伯尔曼《法律与革命——西方法律传统的形成》，贺卫方等译，中国大百科全书出版社1993年版，第541页。

件做出判决，就绝不是新的东西（尽管它没有被广泛地实行）。①

　　亨利二世的创新在于，他把陪审调查团的使用与他的新"司法化的"令状制结合起来。由此，公众可以在王室管辖范围内的某类型民事案件中，将陪审调查团作为正规的制度予以运用。1164年《克拉伦登宪章》第9条授权使用陪审调查团，确定某土地是由教会持有的特殊土地还是俗人的保有土地。1166年另一次王室会议规定，如果原告占有的土地新近由被告侵占，原告提出返还土地的诉讼请求，这样的案件应由陪审调查团审理。②

　　其他问题也逐渐开始被认为适合于由陪审团来决定。1176年的一项法律规定，土地持有人死亡时谁有权占有该土地，应由陪审团来决定。1179年，准许陪审团对根据"权利令状"——产生充分的权利而不仅仅是先占——的被告享有选择权，可选择通过决斗来裁判。③

　　这里，我们应该注意以下四点内容：第一，在王室法官面前正式使用陪审团来判决案件，首次出现在英格兰法的民事案件中。而仅仅在两代之后刑事法律中也采用了这种做法。第二，陪审团并不审理证据，而只是基于审判前他们所知道的情况回答某个问题和事实。第三，因为陪审员是当事人的邻居，并且事先知道法官将会对他们提出什么问题，他们回答问题无须经过审判中询问证人的过程。第四，在王室法官的指导下，陪审团意见对案件的裁决，比地方和封建会议裁决，在政治上更受欢迎。④

　　总之，陪审团审判首先是在民事诉讼中得到广泛运用的。与使用陪审团起诉相比，亨利二世没有把陪审团审判扩展到刑事案件，只是后来在宗教势力的干预下它才扩展到刑事案件中。⑤ 这样比在民事诉讼中运用陪审制晚了几十年。

　　从上述陪审制的起源中，我们可以得到什么有益的启示呢？我想有如下几点。其一，陪审制的设立不必拘泥于特定的地域。在城市可以设立于社区法院；在农村可以设立于乡村法庭。也可以组成临时的陪审团，由巡

---

①　参见［美］哈罗德·J.伯尔曼《法律与革命——西方法律传统的形成》，贺卫方等译，中国大百科全书出版社1993年版，第541页。
②　同上。
③　同上书，第542页。
④　同上。
⑤　同上书，第545页。

回法庭法官主持审判。第二，陪审制在民事诉讼中是可以广泛适用的。不过，由基层的人民组成的陪审团所审理的案件，应当是他们所熟悉的民事纠纷。这样可以避开他们的知识短处，即他们并不熟知法律；也可以避开目前一些法官不熟知证据规则的短处。第三，陪审制的发展是渐进的，不要因为暂时的困难而急于否定，需要指导陪审团工作的法官不断总结经验，为这项制度的完善和推广积累中国式的经验和规则。

二 中世纪教会法院陪审制的形成与扩大适用范围以及在完善证据规则方面的作用

1215年，罗马教会在第四次拉特兰宗教会议上废除了神明裁判，于是陪审制度由民事案件扩展到刑事案件中。① 这一时期教会法院诉讼程序在陪审制的形成与扩大适用范围，在证据规则的完善方面具有如下特点：

第一，诉讼程序是书面的。这一点既不同于罗马法，也不同于日耳曼人的诉讼制度。一项民事或刑事诉讼只有通过包含着对事实的简要陈述的书面诉请或控告方能开始。被告人也要以书面的形式回答原告人或控告人所提出的要点。到了13世纪早期，对于诉讼的书面记录也成为必需。判决也必须是书面的，尽管法官不必以书面形式表述其判决理由。当事人询问证人以及互相询问也要以书面方式进行。②

第二，无论是书面证据，还是口头证据，都需要在宣誓之后提出，并且对于伪证要处以重罚。宣誓本身是日耳曼人的一种制度，但是教会法学家却第一次将它作为近代意义上的证据设置而系统地予以使用。按照日耳曼的共誓涤罪（宣誓帮助）制度，一个当事人要通过宣誓"涤清"对他的控告，另外一些人则通过做出同样的宣誓而对他进行支持。与这种制度相反，教会法学家要求当事人或证人在如实回答向他提出的适当问题之前便进行宣誓。③

---

① 参见［美］哈罗德·J.伯尔曼《法律与革命——西方法律传统的形成》，贺卫方等译，中国大百科全书出版社1993年版，第545页。
② 同上书，第303页。
③ 同上书，第303—304页。

第三，教会诉讼程序允许当事人由代理人加以代表，代理人在法庭上根据证据所揭示的事实对法律问题进行辩论。

第四，在刑事程序方面，与罗马制度和日耳曼制度相反，教会法发展出一门对于案件事实进行司法调查的科学。这门科学要求法官根据理性和良心原则对当事人和证人进行询问。

对于司法调查的强调不仅与获得证据的更为合理的程序有关，而且也与概然真理的概念以及关联性与实质性原则的发展相关。各种规则被精心设计出来，以阻止多余证据（已经确定的问题）、无关证据（与案件无关的问题）、含糊和不确定的证据（无法得出清晰的参照意见的问题）、过泛的证据（会引起含混的问题）以及与事物性质相反的证据（不可能予以相信的问题）的引入。①

第五，与日耳曼审判程序中较为原始、程式化以及多变的法律制度相比，12世纪教会法诉讼程序显得更为近代、更为合理、更为系统化。教会法学家倡导理性和良心原则，以抵制日耳曼法的形式主义和魔法巫术。1215年，罗马教会举办的第四次拉特兰宗教会议，做出了禁止教士参与神明裁判的法令。这项法令有效地终止了通行西方基督教世界的神明裁判，并由此而迫使世俗当局在审理刑事案件时接受新的审判程序。在大多数国家，世俗法院所采纳的程序与教会法院所使用者相似。在英格兰，王室法院以宣誓审讯团（后来称为陪审团）取代了神明裁判，宣誓审讯在英格兰王室法院的多数民事案件中的使用到这时已经超过50年，但在刑事案件中却没有获得使用……②

从上面的叙述中可以得出如下几点结论：①在欧洲中世纪时期，有三种法院并存：王室法院、世俗法院和教会法院。②教会法院中没有陪审制。王室法院中也没有陪审制。只有世俗法院中有陪审制。③民事诉讼与刑事诉讼已经分离。其中世俗法院已经在民事诉讼中采用了陪审制。后来世俗法院在刑事诉讼中，只是在教会的逼迫下才采用陪审制，比民事诉讼中采用陪审制晚了大约50年。从这一点来说，当时教会法院的审判思想比起世俗法院要进步得多。④由于民事诉讼中率先采用陪审制，因此，民

---

① 参见［美］哈罗德·J.伯尔曼《法律与革命——西方法律传统的形成》，贺卫方等译，中国大百科全书出版社1993年版，第541页。

② 同上书，第305页。

事证据规则是在民事诉讼形态下首先出现的。以后才出现在刑事诉讼中。

总之，在陪审制的形成与扩大适用范围过程中，在证据规则的完善，尤其是废除神明裁判，使诉讼程序和证据规则客观化方面，中世纪教会法院起到了十分独特的进步作用，对此我们必须给予公正的肯定评价。

三　英国陪审制条件下法官与陪审团的分权机制

原则上，法官与陪审团的分工是，法律问题由法官解决，事实问题由陪审团解决。在陪审团（由12人组成的陪审团）的审讯中，原告和被告的律师各自设法使陪审团的注意力集中于争议和反争议上。这些都是清楚地提出的事实问题。在整个审讯过程中，先由律师作"开始陈述"，证人提供及审查证据，以及由律师向陪审团作"总结发言"。然后，法官向陪审团指出他们应负的责任，指导他们该适用的法律并概括证据的要点。陪审团通过一致同意，或者大多数同意，做出一个总的裁决；或是在较少见的案例中，做出特别裁决（只对法官提交的特定事实问题做出裁决）。如果陪审团在限定的时间内不能对裁决达成协议，它将被解散，案件将被重新审理。[①]

法官与陪审团的分工在具体案件中体现着总结性的经验成果。例如在诽谤案件中，法官应决定某些词能不能具有诽谤意义，陪审团应决定事实上这些词确实带有诽谤意义。又如在向未成年人出售商品的案件中，法官应决定有没有可能所出售的商品属于生活必需品，陪审团应决定这些商品实际上是生活必需品。[②]

有原则就会有例外。几种例外情况是：

（1）证据的可采纳性所依赖的事实是否存在，应由法官决定。[③]

（2）对于证人答复某一问题时是否可以援引特权拒绝答复，应由法官决定。[④]

[①] 参见［捷］纳普主编《各国宪政制度和民商法要览·欧洲分册（下）》，上海社会科学院法学研究所编译室编译，法律出版社1986年版，第446页。

[②] 参见［捷］纳普主编，沈达明编著《英美证据法》，中信出版社1996年版，第30页。

[③] 同上。

[④] 同上。

（3）在某些情形下行动是否符合情理，应由法官决定。例如限制性贸易协议是否符合情理，应由法官决定。①

（4）外国法律虽为事实问题，但应由法官决定。在英国，除英格兰法外，所有法律（包括苏格兰法和英联邦各国法律）都是外国法。②

（5）文书的解释一般作为法律问题由法官决定。但是，如果法律允许提出证据解释文书，这项证据应由陪审团处理。③

在没有陪审团的情况下法官如何审理案件呢？在没有陪审团的情况下，法官兼任法官与陪审团的职务，但上述原则仍然适用。法官作为法官"向自己就法律问题做出指示"后，又作为陪审团决定事实问题。④ 因此，上诉法院受理对没有陪审团的法官做出裁决提起的上诉时，一般不推翻法官作为陪审团做出的事实断定。因为上诉法院一般不干预根据法官的正确指示做出的事实断定。⑤

虽然事实问题由陪审团审理和决定，但在某些情况下，法官应当对陪审团进行控制，表现在如下几个方面：（1）事实问题由陪审团解决，但有某些例外，已如上述。⑥（2）法官向陪审团指出存在法律推定，实际上起着限制陪审团行使做出事实断定权力的作用。⑦（3）如果法官认为，原告提出的某些主要事实的证据不足，可以从陪审团手中收回争执点，或指示陪审团做出对另一方当事人有利的决定。⑧（4）在双方当事人做出结束发言后，法官做出总结，就有关联的法律问题向陪审团做出指示，检验证据，指出证据的价值。法官的这一切活动势必影响陪审团的事实断定。⑨（5）法官有传唤证人和命令证人退庭的权力。⑩（6）上诉法院有允许当事人上诉的权力。上诉法院能以陪审团事实断定所依据的证据不足为由，

---

① 参见［捷］纳普主编，沈达明编著《英美证据法》，中信出版社1996年版，第30页。
② 参见沈达明编著《英美证据法》，中信出版社1996年版，第30页。
③ 同上。
④ 同上书，第31页。
⑤ 同上。
⑥ 同上。
⑦ 同上。
⑧ 同上。
⑨ 同上。
⑩ 同上。

撤销该项断定。①

四 陪审团是美国传统法制的重要组成部分

(一) 美国陪审团制度的宪法依据和具体工作情况

《美国宪法》第7条修正案对联邦法院作了如下规定："根据普通法进行的诉讼，如果诉讼标的价值超过20元，由陪审团审理的权利应予保护。由陪审团裁定的事实，除依照普通法的规则外，不得在合众国任何法院中再行审查。"每一部州宪法（除路易斯安那州外）都载有适用于各个州法院的类似条款。

有陪审团参加审理时，法庭上的职责由法官和陪审团分工。法官主持审判。法律问题包括诉讼程序在内，均由法官决定。事实问题则由陪审团裁定。审讯时，陪审团成员通常有12名，他们并不与法官同席，而是另外坐在陪审团席位上。审讯结束时，陪审团退入陪审团室；法官不得进入该室。除了裁定纯属事实方面的争议外，陪审团在某些规定范围内，对下列事项也可做出裁定：当事人的行为是否合乎一个有理智者所应具有的办事能力；遗嘱人是否具有健全的精神和记忆力；缔约人是否具有理解交易性质所必需的见识，等等。同样，陪审团在一些特定范围内也可确定犯有侵权行为或违反合同的人应付的赔偿金额。陪审团是任意选择的，可包括各行各业的人民。由于陪审团的每名人员不能无限期出庭，因此一件讼案不能断断续续地进行审理。对一切有争议的有关事实，双方当事人必须在连续审讯中提出证明。陪审团对某一案件，可能不得不接连审讯几天或几周。但陪审团一旦解散，即不得重新召集。陪审团还必须查阅或听取一切证据，以便作为裁定的依据。因此，必须在一次连续的审讯过程中，查问所有证人以及正式提交一切文件。②

在美国，陪审团制度已经不仅仅作为一种分权机制，它已经构成美国传统法制的一部分。很多著名的历史人物，如林肯，都是从陪审团中出来

---

① 参见沈达明编著《英美证据法》，中信出版社1996年版，第31页。
② 参见上海社会科学院法学研究所编译室：《各国宪政制度和民商法要览·美洲大洋洲分册》，法律出版社1986年版。

的，都有担任陪审员的经历。美国的诉讼制度是深深地植根于陪审团制度中的。证据法就是针对陪审制而建构的。如果不懂得陪审制，就不会真正懂得美国的法制与民主。

尽管经陪审团审理的案件很少，但是美国人一直保留它，以便使它作为一种保护自身权益的有效机制，供人们在需要时选择。不能因为它审理案件少就废除它。它的作用是潜在的、不可忽视的，是随时可能发挥的。它是正当法律程序的一种化身。它是一种十分正式的程序。如果缺乏陪审团，那么正当法律程序就缺少了一道屏障，就少了一种体现。陪审团的保留，等于保留了民众的一种权利，一种可选择适用的权利。人们可以随时使用它。如果废除了陪审制，就等于废除了人民的一项权利，这是违反宪法的。

（二）美国人重视程序的历史原因以及陪审团的本质

美国东北大学法学院苏本教授反复强调：程序是权力的分配规则。这无疑是正确的命题。程序的本质是限制专权和独裁。现代人重视程序，这是历史经验的总结，是人类数千年历史所遗留下来的宝贵财富。在中世纪以后的欧洲国家的残酷而惨烈的宗教纷争，使不同教派教徒之间彼此难以相容，于是战乱频繁。人类进入了一个空前黑暗的时期。自从哥伦布发现新大陆后，人们为了逃避政府（国王，以及国王领导下的政府）的迫害（你必须知道，国王实际上是某个教派的教头或首领，是不宽容的宗教的典型代表，是专制与集权的化身），便纷纷冒着生命危险，横渡大西洋，来到美国。后来经过独立战争，终于挣脱了英国国王的魔掌，争取到独立和自由。他们从自己的切身经历中深刻意识到自由的代价与可贵。而自由的前提之一是，国家或政府的权力不能过大。于是，采用"三权分立"的思想和政治体制，对国家权力进行分割，成为政府、国会和法院，使它们相互之间形成一种制约机制。不仅如此，还制定了各个不同的权力机构行使权力的程序，对它们行使权力的步骤、有效和无效的要件等，都做出了详细的规定。美国人极其重视程序，是与它们的发展历史分不开的。从这一点来说，美国人记性很好，始终没有忘记。历史这本教科书对他们来说就是一笔无价之宝。

反过来看中国，五千多年的历史，封建社会帝王的统治，民国时期蒋介石的独裁，以及十年"文化大革命"的惨剧，长期的无数的祸殃，人们遭受了残酷的折磨，无数人被剥夺了生命、自由和财产。人们诅咒专制政府和帝王，可是，没过多久，人们就把过去的历史忘记了，不愿做出更多的改变和进一步的思考，不想去用一种程序机制和规则来限制少数人和政府的滥用权力。从这一点来看，尽管美国对抗制、发现程序等存在种种缺陷，它们仍然具有极大的价值。这或许是美国人不愿意抛弃它的原因，是它们不愿意废弃陪审团制度的根本原因。

"历史的轮回"，是近年来人们常说的一句话。是的，历史往往有惊人的相似之处，特别是悲剧的历史。你们可以想象，一件武器（特别是法律武器）扔掉容易，但捡起来则十分困难（因为立法程序复杂，矛盾交错，时间很长）。如果扔掉陪审团，你们就等于扔掉了一件可以求得司法公正的武器，那时你就只能求助于法官了。打个比方说，你有两只手，当有人侵犯你时，你可以用两只手对付他，这时取胜的机会是比较大的。可是现在，你的左手不幸被机器扎成残废，无法利用，你只能用右手对付敌人。尽管你使尽全身气力，可仍然失败了。打官司也是这样。在美国对抗制下面，你的左手有陪审团，右手有法官。你拥有了这两件法律武器，虽然它们各有优点和缺点，取胜的机会是比较大的。假如你废弃了陪审团制度，完全指望法官，则你胜诉的可能性就变得更小了。因为到那时，假如你的右手（法官）也坏了，腐败了，不中用了，你还会指望谁呢？

五 小结：陪审团制度的本质

以上我们讨论了陪审团制度的产生、发展，直至比较完善的过程，从中可以看出陪审团的本质特征。陪审团就其本质而言，是一种与法官分享裁判权的法定的审判组织。这一本质的形成不是一个自然历史过程，而是一个社会历史过程。在当时欧洲的特定环境下，底层百姓、世俗法院、教会及教会所属的法院、立法机关等多种因素起到了促进作用。在成文的证据法于19世纪颁布之前，陪审团的分权本质处于不完全的形态。此后，就属于比较完善的形态了。换言之，证据法经过陪审团几百年的培育，终于长大成人了。

陪审团和证据法是互相促进的。陪审团的萌芽和发展带动了证据法的发展；而证据法的发展和完善则有力地促进了陪审团地位的形成和巩固。如果没有成文的证据法，就不能说陪审团的本质达到了完善的形态。有没有成文的证据法,是判断陪审团的本质是否完善的一个最重要的指标。

我们不妨设想一下以下几个问题:一是在陪审团的产生发展过程中,证据法始终没有得到发展,陪审团有可能中途夭折吗?二是在陪审团的产生发展过程中,证据法虽然得到了一定程度的发展,却始终没有上升为成文法,陪审团会强大吗?三是如果没有制定证据法,那么一旦取消陪审团(如英国已经取消民事陪审团),会出现什么后果?

为了使陪审团的工作有效地运转起来,需要立法机关做出一系列关于陪审团的法律规定,即规定陪审团如何分享裁判权的制度、方法、权利义务关系等一套系统的制度。关于这一点,我们可以通过考察当事人主义诉讼结构来予以说明。在英美法系国家所奉行的当事人主义诉讼结构中,在采用陪审制审理案件的情况下,由陪审团决定案件事实,法官适用法律,这种明确的审判分工(实质上是审判权力的分配),使证据法在英美法系国家获得长足的发展。因为在审判过程中,法官逐步发现,陪审员对如何判断证据往往缺乏经验,他们很容易为偏见所左右,往往采纳错误的证据。为保证实行适当、公正的程序,避免将陪审团引入歧途,法官通过自己在长期的审判实践中所积累的经验,拟定了一些有关证据的规则,并提交给立法机关。据此,立法机构制定了一系列关于证据的可采性规则(即证据的采纳条件)。在诉讼实践中,在陪审员们来衡量证据的情况下,法官反复强调这些规则的意义(向陪审团灌输这些证据规则)。不仅如此,法官还有权监督这些规则的执行。

从上面可以看到,在法官与陪审团的关系中,一方面,两者之间存在明确的、法定的审判权力的分工(或分配);另一方面,两者之间也存在着法官对陪审团权力的制约。这种制约是突出的、明确的。说它突出和明确,是指这种制约是通过证据法来实现的。而证据法是立法机关通过的规范性法律文件,是客观存在的事实。

如上所述,陪审团制度是作为一种分权机制而存在的。陪审团既担当一种权力的角色(判断事实和裁定事实),同时,它承担这一角色又是权力分配程序的必然要求。陪审团的存在有着深刻的程序理念作为基础。分析英美国家的法律史,我认为,英国人(也包括美国人,以及其他英联邦国家的人民)其实并非短视。陪审团,作为普通的英国公民参加的陪审团,它的存在,使这个国家的大多数人(由中产阶级和普通人构成)感觉到一种希望。这种机制或制度有坚定的宪法作为基础,有深入民心的程序价值观念作为基础,它带给民心以安定和希望,用它足以排斥法官的腐朽、贪婪的欲望。英国人的想法是有根有据的。他们不相信某一个人,不愿意把公正的希望寄托在某一个人(如法官)的身上。现实表明,法官极其容易被笼络、受贿赂。在一个当事人双方力量悬殊的诉讼中,例如,一方是像微软这样的巨无霸公司,另一方是普通公民。大公司可以拿出许多钱来收买或威胁法官,而普通公民根本做不到这一点。在这种情况下,假如只由法官一个人单独审判,即使普通公民很在理,也难以获胜。因为人是可以变化的,特别是在缺乏监督机制的环境中。我看过一些美国的电影和电视,都反映了这种美国的社会现实。

当然,实施这些规则取决于当事人的主动性,如果他们认为某项排除规则被违反,应当立即提出异议,法官就该异议做出裁决。正是在这个意义上,有人称"证据法是陪审团的产儿"[①]。而在法院单独行使职权时,那些未被按照严格的证据规则所确立的事实,也经常被考虑进去。

六 我国"陪而不审""审而不议"的尴尬局面及其成因

(一) 人民陪审员"陪而不审""审而不议"的几种具体形态

一是陪审员在开庭时或者在合议时,均很少发言。这是一种普遍现象。根据法律规定,陪审员在合议庭评议案件时,有权对事实认定、法律适用独立发表意见,并独立行使表决权,但与大多数观察结论一样,陪审员无论在开庭时或者在合议时均很少发言。[②] 即便参与合议,陪审员的意见也显得可有可无。有时连发言也受到严重打压。在实际庭审中,一些法官根本不给陪审员发表意见的机会,也不愿意在庭后认真听取陪审员的意见。[③]

二是在需要组成合议庭时它才有存在的价值。换言之,它仅仅具有组成合议庭的形式意义。对于基层法院而言,陪审案件确实占到了一定的比

---

① 参见西北政法学院科研处编《证据学资料汇编》(下),1983年8月,第467页。
② 参见严奇荣《需要决定功能——基层民事司法中人民陪审员制度的考察》,无锡市人民法院网,发布时间:2010年7月26日。
③ 同上。

例。在某些法院甚至占到了较大的比例，例如，四川省成都市武侯区陪审员参与的陪审案件数量、比重逐年稳步上升，从2004年到2006年，陪审员参与的案件依次占该法院全年结案总数的19%、23%和31%。如此高的陪审率，至少表明，基层司法对陪审员确实存在一定的需求。可惜的是，这种需求是指，陪审员在需要组成合议庭时才有存在的价值；一旦组成了符合法定人数的合议庭，在以后的审判进程中就成为多余的角色。[①] 在现有的制度框架下，陪审员的加入，极大地缓解（或者说解决）了基层法院组成合议庭时人数不足的尴尬。此外，固定坐班制的陪审员，除了陪审外，还能为人民法院分担一些事务性的活动。如果是年纪轻的陪审员，则更有可能在陪审员的角色外实际担当起书记员的角色，甚至是其他的功能。

（二）导致"陪而不审""审而不议"的主要原因

1. 法律对"同权"的规定太宽泛，不实际，远远超越了陪审员自身业务能力所容许的范围，不利于实现陪审制所设计的（对法官给予）制衡和监督的目的

所谓"同权"，是指"同法官有同等的权利"。《决定》规定："人民陪审员除不得担任审判长外，同法官有同等的权利"，此外没有明确具体的履职程序。这里的"权"应该指审判权，包括认定事实的权力和适用法律的权力。其中，在适用法律方面，因人民陪审员缺乏法律专业知识和审判经验，根本不可能正确、顺利地行使这项权力，更不可能完成此项权力赋予的使命。即便给予短期培训，人民陪审员不可能在短期内掌握各类法律法规的基本内容。在这种法律知识储备不足的情况下，如果赋予其适用法律的权力，就会出现因缺乏相关的法律知识"陪而不审""合而不议"的现象。[②] 来自河南省洛阳市的一份调查材料说："人民陪审员大多为非法律专业人员，虽经岗前法律业务知识培训，但由于培训时间短，学习内容不全面、不系统，对自己在审判活动中应该享受哪些权力和应注意事项不明确，在庭审中作用发挥受影响，在合议时不能很好地提出自己的

[①] 参见严奇荣《需要决定功能——基层民事司法中人民陪审员制度的考察》，无锡市人民法院网，发布时间：2010年7月26日。

[②] 参见邱建民：《关于我市人民陪审员制度实施情况的调查报告》，天津法院网，发布时间：2009年9月1日。

观点，人云亦云，随声附和，不能充分发挥陪审员作用，时常出现当'摆设'的现象。"①

由于缺乏法律知识，一些人民陪审员把参加审判活动的神圣权利当作"去法院深造法律"，所以即使参与了审案，往往也只作陪衬，在整个庭审过程中陪而不审，形同虚设，形成因陪审员主动让与的、使审判长不得不"一言堂"的被动集权倾向，根本违背了任命陪审员参与审判的制度设计的初衷。更有甚者，一些陪审员对自己的法律知识水平以"贵有自知之明"为由，不愿出庭审案。②

设置陪审员参与法庭审判的根本目的在于，通过人民陪审员参与法庭的审判，与法官分享一部分审判权利，制约法官的审判行为，防止法官滥用审判权。既然是"分享"审判权，就必须建立合理的分享机制，这就是分权机制，根据陪审员和法官各自的特长来进行分权。如果让陪审员"同法官有同等的权利"，那就只能是共享权利，而不是分权。与法官共享权利，特别是共享"适用法律的权利"，表面看起来似乎是尊重和重视陪审员的作用，但是殊不知，这项被赋予的权利却远远超越陪审员业务能力所许可的范围，是陪审员根本无法完成的任务。这已经被多年的、广泛的人民陪审员司法实践所证明，该是改变的时候了！

2. 陪审制设计的缺陷激发了法官潜在的集权倾向

在法官与陪审员的相互关系中，法官具有潜在的集权倾向。这种倾向因我国陪审制的法律规定过于简单笼统，缺乏可操作性，缺乏更明确、详尽的权力划分的程序规定，而变得公开化和合理化，为法官随意剥夺陪审员的权力，主动制造有利于法官的集权，留下了隐患。来自福建省莆田市的一份调查材料说，本来，我国法院系统数年来的职业化实践，使一些法官们习惯于现有的审判模式。外行（陪审员）判案的忧虑、大权旁落的危机感，相关制度设计的瑕疵使一部分法官对人民陪审员制度产生模糊认识，甚至抵触情绪。③前已述及，在实际庭审中，一些法官根本不给陪审

---

① 臧道章：《关于全市法院人民陪审员制度运行四年来的调研报告》，洛阳市中级人民法院网站，2009年8月11日。
② 参见周亚群《芜湖县人民法院关于人民陪审员制度实施情况的调研报告》，芜湖县人民法院网，发布时间：2008年12月30日。
③ 参见许国德《人民陪审员制度存在的问题及几点思考》，福建省莆田市城厢区人民法院网，发布时间：2010年12月10日。

员发表意见的机会，也不愿意在庭后认真听取陪审员的意见。为什么会这样？据一位观察家的分析，这与目前的案件分配机制有关。对于大部分案件来说，其在分配之后就已经深深地打上了承办人的烙印。这意味着承办人对分给自己的案件享有专有控制权。而陪审员的加入，尤其是一个陌生的陪审员的加入（合议庭——笔者注），对承办人的权力多少都是一种制衡与削弱，这当然符合制度设计者的目的。[①] 由此可见，案件的分配承办制度与人民陪审员制度之间存在无法避免的冲突。在这种冲突面前，在人民陪审员制度暂时不能改变的前提下，案件的分配承办制度必须进行改变和让步。必须明确规定，承办人对分给自己的案件并不享有专有控制权，他不是分给自己的案件的"国王"。

对于确定由人民陪审员参加合议庭审判的案件，应当做好哪些庭前准备工作，在案件的审理、评议、裁判等阶段又有哪些详细的职责规定，在《决定》中未作明确规定。[②] 由于缺乏明确的分权制度设计，陪审员非常被动。来自河南洛阳的一份调研材料说，在人民陪审员使用过程中，随意性较大，有的把陪审员直接分到业务庭室，也有的凭印象和私人关系来挑选使用陪审员，也有的从本院的工勤人员中选任陪审员，造成部分陪审员成为"陪衬员"，"陪而不审"现象时有发生；有时通知陪审员参加陪审时间仓促，陪审员不能很好地进行庭前阅卷，仅靠庭审了解案情，在庭审中发挥作用受限。[③] 来自湖南桃源的一份调研材料说，有些陪审员往往在庭审当天才阅读案卷，有的甚至根本没有阅卷，对案件不够熟悉，所以在庭审中，陪审员或开庭时坐一坐，只陪不审；或根据审判长的要求做些调解、协调工作；或盲目附和审判长的意见，成了陪衬。因此，实践中经常出现人民陪审员"陪而不审、审而不议"的现象，使人民陪审员制度流于形式。[④] 来自安徽芜湖的一份调研材料说，由于时间原因，大多陪审员

---

① 参见严奇荣《需要决定功能——基层民事司法中人民陪审员制度的考察》，无锡市人民法院网，发布时间：2010年7月26日。
② 参见许国德《人民陪审员制度存在的问题及几点思考》，福建省莆田市城厢区人民法院网，发布时间：2010年12月10日。
③ 参见臧道章《关于全市法院人民陪审员制度运行四年来的调研报告》，洛阳市中级人民法院网站，发布时间：2009年8月11日。
④ 参见覃红卫《对基层法院落实人民陪审员制度的调查与思考——来自湖南桃源的调查报告》，中国法院网，发布时间：2011年5月6日。

不能庭前阅卷，了解案件，靠庭审了解案件，从而也使多数陪审员在开庭及评议时不敢贸然发言，易受审判员影响。①

3. 合议庭制度的畸形发展导致法官的集权

在审判实践中，合议庭制度出现了畸形发展，成为"形合实独"的运作机制，从而形成排斥陪审员，使陪审员在合议中沦为摆设，从而将审判权集中于法官的错误倾向。来自福建省的一份调研材料指出，基于当前我国基层法院案多人少的情况，法院的合议制度"形合实独"的现象很严重，合议庭的成员组成缺乏稳定性，合议庭集体决策的表象下实际上是案件的承办人担当了主角。合议庭在评议案件的时候，往往是承办人担任主持者，对案件有最大的发言权，案件的评议也基本上是围绕其意见展开，评议的深度和广度均不够，缺乏辩论式的交流，没有形成合议庭讨论表决机制，弱化了陪审员的作用。②来自湖南桃源的一份调研材料说，法官把人民陪审员当成"花瓶"，虽然有法律条文明确指出人民陪审员和法官平等，但在实际庭审中，部分法官根本不给人民陪审员发表意见的机会，人民陪审员有时甚至连嘴也插不上。在庭审中，审判长、审判员参加诉讼全过程，而人民陪审员仅在开庭时或开庭后才介入案件，造成陪审员与审判长所获得的案件信息不对称。③更为严重的是，有个别法官在庭审时对陪审员态度较差，随意剥夺人民陪审员权利，不给陪审员问话机会，不让陪审员参加合议。④

4. 我国传统文化和庸俗人情观念的消极影响，放纵了法官的集权倾向

莆田市城厢区人民法院的陪审员林某说："感到有些法官怕麻烦、怕监督，缺少让人民陪审员参与案件的主观意愿，加上法律没有规定哪些案件让人民陪审员参与审理，也没有规定有多少比例的案件必须让人民陪审

---

① 参见周亚群《芜湖县人民法院关于人民陪审员制度实施情况的调研报告》，芜湖县人民法院网，发布时间：2008年12月30日。

② 参见许国德《人民陪审员制度存在的问题及几点思考》，福建省莆田市城厢区人民法院网，发布时间：2010年12月10日。

③ 参见覃红卫《对基层法院落实人民陪审员制度的调查与思考——来自湖南桃源的调查报告》，中国法院网，发布时间：2011年5月6日。

④ 参见臧道章《关于全市法院人民陪审员制度运行四年来的调研报告》，洛阳市中级人民法院网站，发布时间：2009年8月11日。

员参与审理,导致法院跟法官在是否请人民陪审员上有较大的随意性。许多法官都喜欢找自己比较熟悉、关系比较好的陪审员,这样一来制约作用可能明显削弱。"①

(三) 小结

从以上讨论中可以看到,人民陪审员"陪而不审""审而不议"是一种普遍现象,此制度已经形同虚设。这种局面的形成主要有三个原因:首先是陪审员制度设计存在严重缺陷;其次是法官潜在的排斥陪审员而独享审判权的专权动机和倾向;再次陪审员本身的消极和不作为。在陪审员与法官的关系中,由于设计者没有搞清楚陪审制的分权本质,缺乏明确的分权制度设计,前者根本没有法定的独立的权力行使空间,始终处于被动地位,处处受挫,缺乏独立和尊严,以至沦为木偶和摆设。由于缺乏分权的制度设计,为法官与生俱来的潜在集权倾向(排斥陪审员)提供了制度便利,最终导致审判权完全集中于法官手中。至于陪审员本身的消极行为,完全可以通过建立适当的考核制度予以克服。实际上,陪审员表现消极在大多数情况下是出于被动和无奈。

七 河南人民陪审团制度的进步意义与局限性

(一) 河南人民陪审团制度(以下简称河南陪审团制)的特点和进步意义

2009 年初,在人们对人民陪审员制度的普遍失望中,中原大地突然响起了一声惊雷:"河南人民陪审团制度诞生了。"② 它的出现,仿佛让我们在感伤和失望之中看到了人民陪审员制度再生的希望。拿河南陪审团制与人民陪审员制度相比,可以看出前者的显著特点和进步意义,主要是:

---

① 参见许国德《人民陪审员制度存在的问题及几点思考》,福建省莆田市城厢区人民法院网,发布时间:2010 年 12 月 10 日。
② 王在华、乔良、孙照君:《河南法院全面试行人民陪审团制度 农民也可组团》,http://www.sina.com.cn,发布时间:2010 年 3 月 26 日。这项制度首次实施是在 2009 年 2 月,省法院刑一庭在公开开庭审理的一起社会广泛关注的死刑二审案件过程中,率先尝试邀请人民群众代表组成"人民陪审团",参与刑事审判,对案件裁判发表参考意见,引起了全国各界的强烈反响。

第一，组成9—13人的陪审团，借助人民集体的力量，与法官抗衡，以实现人民参与司法的壮举。[①] 设计者深知，法官是一支十分精明却相当守旧的力量，1人或2人的陪审员根本不是法官的对手。但陪审员人多势众，造成"分权"之势力，法官就不好任意摆布，就得另眼相待，陪审员就不再沦为木偶和摆设。单就这一点而言，河南陪审团制就是对旧制的一个大突破，是一个明显的进步。

第二，在没有法官在场的情况下，陪审团单独开会、讨论，独立地发表意见，提出建议，所有这一切，是人民参与司法的好形式，是司法民主的具体体现。对他们代表"人民"所发表的意见，有谁敢不重视？既然重视，那么，判决书必然予以体现。这就在事实上实现了人民司法、人民做出裁判的理想。真是好得很！不管陪审员们发表的意见水平如何，人民群众在法院可以单独开会、讨论案件，在我国自古以来这是第一次，具有无可估量的政治意义和深远的历史意义，它充分说明中国人民有意愿、有能力搞司法民主。

（二）河南陪审团制的局限性

我也注意到河南陪审团制存在明显的局限性。一是河南陪审团做出的不是决定，而是所谓"意见"。[②] 不知这种"意见"的称谓是出于宣传的政治需要，还是策划者既定的定位，或者两者兼而有之。其实，正确的做

[①] 陪审团成员库比较庞大，每个县市区不少于500人。根据河南省高级人民法院制定的《关于在刑事审判工作中实行人民陪审团制度的试点方案（试行）》的规定，参加庭审的陪审团成员，每次都是随机抽取的20—30人。随后，法院根据各成员是否应当回避、能否参加庭审等情况，最终确定9—13人（单数）组成人民陪审团。如果有些人想在陪审团身上"下功夫"，他必须同时关注500人，同时"吃请拉拢腐蚀他们"。另外，陪审团成员保证是随机抽取的，具有不确定性。王在华、乔良、孙照君：《河南法院全面试行人民陪审团制度 农民也可组团》，http://www.sina.com.cn，发布时间：2010年3月26日。另参见田静《河南法院试行的人民陪审团制度与人民陪审员制度的区别》，河南省南阳市中级人民法院网，发布时间：2010年4月2日。

[②] 在职责定位方面，河南人民陪审团参加庭审，陪审团成员可以就案件证据认定、事实认定、法律适用、裁判结果等发表意见、进行讨论，形成陪审团书面意见并经全体人民陪审团成员签名。合议庭评议案件时，人民陪审团的意见是"重要参考"。如果陪审团的意见与合议庭的意见不一致，案件要上报审判委员会讨论，但判决的最终决定权仍在法院。田静：《河南法院试行的人民陪审团制度与人民陪审员制度的区别》，河南省南阳市中级人民法院网，发布时间：2010年4月2日。

法应该是，坦坦荡荡地承认它是决定，而不是揣着不服气的、或蔑视的、或准备随时予以否定的非正常心理，称为"意见"。这种称谓是不信任陪审团的表现，是对陪审团不放心、不放权的表现。这也是河南陪审团制的缺点之一。

二是河南陪审团制仍议论法律事项。这与旧制（指人民陪审员制——笔者注）无异。我认为，其议论范围过宽。如允许河南陪审团议论法律事项，表面看似扩大了陪审团议论事项的范围，其实恰好会限制陪审团的作用范围。因为，由河南陪审团议论法律事项，则它只能参与陪审案情简单的案件，因为这种案件中法律问题简单。如果遇到法律问题复杂的案件，陪审团就无能为力了。相反，假如不允许陪审团议论法律问题，那么，它对简单案件和复杂案件，均可议论，因为此时陪审员只根据个人的经验去讨论事实问题，而这是可以做到的，英美法系国家无数的经验早已证明了这一事实。

陪审员是我国人民陪审员制度的主体。他们绝大多数人不具有法律知识，但他们拥有自己的生活常识和社会经验。关于该制度的所有设计，都应该围绕人民陪审员这一主体及其特点来进行。立法者不应脱离主体的特点，搞一套自以为是的主观主义设计。否则，就达不到目的。然而现行的制度完全违背此特点，错误地规定了人民陪审员的任务或职能，要求他们不仅审理事实问题，还要同时审理法律问题。为了使他们能够完成审理法律问题的任务，各级法院均制订和实施了人民陪审员的短期法律培训计划，如一个星期、一个月等。如果立法的设计者不是昏聩平庸的话，他应当扪心自问：这种短训与四年制的本科法律学习（何况本科生完成课程学习任务后，还有一段实习期）相比，怎么可能具有同样的效果呢？理论推演和多年的陪审员司法实践已经证明，要求陪审员审理法律问题是一项绝对不可能完成的任务。因此，今后陪审员制度的改革方向之一，就是取消河南陪审团对法律事项的议论，仅讨论事实认定问题。[①] 否则，就可

[①] 蔡彦敏提供了更多的依据。她认为，陪审团成员是法律外行，由他们承担事实认定职能的主要考量，除了政治参与、权力制约等外，还因为他们背景和视角的多样性造就了其独特优势和胜任工作的潜在能力。与适用法律的功能不同，陪审员一般能履行事实认定职能。陪审团审判，实际上是给予社区外行人对案件审判提供意见的机会，这种荣誉感和新鲜感，更易使陪审团成员带着新鲜的耳朵倾听庭审全过程。蔡彦敏：《对中美民事陪审制度的比较与思考》，《2002年比较民事诉讼法研讨会论文集》，第251页。

能步入旧制的老路，届时人民的热情会逐步减退，精神变得麻木，制度陷入衰亡。

三是河南陪审团在讨论事实问题时，却没有证据法的具体指引。这是一项严重的缺陷。之所以存在这个问题，或许有两个原因：第一，我国尚未制定成文的证据法典，即便法官想做出指示，也缺乏法典可以援引。第二，在法学教育中，证据法的教学从来就是一个比较严重的薄弱环节。许多法官缺乏证据法学的素养。这样一来，法官也担负不起指引的重任。

八 尽快构建合理的分权机制，挽救濒危的人民陪审员制度

陪审团是一种与法官分享裁判权的法定审判组织。分权是陪审团制度的首要特征，是陪审团制度存在和发展的必要条件。为了使陪审团的工作有效地运转起来，需要立法机关制定有关陪审团如何与法官分享裁判权的制度、方法、权利义务关系等一套系统的制度，其中最关键的是制定证据法和陪审团法。

一是优先制定证据法，克服陪审团制发展中的一块短板。

为了保障河南陪审团制的稳健发展，进一步革新我国人民陪审员制度，我们必须抓紧制定证据法。为什么？本来，从陪审团制度和证据法的发展历史来看，在司法实践中，先引进了陪审团制度，在其发展过程中才缓慢地逐步形成了一系列证据规则，最后在此基础上构成成文的证据法典。[①] 但如今的时针已指向 21 世纪，司法环境已经发生了巨大变化。我们注意到，英美法系国家的证据法已经十分发达。有的国家（如英国）在民事审判中甚至保留了证据法而废弃陪审团制度。[②] 这些完善的证据规则可以被我们充分借鉴，以实行我国法制建设的跨越式发展。我们完全没有必要重复别人几百年前走过的缓慢路程。可以大致设想如下。

[①] 诉讼中的辩论制或对抗制来源于英国中世纪的控告制，它主要指犯罪应由被害人或有关人员提出控告并提供证据，法院一般不主动追究犯罪和调查证据。英国中世纪的这种控告制与它所推行的陪审制是密切联系的。沈宗灵：《比较法总论》，北京大学出版社 1987 年版，第 243 页。

[②] 英国早在 1933 年就已取消在民事案件中实行陪审制，仅在刑事案件中才保留。在英美两国，第二次世界大战后，陪审裁决必须一致同意的原则一般已改为多数同意。沈宗灵：《比较法总论》，北京大学出版社 1987 年版，第 242 页。

第一，制定证据法典。它可以是包含民事诉讼、行政诉讼和刑事诉讼的综合性的证据法，也可分别制定民事行政诉讼证据法和刑事诉讼证据法。

第二，在颁布证据法典之后，必须对法官们强化证据法的培训和教育。因为根据英美法系国家的经验，在陪审团听审案件的过程中，法官们负有指示的义务，即指示陪审团如何判断证据的义务。其一，法官们深刻地、全面地掌握证据法，是陪审团制度成功的关键。陪审团不懂得证据法，要法官们做出指示，不要做出违反证据规则的判断。如果法官们不懂证据法，就无法指引陪审团去正确地认识事实和证据，那么陪审团就无法正确地判断事实。从这个意义上说，河南人民陪审团制度具有极大的盲目性，不符合陪审团制度发展的历史规律，面临失败的必然因素。其二，陪审团制度确立之后，不能搞"运动式"的一下子盲目推开，必须有所选择。选择的标准之一是，先在上海等大城市试点，这里法官们法律素养好，比较尊重诉讼规则。对法官必须进行证据法的严格考试。对于那些熟练掌握证据法的法院，可以试行陪审团制度。反之，如果法官们掌握证据法知识比较差，那么就不能进行陪审团的审判。这是理性的选择。

二是应当制定有关陪审团制度之特别法。

根据英美法系国家的司法实践和理论总结，如果我国陪审团制度得到理性发展的话，可能发展出两套审判系统，一套是由陪审团和法官共同审理的特别审判系统；另一套是由法官们单独组成的普通审判系统。对这两套审判系统及其判决，应当有不同的处置措施，不能同样对待，对此，须有预备方案。对于陪审团审理的案件，要借鉴西方的一些经验，及早制定有关陪审团制度的特别法。人大常委会关于人民陪审员制度的有关决议，太简单，太原则，是行不通的。多年的实践早已证明了这一点。有关陪审团制度的特别法主要包括如下内容：（1）法官和陪审团的权限范围，要严格划分，互不干涉；（2）陪审团做出的有关事实的裁决，法官无权过问，必须尊重；上诉法院也必须尊重，不得任意修改或废除；（3）陪审团成员的挑选及其程序；（4）候选人的采纳和剔除；（5）对逃避陪审义务的处罚；（6）误工补贴；（7）陪审团的解散；（8）法官对陪审团的证据指导义务和指导方法。

司法公开与公民对司法之监督

熊秋红[*]

2013年11月12日中共十八届三中全会通过的《中共中央关于全面深化改革若干重大问题的决定》指出：要"推进审判公开、检务公开，录制并保留全程庭审资料。增强法律文书说理性，推动公开法院生效裁判文书"；要"加强和规范对司法活动的社会监督"。2014年习近平总书记在中央政法工作会议上的讲话进一步提出，"要坚持以公开促公正、以透明保廉洁，增强主动公开、主动接受监督的意识，让暗箱操作没有空间，让司法腐败无处藏身"。司法公正廉洁是任何国家司法制度所追求的目标，而通过司法公开加强对司法活动的社会监督，则是保障司法公正廉洁的重要方式。近些年来，我国法院系统着力对法律已有规定的审判公开原则予以落实，并提出了"阳光司法"的口号。本文拟对我国司法公开的现状、司法公开与社会监督的关系、社会监督的方式与界限等问题展开探讨。

一 我国司法公开的立法规定

我国宪法第125条规定："人民法院审理案件，除法律规定的特别情况外，一律公开进行。"刑事诉讼法第11条规定："人民法院审判案件，除本法另有规定的以外，一律公开进行。"刑事诉讼法第183条规定："人民法院审判第一审案件应当公开进行。但是有关国家秘密或者个人隐私的案件，不公开审理；涉及商业秘密的案件，当事人申请不公开审理的，可以不公开审理。不公开审理的案件，应当当庭宣布不公开审理的理由。"刑事诉讼法第274条规定："审判的时候被告人不满十八周岁的案

---

[*] 熊秋红，中国社会科学院法学研究所研究员。

件,不公开审理。"刑事诉讼法第 196 条规定:"宣告判决,一律公开进行。"

民事诉讼法第 10 条规定:"人民法院审理民事案件,依照法律规定实行合议、回避、公开审判和两审终审制度。"民事诉讼法第 134 条规定:"人民法院审理民事案件,除涉及国家秘密、个人隐私或者法律另有规定的以外,应当公开进行。离婚案件,涉及商业秘密的案件,当事人申请不公开审理的,可以不公开审理。"民事诉讼法第 148 条规定:"人民法院对公开审理或者不公开审理的案件,一律公开宣告判决。"民事诉讼法第 156 条规定"公众可以查阅发生法律效力的判决书、裁定书,但涉及国家秘密、商业秘密和个人隐私的内容除外",此为 2012 年修改民事诉讼法时新增规定。

行政诉讼法第 6 条规定:"人民法院审理行政案件,依法实行合议、回避、公开审判和两审终审制度。"行政诉讼法第 45 条规定:"人民法院公开审理行政案件,但涉及国家秘密、个人隐私和法律另有规定的除外。"

由上可见,在我国,人民法院审理案件,以公开审理为原则;涉及国家秘密、个人隐私、未成年人犯罪、离婚纠纷、商业秘密的案件,可以不进行公开审理;我国对所有案件无一例外地实行公开宣判,民事诉讼法规定了公众查阅生效裁判文书的权利,同时对其范围作了限制。

二 我国司法公开的实践状况

我国宪法和三大诉讼法均对司法公开原则做了规定,但是,写在纸上的法律并不等于现实中真实的存在。尽管学术界将司法公开视为理所当然,然而,在司法实践中,不知从什么时候起,案件审理的公开渐渐变成了案件审理告示的公开,公众被法警挡在法院的大门之外,而法庭审判成为"暗箱操作"。直至 1998 年 4 月 15 日时任最高人民法院院长肖扬在全国法院教育整顿工作座谈会上发表重要讲话,强调要把宪法和法律规定的"公开审判"原则落到实处。各类案件除涉及国家秘密、公民个人隐私、未成年人犯罪以及法律另有规定不予以公开审理之外,一律实行公开审判制度,不许实行"暗箱操作"。公开审理案件,除允许公众自由参加旁听外,逐步实行电视和广播对审判活动的现场直播,允许新闻机构以对法律自负其责的态度如实报道。① 与肖扬院长的这番讲话相呼应，中央电视台和部分地方电视台对个别案件的审理作了现场直播，审判公开原则的实施问题引起了全社会的广泛关注。

随后，公开审判原则的执行问题在各地法院得到改进。如北京市第一中级人民法院公开向社会承诺，凡该院公开审理的案件，允许群众旁听、记者采访，并在法院门口设立了电子显示屏，滚动显示每天要公开审理的案件的时间和地点②；山东省烟台开发区法院"把开庭公告贴到了农贸市场"，"真心实意地允许群众旁听"③；河北省平山县人民法院采取了"开庭排期公开"制度，法院将近期将要审理的案件的案由、立案时间、适用程序、合议庭组成人员、开庭日期等内容在法院大门外的公告栏内一一公布，并提出了"应该公开审判而不经公开审判的判决均属无效判决"的口号。④ 近十几年来，最高人民法院先后发布了三个"五年改革纲要"，为司法公开制度的改革完善提供了基本框架。从 1999 年以来，最高人民法院陆续发布了十几个重要的改革文件，如《关于严格执行公开审判制度的若干规定》《人民法院新闻发布制度》《关于加强人民法院审判公开工作的若干意见》《关于人民法院执行公开的若干规定》《关于进一步加强民意沟通工作的意见》《关于司法公开的六项规定》等，部署了百余项司法公开的改革措施。⑤

2012 年 10 月，国务院新闻办发布了《中国的司法改革》白皮书，其中对于公安司法机关推进司法公开所取得的成就作了介绍，即面对社会矛盾多发、案件数量大、新情况新问题层出不穷的状况，中国司法机关在加强自身建设的同时，全面推进司法公开，让司法权力在阳光下运行，在社会各界的有效监督下公开、公平、公正地行使。所取得的成效主要体现在以下三个方面：（1）扩大公开的事项和内容。人民法院将审判公开延伸到立案、庭审、执行、听证、文书、审务等各个方面。人民检察院依法充分公开办案程序、复查案件工作规程、诉讼参与人在各诉讼阶段的权利和

---

① 参见《最高人民法院院长肖扬说 公审案件允许新闻机构如实报道》，《领导决策信息》1998 年第 15 期。
② 《采取有力措施，确保司法公正》，《法制日报》1998 年 6 月 15 日。
③ 《公开审判，名至实归》，《法制日报》1997 年 12 月 17 日。
④ 《平山法院改革审判方式敢较真》，《法制日报》1997 年 12 月 17 日。
⑤ 参见龙宗智《"内忧外患"中的审判公开》，《当代法学》2013 年第 6 期。

义务、法律监督结果。公安机关、司法行政机关将主要职责、执法依据、执法程序、执法结果及警务工作纪律等向社会广泛公开。（2）丰富公开的形式和载体。司法公开从各部门分散发布，转变为统一的信息服务窗口集中发布。公开载体从传统的公示栏、报刊、宣传册等，拓展到网站、博客、微博客、即时通信工具等网络新兴媒介。建立健全新闻发言人和新闻发布例会制度，及时发布司法信息。（3）强化公开的效果和保障。加强裁判和检察、公安业务文书的说理和论证，邀请民众、专家参与公开听证、论证过程，开通民意沟通电子邮箱，设立全国统一的举报电话，建立部门负责人接待日，加强司法公开的人力物力保障，确保了司法公开的有序推进和良好效果。

从 2013 年的情况看，司法公开继续向纵深发展。5 月 3 日，最高人民法院首次采用全媒体直播方式发布新闻信息，公布两高办理危害食品安全刑事案件的司法解释，并通报危害食品安全犯罪五个典型案例。之后，办理环境污染刑事案件司法解释新闻发布会、"6·26"国际禁毒日新闻发布会，未成年人走进最高人民法院公众开放日活动等，也全媒体直播。6 月 30 日，最高人民法院最新一批裁判文书在其官方网站上集中公布。8 月 22 日，山东省济南市中级人民法院一审公开审理被告人薄熙来受贿、贪污、滥用职权案，法院通过官方微博播报了庭审情况；薄熙来案宣判结束后，济南市中级人民法院召开新闻通报会，由法院新闻发言人向媒体记者通报了案件判决结果。11 月 28 日，最高人民法院发布了《关于人民法院在互联网公布裁判文书的规定》，要求从 2014 年 1 月 1 日起，符合条件的法院生效裁判文书应当在互联网上全面公布；最高人民法院还同时发布了《关于推进司法公开三大平台建设的若干意见》，对进一步深化司法公开，依托现代信息技术，打造阳光司法工程，全面推进审判流程公开、裁判文书公开、执行信息公开三大平台建设进行了详细部署。

有学者将我国的司法公开分为三个时期，即 2004 年以前的庭审公开时期、2004—2008 年的有限司法公开时期、2009 年以来的全面司法公开时期[①]，该划分揭示了我国司法公开的范围和程度逐步拓展的历程。

---

① 参见高一飞《走向透明的中国司法——兼评中国司法公开改革》，《中州学刊》2012 年第 6 期。

三 司法公开与社会监督的关系

司法公开原则的确立是资产阶级革命时期的重要成果之一。英国的平均主义派领袖里尔邦较早地提出了许多资产阶级民主的司法原则，其中包括诉讼必须采用公开、直接和辩论的形式。[1] 针对封建专制主义制度下的秘密司法，意大利法学家贝卡里亚在其名著《犯罪与刑罚》中指出："审判应当公开，犯罪的证据应当公开，以便使或许是社会唯一制约手段的舆论能够约束强力和欲望；这样，人民就会说：我们不是奴隶，我们受到保护。"[2] 这里，贝卡里亚对审判公开与社会监督司法的关系作了深刻的揭示。

在我国，各种诉讼法学的教科书在论述审判公开原则的意义时常常将有利于社会监督司法纳入其中。如"审判公开是民主政治的要求，是保障诉讼的民主性、公正性的关键措施……法院通过审判公开，将审判过程置于社会监督之下，增加诉讼的透明度，加强群众监督，防止法院执法不公造成错案"[3]；审判公开原则的价值主要体现为"把审理和判决置于公众的监督之下，有利于防止不同程度的'暗箱操作'，确保案件审理和判决的正确性"[4]；公开审判制度的意义在于"它有利于促进和保障司法公正。这一制度将审判活动置于媒体和社会公众的监督之下，增强了审判活动的透明度，能够促进法官依法公正审判，防止不公开可能出现的因'黑箱操作'而造成的裁判不公"[5]。

公开审判与开庭审判不同。公开审判与秘密审判相对应，它要求法院在对案件进行审判时允许一般民众包括新闻界旁听庭审、允许新闻媒体对案件的裁决结果进行报道，它着重于强调审判应向社会公开，司法活动应处于全社会的监督之下；开庭审判与书面审判相对应，它要求法庭的全部

---

[1] 参见北京政法学院诉讼法教研室编《刑事诉讼法参考资料》第二辑（上册），第2页以下。

[2] [意] 贝卡里亚：《论犯罪与刑罚》，黄风译，中国大百科全书出版社1993年版，第20页。

[3] 陈光中主编：《刑事诉讼法》，北京大学出版社、高等教育出版社2012年版，第101页。

[4] 龙宗智、杨建广主编：《刑事诉讼法》，高等教育出版社2012年版，第363页。

[5] 张卫平、李浩：《新民事诉讼法原理与适用》，人民法院出版社2012年版，第47页。

审判活动应在有当事人和其他诉讼参与人在场的情况下进行，使当事人能够参与和了解案件事实的认定过程，了解裁判的客观依据，它强调审判应对当事人公开。实行公开审判原则必然要求法庭审判采取开庭审判方式，但是，开庭审理的案件中包括那些依法不公开审理的案件，不公开审理不等同于不开庭审理。

社会要对司法进行有效监督，必须以司法公开为前提。贯彻司法公开原则，需要做到以下几点。

第一，司法过程与司法结果全方位公开。联合国人权事务委员会在关于《公民权利和政治权利国际公约》的第13号一般性意见中指出：法庭以公开审判为原则，公开审判包括公开审理和公开宣判。公开审判意味着允许一般民众包括新闻界旁听庭审。公开审判是对个人利益和整个社会利益的重要保障。在案件涉及道德、公共秩序、国家安全、当事人隐私或者公开审理会损害司法利益的情况下，可以不进行公开审理；如果公开宣判有违未成年人的利益或者诉讼涉及婚姻纠纷或对儿童的监护权问题，可以不进行公开宣判。该委员会后又在第32号一般性意见中指出：所有刑事方面或有关法律诉讼的审判原则上必须口头公开进行。审讯的公开化在于确保程序的透明从而为个人和整体社会的利益提供保障。法庭必须将有关口头审讯的时间和地点向公众公布，并在合理限度内尤其要考虑到案件可能涉及的利益和口头审讯持续的时间为有兴趣参加的听众提供充分便利。不是所有的上诉程序，如书面上诉或检察官和其他公共机关做出的预审判决都必须要求公开审讯。根据联合国文件的要求，只有在例外情形下，才能对审判过程和审判结果的公开予以限制。

第二，司法审判与司法行政信息一并公开。司法公开首先是司法审判信息公开。与此同时，依循政府信息公开的精神，司法行政信息也应公开，以体现责任政府、透明司法的现代民主法制国家理念。因此，除了应当推进公民自由旁听庭审、裁判文书公开之外，还需推进其他的司法信息公开，如司法机关的设置、职能、职责、权限与办案程序；司法机关制定的解释、规章和规范性文件；司法机关的人事信息；司法机关的财务收支及诉讼费用信息；司法机关办理案件时发生的诉讼信息；司法机关办理案件的统计信息，等等。公众不仅可以查阅发生法律效力的裁判文书，而且可以申请查阅其他司法信息，这样做是为了满足社会公众的知情权和监督权。

第三，司法公开要从形式公开走向实质公开。贯彻公开审判原则应当做到法院的审理过程与裁判过程合一，避免任何形式的"审"与"判"脱节。因为如果审判活动缺乏实质性公开，那么公开审判的实际意义也将随之丧失。在我国司法实践中存在下列问题影响公开审判原则的贯彻：由于证人、被害人、鉴定人等不出庭，导致法庭质证活动难以充分展开，法庭审判走过场；由于审判委员会讨论决定案件和一审法院就具体案件事先向上级法院请示等造成"审者不判""判者不审""上批下判"，这些问题都会导致公开审判流于形式。在裁判文书公开方面，我国应改变传统的裁判文书格式，裁判文书应真正反映影响案件判决结果的各种因素，应将控辩双方的证据及质证意见一一列举评述，应对控辩双方对事实认定和法律适用方面的主要意见进行逐一评析，法院的裁判应建立在对证据的理性分析和对法理的详尽阐述的基础之上。否则，即便公开了裁判文书，由于判决理由语焉不详，社会对于司法的监督也难以实现。

四　社会监督司法的形式

社会监督司法大体表现为公民个人的监督、社会团体的监督以及新闻媒体的监督三种形式。

（一）公民个人的监督

公民个人对司法的监督是一种最为广泛的社会监督形式。公民个人可以通过旁听庭审直接监督法官的审判活动，促进法官秉公执法；公民个人如果发现法庭审判有失公正，可以向各级权力机关、检察机关和审判机关反映自己的意见，促进诉讼救济程序的提起，最终使错误的司法裁判得到纠正；公民个人可以对法官的审判工作提出批评建议，促进其改进工作，提高审判水平和质量；对于有违法犯罪行为的法官，公民个人有权向有关部门进行检举或控告。公民个人的监督是国家审判监督体系的基础，是司法活动具有民主性的重要标志。我国宪法第 27 条规定："一切国家机关和国家工作人员必须依靠人民的支持，经常保持同人民的密切联系，倾听人民的意见和建议，接受人民的监督，努力为人民服务。"第 41 条规定："中华人民共和国公民对于任何国家机关和国家工作人员，有提出批评和建议的权利；对于任何国家机关和国家工作人员的违法失职行为，有向有关国家机关提出申诉、控告和检举的权利，但是不得捏造或者歪曲事实进行诬告陷害。对于公民的申诉、控告或者检举，有关国家机关必须查清事实，负责处理。任何人不得压制和打击报复。"以上规定为公民对司法进行监督提供了法律依据。

随着微博、微信、博客等自媒体的兴起，为公民个人监督司法提供了宽广的平台。正如中央政法委书记孟建柱所言："当前，以互联网为主要传播途径，以微博、微信为主要代表的新兴传播媒介快速发展，从根本上改变了信息传播格局、社会舆论生态、公众参与方式，使人人都可以成为记者、人人都可以成为新闻发言人。政法机关面临空前开放、高度透明、全时监督的舆论环境"；"交互性的本质属性使网络成为最广阔、最活跃的交往空间，蕴含着可以瞬间成倍放大的社会力量，网络民意成为社会意见、社会舆论表达最充分、最直接和最有效的手段"[①]。

（二）社会团体的监督

工、青、妇等社会团体在维护团体成员合法权益方面具有非常积极的作用。社会团体是社会中某一阶层、某一行业的代表，从各种社会团体成立的宗旨看，维护团体利益、维护成员合法权益是该社会团体存在的前提，因此它们对涉及其成员利益的案件必然非常关心、非常重视。在法院开庭审判时，它们可以派代表旁听法院对案件的审理过程，以督促法院对案件做出公正的裁决；对于审判活动中存在的问题可以团体的名义，通过法定渠道向有关部门反映，促进法院提高审判质量。比较典型的如在家庭暴力案件中，妇女组织协助遭受家庭暴力的妇女维权，出具"维权建议书"，对案件的查处提出妇女组织的意见和建议；在环境污染案件中，自然之友等环保组织作为支持机构参与诉讼，等等。改革开放以来，我国的社会团体（组织）大量出现，自主空间不断扩大，参与意识不断增强，并日益成为监督司法的重要主体。社会团体的监督可以视为公民个人监督权之延伸。

---

① 见孟建柱书记2013年7月26日在"做好新形势下政法宣传工作暨长安杂志创刊20周年座谈会"上的讲话摘要，原载《长安》2013年第11期，转引自王琳《当司法公开遭遇"自媒体时代"》，《新京报》2013年11月2日。

（三）新闻媒体的监督

在现代社会，新闻媒体是传递信息的最主要和最直接的方式，是人们了解社会，掌握各种信息和发表自己意见、建议必不可少的工具。新闻媒体的监督是一种极其重要的社会监督方式。新闻媒体对司法的监督主要表现在：其一，新闻媒体通过对法官司法行为的整体评价，影响司法审判，促进法院审判工作的完善。比如对民事审判活动中的地方保护主义现象进行新闻报道和评论，可以使司法机关充分注意和重视这种消极现象，并设法加以抑制和克服。其二，在案件审理过程中，新闻媒体对案件审理情况的客观报道，对审判人员可能产生直接或间接的影响，促使他们慎重从事，依法裁判。其三，如果法官所作的裁判确实有失公正，新闻媒体可以对诉讼过程和结果做出否定性评价，促进诉讼救济程序的提起。其四，新闻媒体能够反映社会各界对法官审判活动的评价和意见，并且具有公开性、及时性、广泛性等特征，能够起到其他监督形式无法起到的作用。

在以上三种监督形式中，新闻媒体的监督是最为有效的监督形式。公民个人尽管享有法律所赋予的监督权，但他们个人的力量十分薄弱，难以形成有效的监督，况且一般公民往往也无暇旁听庭审、无暇顾及对于司法活动的监督。以社会团体的形式实施监督职能，尽管整合了一部分公民的监督力量，使监督的有效性有所增强，但这种监督在广泛性方面存在缺陷。新闻媒体的监督具有其他监督形式不可比拟的优越性，表现在：其一，新闻媒体可以长期、持续、专业地担当监督司法的角色。其二，新闻媒体比一般公民具有较多的资源，可以为其行使监督职能提供保障。其三，新闻媒体可以将司法活动的有关资讯以及评论性意见提供给公众，以促进人们对国家司法活动的关心，并进而促成公众讨论，形成公众意见，有效发挥舆论监督功能。

无论哪一种形式的监督，都需要公民具备一定的法律知识，且具有参与意识。加强对公民的法制教育，提高公民的参与意识，是强化社会监督的重要途径。从社会监督司法的现状来看，一方面，法院长期以来未能将审判公开原则落到实处，导致社会对于司法的监督受到制约，近些年来这种状况有明显改变；另一方面，由于我国缺乏法制传统，公民的法制意识比较淡薄，一些公民对与己无关的事情漠不关心，或者出于一种猎奇的心理而关注；一些新闻工作者由于缺乏良好的法律素养，难以准确把握司法报道的尺度，不能形成正确的舆论导向，这些都制约了社会监督司法功能的有效发挥。

五 社会监督司法的界限

司法应当公开，以利于社会监督。但是，司法公开并非漫无边际，而是有着一定的界限。一方面，它需要权衡各种利益后由法律规制公开的范围与方式，对于诉讼当事人、辩护律师、诉讼代理人、社会公众等不同主体，法律所规定的公开程度有明显的差异。另一方面，无论何种形式的社会监督，都需要妥善处理舆论监督与舆论审判的关系，防止舆论监督演化成舆论审判，损害法院依法独立公正地行使审判权。

（一）司法公开的合理限度

关于此问题，可以通过一起争议予以说明。2013年初，北京市西城区一人大代表提出了关于"建议法院实行为当事人提供庭审录像"的建议。11月下旬，西城区人民法院回复称，目前法院尚不能为当事人提供庭审录像，理由如下：（1）提供庭审录像有可能被当事人不正当使用，而损害另一方当事人利益。（2）上级法院未明确做出"为当事人提供庭审录像"的规定。该人大代表认为：（1）庭审录像是当事人参加法院诉讼活动的证据，理应给当事人提供。（2）公开审理的案件，都不涉及国家秘密、个人隐私、商业秘密，允许公众旁听，法院拒绝公开违背了司法公开的原则。（3）如果当事人拿到光盘，进行不当使用，侵犯了他人合法权利，被侵犯人可依法起诉。法院的担心是多余的。该人大代表认为，这只是一种托词，实际上是法院担心被监督。

笔者认为，对于该争议中法院与人大代表两方的说法，可作以下分析。

1. 关于法院是否应当为当事人提供庭审录像的法律依据问题

当事人是否有权从法院获得庭审录像，关键看是否有法律依据。关于庭审进行同步录音录像，现行刑事诉讼法和民事诉讼法均未做出明确规定。

根据刑事诉讼法第201条的规定，法庭审判的全部活动，应当由书记员写成笔录，经审判长审阅后，由审判长和书记员签名。法庭笔录应当交给当事人阅读或者向他宣读。当事人认为记载有遗漏或者差错的，可以请求补充或者改正。当事人承认没有错误后，应当签名或者盖章。这样做是为了保证法庭笔录的正确性。民事诉讼法第 147 条作了类似规定。

庭审录音录像本质上是法庭记录的电子化、视频化，属于法庭记录的一种形式。法院对于庭审进行同步录音录像，是对庭审活动的完整记录，不存在需要当事人补正问题。

在刑事诉讼中，辩护律师自人民检察院对案件审查起诉之日起，可以查阅、摘抄、复制本案的案卷材料。但是，刑事诉讼法并未赋予当事人同样的权利。可见，庭审录音录像属于案卷材料的组成部分，当事人无权查阅、摘抄、复制。

民事诉讼法第 49 条规定：当事人可以查阅本案有关材料，并可以复制本案有关材料和法律文书。查阅、复制本案有关材料的范围和办法由最高人民法院规定。第 61 条规定：代理诉讼的律师和其他诉讼代理人可以查阅本案有关材料。查阅有关材料的范围和办法由最高人民法院规定。而根据最高人民法院《关于庭审活动录音录像的若干规定》："未经人民法院许可，任何人不得复制、拍录、传播庭审录音录像。"可见，庭审录音录像不属于民事当事人及其诉讼代理人阅卷的范围。

2. 关于审判公开与法院是否提供庭审录像的关系问题

审判公开是法律规定的一项诉讼原则。它的主要含义是审判向社会公开，包括公民可以旁听庭审，新闻媒体可以进行报道，在特定情形下还可以直播庭审。直播庭审与法院庭审时进行同步录音录像，是两种性质不同的做法。只有法律规定应当公开审理的案件，才可能采取直播庭审的方式；而对于法律规定不公开审理的案件，法院仍然可以采取庭审时同步录音录像的做法，因为庭审时进行同步录音录像，本质上是做法庭记录的一种方式。

对于诉讼当事人，适用审判时在场原则，即原则上不得进行缺席审判。当然，公开审判也是当事人的一项权利。公开审判与秘密审判相对应，其目的是保障当事人获得公正的审判。但是，审判公开是有限度、有节制的。当事人作为诉讼参与人，法律对于其在法庭上行使权利的范围做了规定，当事人应当在法律规定的范围内行使其权利。如果认为因为公开审判，当事人就有权获得庭审录音录像，那么，同理，当事人也应当无限制地获得法庭笔录，这显然有违法律对于当事人阅卷范围的规定。

对于社会公众而言，可以去旁听庭审，但不能以审判公开为由，要求法院提供庭审录音录像；审判结束后，只能去看法院的裁判文书。

总之，审判公开是原则，但是，这种公开是有限度的，它需要权衡各种利益后由法律规制公开的范围与方式，对于诉讼当事人、辩护律师、诉讼代理人、社会公众等不同主体，法律所规定的公开程度是有明显差异的，应当严格依照法律把握司法公开的尺度；法律规定不明确或者不完善的，应当对法律进行相应的修改或者通过司法解释予以明确。如裁判文书上网的范围问题，就有待予以明确；刑事裁判文书的上网范围可参照民事诉讼法的规定予以相应规范。

（二）舆论监督与舆论审判

社会监督司法很大限度上通过舆论监督的方式进行，这种舆论监督也需要遵守一定的界限。从我国宪法和三大诉讼法等相关法律的规定看，新闻媒体对于司法信息的报道至少应受到以下几个方面的限制：（1）司法报道不得损害国家、社会、集体或个人的利益。（2）司法报道不得泄露国家秘密、商业秘密和个人隐私。（3）司法报道不得故意发表偏袒一方，诋毁另一方的言论，损害当事人双方的平等地位，影响诉讼活动的正常进行。（4）司法报道不得用带侮辱性的言辞损害公民的人格、名誉、尊严。（5）司法报道不得报道来自庭外的未经证实的证据材料。与其他报道相比，司法报道受到的最大限制是要受司法审判制度的制约，传媒监督司法不能超越合理的界限，干扰和影响司法机关独立行使职权，造成是传媒而不是法院对案件进行审判。

随着互联网这一新兴媒体的快速发展，现代社会已经步入了"人人都有麦克风"的时代，舆论审判的风暴极易席卷诉讼案件，尤其是备受公众瞩目的热点案件。舆论审判不同于舆论监督。司法公正需要舆论监督，舆论监督的本质在于客观、公正地报道案件真相和揭露有关问题，满足公众的知情权、表达自由权及批评建议权。舆论监督的合理界限在于舆论不能干扰法院独立审判，不能侵犯法官对案件的自主审理，不能侵犯当事人的合法权益，不能误导舆论或者向司法机关施加负面的舆论压力而形成舆论审判的局面。世界刑法学协会第十五届代表大会《关于刑事诉讼法中的人权问题的决议》第15条规定："公众传媒对法庭审判的报道，必须避免产生预先定罪或者形成情感性审判的效果。如果预期可能出现这种影响,可以限制或禁止无线电台和电视台播送审判情况。"英国大法官丹宁勋爵曾说:"我们决不允许法院以外的'报纸审讯''电视审讯'或任何其他宣传工具的审讯。"① 舆论监督要防止转化成情绪化的舆论审判。

之所以要防止舆论审判,是因为舆论容易被猜疑、偏执、欺瞒、恐惧以及仇恨所支配、所毒化,非但不能促成和谐,反倒可能加剧冲突,增强社会的不安定性和不确定性。舆论将各种各样的消息、意见、谣言、蜚语、诽谤汇集在一起,形成一个又一个相互碰撞激荡的旋涡。"在现代社会,司法机关被形容为理性殿堂,而贯穿于舆论的往往是非理性思维。以理性的方式应对非理性的事态当然非常困难,而以非理性的方式解决理性的问题结果将更加糟糕。"② 我们所处的时代是一个舆论传播高度发达、舆论监督势头强劲的时代,也是一个司法维系社会公平正义、彰显司法权威的时代。如何处理好舆论与司法的关系,是一个无法回避的现实问题。司法公正需要建设性的舆论监督,而拒绝破坏性的舆论审判。在司法过程中,各种主体、各个参与者都应当严格遵守法律,保持清醒的角色自律意识,摒弃情感冲动,避免将法律问题道德化,媒体在案件未审结之前尽量不作倾向性明显的报道或评论,不要片面追求新闻的轰动效应,避免形成非理性的舆论审判局面。司法机关要科学引导舆论,提升应对舆论的能力,坚守司法工作的底线,合理利用舆论的积极作用,防止在强大的舆论攻势面前,失去司法的独立性与公正性。

---

① [英]丹宁勋爵:《法律的正当程序》,刘庸安等译,法律出版社1999年版,第51页。
② 季卫东:《舆论审判的陷阱》,《中国改革》2011年第11期。

侦查程序与媒体报道

施鹏鹏[*]

> 他们（法学家）以"虔诚的虚伪"为代价，得以永守信仰，相信他们做出判决的依据不是外部的，尤其是经济的压力，而是他们所维护的超验的规范。司法场并非人们所认为的那样，是一个纯洁的天地，与政治或经济的毫不妥协。但它能成功地让人们承认它的这一形象，这无疑有助于对那些以讲法律为职业的人造成完全现实的社会压力。但是一旦人都知道这些法学家或多或少都还是真诚的集体虚伪的化身，远远没有服从超验的和普通的真理及价值标准，而是与其他所有的社会代理人一样，受到诸如经验需要的压力或新闻场成功的诱惑给他们造成的种种束缚，打乱了诉讼程序及等级制度，那会出现怎样的情况呢？
>
> ——［法］布尔迪厄[①]

一 导论

在现代社会复杂的制度体系中，司法和媒体从来都不是"自行存在"（en soi），而是"社会建构的实体"（une réalité socialement construite）。[②] 其各自承载的社会功能既相互补充，又相互竞争。司法旨在实现国家对"言说事实"（dire la vérité）和"裁断是非"（juger le juste）上的终极决

---

[*] 施鹏鹏（1980— ），西南政法大学诉讼法与司法改革研究中心教授，博士生导师。

[①] Pierre Bourdieu,《L'emprise du journalisme》, in Actes de la recherche en sciences sociales, n° 101/102, mars 1994, p. 9. 中文版参见［法］皮埃尔·布尔迪厄《关于电视》，许钧译，辽宁教育出版社2000年版，第96—97页。作者对其中个别表述作了重译，下同。

[②] Une sociologie phénoménologique quarante ans après, par Danilo Martuccelli, avant-propos de La Construction sociale de la réalité, Peter L. Berger et Thomas Luckmann, Armand Colin, 2006.

断权，构建权威、长效、有序的社会环境。而媒体则试图通过公民参与、舆论监督等形式介入、分享甚至主宰司法权的行使。两者之间的竞争张力在司法权威尚待树立的中国体现得尤为淋漓尽致。如季卫东教授所言，"舆论既可以监督司法，同时也可以伤害司法。如果把舆论监督强调到一个不适当程度，就会出现法律碎片化现象，就会导致一人一是非的状态，甚至会使社会呈现出霍布斯所描绘的那种万人对万人的战争状态。在这个意义上，司法政治化的后果非常严重，很可能诱发大规模的秩序危机"[1]。

而在刑事侦查领域，媒体与司法之间的紧张关系尤为特殊，已非简单的程序技术问题。刑事诉讼严格奉行无罪推定原则——犯罪嫌疑人、被告在被最终定罪前，推定为无罪，其隐私、形象、品格等均受法律的保护。该原则系刑事诉讼的"金线"，在"刑法之'布'中随处可见"[2]。而媒体自由的根本逻辑在于公民的政治参与和社会知情权，系民主国家最重要的一项制度设计。从比较法的角度看，各国普遍将媒体自由和无罪推定定位为宪法权利。例如在媒体自由方面，《德国基本法》第5-1条之规定，"应保障媒体自由和信息自由"；《意大利宪法》第21条规定，"所有人均有权通过言语、文书或其他传播方式自由表达思想"；《西班牙宪法》第120-1条强调，"司法文件应公开，除非程序法另作规定"；在无罪推定方面，1789年的法国《人权宣言》（《人权宣言》在法国为宪法性文件，具有宪法效力）第9条规定，"任何人在未经判罪前均应假定其无罪，如非拘禁不可，法律应规定对他采取的严厉措施"；《意大利共和国宪法》第27条规定，"被告在最终定罪以前，不得被认为有罪"，等等。因此，刑事侦查是否公开以及公开的限度大小，已远远超越部门法的范畴，成为一个重要的宪制课题。

侦查程序与媒体自由之间的微妙关系在中国呈特殊状态，因此尤具理论价值和实践意义。在正常的侦查体制下，公权力机关出于侦查效率的考量，往往更愿意保持程序秘密，而犯罪嫌疑人一方则相反，尤其是在重大疑难或有社会影响的刑事案件中。但在中国，情况完全不同。有社会影响力的刑事案件侦查程序启动后，公权力机关和犯罪嫌疑人都尽可能地希望

---

[1] 季卫东：《舆论监督使用不当会陷入司法政治化》，《法制日报》2010年7月29日。

[2] Arrêt Woalmington, V. DPP (1935), AC462, cité par Spencer, La preuve, in Procédures Pénales d'Europe, PUF, 1995, coll. Thémis (Dir. M. Delmas-Marty).

获得媒体的支持，不惜披露案情细节以抹黑打击对手、获得公众支持。例如在较具影响的贪污受贿案件中，充斥媒体和网络的往往是大量的桃色新闻以及办案细节（如在家中搜出巨额赃款、赃物等）。

解读这种反刑事侦查规律的现象显然不能仅限于法律制度层面的分析，而必须追溯中国刑事司法体制背后的权力运作模式。故法律的社会政治解读（l'analyse Socio-Politique du droit）不失为分析此一问题的有效方法。法律的社会政治分析方法系法国著名的社会学家雅克·孔麦耶（Jacques Commaille）所创设，主张"对法律问题的研究不应严格受限于学科的划分，而应将法律现象置之更广阔的社会政治背景，以反映其本体的复杂性"①。是以，本文拟首先从比较法的角度研究侦查程序中媒体自由的三种程序模式，进而解读特殊的中国模式及其背后深层次社会政治要因。最后，本文将立足中国时下的司法权力运作机制研判刑事侦查中媒体自由的可能及限度。

二 侦查程序中媒体自由的三种模式②

一如前述，无罪推定与媒体自由之间的微妙关系导致各国在看待两者冲突的态度上大相径庭。从宏观比较法的角度考量，我们可将主要发达国家的做法大体分为三类：侦查秘密型、侦查有限秘密型和侦查公开型。③

（一）侦查秘密型：代表性国家为英国

英国奉行严格的侦查秘密原则。在警察侦查阶段，新闻自由严格受限，甚至连涉案犯罪嫌疑人的姓名都属司法秘密的范围之列。如果新闻媒

---

① J. Commaille, Le juridique dans le politique, in Droit et politique, eds. Chevallier et al. 1993, p. 270.

② 国内一些学者亦对此一问题有过较为深刻的研究，但论据大抵有失偏颇或存有错误，尤其是对欧陆国家的做法缺乏准确的了解。如高一飞《媒体与司法关系规则的三种模式》，《时代法学》2010年第1期；贺卫方：《司法与传媒三题》，《法学研究》1998年第6期；张志铭：《传媒与司法的关系——从制度原理分析》，《中外法学》2000年第1期。

③ 当然，侦查秘密或公开原本还涉及当事人的知情权，尤其是犯罪嫌疑人及其律师的阅卷权（在比较法上亦符合本文的类型化归纳）。但本文限于旨趣，仅研究侦查程序中的媒体自由。

体披露了案件的相关细节，则犯罪嫌疑人或被告可提起诽谤罪的控诉。例如在入室盗窃案件中，记者只能说逮捕了"某人"，而不得具体描述入室盗窃者的体态、身形、姓名，亦不得描述犯罪嫌疑人的过去。如果信息公开造成损害结果的，则上级法院可以撤销相关的判决。记者亦可能被判处刑事处罚（藐视法庭罪）或纪律惩戒。

可见，法院对媒体行为的规制相当严厉。在1981年《藐视法庭法》修改前，任何审前程序的媒体报道，只要其内容涉及可能对最终判决结果产生影响的暗示性话语，则均可判处藐视法庭罪，相关的责任人员可判处二年的监禁刑及并处罚金。但1981年的法律改革有限度地放宽了对媒体人员的限制。依新法第2条第2款之规定，媒体报道仅得对司法程序产生实质性的威胁（如严重阻碍司法程序或导致司法偏见）方构成藐视法庭行为。此外，新法还规定了媒体报道可免责的三种情况：（1）合理注意免责。"……如果出版商已尽合理注意义务而仍不知道也没有理由怀疑有关的诉讼正在进行，不构成藐视法庭罪"（新法第3条）；（2）公正、善意免责。如果媒体"公正、精确、善意地报道一个公开的诉讼程序"，则其行为不构成藐视法庭罪（新法第4条第1款）；（3）公共利益免责（新法第5条）。新闻媒体基于公共利益报道案件，即便可能附带产生有碍诉讼或导致陪审员偏见之后果，亦不构成藐视法庭罪。

尽管如此，英国在侦查程序中仍以无罪推定原则为主导，严格保护犯罪嫌疑人及其家庭的人格权和隐私权，即便是在恐怖犯罪案件中。例如1991年著名的"英联邦诉麦肯、肯兰及沙那汉案"①。北爱尔兰共和军麦肯、肯兰及沙那汉等三人因涉嫌谋杀英国北爱尔兰事务部长而被刑事追诉。在审前程序中，三名犯罪嫌疑人均保持沉默。而与此同时，英国内务部长在国会发言时表示政府正在起草法律草案，明确规定"在犯恐怖活动罪时，如果罪证确凿，被告的沉默即表示默认"。新闻媒体遂广为炒作此一言论，并着力分析法律改革与前述恐怖犯罪案件的联系。在一审程序中，三名被告被判有罪。但英国上议院刑事庭将此案发回重审，认为内政部长在"巧合"的时间发表相关言论以及新闻媒体的大肆报道，可能影响陪审团的裁判。

---

① 本案件亦涉及庭审程序。

（二）侦查有限秘密型：代表性国家为欧陆国家（法国、德国、西班牙、意大利等）

在法国，侦查原则上是秘密的。但依《法国刑事诉讼法典》及其他一些法律文件的规定，如下信息可公开报道：第一，警察、宪兵队或者司法官将特定信息主要包括体貌特征、犯罪嫌疑人画像、车牌号等与媒体沟通以协助破获案件（1891年7月29日的法律第38条、第39条）。第二，受审查者可提请预审庭公开是否适用羁押措施的辩论材料。但如果公开这些材料可能"损及侦查进程、第三方利益、公共秩序或者善良风俗"，则预审庭应裁定不予公开。第三，检察系统亦可"为制止流言或谎言的传播"而与新闻媒体主动沟通，披露不会损害侦查利益或第三者权益的材料（1959年11月27日以及1985年4月22日的行政通令）。

职权机构在审前程序亦有义务保守职业秘密，不得向新闻媒体或公众以各种方式披露和案件有关的或可能损害犯罪嫌疑人利益的信息，否则可追究刑事责任或纪律惩戒责任（《刑法典》第11条）。但须特别注意的是，此一法定义务并不适用于当事人。因此在法国的司法实践中，当事人向媒体"透风"甚至召开新闻发布会的情况时有发生。但新闻媒体在报道此类刑事案件时不得发表旨在施压证人或影响诉讼进程的言论或评述（《法国刑法典》第434-16条），亦不得出版任何涉及未成年人身份或信息的文章或图片（1945年2月2日《未成年犯罪法》第14条）。

欧陆其他国家大体作了类似的设置。例如，在西班牙，职权机构在审前程序应保守职业秘密，否则构成刑事犯罪（《西班牙刑法典》第367条）。西班牙亦允许检察官"在其管辖区内以及在遵守预审秘密的前提之下"发布通告以协助侦破案件（1981年12月30日的法律第4条）。1988年的《意大利刑事诉讼法典》亦规定了审前秘密原则，规定司法警察和检察官所实施的侦查行为不得向公众公开（第329条）。国家司法工作人员向媒体公开案卷材料的，将受到纪律惩戒甚至刑事处罚（《意大利刑法典》第684条）。在德国，"对于媒体在刑事调查或进一步审理的案件的报道，不得有先入之见"（《新闻业准则》）。在未作法律宣判前（即便犯罪嫌疑人、被告人认罪），媒体不得将犯罪嫌疑人、被告人描述成有罪的一方。职权机构可向媒体提供必要的信息，但如果"所涉信息将妨碍诉讼的进行或者可能损及公共利益或私人正当权益"，则不得提供。为有效进行信息筛选，德国各法院均设有一名"媒体发言人"(Presses preacher),负责与媒体进行信息沟通和交流。

与英国相比,欧陆国家在侦查阶段媒体自由的限制上相对宽松,设置了较多的例外(如为侦破案件之需要、当事人请求等)。且在司法实践中,司法机关对新闻媒体的态度也较为宽容,很少有记者因为报道刑事案件而被追诉。

(三) 侦查公开型:代表性国家为美国

美国奉行侦查公开原则。在整个审前程序中,证人没有义务保守秘密,可以向公众公开其证词。控、辩双方亦可分别和媒体接触,举行新闻发布会,甚至借助公众舆论力量以在陪审团审判中获得有利判决。美国司法部在1971年曾对刑事案件的媒体报道作了规范,总体是相当宽容的。各州以此一文件为基础,制定更为详细的刑事案件报道守则。以华盛顿特区的警察局为例。"警察应以温和礼貌的态度,与媒体记者相处。其有权发布的新闻内容包括:涉案公民的姓名,但性犯罪被害人、少年被告、目击证人、尚未通知亲属的死者除外;涉案公民的相关真实信息,如年龄、住所、职业和家庭状况等;事件发生或逮捕时的背景环境,包括时间、地点、武器的持有或使用、抵抗情形、追逐情形、执行逮捕官员的身份、进行调查时间长度、扣押项目等描述;其他侦查支援事项,如人或车辆监控等。"[①] 而如果相关信息有碍侦查,则可不予公布。

美国之所以确立了侦查公开的原则,主要是源自联邦宪法第一修正案,即"国会不得制定关于下列事项的法律……剥夺言论自由或出版自由……"但此一原则是否凌驾于正当程序条款(联邦宪法第六修正案),美国学界尚存争议。联邦最高法院亦持模糊态度,认为"权利宪章的制定者并没有在联邦宪法第一修正案及第六修正案间排列优先次序"。

但不管何种程序模式,各国学界在分析侦查秘密与媒体自由之间的微妙关系时所使用的论据大抵是类似的。前者主要以无罪推定及揭示案件真相为基础,后者则以言论自由、舆论监督为正当性依据。所不同的是各国决策者在对待两者孰轻孰重问题上的判断存有差异。美国更倾向于将言论

[①] 林灿璋、林信雄:《侦查管理——以重大刑案为例》,台湾五南书局2004年版,第302—303页。

自由和出版自由定性为位阶更高的权利，故侦查公开为原则。英国则更倾向于保护刑事诉讼中犯罪嫌疑人的人格尊严。而欧陆国家还主要考虑到侦查秘密之于提高打击犯罪效率的重要作用。故后两者的侦查程序均以秘密为主，媒体权利受到较大的限制。

三　特殊的中国模式及其社会政治解读

在中国的刑事侦查程序中，媒体是否可自由介入？《刑事诉讼法》及相关的司法解释均未作明确规定。司法实践中的做法亦随意性即大。解读这种特殊的中国模式，显然无法机械地套用"无罪推定""实体真实"以及"媒体自由"这套西方的理论范式，而必须深入挖掘中国刑事司法与各种形式传媒之间日益复杂、多元的关系：一方面，媒体尤其是官方媒体之于国家权力机关的依附性仍在；另一方面，两者又出现了相互工具化（instrumentalisation réciproque）又互为排斥的趋势。而后一方面直接源自权力机构在政权维护和社会治理方面的策略调整。我们可将这种复杂的关系以图表的方式加以展示。

（一）刑事侦查程序中媒体之于职权机关的依附性

法国社会学家布尔迪厄在《关于电视》一书中用"新闻场"来阐释媒体人员的工作及其社会学含义，"一个场就是一个有结构的社会空间，一个实力场有统治者和被统治者，有在此空间起作用的恒定、持久的不平等的关系，同时也是一个为改变或保存这一实力场而进行斗争的战场"[1]。而在此一场域中，职权机构、媒体和公众呈复杂的互动关系（见图表1）。

不难发现，时下中国的媒体尚缺乏独立性，公众所处的信息环境是职权部门精心策划的结果，知情权严重不足。当有社会影响力的刑事案件发生后，媒体报道呈三大特征：其一，报道口径一致，着力宣传引导。论调通常由主管部门或主流媒体确定，而其他传媒便依既定程序、既定模式做既定宣传，引导大众舆论走向。非主流、意见相左的信息即视为不正当，予以屏蔽。故"千报一面""千台一调"的情形在中国传媒世界里是常态。其二，权贵话语强势，学者影响式微。媒体更愿意大篇解读部门领导

---

[1]　[法]皮埃尔·布尔迪厄：《关于电视》，许钧译，辽宁教育出版社2000年版，第46页。

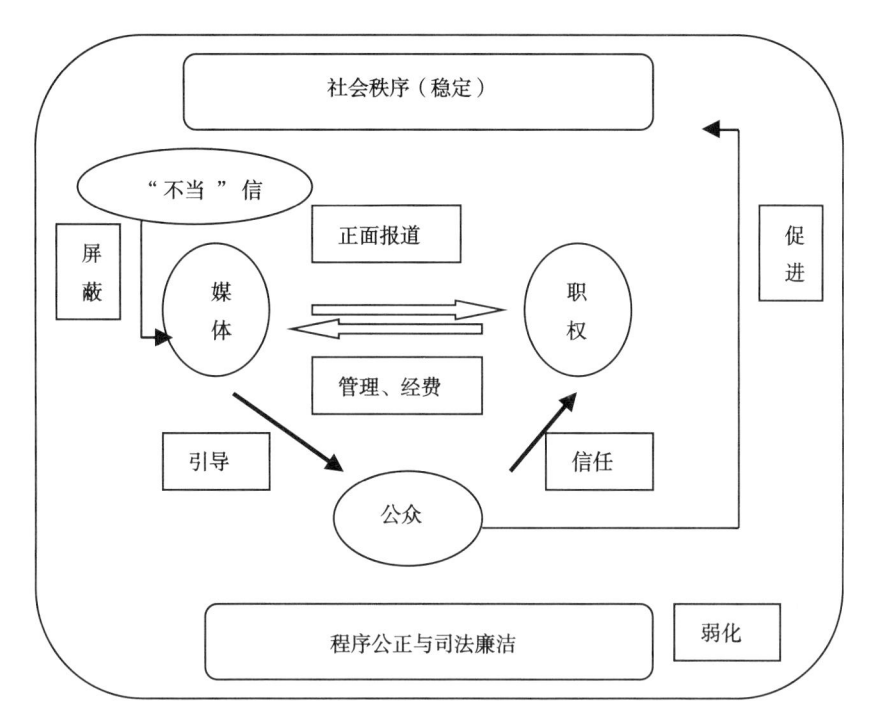

图1　媒体之于司法的依附性

的批示和意见，法学学者只为这些批示或意见提供论证。从这个意义上讲，知识分子呈布尔迪厄所说的"自主性缺失"："主题是强加的，交流的环境是限制的，论调是固定的，真正意义上的表达几乎不可能有。[①]"其三，正面报道为主，负面消息过滤。"报喜不报忧"的现象在法制新闻中依然普遍存在。即便是发生重大冤假错案，媒体亦着力于之后高效的矫正机制，而非追究此前的错案成因。传媒的舆论监督功能因此几近衰竭，且大抵为定性后的"马后炮"。刑事案件非到社会影响极其恶劣、地方职权机构无法控制、无法隐瞒的情况下方公之于众。司法机关和传媒的公信力均显著下降，且形成恶性循环。

媒体独立地位的丧失，其根本原因在于经费和管理的依附性。如有学者提出，"……由于我国的主流媒体是所谓'机关报'类型，机关报式媒体的最大特点是它要以所隶属机关的意志为意志，而不能够单纯地以新闻事业的规则去运作。在一定程度上说，机关报式媒体不过是我们古典的邸

---

① [法] 皮埃尔·布尔迪厄:《关于电视》，许钧译，辽宁教育出版社2000年版，第11页。

报型官式媒介在现代的翻版。……对机关的依附又常常导致媒体的官僚化和对受众需求的漠视。它们往往无须参与市场竞争，因而其生存压力通常取决于所隶属机关的好恶和评价。在特定时期，甚至机关亲自参与监控，从而加剧媒体与大众需求的脱节……这种情况无疑削弱了媒体所应当发挥的监督作用"[1]。

而在刑事司法中，这种"依附性"被粉饰为国家建设大业中的不同职能分工：在刑事侦查程序中，职权机关（主要为公安机关）的主要职责是打击犯罪、维护社会秩序，为国家创造良好的发展环境；而新闻媒体则是为此一目标提供良好的舆论环境。于是，媒体的一项重要职能便是"讲大局"，共同维护"来之不易"的稳定秩序。

（二）媒体与侦查机关之间的排斥现象

近年来媒体之于刑事司法的依附性有减弱趋势。这主要得益于网络媒体的兴起以及部分媒体的跨地域监督。首先是网络舆论。中国互联网络信息中心（CNNIC）报告显示，截至2010年6月底，中国网民规模达到4.2亿，互联网普及率攀升至31.8%，手机网民规模高达2.77亿。网络舆论力量空前庞大，对刑事案件的处理产生空前强烈的影响。一系列极具社会影响的案件如黄静案、周正龙案、许霆案、邓玉娇案、时建锋案等通过网络改变了当事人的结局。与传统媒体相比，网络舆论更难控制。其打破了传统媒体单向输出的宣传方式，话语主动权不再为当权者所垄断。网民既可成为信息发布的主体，更可直接参与信息的讨论和补充。论坛、微博等各类新型的网络传播平台更可使信息在一时"传遍千万家"，传统的管制手段几乎无能为力。尽管网络舆论有非理性的一面，但其对刑讯逼供、枉法裁判等司法顽疾确有较强的监督作用，其对个案的影响也是有目共睹（如许霆案二审的轻判、邓玉娇案的免予刑事处罚等），故坊间有"上诉不如上网，上网不如上访"的说法。其次则是媒体的跨地域监督。由于权力和资本的双重压力，跨地域监督成为时下中国媒体较为通常的一种做法。一方面，本地媒体和当地政府一般会有管理上的关系，在利益链条上亦存在千丝万缕的联系，因此媒体对当地的一些负面事件报道会保持较为克制的态度；另一方面，媒体又必须借助负面事件以吸引公众的注

---

[1] 贺卫方：《司法与传媒三题》，《法学研究》1998年第6期。

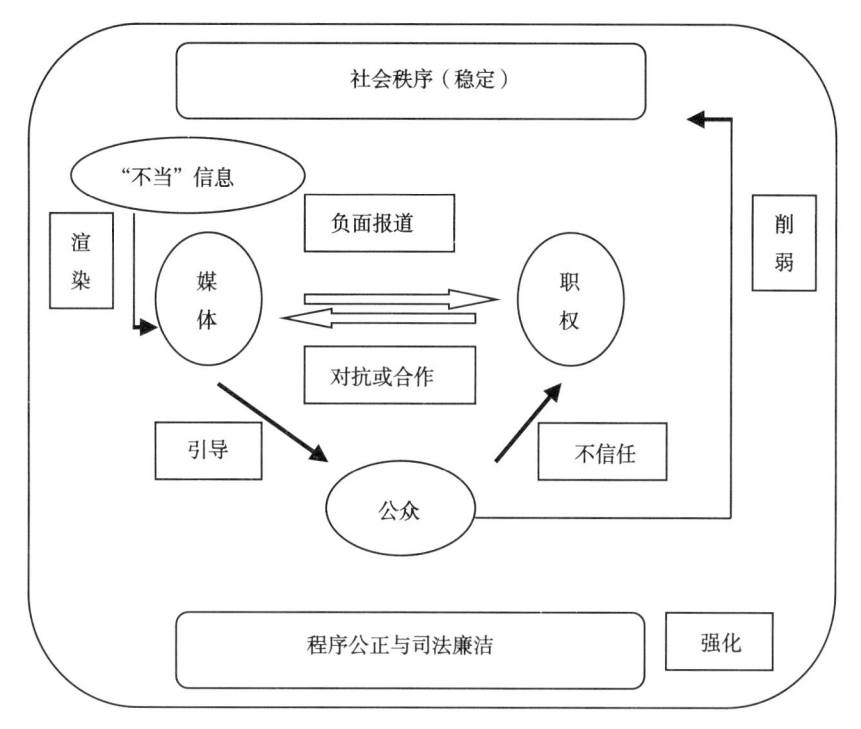

图 2 媒体与司法之间的相互排斥

意，提高新闻的可读性，进而扩大媒体自身的影响力和生存空间。两相结合，促进了新闻媒体的跨地域监督。

在刑事侦查程序中，不管是网络舆论，还是新闻媒体的跨地域监督，都在媒体和侦查机关之间形成排斥现象。"不当"信息在网络或跨地区的新闻媒体中得以渲染，进而引起社会的高度关注。侦查机关在强大的舆论压力下将不得不更谨慎地办案，并在可能的情况下做到程序透明（当然在个别情况下也有可能与媒体对抗，对记者实行跨省追捕的情况亦时而有之）。这就形成了相当有趣的"路径变异"（la dérive de la voie）：对于侦查机关，其根本目的是打击犯罪，维护社会稳定。但当个案曝光引起公众关注后，其根本目的便转化为平息民愤，维护社会稳定。终极的目的或者说驱动要素是一致的，但中间的路径却是截然不同，对个案的判断更是南辕北辙；而对于案件的利害关系人，其在侦查阶段将相关的案卷材料公之于众，于罪责上无可追究，但在个案的处理却可达至其所认为的"自然正义"（la justice naturelle），即便此一"正义"有悖于现行法的规定。

因此，"舆论监督"抑或"舆论定案"便在媒体和侦查机关之间的角力中摇摆不定，而背后所蕴含的体制弊端更令传统的解读方式无所适从。

(三) 媒体与侦查机关之间的相互工具化

媒体与侦查机关还存在第三种关系，即相互工具化（instrumentalization reciprocal）。在常态下，媒体或以公信力更高的独立者身份出现（又称

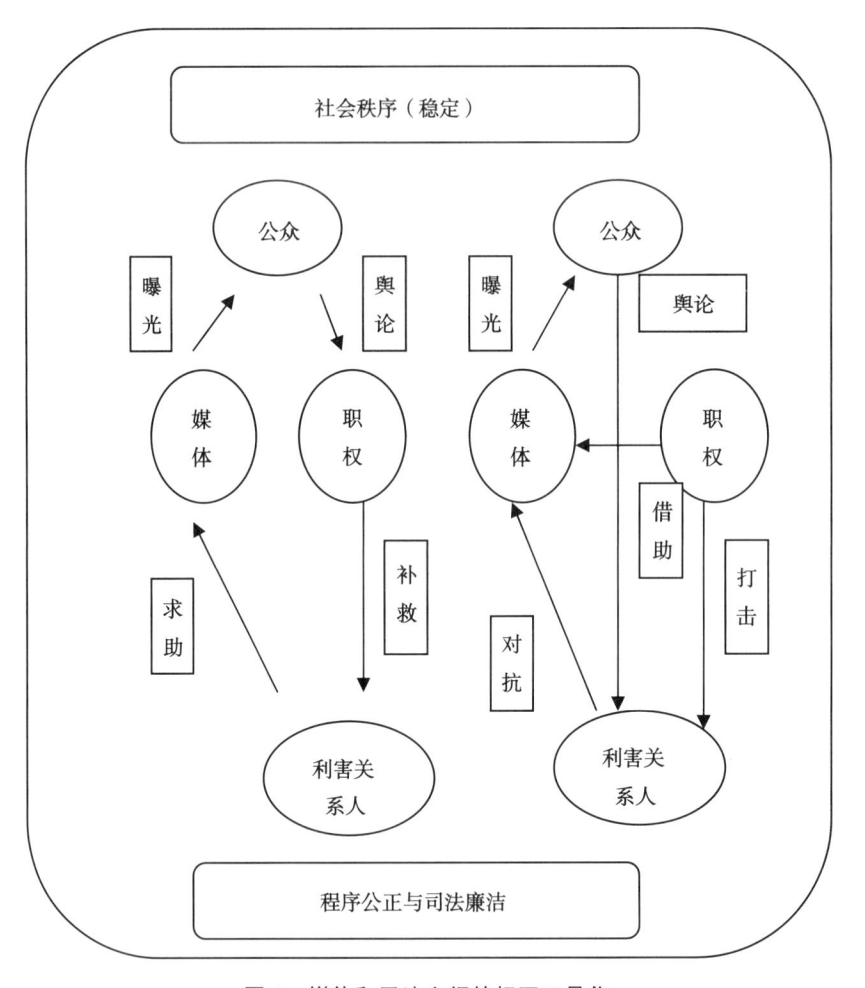

图 3　媒体和司法之间的相互工具化

为"第四种权力"），正面向社会公众展示侦查机关在个案中的有力作为，彰显打击犯罪的力量，进而对公民进行法制教育，或同样以公信力更

高但颠覆者的形象出现，向社会公众展示刑事侦查过程中未尽如人意甚至违反法律的做法，将舆论监督凝聚于个案的程序正当和实体公正中；而相应的，侦查机关也可通过媒体进行犯罪预防或提高打击犯罪力度（如征集破案线索），或通过个案曝光反思部门治理的漏洞，优化职权配置。毋庸讳言，这种关系自是理想化的模型。即便在法治、民主程度极高的发达国家，媒体与侦查机关之间的关系也从来都不是宽松的、互助的友好关系。两者在"言说事实"和"裁断是非"问题上更多的是一种话语权的争夺。如孔麦耶所言，"（媒体和司法的）相互工具化具有诸多风险。因为两者并未'客观'承认其各自独特的社会功能，而将对方作为实现自己社会功能的工具……媒体对司法的篡位不应简单解释为权力机构职业道德的蜕化或者精心的权力策略……但一个不争的事实是，司法在职责履行中容易与媒体形成竞争关系"[①]。

在中国，媒体与侦查机关的相互工具化还因一元的权力构造呈"共谋"（conspiration）趋势：侦查机关将部分案卷材料甚至是与案件无关的材料移送媒体，以媒体报道的方式实现公众舆论对犯罪嫌疑人的"道德审判"；媒体亦通过这种"含金量"很高的报道，实现在同质化严重的海量信息中突围，占据受众的注意力资源。以时下最受公众关注的官员贪腐案件为例。几乎每一个下台的官员都有着"桃色新闻""巨额现金"的报道。暂不关注这些信息是否属实，有两个问题值得进一步追问：其一，这些报道大部分出现在侦查阶段（犯罪嫌疑人被采取强制措施之日或留置期间），判决远未做出，依无罪推定原则，是否应保障犯罪嫌疑人的形象权（droit à l'image）？[②] 其二，媒体何以获悉这些案卷材料？

---

① J. Commaille, L'exercice de la fonction de justice comme enjeu de pouvoir entre justice et médias, in Droit et Société, 1994, p. 12 et s.

② 苏联学者古利亚耶夫曾经对"司法机关随意侵犯犯罪嫌疑人、被告人形象权的做法"提出严厉的批评，并举了一例，"阿尔扎马斯的侦查机关指控一群孩子实施了强奸杀人，向全城通报了揭露犯罪的消息，罪犯的名字在各种会议上被宣布，并且通知死者的亲属揭露了三个歹徒，而侦查员则向刑事被告人以前学习过的技工学校发出正式公函，建议在学生的会议上讨论对他们校友适用死刑的"问题。古利亚耶夫发表评论说，"事情竟然到了这种地步！人们期待于法院的与其说是查清真相，不如说是等待'确认'"。这段评论似乎对今日的中国依然有借鉴意义。见［苏］古利亚耶夫《无罪推定的社会政治含义》，严容译，《外国法译评》1988 年第 5 期。

四 走向"公共空间"的互补?

仅从制度层面,中国或可立足比较法,在侦查与媒体自由的三种权力关系模式中进行抉择。但一如前述,以"无罪推定""发现真实"及"媒体自由"为关键词的理论范式在中国时下的权力结构中无法套用,或者说不能从根本上回答本源性的问题。这就必须回归一种制度化层面的政治社会解读。

一个国家社会制度的构建系通过"社会行动的制度化"与"制度的合法化"两个相互贯通的过程予以实现。制度化使客体映象于主观,而合法化则使这种映象得以维系。在开放性的社会情境中,具有学习和创造能力的个体遵从省力原则选择行动策略,从而形塑了习惯化的活动。制度正是起源于习惯化活动的定型,从某种意义上可以说,制度化就是习惯化活动的定型化。习惯化活动是制度产生的核心要素。制度的存在使行动者存在不同的行动预期,从而产生了不同的社会分工。社会分工之后,行动中的创新又会生成新的习惯化,新制度便产生了。① 从社会角色论的角度看,因为制度表现为"角色内化"和"角色扮演"两个互为主观的层面,所以不同的制度刻画出了不同的社会角色。同质社会中的个体扮演单一的社会角色,而多元社会中的个体则扮演着"角色丛"。进而,在高度分化的现代社会中,出现了各种不同的社会机构来规范社会个体的角色,以维持制度的正常运行。②

故新闻机构与侦查机关的角色定位不宜受制于时下的权力策略或政治图景,而应回归其各自原始的"角色扮演",以维系时下"高分化"现代社会的正常、有序运作。从媒体自由的角度讲,如果说新闻机构试图在"言说事实"上占据主导地位,这在很大程度上归咎于侦查职能部门无力承担所赋予的社会功能,或者说在履行职责过程中未能完全符合公众的期待,进而无法对社会群体进行象征性的或真实性的社会控制(l'exercice symbolique et réel d'un contrôle social au fondement du groupe social)。从这个

---

① Une sociologie phénoménologique quarante ans après, par Danilo Martuccelli, avant-propos de La Construction sociale de la réalité, Peter L. Berger et Thomas Luckmann, Armand Colin, 2006.

② Ibid. .

意义上讲，媒体在更多的情况下不是作为"公正"司法或法律系统的竞争者或破坏者，而是合作者。它旨在激发某种"公众精神"①，推动市民的积极参与，这在程序进程的合法性及可接受性上意义非凡。

依附、对抗或者相互工具化均在不同程度上违背了侦查和媒体最初始的社会职能定位，故一种新的"合意主义"（conventionnalisme）②势在必行，或者说如何在社会的运行过程中重新调整两者的竞争与合作策略，以实现在"公共空间"中的互补。

其一，功能复位。侦查应严格以查明犯罪为限，不宜扩及其他，亦不可能垄断对事实的话语权。媒体的舆论功能亦应得到最根本的保障。制度从根本而言仅是人类行动的产物，无法事先安排走向亦无法阻碍发展趋势。我们或许手中都没有关于未来的真理，但"有义务满足于时不时地从在目前看来对我们一切最好的选择项"③。"上帝的归上帝，恺撒的归恺撒"，这是现代民主国家制度职能分化的必然要求。

其二，话语系统重构。制度的分野与交叉通过经验定型、语言客化和知识仓储等形式得以建构，并且以客体的想象呈现于社会公众。而话语系统在制度类型化的过程中极具重要意义，是客观性外化与内化的枢纽。知识精英依靠专业化知识所赋予的权力解读并强化制度内的话语系统，发展出各种理论来解释社会实体中的不同现象，进而完成对制度分层的建构。在法律领域，法学精英是主角；在政治领域，政治家是主角；在宗教领域，牧师是主角；在新闻领域，媒体人是主角。各领域秉承独自的话语系统和论证规则。法律人信奉实体真实、程序正义，媒体人则信奉新闻自由、忠于真相。任何模糊的、权威的、意向的政治话语及论证形式不宜进入法律或媒体的话语系统，亦不可能成为立论的基础。

其三，模式的选择。当媒体和侦查机关各司其职，且可用各自的话语系统进行陈述时，西方的模式方具有同质性。也仅在此一情形下，我们方可有效谈论所谓的比较法、参照系（méta-référent）以及模式选择等基本

---

① Mona Ozouf, Esprit public, in François Furet et Mona Ozouf, Dictionnaire critique de la Révolution française, Paris, Flammarion, 1988.
② Patrick Pharo, Le civisme ordinaire, Paris, Librairie des Méridiens, 1985.
③ 萨特语，转引自朱苏力《制度变迁中的行动者——从梁祝的悲剧说起》，《比较法研究》2003年第2期。

的技术设计问题。从法源的相近程度看,欧陆的有限秘密型最符合中国的司法现状:一方面可顾及时下尚显微弱的媒体监督力;另一方面也基于无罪推定及有效打击犯罪的考量。故除为侦破案件、公共利益或制止流言等情况外,侦查机关不得向媒体吐露案件信息。当事人则不受此限。媒体在案件报道中亦应秉承职业操守,严格遵守无罪推定原则及法律的禁止性规定,不当报道将承担民事责任甚至刑事责任。

如托克维尔所言,"报刊是把善与恶混在一起的一种奇特的力量,没有它自由就不能存在,而有了它秩序才得以维持"①。而唯有走向"公共空间"的互补,方可"不由政治或管理的机制告诉公众何为真实……(司法和媒体的)交流置于最高地位,捕获合意原有的零散片断,重构全新的信息体系,在对话中告诉何谓真实"②。

---

① [法]托克维尔:《论美国的民主》上卷,董果良译,商务印书馆1988年版,第206页以下。
② Lucien Sfez, Critique de la décision, 4e ed., Paris, Presses de la FNSP, 1992, p. 18.

网络舆情对我国刑事司法的影响及应对

汪海燕　董林涛[*]

一　引言

　　刑事案件不仅涉及国家公权力的行使，而且关乎犯罪嫌疑人、被告人财产、人身自由乃至生命的限制与剥夺，性质较民事、行政案件更为严重，也更能吸引公众的注意力。如果犯罪嫌疑人、被告人、被害人等身份比较敏感（如为富人、官员、弱势群体）时，此种情形会更加明显。近年来，随着互联网技术的迅速发展、微博、微信等平台的建立与普及[①]，网络舆情对热点刑事案件的关注度更高。在敏感刑事案件中，不同主体从不同目的出发从不同角度利用网络对案件或者诉讼进行报道、评论，在一定程度上左右案件的进程乃至结局，无论是李怀亮、杨达才等案件，还是赵作海、李荞明、邓玉娇等案件均说明此点。毫无疑问，网络媒体在这些案件中扮演了监督者的角色，也对一些案件的公正处理起到了积极的作用。然而，网络舆情对刑事司法监督在产生积极作用的同时，亦造成了不容忽视的负面影响，甚至导致个案中严重司法不公。因此，就网络媒体与公安司法机关关系而言，机遇与挑战并存。如何在司法独立与网络舆论监督之间保持适度平衡，形成二者的良性互动，是亟待予以研究和解决的

---

[*] 汪海燕，中国政法大学教授；董林涛，中国社会科学院法学研究所博士后。
[①] 截至2014年6月，我国网民规模达到6.32亿，较2013年底增加1442万人，互联网普及率达到46.9%，其中手机网民规模5.27亿。参见中国互联网络信息中心（CNNIC）2014年7月发布的第34次《中国互联网络发展状况统计报告》，http：//yuqing.people.com.cn/n/2014/0723/c209043-25327218.html，访问时间：2014年7月26日。据腾讯内部人员透露，截至2013年10月24日，微信用户数量目前已经突破6亿，其中海外用户超过1亿，国内用户超过4亿，http：//www.guokr.com/post/520797/，访问时间：2014年7月26日。

问题。

　　在展开具体论述之前，有必要界定网络舆情的内涵和基本特征。有学者认为，网络舆情，是指在网络空间内，围绕舆情因变事项的发生、发展和变化，网民对执政者及其政治取向所持有的态度，是民众通过互联网表达出来的对公共政策及其制定者的意见。① 不难看出，这种解读实质上是从广义上对网络舆情的概括。受文章主旨与论述角度所限，本文所称网络舆情是指在网络空间内，针对热点刑事案件在刑事诉讼程序各个阶段的处理与当事人、公安司法机关及其工作人员，网民和网络媒体所持有和表达出来的态度和意见。网络舆情的传播载体为网络媒体，一般包含门户网站、论坛、QQ 群、博客、微博、微信等。虽然网络媒体与传统媒体存在交叉共通之处②，但是网络媒体具有自己的特性。首先，网络媒体所形成的传播模式是"所有人对所有人"的传播。在这种传播模式下，不仅传播者与受众的划分被打破，更实现了二者的合一与互换。其次，基于互联网"全天候"的特征，在网络媒体中传播的信息，基本不受派送渠道、受众群体、物理特性、播送时间的限制。③ 正是网络媒体的这种特性，从 2008 年开始，网络舆情对刑事司法的影响已经达到与平面媒体持平甚至超越平面媒体④，任何可能撩拨或挑战公众正义感的案例，都会在网络上形成声势浩大的舆论，继而传导至现实，改变案件的走向，影响司法的最终裁决。⑤ 职是之故，欲实现前述之网络舆情与刑事司法的良性互动，选择新近发生的网络舆情介入刑事案件并产生巨大影响的案例为样本，对其具体影响进行分析，揭示网络舆情的发生发展规律，进而提出刑事司法应对网络舆情的具体对策实为必要。

---

　　① 参见项平《公共网络舆情事件研究》，人民出版社 2012 年版，第 45 页。
　　② 网络媒体与传统媒体的交叉共同之处表现为：（1）网络媒体与传统媒体接力进行报道；（2）很多传统媒体已经开设了网络媒体，二者在消息发布、传播上具有同时性、一致性的特征；（3）网络媒体与传统媒体在议题设置上是相同的。议题都是经过把关人筛选后呈现在网民面前，网民所拥有的只是信息浏览的选择权。
　　③ 参见吴啟铮《网络时代的舆论与司法——以哈贝马斯的公共领域理论为视角》，《环球法律评论》2011 年第 2 期。
　　④ 参见项平《公共网络舆情事件研究》，人民出版社 2012 年版，第 150—169 页。
　　⑤ 参见徐骏《司法应对网络舆情的理念与策略——基于 18 个典型案例的分析》，《法学》2011 年第 12 期。

二　网络舆情对刑事司法的影响分析

明确网络舆情对刑事司法的具体影响，是实现二者良性互动的基本前提。如前所述，网络舆情针对特定刑事案件展开的舆论审判，对刑事司法起到舆论引导与监督功能的同时，也带来了一系列负面影响。比如妨碍司法公正等独立价值的实现等。下文将结合近年来所发生的18个典型网络舆情刑事案件（表1①）就这两方面的具体影响展开具体分析。

表1

	案　名	案件问题点	阶段	舆论关注焦点	处理结果
1	李某案件	2013年2月17日，李某等人从酒吧将受害女子带至宾馆，对该女子实施轮奸。3月7日，李某等五人因涉嫌强奸罪被批捕。	全程	网络舆情一直保持高度关注。舆论从关注李某身份、年龄、家庭背景向被害人真实身份转变，并呼吁消除特权意识、维护司法公正。	7月8日，检方以李某等人涉嫌强奸罪向法院提起公诉。9月26日被判处有期徒刑10年。
2	刘铁男案件	2012年12月6日，《财经》杂志副主编罗昌平实名举报时任国家发改委副主任、国家能源局局长的刘铁男与商人倪日涛"官商勾结"。后国家能源局出面辟谣，刘亦出席公开活动。罗昌平持续发力，中央有关部门对此立案调查。	立案	2013年5月12日以后，网络舆情迅速升温。网络舆情普遍认为网络反腐功能日益彰显、情妇成为反腐利器，同时呼吁纪委强化反腐能力、完善反腐机制。	2013年8月8日刘铁男因严重违纪违法被开除党籍和公职，并移交公安司法机关。
3	杨达才案件	2012年8月26日，网民发布微博，并附上了相关截图。该微博被广泛转发后，36人死亡的惨剧与冷血官员的微笑形成鲜明对比。随后杨达才被网民人肉搜索，发现其在不同场合佩戴多块价格不菲的名表。	立案	网络舆情呼吁完善信息公开机制和财产申报机制，主张改革反贪机制，并呼吁干部要经得起网络监督。	2013年2月22日，杨达才被开除党籍，对其涉嫌犯罪问题移交司法机关依法处理。8月30日，该案在西安市中级人民法院开庭审理，一审判处有期徒刑14年。

---

① 为使论述更简洁、更具针对性，本文不再介绍所引案例的基本案情，只注明与网络舆情有关的问题点。另外，文章所引案例的相关资讯主要是从人民网、腾讯、新浪、天涯、网易、凤凰网、百度贴吧、凯迪社区等网站搜索所得，不再一一列举来源。

续表

	案 名	案件问题点	阶段	舆论关注焦点	处理结果
4	"欺实马"案件	2009年5月7日晚8时许，谭某在杭州文二西路被胡斌驾驶的三菱跑车撞飞，后送医院不治身亡。杭州警方8日下午称，案发时肇事车辆速度为每小时70公里左右。	侦查	当地论坛发帖、门户网站发文质疑事发时肇事车辆的行驶速度并聚焦肇事者富家子弟的身份，后被新浪等网站转载。	5月14日，当地警方公布鉴定报告，认定事发时的行车速度为每小时90公里左右，并于次日道歉。
5	邓玉娇案件	2009年5月18日，巴东警方以邓玉娇涉嫌故意杀人立案调查。	侦查	5月14日，网民在凯迪社区发帖，主张邓系正当防卫，呼吁维护其合法权利及执法公信力。	5月31日，警方宣布侦查终结，罪名由"涉嫌杀人"改为"防卫过当"。
6	张明宝案件	2009年7月1日警方就张明宝涉嫌交通肇事罪还是以危险方法危害公共安全罪与检察院、法院进行会商。	侦查	当地媒体对此事的报道，受到大河网、新浪等门户网站与西祠胡同的关注。舆论认为其构成以危险方法危害公共安全罪，并引发对贫富分化的讨论。	7月15日，检察机关以危害公共安全罪批准逮捕张明宝。2009年12月22日，南京市中级人民法院一审判处张明宝无期徒刑。
7	李启铭案件	事故发生后，肇事者李启铭不仅对被其撞倒者漠不关心，还扬言，"有本事你们告我去，我爸是李刚"。	侦查	人人网、天涯、豆瓣、猫扑等论坛上，陆续出现了相关帖子和报道。网络舆情开始探究肇事者父亲的真实身份及相关情况并强烈要求公布事实真相。	2010年10月23日，李启铭因涉嫌交通肇事犯罪被依法批准逮捕。河北望都县人民法院一审判处李启铭有期徒刑6年，赔偿死者46万，伤者9.1万元。
8	林松岭案件	2008年10月11日晚，哈尔滨市发生6名警察与体育大学学生林松岭斗殴事件，并致林死亡。不久，案发当晚斗殴的视频被公布，舆论意外转向，矛头转向死者。	侦查	网民发帖引发网络舆情对嫌疑人口诛笔伐。视频公布之后，舆论转向，认为林系咎由自取，批判媒体不负责任，并期待案件公平公正处理。	11月6日下午，警方公布尸检结果：死者系外力作用致死并批准逮捕两名涉案警察。2009年6月12日，哈尔滨市中级人民法院分别判处二被告人无期徒刑、有期徒刑12年。
9	"洗脸死"案件	2010年4月7日，因盗窃被拘留的薛某在看守所放风区洗漱池中溺亡。当地警方解释其系在洗漱过程中意外身亡。	侦查	网络舆情强烈质疑警方的解释及执法公信力，呼吁应加强对看守所的监管，并及时公布案件真相。	4月9—14日，调查组进行现场勘查和死因分析，认定薛某是自杀溺水死亡。

续表

案 名	案件问题点	阶段	舆论关注焦点	处理结果
10 李荞明案件	2009年2月，被刑事拘留的李荞明在看守所受伤住院，4天后死亡。警方解释其是与室友玩游戏时，被狱友踢打撞到墙壁致死。	侦查	2月13日，当地媒体进行报道并被网易、凤凰网转载，引发强烈关注。网络舆情质疑警方的解释，认为警方责任不可推卸，并呼吁保障知情权和监督权，进行羁押制度改革。	2月19日，云南省委宣传部邀请网民代表参加调查。27日，调查结果公布：李系被牢头狱霸以玩游戏为名殴打致死。
11 李庄案件	2010年1月8日，李庄被一审宣判有期徒刑2年6个月。李庄表示对判决不服，提出上诉。	审判	2009年12月13日，华龙网首发报道，随即受到网络媒体普遍关注，要求维护律师权利，加强执业道德修养并进一步打击司法腐败，加强司法监督。	2010年2月，李庄在二审中认罪，被判处有期徒刑1年6个月。
12 药家鑫案件	2010年10月20日晚，药家鑫因害怕日后产生麻烦，用刀残忍杀害被其撞倒的被害人张妙。10月23日，药家鑫投案。西安市人民检察院以故意杀人罪对药家鑫提起公诉。	审判	网络舆情大肆渲染当事人的身份反差，从关注弱势群体的角度认为药家鑫行为过于恶劣，不死不足以平民愤。	2010年4月22日药家鑫被判处死刑，立即执行，并于6月7日上午被依法执行死刑。
13 "临时性强奸"案件	2009年10月29日，审判法官根据犯罪事实，考虑到两人属于"临时性的即意犯罪"，事前并无商谋，事后主动自首，并取得被害人谅解，给予酌情从轻处罚，各判处有期徒刑3年。	审判	网络舆情质疑"属临时性的即意犯罪，事前并无商谋"是法官的凭空发明，于法无据。	2009年10月31日，湖州市中院决定对该案调卷审查。2009年12月31日，该案再审宣判，分别判处二被告人有期徒刑11年、11年6个月。
14 天价过路费案件	河南农民时某因涉嫌诈骗案件被判处无期徒刑，剥夺政治权利终身，并处罚金200万元。	审判	网络舆情质疑司法不公、量刑过重，并指责法官工作能力低下。	再审认定的犯罪数额从368万元减到40多万元，刑期从无期减为有期徒刑一年半。

续表

	案 名	案件问题点	阶段	舆论关注焦点	处理结果
15	何靖案件	2012年8月，时任广州市公安局党委副书记、副局长的何靖被带走调查。据查，何靖利用职务便利，本人及通过其妻子收受贿赂600多万元。	全程	网络舆情频繁曝光何靖个人作风问题、财产来历不明等经济问题以及买官卖官等问题。	2013年7月25日，该案在深圳中院一审公开开庭审理，何靖对控方指控事实供认不讳并被判处无期徒刑。
16	李怀亮案件	为解决当事人上访的问题，2004年5月，在平顶山市中级人民法院副院长主持、该村干部见证下，被害人家属出具了内容为"只要判李怀亮死刑或者无期，就不上访"的保证书。随后该案经过多次审理，做出的判决均被撤销。此后，该案再无开庭消息，李怀亮也一直被羁押在看守所。	审判	2012年2月21日，网民发布微博，并将保证书截屏上传到微博中，随即引发网民关注。网络舆情批评该做法是维稳机制下的怪胎，反思牺牲司法公正换来的却是不稳定，并对李怀亮的处境表示同情。	2013年4月25日，平顶山市中级人民法院不公开审理并依法宣判被告人李怀亮无罪，不承担民事赔偿责任，当庭释放。
17	李昌奎案件	2010年李昌奎因犯强奸罪、故意杀人罪被判处死刑立即执行。二审法院认为其有自首情节，事后积极赔偿被害人经济损失，认罪、悔罪态度较好，改判死刑缓期二年执行。	审判	二审判决一出，网络舆情将该案与药家鑫案件相比，认为是典型的同案不同判，违背法制公平正义精神。	2011年3月云南省高级人民法院再审改判李昌奎死刑立即执行。
18	赵作海案件	2010年4月30日，"被害人"赵振响突然出现。5月5日下午，河南省高院决定启动再审程序。	执行	网络舆情批判冤假错案，呼吁启动问责机制，改变"命案必破"的观念，并展开对疑罪从无的讨论。	5月9日，赵作海被无罪释放，并获得国家赔偿。

对上表所列典型案例进行分析可知，网络舆情对刑事司法的正面影响较为明显，主要体现为以下几个方面。

第一，监督侦查机关立案。根据《刑事诉讼法》的规定及司法实践的具体操作，除侦查机关主动发现获取材料之外，无论是报案、举报、控告还是通过其他途径所引起的立案都具有被动性。在这个过程中，网络舆论能起到监督与推动的作用。例如刘铁男案件，罗昌平实名举报刘铁男涉嫌腐败犯罪，引发网络广泛关注。在与官方交手的几个回合中，罗昌平在网络上公布了所掌握的证据，逐步形成要求追究刘铁男刑事责任的网络舆情，给纪检部门、侦查部门造成了巨大压力。这种压力的后果即是中央有关部门立案调查，宣布刘铁男涉嫌严重违纪违法并移交公安司法机关。在案件来源上，本案虽是纪检部门查处后移送的案件，但是网络舆情在纪检部门查清案件，使其符合刑事案件立案条件方面起到了促进作用。

第二，有利于准确查明案件事实、正确应用法律。根据《刑事诉讼法》第2条的规定，刑事诉讼法的任务之一即为保证准确、及时地查明犯罪事实，正确应用法律，惩罚犯罪分子，保证无罪的人不受刑事追究。办理刑事案件、查明案件事实是关键，整个刑事诉讼过程都是围绕这一具体中心任务展开的。① 网络舆情有时恰能对案件事实的查明起到关键的作用。例如"欺实马"案件、邓玉娇案件的关键事实在网络舆情介入后所发生的变化便是例证。正确应用法律则要求公安司法机关应当分清罪与非罪、恰当确定罪名。应当说，正确界定犯罪嫌疑人、被告人行为的性质及罪名是恰当处理刑事案件、实现司法公正的前提，也是维护犯罪嫌疑人、被告人诉讼权利和合法权益的重要条件。网络舆情对于正确界定犯罪嫌疑人、被告人行为的性质及罪名具有保证功能。例如在邓玉娇案件、张明宝案件中，行为性质与涉嫌罪名前后发生的变化即为佐证。

第三，有利于促进司法公正。司法公正分为实体公正和程序公正。实体公正要求据以定罪量刑的犯罪事实应当准确地认定，做到事实清楚，证据确实充分；按照罪刑相适应原则，依法适度判刑；对于处理错误或明显不公的案件，特别是无罪错作有罪处理的案件，依法采取救济方法及时纠正、及时补偿；犯罪嫌疑人、被告人有罪或罪重在事实上、法律上发生疑问的，应当从有利于被追诉人方面做出处理。程序公正要求严格遵守《刑事诉讼法》的规定；有效保障当事人和其他诉讼参与人，特别是犯罪嫌疑人、被告人的诉讼权利、严禁刑讯逼供和以其他非法手段取证等。②

---

① 参见陈光中主编《刑事诉讼法》（第五版），北京大学出版社、高等教育出版社2013年版，第20页。

② 参见陈光中《坚持程序公正与实体公正并重之我见——以刑事司法为视角》，《国家检察官学院学报》2007年第2期。

网络舆情对于司法公正同样具有不容小觑的作用。在"天价过路费"案件中，犯罪数额和所判刑罚在一审与再审程序中的变化，就是在网络舆情的介入与影响下发生的。网络舆情也有利于死刑适用标准的统一，尤其是量刑的统一。例如在李昌奎案件中，网络舆情将该案与药家鑫案件进行对比，导致该案再审改判李昌奎死刑立即执行，即在一定程度上捍卫了死刑适用标准的统一。同时，无论是赵作海案件，还是李怀亮案件，网络舆论的影响不仅仅在于纠正冤假错案，促进个案程序公正，更引起社会、学界及立法机关对严禁刑讯逼供、预防冤假错案的讨论与反思。另外，网络舆情亦可以纠正法院的违法裁判，促使法院严格遵守刑事诉讼法的规定。例如"临时性强奸"案件中，网络舆情对一审法官从轻处罚的理由于法无据的质疑，导致该案被调卷重审，经过再审两被告人被判处的刑罚从有期徒刑3年被改为有期徒刑11年、11年6个月。

第四，有利于增强执法公信力与司法权威及预防司法腐败。执法公信力是指社会公众普遍地对执法权运作具有的信服力和认同感，表明社会公众对执法的信任和尊重程度，也反映出执法权在社会生活中的权威力和影响力。① 司法权威作为一种特殊的权威类型，是指司法在社会生活中所处的令人信服的地位和力量。它不仅是一种具有权威性的公权力，还具有社会公信力。② 网络舆情如同一张巨大的压力网，形成强制公安司法机关严格依法办案，提高自身行为与决定公信力与权威性的外部力量。例如李荞明案件中，警方公布李荞明死因后，网络舆情集体质疑公安机关的公信力。当地政府在面对负面评价时果断转变工作作风，邀请网民代表参与调查，并公布调查结果——系牢头狱霸以玩游戏为名殴打致死。此举被央视《新闻调查》认为是网络监督的一次胜利，对网络监督力量的作用给予充分肯定。我们无法准确判断到底是邀请网民参与调查的行为，还是所公布的调查结果哪个更符合公众的心理，但有一点可以肯定的是网络舆情的介入和网民的参与确实提高了公安机关在公众心中的公信力。同时，网络舆情也能预防司法腐败。目前，司法腐败现象时有发生，原因多种多样。但是网络舆情对公安司法机关进行监督，降低了司法腐败的可能性。例如，李启铭案件中，如果没有网络舆情的关注，李刚利用警察局局长的身份影

---

① 参见王少鹏《新时期提高公安机关执法公信力的思考》，《公安研究》2009年第8期。
② 参见陈光中、肖沛权《关于司法权威问题之探讨》，《政法论坛》2011年第1期。

响办案机关、滋生腐败的可能性会大大提高。

第五，有利于促进刑事诉讼制度的变革与完善。"公共领域的不断争论与讨论，不但在个案中影响了刑事诉讼的具体实践，也从整体上推定了刑事诉讼制度的发展。"① 刑事诉讼法为公安司法机关办理刑事案件提供了一系列的制度、规则与具体程序，为保证刑法的正确实施提供了保障。然而，这些制度、规则与程序有可能是不科学、不完善甚至是不合时宜的。网络舆情十分擅长透过个案表象发现制度层面的问题并推动其改革与完善。具体而言，网络舆情至少对下列制度的改革与完善起到了推动作用：其一为辩护制度。辩护制度是公安司法机关准确、及时地查明案情和正确适用法律，提高办案质量，维护犯罪嫌疑人、被告人合法权益的重要制度。但是1996年刑事诉讼法第38条的规定并不科学合理，尤其是"引诱证人改变证言"的规定，在司法实践中异化成了对辩护律师的职业歧视条款。② 同时，对于辩护律师涉嫌伪证罪的处理程序也未予以明确。李庄案充分暴露了这两方面的问题。在该案一审判决做出之后，网络舆情对刑事辩护律师执业困境与执业操守的讨论，引发学界、律师界与立法机关对辩护制度，尤其是伪证罪的主体③及具体程序④的反思。最终，2012年刑事诉讼法第42条将义务主体修改为"辩护人或者其他任何人"、删去了"不得威胁、引诱证人改变证言"的规定、增加了追究辩护人刑事责任的特别程序规定。虽然该条规定的追究辩护人伪证罪刑事责任的特别程

---

① 左卫民：《现实与理想：关于中国刑事诉讼的思考》，北京大学出版社2013年版，第26页。

② 参见陈光中主编《〈中华人民共和国刑事诉讼法〉修改条文释义与点评》，人民法院出版社2012年版，第39页。

③ 2012年刑事诉讼法修改时，一些全国人大代表、律师和专家学者提出，所有参与刑事诉讼的人员，都不得进行妨害证据等干扰司法机关诉讼活动的行为，第30条规定的义务主体不应只限于"辩护律师和其他辩护人"。该条规定的辩护人不得"威胁、引诱证人改变证言"的规定不够准确，证人改变证言，可能是把不真实的证言改变为真实的，不应当一律加以禁止。参见王尚新、李寿伟主编《〈关于修改刑事诉讼法的决定〉释解与适用》，人民法院出版社2012年版，第33页。

④ 11个省市的20名律师联名给全国人大常委会和公安部发送建议书，指出重庆警方与"李庄被捕案"有利害关系，理应回避；同时建议公安部指定重庆市以外的警方实行异地管辖。

序仍有不完善、不清晰之处,① 但从个案角度分析,该案推动了刑事辩护制度的改革与完善。其二为羁押监管制度。由于刑事案件的特殊性,相当一部分犯罪嫌疑人、被告人在办案过程中被羁押在看守所内。"从应然层面分析,看守所不仅仅是关押被羁押人的所在,更应是保障被羁押人权益的场所。"② 然而赵作海、躲猫猫、洗脸死等一系列热点案件暴露出的侵犯被羁押人人权等诸多问题,经过网络舆情的发酵与渲染,直指羁押监管制度。为解决该问题,2012 年刑事诉讼法在证据一章中专门增加了非法证据排除、看守所讯问等制度,意图遏制甚至禁止刑讯逼供行为。同时,公安部开始高度关注看守所监管和完善工作,并开展重点整治"牢头狱霸"的活动。③

第六,有利于增强公众的法制观念。网络舆情背后的支撑者是一个个独立的个体,网络舆情参与刑事司法的过程实质上是普及相关法律知识,增强公众法制观念的过程。从上文的分析可以看出,无论是维护私权利的呼声,还是限制公权力的要求;无论是对尊重和保障人权的提倡,还是对侵犯和践踏人权的讨伐;无论是对罪与非罪的选择的讨论,还是对具体罪名的争论;无论是对现有刑事诉讼制度的批判,还是对具体制度改革与完善的建言,无形中都使公众对刑事法律的理念、原则、制度、程序有了更加深入的了解。同时,公众法律素养与法制观念的增强也会使网络舆情日趋理性与缓和。

网络舆论对刑事司法产生正面作用的同时,也带了一系列负面影响。究其原因,与网络舆情自身的特征有关。首先,过度关注当事人的身份标

---

① 参见汪海燕《合理解释:辩护权条款虚化和异化的防线》,《政法论坛》2012 年第 6 期;《形式理性的缺陷、缺失与误读——以刑事诉讼为视角》,《法学研究》2006 年第 2 期。

② 陈卫东、Taru Spronken 主编:《遏制酷刑的三重路径:程序制裁、羁押场所的预防与警察讯问技能的提升》,中国法制出版社 2012 年版,第 157 页。

③ 公安部要求全国各级公安监管部门按照公安部监所管理局的工作部署,逐看守所、逐监室地调查摸排,对发现在看守所内拉帮结伙、称王称霸、恃强凌弱、侵犯他人合法权益的"牢头狱霸",按照有关规定实行严管,并提请人民法院酌定从重量刑。同时要求至少每周组织一次对被监管人员体表进行检查,新收押人员入所 7 日内应当每日进行体表检查,发现身体有伤的,认真调查受伤原因;发现被监管人员有"牢头狱霸"行为的,立即实施严管;情节严重的,依照有关规定加戴械具或者实施禁闭;造成严重后果、构成犯罪的,依法追究刑事责任;严格管理责任追究。看守所发生"牢头狱霸"打死或者重伤其他被监管人员的,依照有关规定,严格追究责任民警、看守所领导和公安机关领导的责任。

签，立场预设色彩严重。李某、刘铁男、杨达才、李庄、"欺实马"等案件，引发网络热议的因素之一就是犯罪嫌疑人与被害人身份所形成的强烈对比。网络舆情从一开始介入刑事案件，就把目光聚焦在当事人的身份与家庭背景上。"富人与穷人、官员与百姓的强烈对比，使网络舆情在未全面了解案情时就已经立场鲜明地表明了对官员作风、富人行为的不满"①，并以此评判刑事案件。其次，激烈但不够理性。一旦刑事案件触及公众的道德底线，冒公众之大不韪，公众随即会以雷霆万钧之势发起舆论攻击，而不顾及案件事实与程序正义。这种近乎疯狂的举动往往缺乏理性，更多的是激情与冲动。再次，集体无意识。随着网络传播方式的转变，网民在网络中建立了熟人社会圈（微信），这使其在接受信息时容易放松警惕，不假思索，不分黑白地盲从，从而为谣言的流传提供了便利。最后，由于时间和精力有限、信息茧房效应②与网络信息真假难辨，网络媒体和网民所掌握的信息是不完整的、片面的，甚至根本就是错误的。由此带来的负面效应主要体现为以下几个方面。

第一，妨碍公安司法机关依法独立办案。刑事诉讼法规定刑事案件的侦查由公安机关负责。可是在网络舆情刑事案件中，网络媒体与网民却自告奋勇承担了侦查的职责。在李启铭案中，案发不久，网民就开始对肇事司机"人肉搜索"，并公开了其身份信息及社交网站的信息，舆论随即从确认肇事者身份转为对肇事者的声讨。而且一旦公安机关没有及时回应网络舆情的要求，网络舆情就会重新集结并将矛头指向公安机关甚至当地政府。为维护社会稳定，平息事态，各地公安机关一般都会高度重视，特事特办，为迎合民众的朴素道德情感不惜牺牲程序正义甚至实体正义。③此外，虽然掌握的信息可能并不完整全面，甚至是错误的，但网络舆情有无比强大的心，在不了解案件全部事实时就能掷地有声地发表自己的观

---

① 周安平：《涉诉舆论的面相与本相：十大经典案例分析》，《中国法学》2013年第1期。
② 信息茧房是指人们的信息领域会习惯性地被自己的兴趣所引导，从而将自己的生活桎梏于像蚕茧一般的"茧房"中的现象。由于信息技术提供了更自我的思想空间和任何领域的巨量知识，一些人还可能进一步逃避社会中的种种矛盾，成为与世隔绝的孤立者。在社群内的交流更加高效的同时，社群之间的沟通并不见得一定会比信息匮乏的时代来得顺畅和有效。http://baike.baidu.com/view/11688262.htm? fr=aladdin，访问时间：2014年7月26日。
③ 参见徐骏《司法应对网络的理念与策略——基于18个典型案例的分析》，《法学》2011年第12期。

点，进而形成力量无穷的网络舆情，影响公安机关的思维和认识。在林松岭案件中，案发后的舆论矛头直指涉案的警察。但是不久，案发当晚警察与大学生斗殴的视频公布，舆论却意外转向，直指死者。这种舆论转向严重影响公安机关的认识与办案思维，使其处于被动地位，疲于应对，无法依法独立办案。

第二，损害司法的独立性。司法的独立除意味保障人民法院依法独立行使职权，不受行政机关、社会团体和个人的干涉外，还应当保障法官职业的稳定性，强化法官的身份保障，摆脱有关权力单位和领导人任意调动或撤职的可能性。[①]但是一旦网络舆情介入刑事案件，尤其是引发广泛讨论的刑事案件，损害司法独立性的现象时有发生。其一，当事人利用网络舆情影响案件处理。双方当事人及其委托的律师在网络上发布与案情有关的各种消息，试图改变在网络舆情中的不利地位，并借网络舆情之手影响司法机关对案件的处理，干扰司法依法独立行使。例如李某案件。其二，网络舆情强迫司法机关服从其意愿。例如药家鑫案件。又如李昌奎案件中网络舆情对云南法院二审改判判决的抵触情绪所引发的再次改判。这种行为实质上损害了司法权威。其三，网络舆情影响法官命运。在"天价过路费"案件中，网络舆情强烈质疑法官能力和司法公信力，直接导致主审法官被调离审判岗位，主管庭长被免职。实质上，生效判决具有终局性是树立司法权威的要件之一。美国一位大法官说过："一个有效的司法制度的另一个重要因素是其判决的终局性……如果一个解决方案可以没有时间限制并且可以不同的理由反复上诉和修改，那就阻碍了矛盾的解决。"又说："无休止的诉讼反映了，同时更刺激了对法院决定的不尊重。"[②]李昌奎案件中从一审到执行死刑，判决结果经历了死刑立即执行到死刑缓期两年执行再到死刑立即执行的往复，司法决策出尔反尔，来回颠覆，严重损害了法院所作判决，尤其是终审判决的稳定性。

第三，损害诉讼当事人的诉讼权利与其他合法权利。刑事诉讼法赋予刑事案件当事人多项诉讼权利，并将"尊重和保障人权"作为一项

---

① 参见陈光中《比较法视野下的中国特色司法独立原则》，《比较法研究》2013年第2期。
② 宋冰主编：《程序、正义与现代化——外国法学家在华演讲录》，中国政法大学出版社1998年版，第3页。

基本任务,尤其注重对未成年犯罪嫌疑人、被告人、性犯罪被害人隐私权的保障。然而网络舆情并没有充分注意并尊重上述法律规定。最为典型的案例即李某案件。根据我国《刑事诉讼法》《未成年人保护法》《预防未成年人犯罪法》及相关司法解释的规定,在未成年人刑事案件中,对于未成年人的身份信息应当予以保密,审判亦不公开进行。但是网络媒体对被告人及被害人身份的大肆报道,使上述规范性文件中的相关法条全部落空,对被告人、被害人及其家庭造成了相当大的负面影响。

第四,阻碍刑事诉讼制度的改革与发展。网络舆情在促进某些刑事诉讼制度变革与完善的同时,也顽固地阻碍了另一些刑事诉讼制度的改革与发展。例如李昌奎案件中,有学者认为,云南省高院的二审改判,并非法律适用技术层面的简单纠错,其背后蕴含着推动死刑适用宽缓化的决策动机。正如云南省高院田副院长所言,此案改判的目标是"以李昌奎案为起点,为中国死刑判决立下创新性的标杆"[1]。从理论层面分析,减少死刑的适用甚至废除死刑,是联合国刑事司法准则的发展趋势。2007年11月16日,联合国大会负责社会和人道主义事务的第三委员会通过了题为"暂缓适用死刑"(*Moratorium on the use of the death penalty*)的决议案,意图在全世界范围内减少甚至废除死刑。诚然,"控制死刑的适用是一个渐进的过程,而不是由联合国通过一纸决议所能解决的问题"[2],但是我们应当正确理解减少甚至废除死刑背后所蕴含的巨大价值,并应当支持司法实务部门在适当的时机尝试死刑适用宽缓化。但是该案二审改判后所引发的舆情效应不仅是云南省高院始料未及的,也是我们不曾预料的。强大的舆论压力下迫使云南省高院再次改判,使得死刑适用宽缓化的尝试化为泡影。

三 网络舆情影响刑事司法的路径分析

中国互联网产业的"波荡式"增长与现实的"顶点繁荣",为国人的

---

[1] 徐阳:《"舆情再审":司法决策的困境与出路》,《中国法学》2012年第2期。
[2] 杨宇冠:《评联合国关于暂缓适用死刑的决议》,《社会科学论坛》2008年第7期。

生活提供了近在咫尺的全球化可能①,导致了中国语境下"公共领域"的第三次转型。②第三次结构转型之后,互联网逐步成为舆论的"主流媒介"③,以微博、微信为技术特征的"微时代"已经到来。由于网络媒体使用人数众多,传播速度惊人,而且公众往往会受到群体极化与集体无意识的影响,网络舆情相较于传统媒体而言对刑事司法的影响力更大,涉及面更广,程度更深。为更好地发挥网络舆情的正能量,减少负面效应及理性、科学分析和应对,分析网络舆情的形成过程和介入路径就显得十分必要。

(一) 网络舆情的形成发展过程剖析

毋庸置疑,并非所有的刑事案件均能引发网络舆情。质言之,能引起网络舆情的刑事案件自身应当具有典型性。这种典型性主要表现在涉案主体、案件事实、案件处理结果的典型性。涉案主体的典型性,是指当事人在一段时期内一定范围内被社会关注较多的人群(领导干部、公安司法机关工作人员、富人等),他们的言行举止极易成为舆论炒作的热点。尤其是该刑事案件的犯罪嫌疑人、被告人与被害人的身份形成强烈反差时,这种情形更为严重。此时,"舆论特别关注当事人的具体身份,对当事人的性别、阶层、亲属以及社会关系网络等个人信息抱有强烈的探寻欲望,并对事件的发生总是倾向于从身份信息上去寻找答案,并对任何司法判决都赋予身份解释的意义"④。以贫富差距为例,沃尔特·李普曼认为:"人类相互敌视的倾向如此强烈,在没有充分机会表现出来时,最琐碎、最怪诞的差别都足以煽动起他们不友善的情感和最激烈的冲突。但是造成分裂的最常见而最持久的根源,一向就是对财产的不同与不公平的分配。"⑤

---

① 参见廖奕《法官如何正义地思考——因应网络舆情的司法行为理论》,《政法论丛》2010年第4期。

② 哈贝马斯认为,公共领域发生了两次转型,第一次是一种去封建化的过程,而第二次结构转型,是指自19世纪的最后20多年以来,国家干预主义的增强以及公共领域与私人领域的重叠破坏了公共领域的基础,大众媒体的批判功能受到消费主义的侵蚀。相关内容参见[德]哈贝马斯《公共领域的结构转型》,曹卫东等译,学林出版社1999年版,第21页。

③ 参见杜骏飞主编《沸腾的冰点:2009年中国网络舆情报告》,浙江大学出版社2010年版,第10页。

④ 周安平:《涉诉舆论的面相与本相:十大经典案例分析》,《中国法学》2013年第1期。

⑤ [美]沃尔特·李普曼:《公众舆论》,阎克文、江红译,上海世纪出版集团2005年版,第136页。

网络舆情将对社会财富分配不公的愤懑通过身份对比信息毫无保留地转移到了当事人身上，而不管这种信息是否真实。例如药家鑫是"军二代""富二代"的虚假网络信息所造成的舆论的震荡。再如李某案件、林松岭案件、李启铭案件中，网络舆情对当事人及其父母身份的关注。案件事实的典型性，是指刑事案件的事实反映了当下主要社会矛盾。一经披露，迅速点燃社会公众压抑已久的"怒火"。李启铭案件中，李启铭嚣张跋扈的态度和不恰当的言论将人们对于贫富差距拉大的"怨念"成功地给激发出来。案件处理结果的典型性，是指公安司法机关在处理刑事案件过程中做出的决定超出了公众的预期。李荞明案件与"洗脸死"案件中，公安机关给出的洗脸致死和玩游戏致死的调查结果严重违背了社会公众的预期，再加上当局反应的迟钝和模糊，舆情就会在某一瞬间高强度爆发。

当然，具有前述典型性特征的刑事案件仍不必然引发网络舆情。网络舆情的发生，除了具备存在典型刑事案件作为对象的条件外，还需要经过以下几个过程的转化：首先，与典型刑事案件有关的信息必须找到符合自身"趣源"的信息广场。[①] 由于信息广场所在网站的信息兴趣和政治倾向不同，不同的信息广场有不同的自我定位。要想一个帖子火，必须要在适合的社区发布，否则将会被不间断更新的海量信息所湮没。其次，该信息经过"议题设置"的过滤进一步传播。虽然数量庞大的网民是网络舆情形成的前提条件之一，但是网络媒体尚掌握着议题的设置权。与此同时，随着微博、微信等"微"传播方式的普及，意见领袖[②]在网络舆情中也开始掌握话语权并进行议题设置。网络媒体与意见领袖对信息的过滤与选择影响着公众舆论的走向：人们将倾向于了解大众媒介注意的那些问题，并采用大众媒介为各种问题所确定的先后顺序来安排自己对于这些问题的关注程度。[③] 最后，该信息被设定为公众讨论的议题之后，还必须经过不同渠道予以发布，以让更多的受众了解，并吸引其加入。一般而言，网络议题的发布方式主要包括：第一，具有新闻采集、发布权的网站刊发新闻。

[①] 所谓信息广场，是指网民浏览量高、发帖量高、各类信息集中度高，在网民中知名度高的地方。参见项平《公共网络舆情事件研究》，人民出版社2012年版，第170页。

[②] 根据新浪微博的统计，在看似复杂、多元的微博舆论场中，实际能操控微博导向的仅是300余个微博"意见领袖"，他们的意见与倾向主导着微博舆论。参见刘阳、赵婀娜《"微时代"的理性与盲从》，《人民日报》2013年8月8日第17版。

[③] 参见项平《公共网络舆情事件研究》，人民出版社2012年版，第173页。

此类网站一般具有较高的公信力,网民或读者对其所刊发的新闻多持信任态度。第二,知名论坛发帖。论坛所具有的匿名性、发帖门槛低、同时在线人数众多等特征,为公众提供了突破现实话语表述樊篱的自由言论环境,使论坛发帖日渐成为传播舆情信息的重要方式。第三,微博、微信发布信息。微博、微信等应用软件的普及极大地推动了信息获取和社交行为的便捷。再加上"微时代"网络匿名传播特性及群体表达的内心安全感,使公众可以大胆地表达自己的观点[1],微博与微信平台就成为涉案网络信息传播的最新也是最为重要的方式之一。

如果说前述三种方式扩大了信息的散播面,那么知名网站、网民、传统媒体的转发、扩散,则成为舆情形成的关键环节。首先,知名网站转发新闻。由于此类网站不能采集和刊发新闻,一般主要通过上首页、推入"十大"热门新闻排行榜、放入搜索关键词等方式转发新闻。[2] 再加上知名网站庞大的读者群体的浏览、评论,成就网络舆情的可能性极大。例如,李荞明案件。其次,网民转帖。如前所述,截至2014年6月底,中国的手机网民已经达到了5.27亿人。[3] 网民通过浏览新闻网站、登录论坛等方式关注当天所发生的新闻、论坛上出现的帖子、微博、微信所接收的信息。一旦网民对某一条新闻或帖子产生兴趣,就会转帖。同时,网民可能在不同的论坛、SNS网站有多个账号,因此通过其转帖所形成的信息传播路径具有交叉发散性,信息散播速度呈几何式增长。最后,传统媒体的再次报道。由于我国的特殊情况,传统媒体,包括电台、电视台、报纸等都具有官方色彩,以国家公信力为依托。它们在进行新闻报道之前就要对新闻的真实性进行考察,因而可信度较高。一经传统媒体报道,网民对于网站、论坛所公布的新闻信息真实性的疑虑就会被打消,转而采取信任的态度。网民一旦认为自己掌握了事实的真相,就会更加主动地转发、评论,进而形成舆情。例如赵作海案件中,央视《新闻1+1》播出《我没杀人!》,进一步扩大了该案的知名度的同时,也公布了案件的真相,打

---

[1] 参见刘阳、赵婀娜《"微时代"的偏激与极化》,《人民日报》2013年8月15日第17版。

[2] 参见项平《公共网络舆情事件研究》,人民出版社2012年版,第183页。

[3] 参见中国互联网络信息中心(CNNIC)2014年7月发布的第34次《中国互联网络发展状况统计报告》,http://yuqing.people.com.cn/n/2014/0723/c209043-25327218.html,访问时间:2014年7月26日。

消了公众的疑虑。再如"死刑保证书"案件,经过央视《今日说法》栏目的讲述与评论,引发全国上下对于死刑案件冤假错案的讨论。

虽然信息的刊发、转发不可避免地会附着相关主体的主观想象、个人评价,但在更大限度上只是"基本事实"的传播。媒体和网民在基本事实的基础上,从不同角度对案件进行分析与评论,揭示案件背后的深层次问题以便引起舆论的持续关注。在此阶段,值得关注的首先是"意见领袖"的评论。根据"二级传播"的假设,新闻事件不会直接作用于公众,而是由一些民间专家先行做出解读,形成价值判断,再传送给公众。[①] 意见领袖通常具有一定的专业知识和教育背景,又频繁接触网络,深知网络传播的特性和网络舆论的影响力,并善于利用网络。[②] 他们在面对网络舆情案件时具有与众不同的见解,能引导网民逆向思维或多角度发散思维,并影响受众的观点选择。从一定角度上来说,意见领袖实质上在进行议程设置,掌握了话语优先权。例如"李庄"案中,在提起公诉之后,在法律人聚集的博客网站,数天内相继发表了百余篇评论。知名律师陈有西撰写的《法治沉沦:中青报奇文批判》与《初步可以判定李庄无罪》两文分别被转载10800次、11900次,在网民中引起强烈反响。也正是因为网络领袖的巨大影响力,一旦发表了不当或错误言论,同样会引起巨大反响,只不过批判的矛头指向的却是自己。例如清华大学某著名学者就李某案发表的"即便是强奸,强奸陪酒女也比强奸良家妇女危害性较小"的言论一出,立即引发舆论的反弹与争论,同时也将自身置于舆论的风口浪尖之上,饱受批判。另外,网民,尤其是微博博主、微信用户的评论也是不能忽视的因素。微博、微信的出现改变了网络舆情载体的生态格局。2010年开始,微博成为酝酿网络舆情的重要媒介,成为网民爆料及事件发展的主要显示平台。[③] 作为新兴的"自媒体"——微博最大的特点在于字数限制、更新速度快,并成为单个个体向无限社会群体进行"喊话"

---

① 参见刘阳、赵婀娜《"微时代"的理性与盲从》,《人民日报》2013年8月8日第17版。
② 参见罗坤瑾:《从虚拟幻影到现实图景:网络舆论与公共领域的构建》,中国社会科学出版社2012年版,第195—200页。
③ 参见杜骏飞《2010—2011危如朝露:中国网络舆情报告》,浙江大学出版社2011年版,第15页。

和广播的手段①,增强了网络传播的民主化。2012年以降,微信平台的创建与发展,大有取代微博之势。由于微信平台的交际范围主要限于熟人之间,意味着人们在信息获取和交往方式上回归传统,更加理性与沉稳。

日本谚语有云:争论问题不在声音高低,而在道理多少。由于网络舆情形成的平等性、匿名性,无论热点在前述形成的过程中怎样聚合,舆论都不可能只剩下一种声音,而往往会形成两种尖锐对立的观点。每种观点都会有各种各样的理由加以支撑,双方试图说服对方,就势必会进行争辩,并尽可能地展示己方观点的合理性和权威性。这种争辩充斥于论坛、微博、网站之中。通过这种争辩,可以达到三种效果:增加点击量,使新闻成为真正意义上的热点;增加细节,使新闻更加完整;通过辩论使背后深层次的问题浮出水面,增加新闻的社会价值。例如"李庄"案件中,一审宣判之后,判决结果第一时间被新闻网站披露。凯迪社区著名的"猫眼看人"论坛,当天下午几乎同时出现了两个原创帖:《李庄的判刑是中国法制的进步!》和《李庄被判,法律已死》。两派观点的论证甚至吸引了专家学者和意见领袖的强势介入。② 而且不同的网站也体现了截然相反的态度,从一个时间段的平衡来说,腾讯网在重要位置给予"挺李派"的空间更多,而重庆当地的华龙网向受众推荐的则更多是不利于李庄的描述。

网络舆情信息经过上述各个过程的发展、酝酿,会形成巨大的舆论洪流,对当事人、公安司法机关形成巨大的舆论压力。在这个过程中,"沉默螺旋"与"群体极化"效应发挥了重要的作用。"沉默螺旋"理论认为,个人意见的表明是一个社会心理过程,个人在表明自己观点时,会对周围的意见环境进行观察,当发现自己属于"多数"或"优势"意见时,他们便倾向于积极大胆地表明自己的观点;反之则屈于环境压力而转向"沉默"。③ 在匿名的网络环境中,也存在"沉默螺旋"效应,即在意见

---

① 参见罗坤瑾《从虚拟幻想到现实图景:网络舆论与公共领域的构建》,中国社会科学出版社2012年版,第103页。
② "挺李派"认为从法律层面分析李庄"错不致罪"且呼吁发起维护律师形象的保卫战;"倒李派"则认为"如果李庄无罪,则法律不义",且希望借此充分揭露"黑律师"的丑行。
③ 王静:《网络传播对传统传播效果理论的影响》,《青年记者》2007年第6期。

交流过程中，人们越沉默，其他的人便越是觉得某种特定的看法具有代表性。① 在热点刑事案件中，一般都包含着显著的对比和激烈的冲突，这些都会催生网民的口水。同时"群体极化"理论认为群体中原已存在的倾向性通过相互作用而得到加强，使原有观点朝着更极端的方向转移。如"欺实马"案，当爆料者爆出肇事者是一个不学无术的富二代，开着宝马车撞了人还十分嚣张，被害人则是一个品学兼优的贫困子弟时，网民胸中强烈的义愤感便被激发出来，而不管事情本身的是非曲直，毫无理由地选择支持被害人，形成舆论"一边倒"局面。另外，官方应对的不给力也容易导致网民呼吁公布案件事实真相，认为存在徇私枉法的行为，质疑公安司法机关执法司法不公，招致舆论强烈批评。例如"临时性强奸"案件中舆论对一审轻判理由的质疑、"李昌奎"案件中舆论对于二审改判的质疑及案件的最终处理结果都充分地显示了网络舆情的巨大威力。另外，网络舆情发展到这个阶段，注意力会从案件事实本身转到与案件主题有关的各个领域存在的问题之上。从本文选取的案例可以看出，网络舆情到达顶峰时，关注点就会转到社会财富分配不公、政府公信力、公安司法机关执法司法公正性等问题上，某些案件的舆论甚至成为推动刑事诉讼制度改革、发展的社会压力和推动力。例如"李昌奎"案件中的网络舆情引发了死刑适用宽缓化的思考、"李庄"案件直接推动了刑事诉讼法修改中辩护制度的修改和完善。

在这个过程中，有一个新动向不容忽视，就是"网络推手"。② "他们制造各种话题，利用网络组织、策划群体性事件，并围绕话题、事件进行炒作"③，"蒙蔽了网民的视野，混淆了网民的认知，加剧了局部问题全局化、个体问题公众化、普通问题政治化的趋势，加大了党政机关引导舆论的难度"④。因此，我们在看待网络舆情时，应当探求事件背后的真相，预防掉入"网络推手"事先挖好的陷阱之中，从而保证对事件与舆论的理性认知。

---

① 参见 [美] 沃纳·赛佛林等《传播理论：起源、方法与应用》，郭镇之等译，华夏出版社 2000 年版，第 298 页。
② 参见王子文、马静《网络舆情中的"网络推手"问题研究》，《政治学研究》2011 年第 2 期。
③ 王来华：《论网络舆情与舆论的转换及其影响》，《天津社会科学》2008 年第 4 期。
④ 肖文涛：《治理群体性事件与加强基层政府应对能力建设》，《中国行政管理》2009 年第 6 期；肖文涛、林辉：《群体性事件与领导干部应对能力建设论析》，《中国行政管理》2010 年第 2 期。

然而，注意力的有限性以及经济人的"自利性"① 决定了网民无法持续地关注网络热点事件，而司法程序较长的周期性，更无法满足现代快节奏生活对信息的需求，容易产生"注意力转移"与"注意力疲劳"现象。② 一般来说，网络舆情的平息主要通过以下几个途径实现：首先，更刺激、更新鲜的网络舆情事件发生。网络媒体选择信息、案件的主要出发点是能否吸引公众的眼球，获得点击量进而在传播市场赢得更多席位，获得更多经济利益。因此，网络媒体会不间断地发布新的信息、设置新的议题。这在一定程度上也会转移舆论关注的焦点。其次，案件依照网络舆情的意愿得到处理。例如"药家鑫"案件中，网络舆情随着药家鑫被判处死刑立即执行随即消解。最后，案件得到公正处理。例如"欺实马"案件，随着车辆鉴定结果的公布，案件得以公正处理，网络舆情亦不再关注。最后，案件事实真相公布。李荞明案件中，云南省委宣传部邀请网民代表对案件事实进行调查并公布案件事实真相之后，网络舆情中质疑公安机关的声音自然消失。

（二）网络舆情介入刑事案件的路径分析

虽然如前文所述，"公共领域"发生了三次转型，内涵发生了变化，增加了论坛、博客、微博、微信等新媒体。但是传统媒体仍然是公共领域的重要组成部分。二者之间在更多的时候呈现一种交融糅合、互相推动的关系。（见表2）

表2

案件	信息首发者	案件	信息首发者
"欺实马"案	网民发帖	林松岭案件	网民发帖
李荞明案	《云南信息报》报道	"临时性强奸"案件	网民发帖
邓玉娇案	网民发帖	天价过路费案件	大河网报道
张明宝醉驾案件	中新江苏网首发	赵作海案件	《大河报》和大河网报道
李启铭案件	网民发帖	李昌奎案件	受害人哥哥在网站发帖

---

① 参见［英］亚当·斯密《国民财富的性质和原因的研究》上卷，郭大力、王亚南译，商务印书馆2004年版，第5—16页。

② See Jack M. Balkin: Bush v. Gore and the Boundary Between Law and Politics. Times New Rome，2001.5.

续表

案件	信息首发者	案件	信息首发者
李庄伪证罪案件	官媒发布消息	"洗脸死"案件	《人民日报》评论
药家鑫案件	陕西卫视报道		

对表 2 所列举的 13 个案例中信息首发者的属性进行分析会发现，9 个案例是新媒体或者网民通过新媒体在案件发生后极短的时间内首先发布的，占全部案件的 69%。我们可以认为网络舆情对个案的跟进效率具有传统媒体无法企及的优势。[①] 但这并不意味着网络媒体已经完全取代传统媒体的角色和作用，普通民众和非专业人士已完全取代记者和法律专家。虽然网络传播的技术特征与人际传播特征使之在案件的跟踪报道方面有先天优势，而且因为议题设置的平民化，网络媒体的报道更加及时。但传统媒体自身仍然具有巨大优势：拥有一支专业的记者队伍，能对事件进行更全面、更深入的报道；由于要对自己所发布的新闻的真实性承担相应的责任，因而报道具有更高的真实性。

从目前来看，网络媒体与传统媒体之前的关系呈现出了互动加强、传统媒体更加关注网络的特征。而这种互动一般主要体现为以下两种模式：首先，传统媒体先就某一事件进行报道，经过门户网站转载后，引发第一轮网络舆情；此后在 BBS 和网络社区出现相关的讨论帖，同时部分专业人士通过发表博客、微博与微信就事件进行评论，形成第二轮网络舆情。之后传统媒体会整合网络舆情刑事事件进行深层次的挖掘与分析。其次，事件首先出现在博客、微博、SNS 社区、BBS 等网络媒体上，经过网络写手和 BBS 版主推动，引发网民大范围关注，形成第一轮舆论；关注度达到一定程度，传统媒体会跟进报道并核实消息，最终形成较为完整、可信度较高的事件信息，这些信息被互联网再度转载，引发门户网站新闻、BBS、博客、微信评论，形成第二轮舆论。需要强调的是，在这两种模式下，由于传播方式的平等性、匿名性、交叉传播性及用户众多，网络在舆论的形成过程中发挥了扩音器的作用，将传统媒体对刑事司法的影响扩大数倍。然而这种扩大不仅彰显了舆论监督的功能与效力，也把舆论自身的

---

① 参见徐俊《司法应对网络舆情的理念与策略——基于 18 个典型案例的分析》，《法学》2011 年第 12 期。

缺点、短板及对刑事司法的负面影响暴露无遗。

四 刑事司法应对网络舆情的对策

"科学技术是最富有革命性的力量，是一切社会变革的根源。"[①] "法的内容与形式上良善与否的评价与科学技术的尺度有关。技术的尺度涉及法的形式，要求法可操作、可预测；科学的尺度既涉及形式也涉及内容，要求法符合客观规律和人的理性。"[②] 在互联网络技术高速发展的今天，网络舆情给刑事司法带来了诸多挑战，导致二者之间的关系日趋紧张。应当说，对刑事司法来讲，网络舆情是一把"双刃剑"。在司法实践中，网络舆情也成为司法实务部门及其工作人员不愿面对、害怕面对、手足无措的"魔怔"。为了缓和网络舆情与刑事司法之间的紧张关系，实现二者的良性互动，一方面公安司法机关应当对网络舆情秉持一种理性的态度，全面把握网络舆情的优点与缺陷，摒弃目前要么盲目顺从网络舆情、要么置网络舆情于不顾的两极分化态度；另一方面要完善网络舆情的监管、规范机制。

（一）刑事司法对网络舆情应当持宽容、区分的理性态度

第一，刑事司法对待网络舆情应当宽容。由于网络媒体议题设置的选择性、资讯的碎片性及网民选择信息的利己性、片面性，网络舆情在关注刑事个案时，难免在认识案件事实、公安司法机关的诉讼行为时出现偏差，以致出现非恶意的错误、偏执甚至过激言论，公安司法机关对此应当持一种宽容的态度。因为"恰恰是在发生'无恶意'的言论失实的时候，才更需要法律的保护，也是法律保护的价值所在"[③]。言论自由与司法公正、司法权依法独立行使均为宪法所明文规定。公安司法机关对于网络言论的宽容，实质上是对言论自由这一宪法权利的尊重。刑事案件一旦进入网络舆情的旋涡，质疑、批判甚至直接否定的声音不绝于耳，甚至成为主流声音。

[①] ［美］乔治·萨顿：《科学史与新人文主义》，陈恒六等译，华夏出版社1989年版，第1页。

[②] 张文显：《法理学》，高等教育出版社2003年版，第490页。

[③] 陈志武：《媒体言论的法律困境：关于新闻侵权诉讼的实证研究》，载怀效锋主编《法院与媒体》，法律出版社2006年版，第66页。

这种声音包含了对富人、官员、司法腐败、司法不公、道德现实的质疑，无论我们是否愿意面对，却总能在当前我国社会现实中找到活生生的例子。我们不能简单地在个案中审查核实其正确与否，更不能对发表此类言论者进行打压，而是要以一种冷静、宽容的心态面对，把握这种声音所反映出的社会矛盾，寻找出解决问题，尤其是刑事司法领域存在问题的良策。

第二，刑事司法对网络舆情应当进行区分。即对网络舆情中"真假"的区分。网络舆情虽然不能代替司法认知，但是却能对司法过程、司法认知产生相当大的影响。刑事司法要理性面对网络舆情，恰当地处理这种影响，就必须对网络舆情中"真"或"假"进行区分。对"真"的部分，予以采纳是理所应当。因为"在政治活动中，公众意见或舆论不仅是一种不可避免的力量，而且在一定程度上还是一项正当标准"①。至关重要的是对"假"的部分的处理。前文我们已经谈到了要对网络舆情采取宽容的态度，但是宽容并不代表着纵容，无所作为。"假"的部分，尤其是那些显然违反生活常识、违反社会基本道德规范、公序良俗的舆论，不仅会造成网络舆情的非理性，而且"三人成虎"的可能性会大大增加。这从"药家鑫"案件中有关药家鑫身份的虚假信息对网络舆情所造成的影响中就可见一斑。对于网络舆情中"假"的部分，要弄清楚事情的本原，据理力争、善意引导、有理有利有节。另外，对于恶意传播虚假消息者予以处罚，并对网络留言及时予以澄清。

第三，舆情事实与法律真实的区分。法律真实是指对案件事实的认定只要符合法律规定的要求就视为真实。从这个意义上来讲，法律真实就是形式真实，特征就是将通过正当程序认定的事实视为真实。刑事司法领域越来越强调客观真实与法律真实相结合，进一步强化程序的价值，尽可能地保证通过正当程序认定的事实与客观事实相一致。然而网络舆情所认定的案件事实显然与前者是不同的。"数字鸿沟"②"沉默螺旋""群体极

---

① [美] 乔治 萨拜因：《政治学说史》上卷，邓正来译，上海人民出版社 2008 年版，第134 页。

② "数字鸿沟"又称"信息鸿沟"，它是指当代信息技术领域中存在的差距，简言之就是对信息的掌握、拥有、控制和使用能力上存在的差别。它既存在于信息技术的开发领域，也存在于应用领域，特别是由网络技术产生的差距。美国商务部 1999 年发布的《定义数字鸿沟》报告说，收入、教育和种族都是造成"数字鸿沟"的因素。http://wenda.so.com/q/1378220887068983?src=170，访问时间：2014 年 7 月 28 日。

化"现象的存在,不仅使网络舆情并不具有最充分的代表性,更使网络舆情具有一定程度的危险性。勒庞认为,"在一场大众运动中,人群的智力特别是思考能力、逻辑推理能力和分析能力直线下降,反而是激情的演讲、精巧的暗示、耸人听闻的流言、强有力却缺乏逻辑分析的语言能够占据上风"①。在这种背景下,再加上网络推手的炒作,网络舆情很容易丧失理性。虽然网络舆情与刑事司法都以正义为自身追求的终极目标,但是二者产生"案件事实"的途径却大相径庭。"成熟的司法制度由专门的法律知识与固化的法律程序予以支撑,网络舆情因不确定性和非规则性而无法超越司法在解决纠纷上的正当性。"②

(二) 刑事司法应当疏导、沟通、公开网络舆情

第一,刑事司法应当疏导网络舆情。应对网络舆情,关键在于疏导,以开明、开放的胸怀对待网络舆情。无论是要求对网络舆情持宽容态度,还是要对真实与虚假、舆情事实与法律真实进行区分,都是为了改变当下刑事司法面对网络舆情时的被动处境,转而主动影响、引导网络往理性、科学的方向发展。公安司法机关可以考虑采取以下策略:首先,端正态度,坦坦荡荡、开诚布公。网络舆情发生之后,公安司法机关应当勇敢、主动面对,摒弃网络危机发生后瞒、盖、骗、堵的做法③,保证互联网时代案件信息的公开与透明,保障公众对刑事司法的知情权、监督权和表达自由权。可以说,真诚与坦率的态度是疏导网络舆情的首要条件。

第二,各级各地公安司法机关建立和完善机构设置。(1) 建立和完善舆情监测室。目前,已有不少地方的公安司法机关设立了舆情监测室,对涉及自身的热点刑事案件中的网络舆情进行实时监测,发现问题及时通报与处理,取得了良好的社会效果,可以为各级公安司法机关借鉴与学习。舆情监测室主要承担以下职责:跟踪监测热点刑事案件网络舆情的动

---

① [法] 勒庞:《乌合之众:大众心理研究》,冯克利译,广西师范大学出版社 2007 年版,第 53 页。
② 徐俊:《司法应对网络舆情的理念与策略——基于 18 个典型案例的分析》,《法学》2011 年第 12 期。
③ 参见钱锋《网络舆情环境下司法公正的实现》,《人民司法》2009 年第 19 期。

态;汇总网络舆情的主要观点,尤其是质疑、批评的声音;将相关信息及时通报主管领导与办案部门,以便其尽快进行审查,收集提供材料和意见;通过官方网站、微博、微信等渠道及时发布相关信息、处理结果并公布证据及理由。(2)进一步完善新闻发言人制度。早在2006年,最高人民法院和高级人民法院的两级新闻发布体制就正式宣告建立。[①] 公安机关、检察机关也应当建立相应的体制,对于社会公众、网络舆情关注的关系社会公共利益等的热点案件,在不违反刑事诉讼法等法律规定的前提下,尽可能全面、系统地公布办案情况,解答疑问,消除误解。当然,目前法院系统的新闻发布制度还存在这样或那样的缺陷,但不能磨灭其本身所具有的沟通功能,只是需要加以修正和完善。

第三,完善网络舆情刑事案件信息公开制度。公安司法机关及时公布案件相关信息与办案进程,不仅是刑事司法与网络舆情良好沟通与互动的前提,也是恰当应对网络舆情,化解舆论危机的必要条件。信息公开已成为基本共识,现在需要明确的是公开范围的问题,即哪些信息能公开,哪些信息不能公开。根据刑事诉讼法的规定,刑事诉讼一般包含立案、侦查、审查起诉与审判环节。下面将分阶段对信息公开的范围进行讨论。立案阶段,侦查机关是否立案直接决定了案件是否能进入刑事诉讼程序。因此,对于网络舆情举报、控告、揭发的材料,应当及时公布是否立案的决定并说明理由。侦查阶段,侦查的任务是收集证据,查明案件事实,查获犯罪嫌疑人。随着侦查的逐步深入,侦查机关开始认定的犯罪嫌疑人、犯罪事实可能发生变化,证据也尚未最终确定,对于案件的实体内容不宜过早公布。然而对于程序性事实,例如拘留、逮捕和侦查终结后的处理结果,公安机关还是应当予以公布并说明理由。审查起诉与审判阶段,由于此时犯罪嫌疑人、被告人及案件事实基本已经查清,证据也已经固定,对于案件的实体内容可以有选择的公布,尤其是在审判阶段,在审判公开原则的指导下,庭审应当对公众开放。因此,在网络上对案件事实进行公开

[①] 最高人民法院明确,新闻发布的主要内容有:针对外界对法院工作所产生的误解、疑虑以及歪曲和谣言,通过及时发布权威信息,解释疑惑,澄清事实,驳斥谣言。时任最高人民法院院长肖扬还要求,最高人民法院、高级人民法院、具备条件的中级人民法院和基层人民法院,均应当设立新闻发言人,建立新闻发布制度,围绕大局和重要题材,准确发布信息,主动引导舆论,保障公众知情权。参见《新华每日电讯》2006年9月13日。

也是应当的。同时，也应当及时公布案件进展。但无论是哪个阶段的公开，都应当遵守刑事诉讼法的规定，法律规定不应公开的，坚决不能公开，尤其是未成年人刑事案件更应如此。

第四，建立刑事司法与网络舆情的沟通机制。面对纷繁复杂的网络舆情，及时、有效的沟通是帮助公安司法机关占据舆论制高点，把握舆论主动权的法宝。公安司法机关办理刑事案件必须严格遵循刑法和刑事诉讼法等规范性文件的规定，故以多重法律逻辑、程序正义和依法办案为特点，但公众多用日常生活经验和朴素的道德情感来检视刑事司法与刑事诉讼制度。因此，二者对法律规则与制度的体验在某些时候将不可避免地发生抵牾，缺乏有效的沟通机制，对公众情感与意见的反映与吸收不足，使得"它们在某些时候并没有得到良性散发，甚至演变成一种民粹主义的情感宣泄"。[①] 因此建立良好的沟通机制与渠道迫在眉睫。公安司法机关可以借助已有的网络舆情监测室进一步完善沟通机制与渠道。

我们认为，可以从以下几个方面着手。首先，运用官方网站、微博、微信等网络平台及时发布案件信息。案件信息公开是与网络舆情进行沟通的前提。其次，在前述网络平台中开辟信箱或留言板板块。通过信箱与留言板，将网络舆情予以分流，使公众与媒体找到一个直接与办案机关交流，表达意见和诉求的渠道。为实现预期目的，公安司法机关至少应做好以下方面的工作：首先，查看、回复应当及时；回复应当诚恳、实事求是，不做官样文章。其次，尝试借助网络意见领袖的力量。前面已经提到，"意见领袖"在网络舆情的形成与发展过程中发挥着举足轻重的作用。公安司法机关必要时可以尝试与其沟通，向其说明案件进展，展示相关证据材料，说明做出决定的理由，以取得"意见领袖"的理解与支持，继而让"意见领袖"代替公安司法机关向公众予以说明和解释。此举不仅避开了公众对官媒不信任的问题，而且能利用"意见领袖"的巨大影响力，扭转公安司法机关一直以来被动、受质疑的局面。最后，可以借鉴"法院之友"制度，提高吸收和整合舆情信息的能力。在美国，法院之友

---

① 左卫民：《现实与理想：关于中国刑事诉讼的思考》，北京大学出版社2013年版，第23页。

是美国上诉法院和最高法院与社会进行沟通的常用方式。① 我国目前存在"专家意见书",但是缺乏法律层面的支持,实践中操作也很不规范。我们可以借鉴"法院之友"制度,对"专家意见"这种制度进行完善,扩大公安司法机关与社会沟通的范围,使办案过程中能平衡好多方面的意见。需要注意的问题是沟通技巧的提高。巧妙、恰当的沟通技巧能起到事半功倍的效果。1994年《媒体与司法独立关系的马德里准则》规定,"法官应当就其与媒体如何打交道获得指导。应当鼓励法官在关系公共利益的判决书很长或者复杂时提供摘要以及通过其他适当的措施帮助媒体。"该条也强调了法官与媒体打交道时技巧的重要性。为此,公安司法机关可以定期举办讲座、培训班等,传授相关知识,提高实际操作人员的沟通技巧。

(三) 完善对网络舆情进行规制、惩戒的立法

第一,增加相关互联网立法规范。目前,规范互联网的管理规定主要有《互联网信息服务管理办法》《计算机信息网络国际互联网安全保护管理办法》《互联网上网服务营业场所管理条例》《新闻网站电子公告服务管理暂行办法》等。这些规范性文件,在立法位阶上,基本属于行政法规和部门规章,法律位阶较低,缺乏权威的基本法依据;在规范内容上,篇幅较短,内容不是很完整,且多是管理方面的规定,对网民、网络媒体的规范性条文比重偏低,内容也较原则、概括,不具有可操作性;对互联网发展过程中出现的新事物、新特征缺乏基本回应;罚则部分笼统、抽象,尤其是对违反法律的消息散播者(个体)缺乏细致、具体的处理方案,且处罚力度不大;与刑法、刑事诉讼法的衔接不是很好。因此,我们认为,基于网络舆情对刑事司法产生的巨大影响,尤其是负面影响,有必要由全国人大及其常委会制定一部基本法律,对互联网的使用与管理、对使用者的行为规范、惩戒等做出全面、细致的规定,并注重与刑事法律的

---

① 根据相关资料统计,近年来,美国联邦上诉法院有85%以上的案件有"法院之友"参加。向法院提交法院之友意见有三种途径:法院主动征询意见;法院之友主动向法院提交意见;当事人主动联系法院之友,求得法院之友对自己有利的支持意见。法院之友可以向法院提交书面意见,在特别情况下,法院会批准法院之友参加口头辩论。参见于秀艳《美国的法庭之友》,《法律适用》2005年第4期。

衔接。

第二，加强刑事司法中对网络舆情的规制。公安司法机关有一个理性的态度来对待网络舆情，只是解决了思维层面的问题。倘若网络舆情受不到应有的规制，频频干扰司法，不仅会损害当事人的诉讼权利和合法利益，更无法实现司法公正。在前述基本法律之下，可以考虑从以下几个方面进行规制：首先，过程控制。对网络信息的筛选、发布、转载、发帖、跟帖等环节进行规制，在不侵犯公民言论自由权和媒体新闻报道权的前提下，将其纳入程序规范之中，防止甚至杜绝网民恶意发布虚假消息、混淆视听。更重要的是，禁止网络媒体与网民发布违反基本法律规范的信息并建立惩戒机制。网络媒体和网民法律以及传统平面媒体违反基本法律规范条文的典型例证即李某案件中对案件进行的报道。因此，有必要设立相关的法律法规，努力实现媒体报道对刑事司法的尊重，达到既保护传媒公正报道的权利，又保证传媒权利的行使不至于频频越界①的效果。其次，明确当事人的责任。在网络舆情刑事案件中，当事人利用网络舆情干涉刑事司法的现象愈演愈烈。为解决该问题，在立法层面应当规定双方当事人，尤其是犯罪嫌疑人、被告人、被害人及委托的律师不得为满足一己私利而利用网络舆情干扰司法机关，并明确相应的法律责任，如罚款、拘留，构成犯罪的，依法追究刑事责任等。最后，明确公安司法机关自身的责任。公安司法机关及其工作人员能接触到案件事实和证据。在司法实践中，有些公安司法机关的工作人员可能会以掌握真相者自居，出于炫耀或增加个人微博、微信点击率等想法，以个人名义或匿名违法将案件信息与证据公布到互联网上，严重干扰公安司法机关办理案件。为减少甚至杜绝此类现象的发生，立法应当明文禁止公安司法机关工作人员，尤其是办案人员违反法律法规私自在互联网上发布案情和证据，并明确违反该项禁止性规定，应当承担纪律、行政乃至刑事责任。

第三，完善相应的惩戒措施。无责任即无义务。无论是健全法律法规，还是通过各种渠道对网络舆情进行规制，都只是为公众及网络媒体提供了基本的行为规范。如果没有完善的制裁机制加以保障，这些行为规范也就只能是纸上谈兵。一方面，在上述规制制度的基础上，完善对

---

① 王人博、朱健：《"舆论审判"还是"媒体审判"？——理念辨析与解决之道》，《阴山学刊》2007年第2期。

违反法律规定的当事人、公众、网络媒体及公安司法机关工作人员进行纠正、惩戒程序，包括举报、报案信息的接受与处理、立案、调查取证、审理及惩戒等内容，使行为规范具有实质上的约束力和震慑力。另一方面，刑法新增有关网络谣言的罪名。目前刑法中有关谣言的罪名主要有第105条的煽动颠覆国家政权罪和第221条的损害商业信誉、商品声誉罪。从犯罪构成要件来分析，刑事司法领域内发布、散布（转发、转贴）虚假、不实消息的行为和网络推手公司收费炒作刑事案件的行为根本不符合上述两个罪名的犯罪构成要件，导致司法实践中无法适用。这也可以从"秦火火"案件中公安司法机关的处理得到印证。目前，公安机关是以非法经营罪和寻衅滋事罪进行立案侦查的。由于其是通过成立网络推手公司在互联网上制造传播谣言、恶意侵害他人名誉，符合非法经营罪的犯罪构成要件，以非法经营罪立案侦查无可厚非，但是以寻衅滋事罪进行立案侦查却值得商榷。根据刑法第293条的规定，寻衅滋事罪的行为要件为：（1）随意殴打他人，情节恶劣的；（2）追逐、拦截、辱骂他人，情节恶劣的；（3）强拿硬要或者任意损毁、占用公私财物，情节严重的；（4）在公共场所起哄闹事，造成公共场所秩序严重混乱的。2013年9月9日公布、9月10日施行的最高人民法院、最高人民检察院《关于办理利用信息网络实施诽谤等刑事案件适用法律若干问题的解释》（以下简称《解释》）将寻衅滋事罪进行扩大解释，使在"秦火火"之类的案件中适用寻衅滋事罪名有了明确的法律依据。最高人民法院、最高人民检察院是否有权对寻衅滋事行为作扩大解释以及解释本身的合理性均值得进一步研究。

放眼国外，很多国家在刑法中或单独立法，将在网络上发布、散播不实、虚假信息的行为定为刑事犯罪。例如美国马萨诸塞州议会通过的《2000年法案》规定，任何人运用网络对他人进行蓄意和恶意的骚扰，致使其情感严重紧张的行为，应定为刑事骚扰犯罪，可判处最高两年半刑期或不超过1000美元罚款，或两罚并用。[①] 2008年，印度修订《信息技术法》，规定对在网络上散布虚假、欺诈信息的个人最高可判处3年有期徒刑。德国《刑法典》第276条规定，凡是明知传闻有误，并会在广大人群中产生不安，由此危害公共秩序，还有意散播者，应被处以最高6个月

---

① 参见王彬彬《美国如何治理网络谣言》，《理论导报》2013年第6期。

监禁或罚款。如果这一行为造成多人死亡，违法者应受到最高 5 年监禁的处罚。泰国《电脑犯罪法》第 14、15 条规定，在计算机系统上传播、散布虚假消息，将被处以最高 5 年监禁或最高 10 万泰铢罚款或二者并罚。韩国《电子通讯基本法》规定，以危害公共利益为目的，利用电子通信设备公然散播虚假信息的人，将被处以 5 年以下有期徒刑，并缴纳 5000 万韩元（约合 25 万元人民币）以下的罚款。[①]

《解释》在现行刑法规定之下，对诽谤罪、寻衅滋事罪、非法经营罪、敲诈勒索罪进行扩大解释，为司法实践中准确惩治新型犯罪提供明确的司法解释依据。但该《解释》的内容是否超越刑法条文本身，成为司法解释立法，留给刑法学者去思考论证。从《解释》的十个条文内容分析，可以看出，重点强调的是对"谣言"的治理，着重打击的是利用互联网等信息网络进行招摇诽谤等违法犯罪现象[②]，并未对刑事司法中网络舆情的违法犯罪现象进行全面关注。在网络上传播有关刑事案件虚假消息，对他人名誉和社会秩序、国家利益造成严重损害的，构成上述罪名，依法予以追究刑事责任。但是在此之外，还有一个现象——所发布、传播的网络信息是真实的，但违反法律规定干扰刑事司法的行为应当予以注意。为解决这一问题，我们认为，应当在刑法第六章第二节妨害司法罪中新增一个罪名——利用舆论妨碍司法罪。该罪名主要解决的是当事人、网络媒体利用网络干扰刑事司法、公安司法机关工作人员违反法律规定私自在互联网上泄露案件事实与证据的行为的罪名认定问题。综合考虑相关因素，该罪的基本刑可定为 1 年以下有期徒刑，对刑事司法造成严重妨碍，情节严重的，处 3 年以下有期徒刑。并将在网络上编造、传播刑事案件虚假信息的行为单列，规定较基准刑期更重的刑罚，刑罚幅度参考域外立法例定为 5 年以下有期徒刑。对刑事司法形成严重干扰，造成重大社会影响的，刑罚幅度最高可以设置为 7 年有期徒刑。如果同时又构成《解释》所规定的犯罪的，依照处罚较重的规定定罪处罚。

[①] 参见孟鸿、李玉华《基于国际比较的网络谣言治理》，《广西社会科学》2012 年第 10 期。

[②] http://news.xinhuanet.com/legal/2013-09/09/c_125351875.htm，访问时间：2014 年 7 月 28 日。

社会变迁与中国基层社区
司法发展图景解构

李本森[*]

一 问题的提出

这是发生在中国南方某省的真实案例：

被告人蒋某，1969年生，女、城镇居民，初中文化，无业。因犯盗窃罪，于1999年7月被判处有期徒刑十个月；2000年6月因犯敲诈勒索罪，被劳动教养一年，因外逃未被执行；2000年12月因吸毒被劳动教养一年，合并上次外逃未执行的劳动教养期限，执行劳动教养两年；因吸毒，2006年6月被强制戒毒6个月；2006年12月，因盗窃被判处有期徒刑6个月，处罚金2000元；2007年11月，因犯盗窃罪被判处有期徒刑一年，2008年8月刑满释放；2009年7月，因犯盗窃罪被判处有期徒刑9个月，罚金1000元。[①]

看到这样的案例，我们有比较充足的理由相信，蒋某的刑事案件的历史记录大概远没有结束。马克思和恩格斯指出，犯罪是孤立的个人反对统治关系的斗争。[②] 蒋某，正是作为孤立的、少数的个人，在不断地对抗社会，陷入犯罪—惩罚—再犯罪—再惩罚的恶性循环。这样类似的案件在现实中还有很多。蒋某，以及那些具有相同或相似境遇的她或他在现实的司法体系中得到了公正吗？从现行的刑事法律和审判过程看，对蒋某的逮捕是合法的，羁押是合法的，起诉是合法的，审理程序是合法的。根据判决书，蒋某盗窃的罪行是确凿的，证据方面达到了客观真实的标准。不仅她

---

[*] 李本森，中国政法大学诉讼法学研究院教授。
[①] （2009）津法刑初字第25号。
[②] 《马克思恩格斯选集》第三卷，人民出版社1995年版，第379页。

自己认罪，而且也有各种物证和证言相互佐证，构成了完整的证据链。法院对她的量刑符合立法机关和司法机构有关盗窃案件适用法律的规定，而且由于她认罪态度好，法院给予了她从轻的处罚。案件的判决结果体现了罪刑相适应和罚当其罪的原则。毫无疑问，本案中蒋某因犯罪受到了应有的处罚，法律上的正义得到了伸张。① 但是，从蒋某连续的犯罪过程，我们不难看出，她似乎已不在乎有犯罪记录，不在乎被逮捕，不在乎被起诉，不在乎被审判，也不在乎被关押。国家刑事法的威慑力和阻却犯罪的功能在蒋某那里几乎荡然无存，因反复多次的刑罚给蒋某所带来的并不是对刑罚的畏惧，而是对刑罚的习以为常。换言之，刑罚对于蒋某已经不再是惩罚，只是其犯罪的正常对价或其作为犯罪者的生存方式而已。

当然，上述这个问题并不是中国所独有，西方国家同样有类似的问题。美国20世纪六七十年代以来，随着"米兰达"规则的实施，刑事被告人的人权保障大幅增强，但是与此同时来自社会底层的犯罪率却在急剧上升。② 为此，美国联邦和州政府采取严厉的刑罚和高监禁率来控制犯罪③，但这

---

① 正义本来是哲学用语，但在法学领域中却被最为滥用。参见 Wojciech Sadurski, *Giving Desert Its Due: Social Justice and Legal Theory*, Dordrecht: D. Reidel Publishing Company, 1985。本案中，蒋某受到法律的惩罚，这种惩罚是通过严格的刑事诉讼程序来实现的，因此笔者界定此处的正义为"法律上的正义"或为"程序上的正义"。假定该案件放在美国某些州处理，早在2000年蒋某在第三次犯罪时，她可能就被判处20年以上至终身监禁的徒刑，这样的结果对美国来说也是实现了法律上的正义。我们不禁要问，既然同属盗窃类犯罪，同属累犯，中美两国的判决究竟谁的正义或谁的更正义？抑或还存在第三种正义或正义有国别之分？

② Steven F. Messner and Richard Rosenfeld, *Crime and the American Dream*, Belmont, CA: Thomson Wadsworth, 2007, p. 26.

③ 美国刑事法律中实行严厉的刑罚方面最具代表性的是"三振出局"（Three strikes and you're out）。"三振出局"是棒球运动术语，它说的是如果一方投球手投出三个好球，对方打击手就等于出局。这一术语后来被引申为如果一个人第三次被判犯有重罪，那么他就可能被施以25年徒刑到终身监禁的严厉惩罚。目前美国联邦政府和全美一半以上的州明确制定了"三振出局法"，有40个州制定了法律增加惯犯的刑期。各州当中加利福尼亚州通过的三振出局法最为严厉和全面。加州议会1994年通过《三振出局法》，当年底，这项法律又在一次州全民公决中得到七成多民众的支持。根据加州的"三振出局法"，被第二次判重罪的罪犯的刑期将增加一倍。被第三次判重罪的罪犯将被判处25年有期徒刑到终身监禁。这项法律还规定罪犯必须在监狱服刑，而不是被关在拘留所或判以缓刑，而且只允许对在监狱表现较好的罪犯减少20%的刑期，而不是和从前法律那样允许减去一半的刑期。参见 Frankin E. Zimring, Gordon Hawkins and Sam Kamin, *Punishment and Democracy, Three Strikes and You're Out in California*, Oxford University Press, 2001。

并没有从根本上解决美国社会犯罪高发的态势。① 从 80 年代开始,社区司法开始在美国基层逐步兴起,一定程度上缓解了美国刑事司法的重荷。② 虽然美国的犯罪率在 90 年代末开始走低,但超过 200 多万的罪犯和高昂的监狱管理成本已经成为美国刑事司法领域挥之不去的噩梦。③

由于社会变迁和体制转型等综合因素,中国犯罪率近年来急剧上升④,而刑罚在制约犯罪的功能上存在自身的局限,国家刑事司法制度在新形势下的犯罪控制问题面临新的挑战。早在 18 世纪,法国著名思想家孟德斯鸠就意识到刑罚在铲除犯罪的根源方面的局限性。⑤ 他指出:"刑罚可以防止一般邪恶的许多后果,但是刑罚不能铲除邪恶本身。"⑥ 由于现代刑罚趋于"更少的残忍、更少的痛苦、更多的仁爱,更多的尊重,更多的人道"⑦。如果仍然囿于国家刑事法体系内来寻求解决问题的出路,将极有可能给国家刑事司法带来潜在的风险。笔者认为,对于上述问题的解决应从完备我国社区司法制度入手,即在刑事司法的第二体系中求解。据此,下文要论证的问题包括:社区司法是独立于国家刑事司法的第二体系吗?社区司法是否可以解决刑罚的无效和犯罪预防问题?社区司法与国家刑事司法是否可以存在双系耦合?社区司法与国家刑事司法间的双系耦合在当下中国如何实现?

二 社区司法:刑事司法的第二体系

由于文化的差异和研究者视角的不同,学界对社区司法历来存在不

---

① 参见 Anne-Marie Cusac, *Cruel and Unusual*, *The Culture of Punishment in America*, New Haven & London: Yale University Press, 2009, pp. 1–16。

② 参见 David R. Karp, eds., *Community Justice: An Emerging Field*, New York, Rowman & Littlefield, 1998。

③ William J. Sabol, Heather Couture and Paige M. Harrison, *Prisoner in 2006*, Bureau of Justice Statistics Bulletin, Washington DC: US Department of Justice.

④ 参见靳高风《2009 年中国犯罪形势及刑事政策》,载李林主编《中国法治发展报告》(2010),社会科学文献出版社 2010 年版,第 177 页。

⑤ 参见 [法] 孟德斯鸠《论法的精神》(上册),张雁深译,商务印书馆 1961 年版,第 85—86 页。

⑥ 同上书,第 314 页。

⑦ [法] 福柯:《规训与惩罚:监狱的诞生》,刘北成、杨远婴译,生活·读书·新知三联书店 1999 年版,第 17 页。

同的解读。根据美国学者科列（Todd R. Clear）和卡普（David R. Karp）的定义，社区司法（Community Justice）指以社区的秩序整合和提升社区生活品质为目标的而由社区直接参与的犯罪预防以及社区主导的各种司法活动的总称。① 社区司法，无论在实体规范还是程序范式都有别于国家主导的刑事司法体系，在很大程度上构成了刑事司法的第二体系。

（一）社区是社区司法的承载者和运作的主体

中文的"社区"是由我国著名的社会学家费孝通和他的同学在20世纪初从英文Community翻译过来的，之所以这样翻译，是企图用"社"表示"群"的意思，或者叫"群体"，用"区"表明一个位置，具有地理上的意义。② 从词源学看，英语中的社区"Community"来源于古法语的Communite，而该法语词又来源于拉丁语的Communitas，意指同伴关系或有组织的社会。"社区"（Community）是在西方文化中被广泛使用的高频词汇，在不同的语境下会有不同的意义。③ 英语文化中的"社区"组成的语汇可谓名目繁多，例如，Neighborhood Community（邻里社区），School Community（学校社区），Town Community（城镇社区），Village Community（乡村社区），等等。德国著名的社会学家斐迪南·滕尼斯率先将"社区"作为社会学的独立范畴来进行系统研究。④ 美国芝加哥学派的代表人物帕克（Robert Park）概括了社区的核心特征，包括按照区域安排的人群、或多或少地占有一定的土地和区域内个人之间相互依存的共生关系（Symbiotic Relationship）。⑤ 由此可以看出，社区是由区域性文化维系的共生体。基于社区并由社区承载和主导的社区司法就是建立在这种文化的共生体基础之上的司法活动。

---

① Todd R. Clear and David R. Karp, *The Community Justice Ideal*, Westview Press, 1999, p. 25.

② 参见丁元竹《必须厘清社区的真正本质》，《文汇报》2006年5月10日。

③ George A. Hillery, *Definitions of Community: Areas of Agreement*, Rural Sociology, Vol. 20. 1955, pp. 779-791.

④ 参见 Ferdinand Tonnies, *Community and Civil Society*, Edited by Jose Harris, Cambridge University Press, 2001。

⑤ Robert Park, *Human Ecology*, American Journal of Sociology, Vol. 17, 1936, p. 3.

社区作为社区司法的运作主体是由社区本身的共同利益决定的。作为社会动物的人，绝大多数人的生活范围都很有限，与其说人是生活在国家和社会中，不如说生活在交互重叠的各种社区中，比如，居民区、校区、工作单位、社会组织，等等。① 这些社区中有的具有法律意义，比如学校、工作单位等；有些不是法律上的组织，比如居住小区、邻里、街坊，等等。但是所有这些社区都存在一个共同的利益或团体利益，即有序的环境。人们穿梭在不同类型的社团间生活、学习、工作和娱乐，都需要有序的环境。这种有序的环境需要具体的规则和权威来维系。当国家的规则和权威无法完全满足维护社区共同利益需要的时候，社区作为文化共生体同样可以发挥其作用。有序的环境对于社区成员来说是社区的"公共产品"（Communal Good），这种"产品"可以加强社区的内部联系和聚合度。② 当然，使用这种特定团体的"公共产品"需要社区成员付出相应的对价（义务），而保障这种对价的支付又必须有一个主体。社区作为拥有"公共产品"的所有者决定了其担当维护"公共产品"的权威性主体。社区司法正是在国家刑事法律组织之外加强社区形态的聚合性的司法组织形式。从这个意义上说，社区不仅是社区司法的承载者，而且是社区司法的运作主体。

（二）社区司法是开放性的回应型司法

现代法制发展的重要瓶颈是法的复杂的程序和功能等因素限制了其核心价值的实现。③ 为了解决这个问题，美国学者诺内特（Philippe Nonet）和塞尔兹尼克（Philip Selznick）提出回应型法（Responsive Law）应成为压制型法（Repressive Law）和自治型法（Autonomous Law）之外的第三种形态。④ 回应型法强调为了保障实体法中原则（Principles）和"责任"（Accountability）的实现，法律应是开放性的结构，允许争论、变

---

① 德国社会学家西美尔对"交错的社会"有十分经典的描述，参见 [德] 盖奥尔格·西美尔《社会学》，林荣远译，华夏出版社 2002 年版，第 295—334 页。

② Amitai Etzioni, *Community Justice in a Communitarian Perspective*, cited from "*Community Justice: An Emerging Field,*" edited by David R. Karp, Rowman & Littlefield, 1998, pp. 376-377.

③ 参见 Peter H. Schuck, *The Limits of Law*, Essays on Democratic Governance, Boulder: Westview Press, 2000, pp. 419-455。

④ Philippe Nonet and Philip Selznick, *Law and Society in Transition: Toward Responsive Law*, New York: Harper and Row. 1978.

化和调整。① 这种回应型法的设计和精神与社区司法的理念存在高度的契合。比如，社区司法强调突破实体与程序法律的界限，综合运用修复、矫正、和解、谅解、沟通、包容等超越法律规范的开放性的原则来实现实体法律所无法企及的目标。由于人总是生活在特定的社区和文化环境中，对于特定的犯罪人或被害人的问题在自己所属的社区中处理，可以让其产生归属感，减少因疏离自己所熟悉的文化生活环境而衍生的对社会的仇视与反叛。"毋庸置疑，属于特定的社区或者文化的人观察情势或看待决定的方式都要受到这种社区和文化的重要影响。"② 社区司法利用这种文化上的共性和地缘上的亲近性，在处理犯罪案件和恢复为犯罪所破坏的社会关系方面，与严格刚性的刑事法律相比表现出相当的柔性。虽然社区司法中仍然保留国家司法中的某些强制性要素，但是这些要素已经被淡化和分散，因为社区司法特别注重司法的民主化、大众化和司法的道德性，突出社区与个人之间的相互依存的社会关系，强调社区居民在争端和矛盾的解决上的自觉自愿、协商合作与包容奉献。

在社区司法中，虽然不排斥各种程序的运用，但是当事人的权利主要表现为实体性权利而非程序性权利。社区司法中所运用的协商、恢复、商谈、自愿等理念具有突出的人性化特点。"正当考量"（Due Consideration）在社区司法中代替了对抗制形态下的国家刑事司法体系的"正当程序"（Due Process），成为社区司法运行的主导原则。③ "正当考量"意味着社区司法活动中的各方当事人，都可以就问题的解决进行充分的参与、充分的诉求和受到充分的尊重，以此寻求最优化的问题解决路径。例如，基于被告人认错或认罪而产生以下的问题：如何使犯罪人重新回归到社区正常的社会关系中？犯罪人重新犯罪的风险有多大？社区如何防范犯罪人再次违法和犯罪？犯罪人对社区和被害人造成的损失应如何承担责任？如何帮助被害人走出心理阴影和获得法律等方面的救助？社区如何修复为犯罪所破坏的社会关系？等等。社区司法中的各种活动都是试图来解决这些传统国家刑事

---

① Malcolm M. Feeley, *Law, Legitimacy, and Symbols: An Expanded View of Law and Society in Transition*, Michigan Law Review, Vol. 77, 1979, p. 900.

② Amartya Sen, *Identity and Violence: The Illusion of Destiny*, New York: W. W. Norton & Company, 2006, p. 34.

③ Ibid., p. 133.

司法无法有效应对的棘手的社会问题。社区司法并不试图替代国家的刑事司法制度，也并不否认被告人和被害人享有的各种法律上的正当权利，而是利用社区在预防犯罪等方面的特殊的优势，以突破传统的国家刑事司法在处理犯罪上的局限。

（三）社区司法的核心目标是预防犯罪和维系社区的秩序

社区司法与国家刑事司法以惩罚为主要目的不同，它是以预防犯罪和规范社区秩序为目的。按照后现代西方社会学家的观点，人类社会随着科学技术的发展及文明程度的提高，社会"熵"（混乱和无序），即社会生存状态及社会价值观的混乱程度将不断增加，现代社会中恐怖主义肆虐，疾病疫病流行，经济危机爆发周期缩短，犯罪率增高等都是社会"熵"增加的表征。[①] 对于社会的"熵"所衍生出来的犯罪，国家和社会如果不加以及时的控制，就将增加社会"熵"的指数。换言之，"破窗"应当得到及时的修理。[②] 意大利著名犯罪学家菲利指出，通过改变最易改变的社会环境，可以控制很大一部分犯罪，并减少相当一部分犯罪；不应过多地倚赖刑法典，要通过社会生活和立法中潜在的救治措施来减少犯罪的祸患。[③] 社区司法可以灵活应用各种正式与非正式的司法活动来强化社区的内聚力，改变社区的内外无序环境，提高社区的自我控制能力。当一个社区出现犯罪和混乱现象的时候，那里的人们担心成为犯罪的被害人的恐惧感就增强。贝卡利亚指出："人对人的畏惧是有害的，是滋生犯罪的。"[④] 社区作为团体组织虽然具有积极形态的文化聚合要素，但同样存在非聚合性力量，包括破坏团体聚合力的内生功能性障碍（Dysfunction）。[⑤] 由于与社区共同利益相矛盾的价值观和非

[①] 参见 Nicholas Georgescu Roegen, *The Entropy Law and the Economic Process*, Cambridge, Massachusetts: Harvard University Press. 1971.

[②] James Q. Wilson, George L. Kelling, Broken Windows: The Police and Neighborhood Safety, *Atlantic Monthly*, Vol. 249, No. 3 (March, 1982), pp. 29-38.

[③] 参见［意］菲利《实证派犯罪学》，郭建安译，中国人民公安大学出版社2004年版，第184页。

[④] ［意］贝卡利亚：《论犯罪与刑罚》，黄风译，中国方正出版社2004年版，第91页。

[⑤] Robert K. Merton, *on Social Structure and Science*, Chicago, the University of Chicago Press, 1996, pp. 96-100.

主流形态的文化因素的衍生，社区的整合力和有序的形态就会受到侵蚀和威胁。另外，由于社会的变迁以及社会流动性的增强，社区还会遭受外来力量的侵犯（External Invasion）。国家刑事司法解决的大多数是具有强烈的反社会的犯罪，对于社区中潜在的具有犯罪诱导的因素，因制度和资源上的限制则无法直接触及。社区司法则可以利用内部的人力和司法资源对于各种社区中的隐性的违法或轻微的犯罪活动进行直接的干预，来消除内部的功能性障碍以及外部的干扰因素，减少诱发犯罪的各种消极的环境要素。

社区司法在预防犯罪之外，也具有惩罚性的活动，但是这里的惩罚则具有直接的预防导向。比如，社区法院判处犯罪者进行必要的社区服务工作就带有惩罚性，但这种惩罚更加突出惩罚罪犯的灵魂，而不是肉体的惩罚或隔离。惩罚在自己的社区这样的熟人社会中进行，可以增加被惩罚人对犯罪行为的羞耻和罪恶感，同时对社区成员产生警示和教育的作用。"对于犯人来说，刑罚是一种关于符号、利益和时间的机制。但是犯人仅仅是惩罚的目标之一。因为惩罚首先是针对其他人的，针对潜在的罪犯。"[①] 社区司法对犯罪的惩罚实际上就是要"直捣罪恶之源"，消除维系着这种犯罪的主要原因，弱化导致犯罪的利益和兴趣。"惩罚应该成为一个学校而不是一个节日，成为一本永远打开的书而不是一种仪式。时间的持续能使惩罚对犯人生效，也对观众有教益。后者应该能够随时查阅这本关于犯罪与惩罚的永久性词典。""让我们把惩罚的场所设想为星期日供家庭游览的'法律公园'。"[②] 社区司法正是通过社区矫正和社区服务等各种开放性的司法活动在惩罚与预防之间架起了贯通的桥梁。

三　个案例示：社区司法与国家刑事司法功能上双系耦合

现在回到本文开头的案件，如果蒋某所生活的社区有着功能完善的社

---

① [法]福柯：《规训与惩罚：监狱的诞生》，刘北成、杨远婴译，生活·读书·新知三联书店1999年版，第122页。

② 同上书，第125页。

区司法体系，那么，身处其中的蒋某的命运将会发生怎样的改变？根据西方国家的社区司法实践，可作如下的构想①：

背景：蒋某 1999 年因涉嫌盗窃，被警察抓捕后移送检察院起诉。检察院考虑蒋某盗窃数额较小，加上个人失业，家庭经济很困难，且系初犯，于是检察院决定对蒋某暂缓起诉，将案件移送蒋某所在的社区司法调处中心。社区司法调处中心接到案件后，即通知蒋某到中心来参加案件吸纳程序（Intake Process）。

场景：社区司法调处中心会议室色调温馨，用于会谈的圆桌上放有少许的糖果或点心，并备有记录的纸和笔。

活动：蒋某到达会议室入座后，司法调解员首先向她介绍社区和调处中心的职责和案件处理程序：社区司法调处中心是非政府组织，不是国家的刑事司法组成部分。参加主持调解的社区调解员都是来自本社区的经过专门培训的志愿者。调解员不是法律专业人士，不提供专业的法律服务。该中心所有的案件的调处都不收取任何费用。社区调处中心的主要职能是帮助违法人认识违法的错误，促使违法人与被害人进行见面，赔偿被害人的损失，向被害人赔礼道歉。如果被害人同意，中心将组织违法人与被害人的见面会，双方可以进行面对面的沟通和交流，如果双方同意，会谈后双方可以签署一个和解协议。当事人在这里的所有谈话都是保密的，调解员不会向案外人包括司法机构泄露谈话的内容。当事人的谈话内容不会作为证据交给公安司法部门来控诉当事人。当事人参加中心的调处活动，必须签署同意参加调解的文件。

蒋某听完介绍后当即表示同意调处，并签署了相关的文件。② 于是，两名社区调解员对蒋某进行了案件的吸纳活动，具体包括请蒋某介绍违法犯罪的经过、原因，以及目前对犯罪的想法包括是否悔罪、是否愿意赔偿被害人的损失、是否愿意与被害人见面并进行和解。蒋某陈述和回答完毕后，表示同意与被害人见面。社区调处中心将征询被害人的意见，如果被

---

① 此处为社区司法项目中社区调解中心运用恢复性司法来处理案件的模型示例，并不完全符合中国目前的刑事法律制度。

② 如果蒋某表示不同意或不认罪，社区司法调处中心会记录在案，并将案件退回检察院，由检察院直接提起公诉。

害人同意，中心将安排下次彼此见面的时间和地点。①

接下来，社区司法调处中心联系被害人进行案件吸纳活动。社区司法调解员在中心会见被害人。社区司法调解员向被害人介绍社区司法调处中心的功能，并签署同意调处的文件。社区调解员请被害人介绍盗窃案件发生的经过、事件对被害人的影响，以及被害人对加害人蒋某的要求等。最后，社区调解员告诉被害人，蒋某希望同您见面，愿意当面向您道歉并赔偿您的损失。被害人表示同意与蒋某见面。

几天后，社区司法中心安排蒋某与被害人见面。在会谈过程中，蒋某首先表达了对被害人的歉意，表示因自己失业，无钱而行窃，酿下大错，目前很后悔，并愿意赔偿被害人的损失。被害人表达了自己被盗窃时对犯罪行为的愤怒，以及该事件对自己和家庭生活的影响，特别是因该事件使自己的精神上受到了很大的挫伤。最后，在调解员的主持下，蒋某与被害人达成了和解协议，蒋某在协议中表示认错，保证不再进行任何盗窃行为，并将退回赃物和赔偿被害人的其他经济损失。

社区司法调处中心将调解经过报送当地检察院，检察院接到材料后，将案件报送法院，建议法院判处社区服务。法院最后判决被告人在所在社区从事3个月的社区服务。社区矫正中心接到法院的裁决后，即安排蒋某参加社区公共服务等工作，并提供给少许的薪酬。蒋某3个月社区服务期结束后，社区矫正中心将蒋某参加社区服务的表现分别转交公安、检察院和法院备案。同时，社区矫正中心将蒋某推介给社区综合服务中心，不久该中心为蒋某联系到一份合适的工作。蒋某从此开始了新的生活。

在上述的社区司法的运行系统中，司法活动始终遵循平等、民主和协商的原则。例如，社区调解员与蒋某平等相待，耐心听取蒋某和被害人的倾诉，教育蒋某吸取教训，促使其真心悔改；理解被害人因遭受犯罪的侵害而产生的痛苦和感受，帮助被害人走出心理的阴影。社区司法活动中，无论是当事人还是社区司法调解员都具有平等的法律地位，特别强调尊重当事人的人格尊严。当事人在社区司法中不再感受到国家刑事程序中的威

---

① 如果被害人表示不同意与犯罪人见面会谈，社区司法调处中心将安排有其他两名以上的社区成员以及蒋某参加的案件恳谈会，帮助蒋某认识犯罪的危害，敦促其承担法律责任，签署相关的协议文件等。另外，社区司法调处中心还可以单独为被害人组织社区代表会议，帮助被害人恢复因案件所遭受的精神压力，支持其正当的权利诉求。

权、压制、强制和冷漠。法国社会学家图尔干指出，在刑事惩罚中有一对根本性的矛盾，即对被害人人格尊严的恢复将不可避免导致一个新的罪恶，即对被告人人格尊严的伤害。① 德国哲学家尼采曾言，一件事的起因和它的最终用途、它的实际应用以及它的顺序总是会一次次按照新的目的而改写。② 各种刑事司法改革的新措施都是试图从体制内来"改写"制度的功能缺陷，但这些内部的微调的实效往往容易为刚性的司法程序所消融。与此形成鲜明对照的是，社区司法对犯罪问题的处理在很大限度上摆脱了传统国家刑事司法制度的制约，在个性化的司法中突出保护被害人的个体利益和尊重犯罪人的人格，缓解了图尔干所言的国家刑事惩罚所带来的不可调和的矛盾。

在上面的构想中，社区司法组织动用了很有限的社会资源，对蒋某的犯罪行为进行了教育与矫正，尊重其人格，帮助其自食其力，从源头上避免了蒋某的可能再犯。至于被害人的权益保护，社区司法帮助被害人与犯罪人达成和解，保护了被害人的权利，修复了为犯罪所破坏的社会关系。美国学者塞萨（K. Sessar）关于德国被害人参与刑事程序的效果的研究证明，被害人参与国家刑事诉讼程序容易将犯罪问题情绪化，而实际上的效果是加重法院对被告人的惩罚而不是对被害人权利的恢复。③ 而在社区司法中，恢复性的和解司法活动修复了被害人因犯罪的侵犯产生的精神上的伤痛，促使被害人与加害人达成和解，复原被犯罪破坏的社会关系。德国法社会学家基尔克认为："自由意志行为产生着一种联合体人，自由意志行为不是契约，而是一种创造性的整体行动。"④ 在社区司法中，违法人与被害人的自由意志在社区公共利益的引领下得到充分的舒展。如果蒋某在犯罪之初，当地能够综合运用社区

---

① 转引自 Edward A. Tiryakian, *Durkheim's Two Laws of Penal Evolution*, Journal for the Scientific Study of Religion, Vol. 3, No. 2. Spring, 1964, p. 264。

② 参见［德］尼采《论道德的谱系》，周红译，生活·读书·新知三联书店1992年版，第55—56页。

③ K. Sessar, *Tertiary Victimization: A Case of the Politically Abused Crime Victims from Criminal Justice, Restitution, and Reconciliation*, pp. 37-45, 1990, in Burt Galaway and Joe Hudson, eds, *Criminal Justice, Restitution, and Reconciliation*, Monsey, NY: Criminal Justice Press, 1990.

④ 转引自［法］滕尼斯《共同体与社会》，林荣远译，北京大学出版社2010年版，第28页。

司法来处理，蒋某的状况极有可能与目前的境遇迥异。根据社区司法理念对上述案件的构想并不是"天方夜谭"，类似的成功案例在成熟的社区司法中每天都在发生。

现代法律充斥各种复杂的程序机制，制度的设计者构造出各种纯粹的"程序系统"以试图生产"正义"。例如：刑事程序往往被认为适合所有的犯罪，在程序的适用性上很少因犯罪而有区别。[①] 根据美国哲学家罗尔斯的观点，所谓纯粹的、完美的程序正义（司法），是指无论程序产生什么样的结果都被认为是公正的，正义完全是由程序决定的。[②] 现代刑事司法过分强调"程序"对于"正义"产出的价值，以至于"程序"中所有的参加"元素"都被赋予特定的"符号"，以便在"按钮"开启之后按照规定的指令和动作"生产"出标准化的"产品"。美国著名的政治学家威尔逊（James Q. Wilson）指出，人是文化的动物，植根于家庭和共同的关系，并从赋予传统和仪规的关系网络中获得自己的身份；文化决定他在这个社会中的意义。[③] 刑事司法的刚性程序在处理不同的文化和利益载体的变异行为时往往可能导致这些个体的个性与心理的再扭曲。在国家刑事司法体系中，由于遵循程序主义设计，严格的程序被认为是输出正义的唯一路径。美国辛普森案件的审判，可以说是程序正义的胜利，但是不能简单地推定案件的结果（严格的法律程式输出的结果）就体现了实体正义。由于刑事案件的复杂性，要求所有的案件通过国家刑事司法体系来实现绝对的程序正义与绝对的实体正义是理想状态。即便在最好环境下，刑事司法制度也是不可预测和尽善尽美的。[④] 设计精密的成文刑事法律制度，就严格的程序而言对于"输出"程序正义是富有价值的，但并不意味着能够保证输出的都是实体正义。美国比较法学家达马斯卡指出，"对抗性理念不允许决策者适用伦理、政治和宗教规则……这种'技术性'的路径

---

① Michael D. Bayles, *Procedural Justice: Allocating to Individuals*, Kluwer Academic Publishers, 1990, p. 4.

② John Rawls, *A Theory of Justice*, Cambridge: Belknap Press, Harvard University Press, 1971, pp. 85–86.

③ James Q. Wilson, *The Moral Sense*, New York, The Free Press, 1993, p. 122.

④ Paul H. Robinson and Michael T. Cahill, *Law without Justice: Why Criminal Law Doesn't Give People What They Deserve*, New York, Oxford University Press, 2006, pp. 1–6.

明显不是人们所想要的，因为它偏离了理想状态（实体正义）"[①]。美国由于在刑事诉讼的制定法之外，还存在普通法，很大限度适应了法律的经验性和追求实体正义的要求。[②] 在没有普通法背景下单纯追求纯粹技术性的成文法将不可避免导致实体正义的缺损。由于犯罪的背后并不是简单的孤立的个人问题，而往往具有非常复杂的社会、文化和经济等因素。国家的刑事诉讼程序主要解决的是单个的孤立的个人犯罪的定罪与惩罚问题，很难消弭犯罪的原因和恢复被犯罪破坏的社会关系。社区司法在国家刑事司法体系之外另辟蹊径，运用多样化的"柔性"司法方式处理各种失范和违法行为，以契合案件中各种当事人的个性化诉求并促进回归。

从上述个案的构想看出，社区司法可以预防某些类型的犯罪和避免刑罚的无效。西方的社区司法的实践也早已对此做出了证明。[③] 当然，社区司法在解决刑罚无效的问题上并不是绝对的。例如，涉及严重的暴力犯罪、惯犯、累犯和具有严重精神疾病的罪犯，这些案件就不适合在控制力较弱的社区进行处理。社区司法在不同的司法项目中的目标是不同的，所使用的方式和手段有很大区别，比如社区调解和社区警务以及社区矫正在工作的方式和具体的功能上就有很大的区分。因此，社区司法对于防止和控制社会底层危害社会治安的犯罪的效果要取决很多因素，不是简单建立一个社区司法中心就可以解决问题的。另外，也是非常重要的，就是社区司法的具体活动离不开国家刑事司法体系的密切支持与配合，社区司法很大限度上要仰赖国家刑事司法的强制威力来达到社区司法自身无法达到的效果。社区司法与国家刑事司法的体系间关系可以表述为双系耦合的关系，"双系"就是国家刑事司法体系和社区司法体系，"耦合"就是上述两个体系间的互相联结和相互配合的关系。下面的"社区司法与国家刑事司法的双系耦合图"，体现了相对完整形态的刑事司法内部双系耦合关系（见图1）。

在上述两个体系中，国家刑事司法与社区刑事司法体系在实现正义的

[①] Mirjan R. Damaska, *The Faces of Justice and State Authority: A Comparative Approach to the Legal Process*, New Haven, Yale University of Press, 1986, p. 27.

[②] Henry J. Abraham, *The Judicial Process*, New York, Oxford University Press, 1998, pp. 5-15.

[③] Todd R. Clear and David R. Karp, *The community Justice Movement*, David R. Karp eds., "*Community Justice: An Emerging Field*", New York, Rowman & Littlefield, 1998, pp. 5-13.

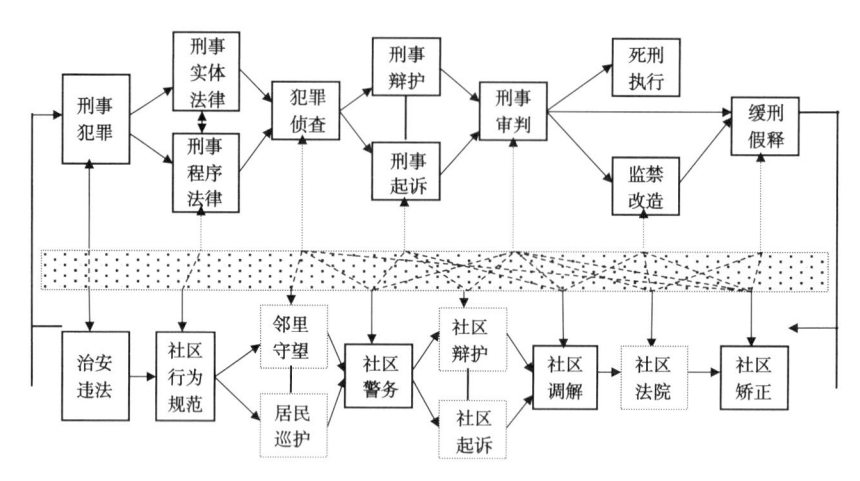

图 1　社区司法与国家刑事司法的双系耦合关系

注：

（1）图中间的长条阴影部分代表社区/社会；（2）实线箭头表示强度联结，虚线箭头表示弱度联结；（3）方框为虚线的代表非典型形式；（4）阴影部分的虚线说明两个体系之间的耦合关系

理念和方法，具有不同的取向。国家主导的刑事法律体系（刑事司法第一体系）与社区主导的刑事司法体系（刑事司法的第二体系）在追求实体正义与程序正义方面因理念不同而各有侧重。在社区司法体系中，犯罪被认为是社会问题；惩罚被认为是预防的手段；被害人是司法活动的重要主体。而在国家刑事司法体系中，犯罪被认为是个人问题；惩罚被认为是报应，是犯罪的对价；被害人处于刑事法的边缘。社区司法所追求的目标与国家刑事司法所追求的目标是不同的，由于理念、方法、程序不同，两者是不混同和不能互相替代的。国家刑事司法以发现真实为目标主要体现程序正义（形式正义）；社区司法体系则以预防犯罪为目标主要体现实体正义（实质正义）。现代刑事司法的诸多理念，比如无罪推定、沉默权规则、对抗模式、职权模式、不自证其罪、陪审制度、职业辩护，等等，在社区司法中大都受到程度不同的排斥。国家层面的刑事司法系统主要是打击犯罪、追诉和惩罚犯罪，无论是刑事侦查还是刑事起诉、辩护、审判、监禁等主要围绕对犯罪的有效打击与惩罚的主线展开。社区司法体系则主要围绕犯罪的预防和对犯罪所破坏的社会关系的修复，以社区安全和提升社区生活品质为功能主线。

当然，社区司法与国家的刑事司法体系并不是割裂的，彼此间具有高度的耦合性。所谓耦合，是指两个或两个以上的电路元件或电网络的输入与输出之间存在紧密配合与相互影响，并通过相互作用从一侧向另一侧传输能量的现象。① 这个理论同样可以用来描述社会不同系统之间的连接与交互作用。国家刑事司法与社区司法两个体系虽然相互独立，但是彼此间的很多领域"能量"是互相传输的，在很多的分支系统存在互相联结，这样就构成了两个体系间的耦合。国家刑事司法与社区司法两个大的系统模块及包含的系列分支模块，以社会（社区）为基础，透过各种信息传输与制度设计，建立各种基于功能和形式上的互控互联的网络。

对犯罪的预防、打击、惩罚与对罪犯的改造是复杂综合的社会系统工程，国家司法与社区司法的双系耦合格局就是试图构造优化犯罪控制系统来应对危害国家和社会安全的各种犯罪问题。德国著名物理学家普朗克在20世纪30年代曾提出"科学是内在整体，它被分解为单独的整体不是取决于事物的本身，而是取决于人类认识能力的局限性。实际上存在着从物理到化学，通过生物学和人类学到社会学的连续链条，这是任何一处都不能被打断的链条"②。我国著名科学家钱学森等在20世纪90年代初就系统论提出了"开放的复杂巨系统"的概念③，其中包括四个条件，即系统本身与系统周围的环境有物质的交换、能量的交换和信息的交换；系统所包含的子系统很多；子系统的种类繁多；系统间有许多层次④，根据这个标准，基于双系耦合的社会治安控制系统应当属于"开放的复杂巨系统"。对于这样复杂的社会控制巨系统，完善系统间的资源配置是增进系统效率的必要条件，而系统不同的环节的短路或错位都将可能破坏系统的正常运转，进而影响其整体功能的发挥。因此，必须通过各司法"模块"的优化配置来形成串联、并联等各种耦合关系，以优化犯罪控制的系统化格局。

---

① Encyclopædia Britannica（大英百科全书英文版），Vol. 2005，p. 221.
② 上海交通大学编：《智慧的钥匙：钱学森论系统科学》，上海交通大学出版社2005年版，第2—3页。
③ 钱学森、于景元、戴汝为：《一个科学新领域：开放的复杂巨系统及其方法论》，《自然杂志》1990年第1期。
④ 钱学森：《再谈开放的复杂巨系统》，《模式识别与人工智能》1990年第1期。

四 基于双系耦合的中国基层社区司法体系化建设

2011年2月25日，第十一届全国人大常委会通过了新的《刑法修正案（八）》，依法确认了社区矫正法律制度，标志着中国的社区司法建设开始步入了法律的轨道，这对于推动中国社区司法的体系化建设无疑具有重大意义。社区司法体系建设在中国的基层社会治理和司法制度的完善方面属于全新的课题，需要持久的探索、实践和完善。基于双系耦合的体系化构想，中国的基层社区司法建设要在发挥社区的主导性的同时不断进行"司法"的再造并加强与国家刑事司法体系的对接和整合，以此来构建更加完备的中国基层刑事司法的新格局。

（一）社区司法中"社区"的范围

社区是社区司法系统的主导和操控者，社区对社会秩序的控制过程就是施控体（社区）在体系内对受控体（失范行为或变异关系）输入控制信息的作用过程。如上所述，社区是西方文化中的特有语汇，中国人对"社区"的理解大都是边界模糊的生活区域组织。由于社区要作为一个系统的实施控制的载体或主体，必须明确社区的边界或地位，让社区从"朦胧"走向"清晰"。对于这种不具有严格法律意义上的"主体"或社会形态，可以运用美国著名的社会学家默顿的社会中层理论（Theories of Middle Range）进行解构。[①] 由于社区是由社区成员构成的，对社区的界定需要考虑个体对群体成员的归属程度。这种归属根据默顿的解释可以有三个标准：首先，具有经常性的互动（Frequency of Interaction）的人们生活在已经确立的模式（Established Patterns）或特定的社会关系（Characteristic Social Relations）中。其次，这些人内在的将自己界定为某区域或团体（Group）中的成员（Defined Themselves as Members），这就表明他或她已经在道德上将自己和别人通过某种模式连接起来，也就意味着排斥了团体之外的非成员。另外，与第二个标准相互联系的，该团体的成员被团体外部的成员或伙伴成员自然的界定为归属于那个团体的成员。其中第

[①] Robert K. Merton, *Social Theory and Social Structure*, New York: A Division of Macmillan Publishing Co., Inc. 1968. pp. 39-72.

一个标准属于客观标准，自我界定和被他人界定都属于主观标准。① 这三个标准对于区分中国的社区来说很有意义，因为其提供了大致的可操作性的标准。例如，城市中相对独立的生活小区，具有相似的建筑风格、相类似的职业的人群、相同的文化娱乐活动、经常性的来往交流，以及共同的成员利益上的联系（比如物业上权利和安全的秩序的要求等），这些小区就构成相对独立的社区。

社区司法并不意味着有社区的地方就要有相应的社区司法组织，否则不加区分强制性要求每个社区都搞司法组织，就可能出现"有社区无司法"的现象。根据西方的经验，社区司法中"社区"的范围原则上不应当有明确的行政上的限制，而应以当地化或邻里为原则。② 根据 2000 年民政部《关于在全国推进城市社区建设的意见》，城市的社区被界定为"聚居在一定地域范围内的人们所组成的社会生活共同体"，并指出城市社区的范围，"一般是经过社区体制改革后作了规模调整的居民委员会辖区"。这个规定主要是从居住区域和传统的行政区划来界定社区的范围，对于社区的建设具有一定合理性。但是，社区司法的建设则需要根据要解决的问题的复杂程度和司法的具体项目来灵活确定所辖的范围。例如，社区司法调解中心一般应当建在居住小区，与邻里紧密相连，方便居民前往参加活动。在服务功能齐全的高档城市小区，或社会矛盾不是很突出的"生活小区"，社区警务的范围就可以扩大到"街道办事处"的辖区。如果是城乡接合部的社区，由于社会服务功能单薄、流动人口多、社会矛盾突出、各种犯罪现象高发，那里的社区警务就可建在居民"生活小区"或"邻里"层面。社区矫正在城区的范围则可以更大些，可以在多个社区联合建立一个社区矫正中心。相对城市社区而言，农村的社区的传统属性比较突出，"村级社区"是构成农村社区的基层单位，社区司法以"村委会辖区"比较合适。就邻里守望、乡村夜间巡逻、社区警务和社区调解而言，村级社区都比较合适。总之，社区司法中的社区的范围不应简单地服从行政区划，而应当由社区自身的司法需求和要解决的问题的复杂性

---

① Robert K. Merton, *Social Theory and Social Structure*, New York: A Division of Macmillan Publishing Co., Inc. 1968, pp. 348-342.

② Todd R. Clear and David R. Karp, *The Community Justice Ideal*, Westview Press, 1999, pp. 26-27.

来决定。

(二)"社区"在社区司法中的地位

社区司法是根据社区本身秩序的维护和安全的内在需求而建立的,这是社区司法建立的重要原则。在西方国家,由于法制完善和社会分化程度较高,社区与政府之间的功能具有明显的界限。而中国的社会不仅分化程度不够,经济、政治、文化和日常生活等领域很难有明确的法律上的界限,而且经过两千多年的伦理理性化,情理或伦理已经成为中国社会生活中无所不在的行为规则,它像一种不可化解的黏合剂,无孔不入地在社会生活中交织出重重叠叠的关系网和社会圈子,它可以越过任何专业界限和领域间隔,构建出用分化的理性无法规定的生活空间。① 在这样的背景下进行区分国家或政府与社区行为的边界非常困难和复杂。

根据社区司法的内在要求,社区及其所属的居民在社区司法中应处于基础性或主导性地位。② 对社区和居民在社区建设中的参与的权力来源问题,费孝通先生曾有过精辟的论述,他提出了"同意权力"的概念,即"彼此平等的居民之间需要一种'同意权力',它不具有强制性,但有约束力,约束力首先不是来自外部压力,而是来自因为自愿参与和自主选择而形成的内在动力"。"'同意权力'主要是从决策参与中产生的,因为只有主动的同意才是真正的同意,建立在这样同意的基础上的权力,才能得到广泛的认可和服从。所以基层政府在积极动员居民参与的基础上,要及时而充分地授权给居民,增加他们参与决策的机会,尽可能把社区层面与居民直接有关的公共事务交给居民自己来决定,进到认可自我决定的方式,进到认可自我决定的权力,最后形成认可和尊重自我决定的习惯和制度,有了这个基础,'草根民主',群众自我管理就可以比较顺利地建立起来。"③ 这种"同意权力"的解释很深刻地揭示了社区建设的精髓。人

---

① 参见刘少杰《中国社会秩序的理性化困境》,《学习与探索》2005 年第 5 期。
② George L. Kelling and Catherine M. Coles, *Fixing Broken Windows: Restoring Order and Reducing Crime in Our Communities*, p. 158.
③ 费孝通:《居民自治:中国城市社区建设的新目标》,《江海学刊》2002 年第 3 期。

需要社会，也需要社区；人在社会中发挥功能，在社区中获得归属。① 这种归属必须通过特定的机制来实现，社区司法完全可以通过"同意的权力"机制来建立社区在自主管理社区事务和提升社区控制力的功能性平台。

社区司法是由国家行政主导还是由社区主导？这是关系未来中国社区司法发展走向的重大问题。中国社会有着自己独特的历史和文化传承，社会结构的分层与西方国家有明显的差别。与西方社区发展建设历程不同，中国的社区建设是由计划经济向市场经济过渡过程中起步的，在这个过程中，原先依赖单位的个人转向对社会的依赖。② 长期以来，中国的基层社区建设，主要由国家行政机构统筹运作，比如街道办事处、居委会、村委会都是行政机构。由行政机构办理社区事务有它的优点，主要是资源利用和整合相对容易，但是这种运作方式缺点也很明显，社区司法建设模式化和行政化，很难体现社区文化个性和社区自身的特点。这种政府推动型的社区建设，其基本特征就是中国社区的自然边界与行政边界往往是交叉的，因为政府政策界定的社区往往会跨越社区的自然边界，并深深打上行政边界的烙印，而政府的推动必然降低社区在社区建设中的地位和主动性。由于目前是政府主导推动社区司法建设，社区司法由政府主导而不是由社区主导是社区司法建设中最容易出现的弊端。比如，有的地方把社区警务建设理解为就是在社区建立警务室，但警务活动与社区之间缺乏联系，社区成员在社区警务中的作用不明显。③ 社区警务策略实施中必须吸收社区居民的意见并吸纳社区居民参与，社区警务的特殊功效才能充分展示出来。④ 社区司法项目如果不能结合社区的自身特点，不能有效地调动社区居民的积极性，社区司法项目就会名不副实。实践证明，社区司法中社区成员在社区中的作用越突出，社区司法建设就越有成效。不仅如此，社区作为基层预防犯罪与司法活动的主体，可以有效地解决我国社会治安

---

① Peter F. Drucker, *Managing in a Time of Great Change*, Harvard Business School Publishing Corporation, 2010.

② 参见丁元竹《社区与社区建设：理论、实践和方向》，《学习与实践》2007年第1期

③ 参见王世卿《社区警务室建设实证分析》，《中国人民公安大学学报》（社会科学版）2009年第4期。

④ Greg Ridgeway and Terry L. Schell, et al. *Police-community Relations in Cincinnati*, Santa Monica: Rand Cooperation Santa Monica, 2009, pp. 1-5.

综合治理中司法主体的虚化或泛化问题。① 由于我国转型期的社区文化积淀不深，加上基层非政府组织不发达，单纯靠社区自身推动社区司法现实中存在很多障碍。在社区司法建设初期，可考虑运用双轨制来推进，即政府主导社区司法的基础性建设，社区在政府的引导下主导社区司法的日常运作。

(三) 社区司法建设的目标与原则

任何社会实践活动都追寻特定的价值或目标，中国的社区司法建设也不例外。中国的传统社会结构主要是乡土社会，社会变迁进程中乡土传统并没有随着城市化的加快而瞬间消失，比如社区公民意识淡薄，对自己事务的自私和对他人或公众事务的冷漠。由于中国传统社会"以己为中心，像石子一般投入水中，和别人联系的社会关系，不像团体社会中的分子一般大家立在一个平面上的，而是像水的波纹一般，一圈圈推出去，越推越远，也越推越薄"②。这种差序格局与西洋的团体格局不同，在"西洋团体格局的社会中，公务，履行义务是一个清楚明白的行为规范，而这在中国的传统中是没有的"③。因此，中国社区司法的目标必须与培养社区居民的公民意识和现代社区精神相协同。社区司法与社区建设的总目标应保持协调和同质，即追求培育社区的公民意识和提升社区的生活品质。总体上，社区司法作为社区建设的重要组成，其基本目标主要是通过调动社区居民积极参与社区的各种司法活动来维系社区的安全，具体包括要求加害人的悔罪改过、被害人的损失的补偿、犯罪的矫正和被损害的社会关系的恢复等。这里需要指出的是，社区司法的目标与国家推行的社会治安综合治理的目标有相同的地方，也有不同的地方。在预防犯罪方面，社区司法与社会治安综合治理的目标是一致的，但是社区司法目标在犯罪预防之外，还强调对被害人的各种救助以及对被犯罪所破坏的社会关系的恢复与补救。从这个意义上，社区司法在社会秩序的维系方面更加突出以人为本

---

① 目前国家实施的社会治安综合治理政策由于过分突出综合与全面，导致基层治安主体几乎包罗了所有政府和事业单位，而且政府主导型突出，民间力量得不到充分的体现。具体可参见冯殿美、韩建祥《社区矫正：刑事政策学的诠释——兼论对我国社会治安综合治理的反思》，《犯罪研究》2004年第4期。

② 费孝通：《乡土中国生育制度》，北京大学出版社1998年，第27页。

③ 同上书，第35页。

的社区精神。

社区司法目标的实现与加强社区成员的归属感是相辅相成的。伴随社会变迁的程度加深,中国传统社区的区域和文化等要素已被强烈剥蚀。波兰科学院罗瓦科夫斯卡(Maria Nowakowska)教授在《社会变迁理论》中做出的一个重要假设就是,"关联着各个群体的规则集合 R 的结构和(或)内容的主要变迁通常会紧随着产生群体结构 g 自身的主要变迁"。而且"社会变迁的主要动力主要来自各自群体成员的异化"①。在新建的住宅小区,大多数邻里居民关系极为淡薄;城乡接合部汇集着各种亚文化;农村的村落传统也在改变,特别是进城务工人数增多,许多村落只是节假日的家人短暂团聚的地方。历史、自然的传统社区在分化瓦解中,新型的文化社区的格局尚未定型,社区的自我控制和内聚力比较薄弱。② 美国著名社会学家萨默森等人的实证研究表明,社会和社区控制力的减弱是诱发犯罪高发的重要因素。③ 社区司法就是要不断加强社区成员的归属感,使社区成员对社区安全与生活质量履行必要的权利与义务。社区司法的组织者对于社区所倡导和反对的行为通过社区规范或政策来进行清晰的表达,并让这些行为规范为社区成员所体认。违法和犯罪大都具有复杂的个人和社会背景,社区对违法和犯罪人的责任,包括教育监督的责任,其中督促加害人对被害人和社区的补偿,并对经济上生活困难的加害人提供相应的救助使之尽快恢复正常生活。被害人在参与社区司法活动中存在很多障碍性问题,包括不愿面对加害人、回避司法活动、精神极度脆弱等等,都是阻碍被害人参与社区司法活动的主要因素。社区对于被害人的损失要承担关注、帮助的责任,包括认可被害人的损失,同情和理解被害人的痛苦,尽力帮助被害人获得最好的救助,并防止被害人再次成为被害人,让被害人得到比传统国家司法中更多的惠助。

---

① [荷]盖叶尔、伍义:《社会控制论》,黎鸣等译,华夏出版社 1989 年版,第 106 页。

② Hong Lu and Terance D. Miethe, *Community Integration and the Effectiveness of Social Control*, Jianhong Liu, Lening Zhang and Steven F. Messner, eds., *Crime and Social Control in a Changing China*. London, Greenwood Press, 2001, pp. 107-109.

③ Robert J. Sampson, Stephen W. Raudenbush and Felton Earls, "Neighborhoods and Violent Crime: A Multilevel Study of Collective Efficacy," *Science*, Vol. 277, No. 5328, (August 1997), pp. 918-919.

为了实现社区司法的目标，社区司法必须确立运行的基本原则。根据社区司法的特质和功能性要求，社区司法的核心原则体现为平等、包容和合作三个方面。首先，平等性是社区司法的首要原则。由于收入差距的扩大、教育背景不同而产生的阶层分离越来越严重，城市中的贫民区、外来人口居住区都是现代社区不平等的直接反映。这些区域往往是犯罪的高发地段，因为很多犯罪问题的产生大都与社会的种种不平等有关。平等不仅是法律的核心价值，也是现代社区生活追求的重要目标。虽然现代各国法律无不宣称人人平等，但是现实中的种种不平等现象所引发的各种社会冲突始终困扰着人类社会。社区作为个体生活的依存，社区成员在享有公共产品方面的不平等将挫伤那些受到影响的弱势群体。因此必须确立社区成员在参与社区司法活动中的平等地位，以在司法活动中充分保障社区成员的个人尊严和平等参与的权利和义务。在社区司法活动中，被害人、加害人、社区代表在协商性司法中应当处于平等的地位，而各种不平等的司法程序在社区司法中无法找到位置。其次，包容是社区司法得到社区成员普遍认可的基础性原则。在社区司法活动中，对那些残障、精神偏常、缓刑者、假释者等具有反社会传统的人群也应当特别注意包容他们，倾听他们的声音，尊重他们的意见，关心他们的各种诉求。社区司法要最大可能包容所有社区成员，使社区所有成员都有机会参加到社区司法活动中，社区司法目标正是通过包容尊重所有社区成员积极参与到过程中达到的。最后，合作是社区司法的基本的工具性原则，因为没有社区成员的合作和参与，社区司法就成为无源之水。特别是在经济和日益资本化的社会中，合作不仅是商业成功的基本要素，同样还是社区司法中不可或缺的道德素养，社区司法的所有活动和目标的实现都必须有赖于社区成员之间的合作。由于社区从文化的角度构成完整的利益相互联结的整体，社区安全构成了社区团体合作的利益基础。社区成员通过在司法活动中的合作、合意来解决社区面临的问题，通过社区的服务帮助所在的社区建立稳定和积极的社会关系。

(四) 社区司法中"司法"的创新与"规范"的再造

社区司法不是国家刑事司法在社区中的延伸、模拟与复制，更不是为了社区司法而"司法"，而是基于"问题解决"而产生的"司法"在社区的创新。贝卡利亚指出,"预防犯罪比惩罚犯罪更高明"①。某种意义上而言,以预防犯罪和恢复为犯罪所破坏的社会关系为目标的社区司法更具复杂性和创造性。社区司法本身就是司法在社区的再创造,还在不断发展过程中,除了传统的社区警务、社区调解、社区矫正之外,还有其他各种社区司法类型在民间不断被创造出来,例如,社区家庭决策会议、社区被害人救助中心、社区辩护、社区起诉、社区法院,社区犯罪影响讨论组、社区量刑圈,等等。② 中国社区司法目前还在起步阶段,探索和创造的空间很大。

社区司法的创造性活动不仅体现在项目的创新中,还体现在该项目的问题解决过程中。例如,在社区调解中,社区志愿调解员在犯罪人与被害人之间如何进行有效的沟通以寻求双方的理解,是社区司法中具有创造性的问题。就对抗的意志减弱为理智的问题,德国社会学家西美尔指出:"在理智的基础上,在感情上和在最后的意志决定里不可调和、相互排斥的东西,可能共存相处。于是,调解斡旋者的责任在于,实现这种减弱,可以说在自己身上显示这种减弱,或者可以说:建立一个中央站,不管争端的材料由一方采取什么形式送进来,中央站都仅以客观的形式,把它转递给对方,而除此而外,把一切一般会无益地激化争端的东西扣留下来,如果没有中介调解,这些东西就会导致争端。"③ 这种"减弱对抗性的意志为理智形式"的力量需要复杂的信息的交流与转换,社区司法调解员正是充当着这种充满创造性的"中央站"职能。再如,社区矫正不是简单地在社区建立罪犯矫正基地,或是把矫正的功能由监狱转到社区来,而是真正发挥社区自身的力量来对罪犯进行管理、教育和改正。这些活动需要大量的创造性的方式,比如可以有条件地吸收已经回归社会的犯罪人充当社区矫正管理人员,这样既可利用他们的教训来帮教其他在社区中接受矫正的犯罪人,也可促进他们再就业。这些都是基于社区的共同利益的自主性的创新,是司法在社区的再造。由于中国基层社会非政府组织力量非

---

① [意]切萨雷·贝卡里亚:《论犯罪与刑罚》,黄风译,中国方正出版社2004年版,第91页。

② David R. Karp, eds., *Community Justice: An Emerging Field*, New York, Rowman & Littlefield, 1998.

③ [德]盖奥尔格·西美尔:《社会学》,林荣远译,华夏出版社2002年版,第71—72页。

常薄弱，中国的社区司法更多的是政府单方面的推动，国家形态很强，缺乏社区的自主创新特点，政府部门应鼓励和支持这种来自非政府组织或社区自身的司法创新活动。

社区司法的活动不仅需要创新，还需要有严格的规范。实体正义是社区司法追求的目标，但同样需要严格的程序规则和高效的工作机制来保证。社区司法作为民主司法和平等司法，需要大量的规范再造活动，比如，社区司法志愿人员的招聘与培训，社区居民参与社区司法的程序上的要求，都要求体现民主和平等的程序原则。就社区警务而言，根据问题解决系统理论，社区警务的组织者要首先对社区进行全面的调查，以发现社区混乱和各种安全隐患等问题，然后对引发问题的各种原因进行查找，在此基础上设计解决问题的策略和工作流程，然后根据该策略和流程来解决那些需要解决的问题，最后是对整体行动进行综合评价，建立程序性反馈系统，调整和修订有关策略。这其中的每个步骤都按照严格的工作规范来进行。[①] 再比如，恢复性司法项目的具体实施中，案件的吸纳程序、商谈的组织与安排、案件的分流与管理、协议的执行与监督、效果的反馈与修正等等，都需要严格的工作规范。中国目前的社区司法还在初步摸索中，工作的规范性机制需要深入地总结，以更好地适应和解决不同的文化背景的社区安全和犯罪预防问题。

（五）社区司法与国家刑事司法之间的对接与耦合

社区司法与国家刑事司法的重要区别在于社区司法是开放性司法，而国家司法是相对封闭的司法系统。根据社会控制论，"社区组织可视为社会控制的自主系统，它在致力于鉴定、处理、施行刑罚和整顿复兴等等活动的各种子系统之间具有控制异常现象的权力"[②]。社区司法的权力除了自身的"司法"能力之外，就是其联络司法和社会各种资源的能力，即能够为社区司法的当事人提供足够的信息等资源的支持。这是社区司法与国家司法相比的优势所在。社区司法弥补了国家司法因相对封闭而疏离社

---

① Herman Goldstein, *Problem-oriented Policing*, Philadelphia: Temple University Press, 1990, pp. 32–49.

② ［美］本尼格（James R. Beniger），《控制理论和社会变迁——对系统和行动的研究综合》，［荷］盖叶尔、佐文：《社会控制论》，黎明等译，华夏出版社1989年版，第166页。

会的缺陷，使整个刑事司法体系变得开放和贴近底层社会。为了实现这样的要求，社区司法的建设就必须是开放性的，不仅是对于国家刑事司法系统的开放，而且是对整个社会系统的开放。社区司法的开放性要求具体体现在社区司法与国家刑事司法和其他社会机构的对接信息耦合等方面。

社区司法内部的信息沟通与顺畅，建立有效的反馈机制，是社区司法系统控制行为和目的的重要条件。社区司法的具体功能是多面体，既有行为导引、惩罚制约，还有教育规制和恢复补救等，因此系统内外要保持功能性的高度融合。比如，社区矫正中心为罪犯定制个性化的矫正方案，包括毒瘾戒断治疗、精神健康咨询、安全监控管理、职业技能训练等等。这些个性化的矫正措施必须与有关机构相互配合才可实现。其中有的属刑事司法体系内部的，如社区矫正中心与社区警务、社区法院之间的合作和沟通；有的属于司法系统外部的，比如戒毒治疗诊所、社区就业中心等组织。再如，为了进行恢复性司法活动，社区司法对于被害人的诉求的支持还需要通过法院、警察以及其他非政府组织的配合和支持才可以实现。

为了保障社区司法的体系化建设，国家刑事司法系统需要通过改革来加强与社区司法的对接，比如基层人民法庭可根据社区犯罪的状况和需要改造为社区法院；国家基层法律援助中心与社区法律服务相结合，可建立社区辩护人服务中心，为被害人和犯罪人提供各种社区法律咨询服务，等等。当然，国家司法与社区司法仅仅是信息的沟通或者简单的工作联系并不够，双方必须建立起联络和对接的规则和工作机制。国家刑事司法系统在处理法律事务中可更多地运用来自社区的资源和信息，以加强社区司法与国家刑事司法彼此间的依赖关系。比如，在量刑程序中，法院可以寻求获得社区司法机构提供的有关犯罪人背景资料，听取社区人员对犯罪人的量刑意见等。在社区警务中，警务活动应主要体现在帮助社区居民提高自我保护机制和畅通社区的安全信息系统等。

最后，社区司法是社区建设的重要组成部分，不仅要与司法机构建立有效的联系，而且还要同社区的其他组织加强沟通，比如与社区健康中心、社区文化娱乐中心、社区教育促进机构、社区救助中心等非司法性质的机构建立有效的联系。同时社区司法与国家其他的政府部门建立起沟通网络，以保证社区司法与国家整个的社会控制系统协同发展。为了建立这样的网络，社区司法组织内部可专门建立相关的公关组，专人负责社区司法对社会的推介与联络，保障社区司法的内外工作环节的畅通无阻。总之，社区司法与国家司法系统以及外部的社会系统的有效联结和配合是社区司法以及整个犯罪控制系统有效运转的重要条件。

五 结语

马克思曾指出："现在的社会不是坚实的结晶体，而是一个能够变化并且经常处于变化过程中的机体。"① 中国当代的经济转型和城乡结构性变迁所引起的新的犯罪现象，已经并将继续深刻地影响中国的现代刑事法制建设。近年来，中国刑事法学界出现的刑事和解、量刑制度改革和实质刑法学与形式刑法学的讨论和争论，内在地反映了中国刑事法在解决犯罪问题方面的局限性。30余年来，中国的刑事法学呈现了前所未有和有目共睹的繁荣，各种刑事法在不断地修改与完善过程中。但是，中国30年来的犯罪率却在不断地攀升，近年来更是出现了新的犯罪高峰。② 其中的问题值得我们认真地反思。德国犯罪学家李斯特指出，最好的刑事政策就是最好的社会政策。③ 对于当下的中国来说，最好的刑事政策当然是能够有效地解决当下社会犯罪控制问题的政策。社区司法在世界范围的兴起和实践说明其作为第二刑事司法体系在预防与控制犯罪方面具有十分重要的作用。费孝通先生在晚年曾指出："我们要对时代的变化做出积极有效的反应。"④中国基层社区司法体系的建构和完善，正是因社会加剧变迁而需要加强犯罪控制和适应社会管理的新要求所做出的积极反应。

---

① 《马克思恩格斯选集》第二卷，人民出版社1972年版，第208页。
② 参见李林主编《中国法治发展报告》（2010），社会科学文献出版社2010年版，第177页。
③ 参见［德］弗兰茨·冯·李斯特《德国刑法教科书》，徐元生译，法律出版社2000年版，第13页。
④ 费孝通：《我们要对时代变化做出积极有效的反应》，"社会变迁与现代化"国际学术研讨会发言稿，2007年4月7日。

台湾刑事司法中的民众参与

胡 铭[*]

一 导言

近年来，我国台湾地区刑事司法改革的呼声可谓此起彼伏。一方面是自下而上的改革呐喊，另一方面是自上而下的顶层设计。其中，民众在台湾刑事司法改革中发挥了独特的作用，扩大民众参与是台湾刑事司法改革的主要方向之一。得益于在台湾大学法律学院访学的机会，笔者得以近距离观察相关的改革与论争。[①] 从中，看到的是我国台湾民众热衷于讨论并推动刑事司法改革，近期多项刑事立法和司法改革的过程都映现出民众的大声呼吁与积极参与。不仅是民众通过媒体、网络等对刑事司法进行监督，就司法改革发出呼喊，而且通过民间司法改革基金会等民间组织，在刑事司法改革的过程中形成了不可忽视的显著影响力。

同时，这一过程实际上也透露出民众对台湾现行刑事司法制度的不满。在台湾"行政院"研考会 2009 年公布的一份有关"社会公平正义"的电话民调中，在司法方面的问题中，各问卷题目民众评价都不高，大多只有 20%—40% 的同意度（含非常同意、还算同意），反映出司法信赖度的低落。[②] 一方面是人民对司法仍普遍不信任，另一方面却是要面对"不信任司法，却爱上法院"的矛盾社会心理现象。于是，在江国庆案、白

---

[*] 胡铭，法学博士，浙江大学光华法学院教授，博士生导师。
[①] 笔者 2011 年曾受台湾大学法律学院之邀担任该院客座研究员，这期间正是人民观审制等改革推出前讨论得最激烈的时期。其间，笔者曾就相关问题请教于台湾大学法律学院王兆鹏教授、台湾"司法院"副院长苏永钦教授等岛内具有代表性的学者。
[②] 参见杨宗沣《从〈如此，我没有做〉到"尽管没证据，你还是有罪"》，《司法改革》（台湾地区）第 78 期，第 72 页。

玫瑰运动等带有偶发性的事件之引发下，台湾刑事司法改革经历了新一轮的高潮。其中，民间声音对高层的改革产生了直接的影响，例如"司法是人民的司法，法院是人民的法院"[①]这样的呼吁，承载了民众对于刑事司法改革的殷切期待。这种呼吁和期待，形成了自下而上要求司法改革的强大推动力。在此背景下，台湾地区自上而下推出了民众参与司法的代表性新举措——人民观审制。在此，本文通过观察和审视台湾近期若干刑事司法典型事件，以台湾相关改革为样本展开研究，探讨民众参与在台湾刑事司法改革中的作用，聚焦于台湾人民观审制改革的试行及其论争，使我们能更加深入地认识民众参与刑事司法的价值及其践行。

二 自下而上推动刑事司法改革

近期发生的若干重大刑事司法事件，使台湾的刑事司法备受关注，司法的公信力也受到颇多质疑。特别是江国庆案件、恐龙法官事件、白玫瑰运动等，民众更多地将关注点聚焦于刑事案件，而增加司法透明、扩大民众参与，以便实现司法对社会负责成为改革的基本方向。

（一）作为纠正刑事错案利器的民众参与：以江国庆案为例

江国庆案是近期台湾地区最为轰动的冤案[②]，该案件在案发14年后才得以纠错，不仅是江国庆冤死而且是在发现"真凶"的情况下才翻案，引发了岛内对冤狱相关刑事司法制度的热议。在该案的纠正过程中，民众的参与发挥了重要作用，特别是民间司法改革基金会的公益律师，为案件

[①] 陈传岳：《司法是人民的司法，法院是人民的法院（推荐序）》，载郑文龙《陪审团：人民当家作主的审判制度》，前卫出版社2011年版，第3页。

[②] 江国庆案的概况如下：1996年9月12日，江国庆服役的空军作战司令部发生了一起奸杀5岁谢姓女童案件。该案极为凶残，被害女童全身赤裸，在厕所被性侵，下体遭尖刀刺入。该案在当时造成了极大的社会影响，亦受到侦讯部门高度重视，即刻组成了0912专案小组。该小组以测谎未过、裤子上有血迹反应，认定江国庆为嫌疑犯，并通过反复刑讯最终突破口供，仅3周就破案。一审定罪后，虽经历发回重审、申请再审等，案发仅11个月，江国庆被执行死刑。事实上，就在江国庆定罪前两个月，即1997年5月，另一名士兵许荣洲在台中犯下一起女童性侵案被捕。在审讯过程中，他曾供认谢姓女童案也是他所为，并且对犯案现场细节做出清晰描述。但是，这一情况当时被侦查机关所忽略。2011年1月28日，许荣洲被传唤到案，承认谢姓女童性侵命案系其所为。15年后，案情出现如此大逆转，台湾岛内舆论一片哗然。

的纠错以及相关领域的经验总结，发挥了直接的作用。

台湾的民间司法改革基金会是很有特色的一个旨在推动司法改革的民间组织。该组织成立于1994年秋天，一群立志于推动司法改革的律师，在"官方"成立司法改革委员会之后，深切体认到司法改革的力量正如同其他任何一种改革一样，必须是由下而上，势必要经民间的推力，才足以使改革的梦想成为真实。于是，这群怀抱法律与社会正义理想的律师们成立了民间司法改革基金会。

在江国庆案中，其父江支安多年奔走喊冤[①]，其中，民间司法改革基金会的公益律师提供了大量的帮助。2011年5月，律师们第三次向当局提出非常上诉，希望"高等法院"撤销判决、发回重审，并在该步骤完成后，代替家属提起冤狱赔偿。更为重要的是，以民间司法改革基金会为代表的民间力量通过总结江国庆案，为改革相关司法制度提供了契机。江国庆案虽然是军队内侦查、审判的案件，但许多诱发错案的因素却让我们感觉似曾相识：（1）错误地使用测谎。该案中，江国庆是所有被查士兵中唯一没有通过测谎的，便成了最大的嫌疑人。测谎作为所谓的科学证据，使该案中的无罪推定荡然无存，使刑讯者更加信心十足。（2）刑讯逼供。该案的侦查人员连续37小时的疲劳讯问和刑讯，采用了电击棍等方法反复地逼供。对此，江国庆在羁押期间的家书中，详细记载了刑讯的人员、时间、地点、方法等。（3）无视被告人关于刑讯的指控。在法庭上，江国庆曾多次指控刑讯，但法官仅根据侦查人员的辩解便断定了侦查期间自白的任意性。当时，侦查人员仅仅是出庭辩称："我二人并未恐吓或刑求他"，而法官就认定："原审就辩护意旨此项质疑（即刑求）迭经调查，未发现有不当取供情形。"[②]（4）漠视他人认罪的自白。在该案尚未最终定罪之前，便在其他案件中有许姓嫌犯，承认该案是他所为，并且有极为详细的自白。但是，侦办单位却有意无意地忽视这一重要线索，仅制作《许兵疑涉本部0912甲女童侦查报告》，否定了许姓嫌犯的自白。（5）侦审机关不愿意纠正。江国庆被执行死刑后不到一个月，有24位侦

[①] 江国庆的家人为了给他申冤，奔走多年、倾家荡产，江父却在最终证明该案是错案之前，即2011年6月14日含恨去世。

[②] 郭怡青：《正义的阴影外一章：江国庆案》，《司法改革》（台湾地区）第78期，第16页。

办人员正式被核定为有功人员,给予奖章、记功等奖励。其实,虽然有一系列的线索表明该案很可能是错案,但相关办案人员却千方百计地阻碍纠错。

通过江国庆案,台湾民众对于刑事错案乃至于刑事司法的讨论持续发酵,对台湾的刑事司法制度特别是非法证据排除规则的严格化、死刑的存废、军队侦查体制和军事审判体制的改革等产生直接影响。[①] 同时,民间司法改革基金会和台湾大学法律学院合作,在总结该案经验教训的基础上推出无辜者计划[②],为更多地纠正错案而努力。[③]

(二) 作为诉讼模式和法官制度改革助推力的民众参与:以恐龙法官事件为例

近十多年来,台湾的刑事诉讼模式正在经历从职权主义到当事人进行主义的改革。其中,民众的参与对刑事诉讼模式的转型发挥了很大的推动作用,"公平法院系人民对司法制度之基本要求,'司法院'依据 1999 年 7 月全国司法改革会议结论,改采改良式当事人进行主义"[④]。引入刑事协商程序[⑤]、采行交互诘问、严格证据规则等相关的改革还在进行过程中,而民众对于法官制度的不满,成为近期改革的主要诱因之一。

这种不满直接地表现为台湾的各种媒体近期屡屡创出"恐龙法官""奶嘴法官""象牙塔法官"等新名词。上述称呼实际上是民众对台湾现

---

① 2013 年 4 月 2 日,台湾"高等法院"二审认定自白杀害谢姓幼女的许荣州,因证据不足,无罪释放。对于这起原本因"真凶"出现而被纠错,又因证据不足而使"真凶"消失的案件,大多数台湾民众均能理性地接受这一判决结果。因为,时过境迁导致许多证据已经灭失无踪,仅仅依靠许荣州的自白和一个血手印,谁又能保证他不会是江国庆第二呢?相关讨论参见刘宪权《台"江国庆冤案"后的制度性补救》,《法制日报》2013 年 6 月 4 日第 10 版。

② 该计划源于美国的无辜者项目(Innocence Project)。1992 年,美国纽约市的叶史瓦大学卡多佐法学院成立了旨在平反冤狱案件的无辜者项目,以 DNA 鉴定技术为主要方法纠正了一系列的错案。之后在美国各州、澳大利亚、加拿大、英国、爱尔兰、新西兰等地成立了相应组织,并得到了各国政府的支持。这些组织已经联合成立了一个冤狱防治网络(the Innocence Network),彼此间相互合作,分享资讯和专业知识。

③ 类似的著名案件还有苏建和案(又称"三死囚案"),2012 年被台湾"最高法院"终审宣判无罪。从案发到最终获得无罪判决的过程持续近 20 年,民间司法改革基金会等台湾民间团体在纠错过程中发挥了关键作用。

④ 林俊益:《刑事诉讼法概论(上)》(十一版),新学林出版公司 2010 年版,第 31 页。

⑤ 参见胡铭《台湾刑事协商程序的产生及其影响》,《人民检察》2008 年第 9 期。

行法官制度的冷嘲热讽。所谓"奶嘴法官"是指法官过于年轻、幼稚，几乎全无社会经验，也被称为"娃娃法官"或"童军法官"。如台湾地区2010年录取司法官146人，30人为应届毕业生，53%为21岁到25岁，平均年龄不到26岁。所谓"象牙塔法官"是指法官不食人间烟火，只活在自己的梦想幻境之中，不切实际。所谓"恐龙法官"是民众认为某些法官对于"罪该万死"罪犯的罪行麻木不仁。

其中，最备受争议的，莫过于台湾某女法官对于性侵6岁女童案宣判无罪，而被民众称为"恐龙法官"。在该事件中，由于马英九提名该位女法官担任"大法官"，而引起轩然大波。最终该提名被撤销，马英九还因此向社会公开道歉。

在该引起争议的"高雄地院99年度诉字第422号判决书"中，法官记载："以左手绕过甲女背部至左手之方式加以环抱，以右手由甲女腰部松紧带伸入其裤内，'未违反甲女之意愿'，将右手手指……"民众的质疑非常简单，即被害人仅为6岁女童，何来"意愿"可言，又怎么能说被告人的行为"未违反甲女之意愿"？主审法官则认为，既然检察官起诉强制性交罪，当然要先认定有无使用强制的手段，如果没有法定的强暴、胁迫、恐吓、催眠或相当的行为，则依据罪刑法定原则，不能认定被告人使用"违反被害人意愿之方法"[①]。严格来说，在该案中，法官运用公认的法律原则和明确的法律规定来论证案件，不能说是有明显错误，本案中也未发现有徇私舞弊、贪污受贿等违法行为。但是，该认定显然与一般人的生活经验和常识相距甚远，不合情理之处十分显著，难免引起民众的激烈批评。

换言之，即使从法律上来看，法官的裁判没有问题，也不见得就能被民众所接受。在这背后是司法的大众逻辑和精英主义之间的矛盾，以所谓不食人间烟火式法官和所谓独特的法律裁判思维来对于刑事案件做出表面上符合法律规定的裁判，结果却可能是引起公愤。僵化地适用法律，只能使法官成为一个机械的法匠，而民众期待的裁判应当是能够被普遍接受的且兼具合理性与合法性的裁判。[②] 这背后，实际上是民众对于台湾的法官

[①] 台湾"刑法"第211条第1项规定："对于男女以强暴、威胁、恐吓、催眠术或其他违反其意愿之方法而为性交者，处3年以上10年以下有期徒刑"，该条被称为"强制性交罪"。

[②] 相关讨论参见胡铭《法律现实主义与转型社会刑事司法》，《法学研究》2011年第2期。

选任、晋升、考核等制度的质疑，此次事件也对正在制定中的台湾法官法产生了直接的影响。

（三）作为监督司法主力军的民众参与：以白玫瑰运动为例

对司法的不信任是催生监督机制的直接原因。在台湾地区，虽然有"法务部""监察院""司法院"等众多具有监督刑事司法职能的机构，但仍然无法获得民众的足够信任，也并未克服"谁来监督监督者"的难题。于是，普通民众在对刑事司法的监督中被赋予了更高的期望。

2009 年 7 月，台湾地区法官、检察官集体受贿、说情游说等事件接连爆发出来，震撼了台湾社会。紧接着 9 月又连续发生几件幼女性侵案件，但是判决又与民众的认识、意愿差距很大，其中就包括上述恐龙法官事件。于是，爆发了所谓白玫瑰运动：数千民众身着黑衣，手持白玫瑰，牵着身穿象征纯洁的白衣服的小朋友，在台北凯达格兰大道上集会，要求司法改革。"数十万人在网络上联署要求法官下台，并进一步提出淘汰不适任法官检察官的诉求，实在出人意表。此波排山倒海而来要求司法改革的声浪能在极短的时间内自然生成，与其说是台湾公民力量的自然觉醒，不如说是广大人民对于过去一二十年司法改革成效不彰的全面反弹。"[①]

最终，台湾司法机关做出决议，只要被害人是未满 7 岁的幼童，不必拘泥于加害人是否有实行具体违反被害人意愿的方法行为，只要对之有性侵行为，均属于以违反其意愿之方法行为，即可以依据加重强制性交易罪予以处罚。

实际上，白玫瑰运动的主旨并非在于修改关于性侵幼女案件的相关法律，而是在于对刑事司法中的不当裁判和司法腐败等问题进行监督。通过群众集会的方式，来表达对刑事司法改革的诉求，能够较为显著地影响到当政者并起到监督司法、改革司法之目的。但是这种较为激烈的抗争方式，是否会对社会秩序造成破坏，抑或对司法的独立裁判产生破坏，是我们值得警惕的。

[①] 台湾民间司法改革基金会执行长林峰正语，参见编辑手记《从多方面来看白玫瑰运动》，《司法改革》（台湾地区）第 80 期，第 3 页。

三 自上而下推出的人民观审制及其论争

民众自下而上推动台湾刑事司法改革的进程，在纠正错案、法官制度改革、监督司法等方面产生了直接影响，也给台湾当局及司法机关以很大的压力。为了赢得民众的支持，提升司法公信力，台湾在"司法院"主导下，参考日本、韩国等亚洲国家民众参与司法相关改革的经验，[①] 于2012年公布了《人民观审试行条例草案》（下文简称《草案》），开始试行人民观审制。

作为对民众要求参与司法和改革司法的回应，《草案》称，试行人民观审制度的目的在于"提升司法之透明度，反映人民正当法律感情，增进人民对司法的了解及信赖"。即其基本功能定位为：（1）提升司法透明度，增进人民对司法的了解；（2）提升人民对司法的信赖度；（3）发挥法制教育功能。背后的主旨在于：民众的直接参与，使刑事审判不再仅仅是职业法官的世界，使刑事司法改革能够反映普通民众的意见和感受，避免职业法官和普通民众之间出现较大的脱节，也可以有效地避免案件的裁判过程和裁判结果引起社会各界的不满。毕竟，刑事司法改革并不是要造就一批脱离社会的精英法官，而是要将人民的需要与社会的期望体现在刑事司法活动之中，从而使法院真正成为社会正义的代表，成为民众利益的捍卫者。

（一）人民观审制：陪审还是参审

人民观审制是指由一般公民中抽选产生的观审员参与审理，出庭见证法官指挥诉讼、检察官举证、被告及辩护人辩解、证人到庭作证、鉴定过程及结论、被害人陈述等一切程序与事证，有所心得，并于辩论结束的终局评议时可陈述意见。[②] 众所周知，世界上民众参与司法的主要形式是英

[①] 近年来，关于陪审制的讨论与改革在亚洲是一个热点。日本建立了新型的市民参加刑事审判制度，即"裁判员制度"，《关于裁判员参与刑事审判的法律》于2004年5月21日确立，2009年5月21日正式施行，并在当年的8月3日于东京地方法院进行了第一次公审。韩国于2008年起在刑事诉讼中实行陪审制度，被告人可以选择是否采用陪审员审理案件。

[②] 参见杨云骅《台湾地区〈人民观审试行条例草案〉简介》，《人民检察》2012年第5期。

美法系的陪审制和大陆法系的参审制。我国台湾的人民观审制与陪审制和参审制都有所不同，体现出自身的特点。① 主要表现在如下方面。

1. 观审员与观审庭的组成

关于观审员的选任方式，根据《草案》的规定，原则上年满 23 周岁、有高中（职）以上学历、在试办人民观审制的地方法院辖区居住满 4 个月以上的台湾人民都可以担任观审员，但是因本身因素、职业因素、与本案有关之一定关系人以及有危害司法公平之虞的人除外。观审员产生的途径是随机抽取的方式。观审庭由法官 3 人及观审员 5 人组成，即根据《草案》第 3 条规定："行观审审判之案件，由法官 3 人及观审员 5 人组成观审法庭，共同进行审判，并以庭长充审判长，无庭长或庭长有事物时，以法官中资深者充之，资同以年长者充之。"

2. 适用范围

根据《草案》的规定，观审制度适用的范围是"涉犯毒品危害防制条例"以外的，最轻本刑为 7 年以上有期徒刑及故意犯罪因而致人死亡案件。即人民观审制仅适用于重罪案件。

3. 案件评议程序

《草案》规定，人民观审案件评议分三阶段进行：先由观审庭成员，就事实及证据争点充分讨论；再由观审员全体讨论及陈述意见，并得听取法官意见；最后由法官评议。《草案》第 56 条将这一过程细化为六步："终局评议，应依下列次序行之：一、观审法庭就事实之认定、法律之适用探讨。二、观审员就事实之认定、法律之适用陈述意见。三、法官就事实之认定、法律之适用评议。四、法官评议认定被告有罪者，观审法庭就量刑讨论。五、观审员就量刑陈述意见。六、法官就量刑评议。前项第一款、第四款之讨论，应由法官及观审员全程参与，并以审判长为主席……"

4. 观审员意见的效力

观审员对案件结果没有投票权，但法官的评议结果与观审员多数意见

---

① 台湾人民观审制改革与河南省高级人民法院推出的"人民陪审团"改革举措，两者有着诸多相似之处。河南法院所推行的"人民陪审团"，实际上是在案件审理中引入了普通民众的直接参与，由民众组成的"人民陪审团"在一定程度上影响了原来由法官和人民陪审员所专享的司法权利，更为重要的是通过全程参与了解司法的过程，并对司法裁判进行监督。笔者在台湾访学期间，与台湾"司法院"官员进行交流时，他们表现出对河南省的相关改革颇感兴趣。

不一致时，法官应向观审员说明，并于判决中记载不采纳的理由。即《意见》第 59 条规定："法官就事实之认定、法律之适用及量刑之评议，以过半数之意见决定之，不受观审员陈述意见之拘束……"第 64 条："法官之评议，与观审员终局评议之多数意见不一致者，应于判决内记载不予采纳之理由。"

通过上述关于人民观审制的具体规定，我们可以看出人民观审制的本质还是参审制。其中的关键点在于，不同于陪审制中的陪审团与法官分别就事实和法律做出裁断，人民观审制采用的是民众和职业法官组成混合法庭。但又与大陆法系的参审制有所差别，即观审员的意见表达对职业法官并没有法律上的拘束力，也不列入表决的范围，仅仅是一种具有参考意义的"表达"而已，真正的判决结果仍是由职业法官组成的合议庭决定。从中，我们可以看出人民观审制确立之目的是通过由观审员参与审理及评议程序，使刑事司法程序透明化，而不是民众和职业法官分享审判的权力。观审员经亲自参与观察审判的全过程，对法官进行的事实认定、法律适用、量刑等，能够有充分的认识与理解，同时，法官可以参考观审员提供的多元意见，做出更符合民众法律感情和更具有可接受性的裁判，以便提升民众对司法的信任度。就如改革的主要设计者苏永钦教授对台湾司法改革的认识："……在既有的法制基础上进行改革。改革的重点应该放在司法的'社会化'设法让司法本身承担教育的功能。"[1]

（二）关于人民观审制的争议

人民观审制是在台湾民众自下而上推动刑事司法改革的基础上，由台湾"司法院"设计推出的全新制度。"司法院"牵头成立了"人民观审制度研议委员会"，对采行观审制进行评估，并多次召开研讨会，吸收专家参与讨论人民观审制的利弊。但是，台湾岛内对于人民观审制的争议却一直在持续。

实际上，对于扩大民众在刑事司法中的参与，并无争议，有争议的是民众参与刑事司法的类型选择问题。对此，台湾"司法院"委托了岛内做民意调查有高度声望的政治大学选举研究中心做了民调。针对两种民众

---

[1] 苏永钦：《飘移在两种司法理念间的司法改革——台湾司法改革的社经背景与法制基础》，《环球法律评论》2002 年春季号。

参与司法的类型，了解一般社会民众的看法和接受度：民众与法官一起审判与讨论，一种是由法官决定，另一种是由法官与民众一起决定最后的判决。"司法院"公布的调查结果显示：民众对人民参审制多持正面态度，对于"如果你是"被告人、被害人，愿不愿意接受这种审判，以及如果被遴选，愿不愿意参与审判，支持度也都高达百分之七八十，而且对最后由法官做决定类型（观审）的支持，全部高于"一起决定"。排除人民享有最后决定权，对人民参与动机的负面影响只有6%，正面影响反而达到15%，整体而言对观审制的支持仍然高达85%。[①] 这体现了台湾普通民众支持扩大刑事司法中的民众参与，但对于非专业法官有权做出裁判持谨慎态度。

台湾民间特别是法学界的精英对人民观审制改革的讨论十分热烈，相应观点与台湾"司法院"及其民调有显著差异。如2011年3月5日，台湾民间司法改革基金会主办了"人民参与审判制度之评估"研讨会。主要的争议点在于，人民观审制是否能够起到《草案》的预期效果。纵观人民观审制的主要内容，不少台湾律师和学者认为，人民观审制中民众的作用非常有限，不如直接采行大陆法系的参审制或英美法系的陪审团制度，也有人主张复制日本的裁判员制度或者韩国的国民参审制。[②] 总体来看，主要是主张扩大民众在刑事司法中的实质参与，批判人民观审制仅是初步地参与审判，认为其具有明显的局限性。

相关论争还在持续，但可以肯定的是，不论具体采用哪种民众参与机制，应加强民众对刑事司法的直接参与，在台湾社会已经形成共识。[③] 有学者直言："当今台湾司法不为人民信赖，司法改革停滞不进，无法挽回司法信誉，此时'司法院'为何不再慎重考虑，让法院主人的人民参与

---

① 参见蒋惠岭、杨建文《台湾力推"人民观审制"》，《人民法院报》2012年1月6日第8版。

② 台湾法学界对于人民观审制的研讨中也有着不同的声音，如2012年4月13日在台湾大学举行的关于人民观审制度的研讨会中，王兆鹏、罗秉成、林峰正等学者对人民观审制提出了批评性意见。详情参见http://ntuvpadmin.blog.ntu.edu.tw/。

③ 实际上，台湾早在1994年已经完成了《刑事参审施行条例草案》，2007年完成了《"国民"参审试行条例草案》，相关讨论已经持续多年。也就是说，对于民众直接参与审判制度，台湾民众并不陌生，只是近期相关改革的步伐明显加快。

审判，这应是让司法起死回生，重整信誉，重获人民信赖的良药。"① 相信，上述共识会推动台湾不断完善民众参与司法的相关制度。

（三）人民观审制的试行以及完善

《草案》出台以来有人为其鼓而呼，有人为其忧而争。正是因为对于人民观审制的争论不断，对于人民观审制的试行，台湾当局始终保持审慎的态度，并在不断适时对人民观审制进行改革。

台湾"司法院"最初选定士林、嘉义地方法院为试点。后又扩展到了基隆、高雄等地方法院。以士林的做法为例：观审庭由 5 名观审员和 3 名法官共同就定罪量刑问题进行评议并表决。观审员是前一日当庭在地方里长推选的 50 位候选人中随机选任的，选出 5 名观审员和 2 名"备位观审员"。士林地方法院分别就定罪和量刑问题为每一位观审员制作了"事实认定与法律适用评议意见书"，在讨论评议的基础上让观审员分别填写选项，然后按一人一票的方式进行表决。观审员在参与审判后表示："以前认为案件的裁判很简单，参加观审之后才知晓裁判之难。"② 对于观审员的意见，法官可以不接受，但却必须在判决书中提到。传达的理念是：人民不会干涉法官判决，但会让法官了解人民的想法。

虽然台湾"立法院"还没有正式通过《草案》，但已经试行两年多，"司法院"认为效果不错，已经迈出人民参审稳健的第一步，后续将以循序渐进的方式去真正落实人民参与审判的终极目标。完善的方向是明确的，那就是扩大民众在刑事司法中的参与。为此，"司法院"拟修正《草案》名称，以便朝人民参审迈进。"人民参与审判是国际趋势，为了避免被误会台湾的制度仅有观审制，仅看没参审，后续将改名为人民参审制。"③ 马英九在与司法改革团体座谈时，也曾明确表示："观审是程度较

---

① 陈传岳：《司法是人民的司法，法院是人民的法院（推荐序）》，载郑文龙《陪审团：人民当家作主的审判制度》，前卫出版社 2011 年版，第 6 页。
② 何家弘：《台湾地区人民观审侧记》，《法学家茶座》2014 年第 1 期。
③ 台湾"司法院"院长赖浩敏 2014 年 7 月 14 日在"人民参与审判国际研讨会"时做该表述。参见刘世怡《赖浩敏：人民观审将改名人民参审》，《更生日报》（台湾地区）2014 年 7 月 14 日。

低的参审，往后也不排除可以有更高程度的参与。"① 也就是说，台湾的人民观审制尚在不断完善之中，在民众要求扩大司法参与的呼声下，观审制正在向更高程度的参审制转变。

四　若干启示

台湾地区近期关于民众参与司法的若干典型事件和试行人民观审制，展示了民众参与在刑事司法改革中的作用。无论相关改革是否成熟，都体现了台湾扩大民众在刑事司法中的参与之决心。上述讨论给我们的主要启示便是应认真对待刑事司法中的民众参与，这也是中国大陆近年来司法改革的一个重要方向。"公众参与是中国市场经济发展，出现利益多元化，社会阶层和社会结构变化，公民权利意识和法制观念增强的必然发展要求。"② 这契合了中国近年来自上而下推动的构建"公众参与、法制保障的社会管理体制"，强调的"拓宽人民群众有序参与司法渠道"。③ 换言之，民众参与是我国社会主义民主和社会管理创新的重要内涵，是我国新时期社会治理的基本方法和司法改革的基本方向之一。刑事司法中的公众参与是一种有序和有目的之行动，其通过司法机关与公众之间的多维度交流，使民众能够参加司法过程并且防止与化解民众和司法机关之间的误解甚至是冲突。从台湾的经验来看，民众在刑事司法中的参与至少表现出如下显著价值。

第一，民众的参与有利于纠正刑事错案。在江国庆案中，民间力量的帮助为纠错提供了强力支持。众多的冤案其实都有着诸多共性，在江国庆案中，我们依稀可以看到大陆杜培武案、佘祥林案、赵作海案等案件的影子。诸如测谎结论的错误使用、刑讯逼供等因素，在错案中一再出现，而单靠司法机关自身来纠错，显然非常困难。民众作为中立的力量，不仅可以增大受冤枉者平反的机会，还可以为受冤枉者及其家人提供生活上和精神上的帮助，这对于刑事诉讼人权保障来说具有非常重要的意义。

---

① 参见媒体报道《马英九与司法改革团体座谈：检讨法官评鉴和观审制度》，http://news.ifeng.com/taiwan/1/detail_2014_02/22/34075261_0.shtml。
② 蔡定剑主编：《公众参与：欧洲的制度和经验》，法律出版社2009年版，第1—2页。
③ 前者详见十八大报告，后者详见十八届三中全会报告。

第二，民众可以成为监督司法的核心力量，这也是破解"谁来监督监督者"难题的关键。台湾在程序公开、司法透明等方面做出了不少努力，如已经做到网络上可以下载所有案件的裁判文书，台湾媒体的力量也使司法时刻处于被监督之中。无论采用什么样的形式，司法不断提升透明度，摒弃所谓的司法暗箱操作是必然的趋势。民众可以像一缕阳光，照明刑事司法的过程，使看得见的正义成为刑事司法的主流。

第三，某些偶然事件，处理得当可以成为刑事立法和司法改革的助推器。台湾的不少改革就是由个案直接引发的。很多原本不好的事件，甚至是社会极端事件，处理得当就可以转化为改革的助推器。在中国大陆同样如此，如孙志刚案带来了收容遣送制度的废除，赵作海案加速了两个刑事证据规定的出台，唐慧案助推了劳动教养制度的终结。也就是说，某些民众反应激烈的极端案件，本身并不可怕，可怕的是不能及时总结经验，不能痛定思痛并痛下改革的决心。

第四，更多地吸收民众直接参与，是赢得司法信任、重树司法权威的必然要求。据台湾学者统计，"真的经历过司法程序的人，对于法官的信任度至少有60%，但全体下去统计时就马上变成30%。大多数的人都是'听说的不信任'"[1]。也就是说，民众对于司法的诸多抱怨，很多情况下是因为司法不透明、对司法不了解。[2] 民众直接参与刑事司法，特别是参与刑事裁判的过程，能够克服这种弊端。无论是陪审制、参审制还是观审制，其目的都在于实现司法民主与社会正义。民众的直接参与可以使刑事司法裁判中更多地体现社会的一般正义观，增加裁判的可接受性，也可以缓解司法与民众的紧张关系。至于究竟采行哪种具体形式，还需要更多地开展实证研究、改革试点与立法研讨，而并非一个纯学理问题。

同时，台湾的民众参与刑事司法也可以给我们以若干警示：首先，司法机关需要建立针对舆情的快速反应机制。台湾的司法机关往往是在媒体的狂轰滥炸之下，匆忙做出应对，这种情况下即使是诚恳道歉也很难挽回

---

[1] 耿诗婷：《追求更高层次的修复》，《司法改革》（台湾地区）第80期，第18页。

[2] 笔者曾就中国民众对司法的认识问题做实证研究，得到的结果也是颇为悲观，如笔者在问卷中直接问"你认为当前司法是否公正"这样的问题，结果是超过半数的被调查民众对司法公正的现况持消极评价：49.8%的被调查民众认为司法"不公正"，5.1%的民众选了司法"非常不公正"，两者相加已超过半数。参见胡铭《刑事司法的国民基础研究》，浙江大学出版社2008年版，第9页。

民众的信任。其次,民众对刑事司法的诉求可能会成为一种剧烈的社会冲突。在白玫瑰运动中,这一点体现得很明显。这种激烈的抗争实际上是民众的司法改革要求被漠视的情况下做出的应激性反应,是对当局者的一种警告。但是,通过运动的方式,显然不是实现司法正义的最佳途径,毕竟,运动式的抗争对社会安宁和司法秩序所造成的破坏可能是难以承受之重。再次,要警惕以民意代替司法裁判。民意具有非理性的一面,特别是通过网络等新媒体传播,可能会影响到独立裁判。[①] 以民意代替司法,是与现代法治精神相违背的,也是违反刑事司法的基本原则的。最后,刑事司法作为直接涉及公民人权的重要领域,改革不能被部门利益所左右。否则,在部门利益的妥协中,很容易忽略民众的感受与诉求,刑事司法改革也很难朝良性方向发展。

五 结语

卢曼曾对社会与法律的关系做过精辟的论述:"法律是在社会中运作,实现社会,在这里履行着一种社会职能,并且为了这一职能而从社会中分立出来,进行着自己特有的、自我生成的再生产。"[②] 司法裁判的作出不能脱离其所在的社会和对司法裁判并做出评判的民众,而民众参与司法恰是使司法裁判体现社会正义,反映社会一般公众的价值观之需要。司法与民众又需保持一定距离,司法应当按照其自身规律运转,从而体现自足性和独立性。上述尺度的把握,使我们对于民众参与司法的途径、方式等需要秉持积极而又审慎的态度,台湾在这一领域的探索可以为我们提供很好的现实样本。

综观世界各国、各地区在民众参与司法领域的实践与改革,无论是英美法系的陪审制,还是大陆法系的参审制,抑或是俄罗斯、日本、韩国、台湾地区近年来的改革,都将民众参与司法作为公民的一项基本权利,将其作为司法民主的最直接体现[③],并且上升到宪法的高度。如美国的大小

---

① 参见胡铭《转型社会刑事司法中的媒体要素》,《政法论坛》2011年第1期。
② [德]卢曼:《社会的法律》,郑伊倩译,人民出版社2009年版,第291页。
③ 参见陈光中主编《21世纪域外刑事诉讼立法最新发展》,中国政法大学出版社2004年版,第2页;胡铭《刑事司法民主论》,中国人民公安大学出版社2007年版,第156页以下。

陪审团制度都具有宪法的强力支撑，以至于虽然美国学者和民众对陪审团制度也有着这样那样的批评，但几乎都公认陪审团制度不可能被废除。民众参与司法之改革，涉及宪法性权利和宪法的实施，而刑事诉讼法又是使之落实的关键，正如台湾学者林钰雄所言："国家机关在刑事诉讼程序的滥权，可能使得宪法保障的基本权规范成为具文，是以，刑事诉讼法又称为应用之宪法、宪法之实施法、宪法的测震仪或法治国的大宪章。"[①] 可见，民众参与刑事司法之研究绝非细枝末节或表面文章，而是司法改革的关键之一，是涉及宪法实施与国家治理的重要问题。由此，我们也就容易理解为什么相关改革会在台湾地区成为论争的焦点。同样，对于中国大陆而言，认真对待民众参与司法，并积极推动民众参与司法之改革应是明确的方向，但改革的具体路径却尚待审慎的研究和细致的摸索。

---

① 林钰雄：《刑事诉讼法（上册 总论编）》，台湾元照出版有限公司2010年版，第20页。

第三部分
他山之石

英国刑事陪审制评介

李美蓉

一 引言

"英格兰人民的自由之所以能得以长久维持,就是因为,陪审团神圣不可侵犯"①;"陪审团,如同照亮自由之明灯"②。这是英国学者对于陪审团制度功能的评价。

陪审团是什么?早期的英国,在1066年前后,陪审团是国王用来课税的证人,也就是那些可能知道已发生事实真相的人,或者说是在审判前被假定能够查出事实真相的人。现代的陪审团,是不知案件事实的裁判者,由在刑事法院随机抽取的12个正直公民组成,在法官的指引和协助下,负责审理可公诉犯罪案件(trial on indictment)和两种法庭皆可审理犯罪案件(offences triable either way)③,以判定犯罪是否成立,被告有罪与否。

较之其他方面,陪审制可谓评论和研究英国刑事司法制度的首选对象。每个人对此都有着自己鲜明的立场而很少有中立者,包括记者、政客等许多外行人士,都如同专家学者那样固守着自己的观点④,正如鲍尔温和麦康维尔所言:"陪审团,简直可以说是激起了歇斯底里的评论。"⑤ 陪

---

① Sir William Blackstone, *Commentaries on the Laws of England*, Vol. Ⅳ, 1979.
② Neil Vidmar & Valerie P. Hans, *American Juries*, New York: Prometheus Books, 2007, p.21.
③ 在刑事法院审理的案件主要有两种,一种是可公诉犯罪案件,只要被告就其中一项或几项控罪做无罪答辩,全案皆适用陪审团审判;另一种是两种法庭皆可审理犯罪案件,其中大部分适用简易程序处理,但被告人和法官之中只要有一方要求适用陪审团,此案就将交由陪审团审理。
④ Penny Darbyshire, The lamp that shows that freedom lives – is it worth the candle? *Criminal Courts Review*, 1991, p.740.
⑤ John Baldwin and Michael McConville, *Jury Trials* (Oxford: Clarendon Press, 1979), p.1.

审团，若从广义的以人民为裁判者的角度，最早可追溯至古希腊罗马法，但现代的陪审制，自然是源于 11 世纪前后由英国发展而来的陪审制，之后移植甚广，包括许多新兴的英语语系国家及部分大陆法系国家。时至今日，全球已有 52 个国家和地区采用源自英国的陪审团制度。虽然关于陪审制的争论从未停歇，但陪审团自古以来就被看作保护公民个人权利以抵抗国家力量的重要武器，直至今日也依然被视为公民直接参与司法从而增强司法公信力的最有效的途径，是司法民主化最广泛的参与形式，[1] 是正当程序最强有力的保障，甚至可以说，现代法学的许多重要原则和规则都根源于此。因此，研究陪审团，尤其是英国陪审制，可谓了解国际刑事司法的必经之路。

与此同时，随着司法改革步伐的加快，对于陪审制问题，中国虽尚处争论阶段，但无论学界还是实务界，都给予了广泛的关注，出现了大量的研究成果，其中不乏优秀之作，只是：就研究目的而言，学者们大多是通过法系比较从而将落脚点放在对中国人民陪审制度的重构，而很少有暂时撇开中国引进与否的纠结，转而将一国陪审制的客观介绍作为主要目的；就研究重点而言，有偏于历史文化者，有重于民主宪政者，而极少有专注在技术和规范上的介绍，对现实的介绍，对细节的介绍。而现有著作中，最值得推崇的是翻译著作，如《美国的陪审团》《陪审员的内心世界》等，学术价值极大，但终归是译作。因此可以说，在中国大陆，能够撇开移植与否，而专注于陪审团、专注于陪审制鼻祖的英国、专注于英国陪审制的规范细节的研究，尚未出现，本文试图弥补这一缺憾。

二 陪审团之概述

（一）陪审团的历史渊源

英国陪审团制度，最早可以追溯到 1066 年诺曼征服之前，而陪审团一词，也是源于法语"je jure, I swear"（即"我宣誓"），是当时的法兰克王国为解决土地纠纷而召集邻人宣誓作证的制度。可以说，早期的陪审

---

[1] Cheryl Thomas and Nigel Balmer, "Diversity and Fairness in the Jury System", Ministry of Justice Research Series 2/07, June 2007, pp. 3-4.

团，与司法诉讼并无任何关系，它只是帮助政府进行统治的一种行政手段。因为在那时，想要让一个人说出事实的最好方式就是让他发誓，当然这恐怕无法适用于今天。依据19世纪法学家拉德布鲁赫和梅特兰的描述，早期的陪审员，是那些在全国土地清查过程中，由国王召集起来发誓作证提供信息的当地知情人士。证人宣誓作证的供词，会记录在土地调查清册上，以作为国王课税的依据，因此也被称为"末日裁判书"（Domesday Book），于1086年由威廉一世颁布钦定。①

直到一百年后亨利二世的司法改革，陪审团才被首次应用到刑事诉讼中。1166年，亨利二世颁布克拉伦顿法令（the Assize of Clarendon），规定国王为了公平正义，有权从当地选出陪审团用以稽查当地的犯罪。在现代警察组织（一支付薪的警察武装队伍）被创设前的几个世纪里，这种社区团体担负着执行法律和命令的责任，即当地的"陪审团"在逮捕犯罪嫌疑人之后，将其送交法官面前，并像控方证人那样宣誓被告人有罪，而这种当地调查也导致了验尸调查制度②的出现。但是，此时的陪审团并不是审判程序本身，其角色介于后来的警察和检察官之间，而司法仍然是采用决斗或神明裁判的形式。这种充当控诉人作用的陪审团，就是今天大陪审团（the grand jury）的雏形。③

---

① Neil Vidmar & Valerie P. Hans, *American Juries*, New York: Prometheus Books, 2007, p. 24; Carl F Stychin and Linda Mulcahy, *Legal Methods and Syetems*, 4th, edn., Oxford: Oxford University Press, 2010, pp. 338-339.

② 现代的调查死因陪审团，其验尸官的任务是对于突然死亡进行调查，能够且有些情况下是必需召集陪审团进行死因调查的审问。在听取证据后，验尸官对于死因做出裁决并且验尸官必须记录这一裁决。著名案例如陪审团对于戴安娜王妃和Dodi AI Fayed 的死因做出的裁决。

③ 由24名成员组成的大陪审团，仅出现在巡回法院或者季审法院诉讼程序开始的阶段，为的是裁决刑事起诉书的真实性。既然被告人之前经历了治安法官的初级聆讯（或译为初查），治安法官也已经审问了该起诉案件并决定将其送交审判，因此大陪审团的决定就成为一份完整的正式手续。在英国，大陪审团在《1948年刑事审判法》中已经被废除，而在美国司法的某些案件中，其得以继续保留，负责起诉被告。与此同时，亨利二世也将陪审团用于民事诉讼。在民事案件中，陪审团似乎起源于1166年的克拉伦登巡回法院（the Assizes of Clarendon），以及1176年的北安普敦巡回法院（the Assizes of Northampton），在中世纪时，陪审团被用于裁决涉及土地的所有权和租用权以及圣职授予权的民事纠纷，并建立了大陪审团和小陪审团。陪审团起初是用当地的知识决定案件，但是经过一段时期，就变成了事实裁决者。这种制度要求将审判分为两个部分，首先这一当地的陪审团负责听审并处理案件，然后其裁决被送交给威斯敏斯特的法官们，并在那里被宣布。参见 Penny Darbyshire, *Darbyshire on the English Legal System*, 10th, edn., London: Sweet & Maxwell, 2011, pp. 545, 553-554.

1215年，教皇诺森三世颁布法令禁止神明裁判。或许是由于英国人比诺曼人矮小，决斗裁判在英国并不盛行，因此，法官需要找寻其他方式以代替神明裁判，于是他们转向了陪审团，让被告人接受同侪或称邻人审判。这些邻人或称陪审员，其实就是证人，根据自己的所知作证，根据自己看到或听到的（无论是二手或三手资料）作证，国王的法官再根据这些证词来下达判决。但是，如果被告拒绝接受邻人裁判，则会被认为有罪而非否认犯罪，这种规则直到1872年才有所改变。而且法官通常都会采用各种劝诱方式如酷刑，以使被告改变主意。如威斯敏斯特法（Statute of Westminster in 1275）规定，"如果重罪被告不接受陪审团审判，则可给以严厉羁押"，也就是持续的疼痛，如在被告身上放置重石，这种刑求直到1772年才被禁止。然而，依然有很多勇敢的人，宁可死于劝诱，也不接受邻人审判，因此这样起码可以保住财产所有权以留给家人。此时的陪审团，虽然依然是用自己的知识来决定事实的证人，但在功能上却逐渐不同于大陪审团，这种负责裁量事实的陪审团，也就是今天小陪审团（the trial jury）的雏形。

这种早期的小陪审团，由12个陪审员组成，但这些成员又往往是由负责控诉的大陪审团而来，这也就意味着他们早先已经看过了证据进而做出了起诉决定，因此必定会认为被告有罪。这种大小陪审团成员混用的情形，至少持续到15世纪，小陪审团才逐渐演变成一个独立判断案件事实的实体，而并非直接或间接地知悉该案。

经过几个世纪的发展，大概在15世纪末期或者准确地说是16世纪初，陪审团由主动依赖自己的固有知识，逐渐转变为被动依靠证据审查事实，成为现代意义上的陪审团，即不知晓案件事实的中立审判者。但这种变革无论就其时机还是原因都没办法给予很好的解释。①

（二）陪审团的审判角色

通说认为，陪审团的作用主要在于对事实的裁断上，法律事务则由法

---

① 需要注意的是，直到16世纪初，证据才具有关键作用。而后再经过两个世纪后，陪审团才完全依靠证据做出裁决，从而彻底摆脱了自己的固有知识。参见 Carl F Stychin and Linda Mulcahy, *Legal Methods and Syetems*, 4th, edn., Oxford: Oxford University Press, 2010), pp. 338–339。

官主导。但这其实只是一种理想中的情形,现实中,陪审团的决定是在对事实和法律综合考虑的基础上做出的。在聆听完法官对于证据的概述和对法律的指引后,陪审团退席并在私下基于从法官那里所得来的对于法律的认识和理解,做出全体一致裁决或者大多数一致裁决。在刑事案件中①,由陪审团主席来宣布裁决结果,即被告人是有罪还是无罪;如果"无罪",则被告人被无罪开释并当庭释放;如果"有罪",则法官将对其量刑(陪审团在量刑的决定中并不承担责任,在法律或者司法程序的决定中陪审团同样不承担责任)。在陪审团被正式选任出之前,法官通常会提前决定法律或程序的争点,以及证据的可采性,而且,当需要对法律争点做出决定时,法官通常会要求陪审团退席,以听取双方意见并做出裁决。②

法官可以指引陪审团做出无罪开释,但无论任何情形下,审判法官都无权指引陪审团做出有罪裁定[例如 *R v Caley-Knowles* (2006) 1 WLR 3181, CA]。正是由于陪审团裁定的神圣不可侵犯,因此陪审团无须向任何人证明或者解释所做裁定的正当性,即使做出了不正当裁决也依然处于强硬立场,而且偶尔还会批评并修改令人不满的严苛法律,甚至有权利直接取消法律(虽然实践中很少)。此外,在民事案件中,若裁决不正当则可以经上诉程序予以推翻,但是,在刑事案件中,虽然法律上的争点可能会由检察官在备案中阐明,但是对于无罪开释判决,无论如何都不能进行上诉。③

1. 陪审员有做出裁决的义务

每位陪审员都要进行宣誓:"我们将正直地审判被告,并根据证据做出真实的裁决。"之后,如果拒绝做出裁定,则成立藐视法庭罪。例如1997年,法官库雷判决两名女性陪审员由于拒绝做出裁决成立藐视法庭

---

① 在陪审团仍然存在的某些民事案件中,陪审团对于法官所做出的指示,以及法官和律师所给他们罗列出的一系列关系到双方责任判定的问题,通常都要予以认真考虑。之后,陪审团将自己对法律的理解运用到对案件事实的认识中,并决定支持原告还是被告。如果裁定支持原告,则还要决定损害赔偿的数额。

② Terence Ingman, *The English Legal Process*, 13th, edn., Oxford: Oxford University Press, 2011, pp. 493-494.

③ Gary Slapper and David Kelly, *The English Legal System*, 12th, edn., London and New York: Routledge, 2011, p. 540.

罪而监禁 30 天。其中一名妇女，是陪审团主席，声称此案涉及诈骗的争论，但这实在是太过复杂以致无法理解，而另一位妇女则声称她在道德上无法裁断任何人。卫报引用法官库雷的话作为判决监禁刑罚的理由："我被迫花费巨大代价命令重审。陪审员必须明白自己有责任根据誓言履行义务。"① 这两名妇女最终仅受到一个晚上的监禁，随后法官库雷宣布予以释放，并推翻了先前对她们所做出的藐视法庭罪的判决。

陪审团服务或许是一次极度痛苦的经历，因为作为事实裁断者的陪审员，所处理的案件可能是相当恐怖的，比如色情或者暴力，然而在陪审团服务结束后却没有相应的心理辅导。例如 2003 年 4 月，两名非法移民，Baghdad Mezine 和 Brahim Benmeraouga，因违反《2000 年恐怖行为法》(the Terrorism Act 2000)，筹集了上百乃至上千英镑给 Al Qa'ida 及其他穆斯林种族组织而被判有罪成立。在莱斯特刑事法院进行的审判成为司法史上具有戏剧性的现象："这个案件于二月开始，其间涉及特别的安全问题。一个陪审团宣誓成立但一夜之间又被解散……第二天早上，一位女性陪审员由于受到过度惊吓而在陪审室里出现呕吐现象，而另外两位也突然大哭……陪审团被迫解散——这是继一名男性陪审员因为担心家人安全问题而表现出害怕之后的第二次解散了。第三个陪审团由九名成员组成，并做出了有罪判决，判决被告十一年有期徒刑。"②

2. 陪审团裁决自由

如果没有充分的证据证明被告有罪，法官有权力指引陪审团做出无罪开释，这是为防止陪审团不顾证据的缺失或不充分而仍对被告做出有罪判决的安全保障。然而，法官却无权指引陪审团做出有罪裁决 [例如 *DDP v Stonehouse* (1978); *R v Wang* (2005)]。但是，这并不表明法官不可以在其总结概述中使陪审团明白，除了有罪判决之外，其他裁定都是不正当的。

法官绝对不能够做的事情是，给陪审团施加过度压力而迫使其做出有罪判决。任何压力的施加都会导致有罪判决被推翻。经典案例是 *R v McKenna* (1960)，其中在陪审团花了两小时零一刻钟进行审议后，法官告诉陪审员，如果在接下来的十分钟之内他们还不能做出裁决，他们将被关起

---

① The Guardian, 26th March 1997.

② S Bird, Jurors too scared to take on case, The Times, 2 April 2003.

来过一夜。果然,陪审团做出了裁决。但这对被告来说是很不幸的,因为其得到了有罪判决;而对于司法程序则更加不幸,因为在上诉后该有罪判决被撤销。正如卡塞尔法官所言,刑事法律的首要原则,就是陪审团自由地进行裁定,即陪审团应当是在完全自由且不受任何干扰和威胁的情况下做出审议决定。

当然,法官有权利且有义务指引陪审团正确地理解和应用法律,甚至,当陪审团考虑做出有罪判决时,他们仍然会去主动寻求法官的建议。然而有一条原则是绝对的,那就是法官给予陪审团的任何回应,都必须是在公开法庭中做出的,以避免任何不当行为的指控[例如 R v Townsend (1982)]。

3. 审议结束后提交新证据

历史上官方对于"在法官概述和陪审团审议结束后,就不能再提交给陪审团任何新的证据"这一原则,一直是绝对支持的,因此在 R v Owen (1952) 一案中,由于在陪审团审议结束后,审判法官允许重新召回医生回答陪审团的问题,由此导致这一有罪判决被撤销。大法官戈达德就此原因做出解释:"法官概述一旦结束,就不能够再向陪审团提交新的证据。陪审团可以就已经提交的证据的任何方面提出问题,但新的证据则不被允许。"然而,在之后的 R v Sanderson (1953) 一案中,上诉法院刑事法庭包括大法官戈达德在内认为,在法官概述结束后,辩方证人的证据是可以被允许提交的,但是必须是在陪审团审议结束前。在之后的 R v Gearing 一案中,大法官帕克重申了"在陪审团审议结束后不允许提交新的证据"这一绝对原则。

但是,由于《1968年刑事上诉法》第2条第1款[s 2 (1) of the Criminal Appeal Act 1968]之附带条款的引入,导致了对这一原则态度的转变,并在 R v Davis (1976) 一案中,这一原则受到了质疑,并且这种态度转变在 R v Karakaya 一案中得到了支持。在 R v Hallam (2007) 一案中,上诉法院认为该有罪判决是不安全的,因为在法官概述结束后,法官拒绝让陪审团查看一项可能会有助于上诉人的证据。在这一案件中上诉法院否定了"一旦陪审团审议结束后就不能再提交新的证据"这一在过去被视为是不可动摇的原则,且近来越来越多的案件进一步确认了这一原则并不是绝对的,这个问题需要基于司法公正的需要。

4. 陪审团裁决神圣不可侵犯

上诉法院刑事法庭的主要功能在于,撤销推翻刑事法院做出的有罪判决，或者对刑事法院的量刑裁判进行减刑。在上诉中，虽然上诉法院由于担心干涉陪审团功能而不愿意做出推翻陪审团裁决的决定，但是，如果陪审团的裁定明显错误的话，那么上诉法院就有责任进行干预以恢复司法平衡，也就是被告上诉成功，且陪审团的有罪裁定被撤销。至于陪审团所做出的即便是错误的无罪判决，或者过分宽大的量刑，由于检察官根本无权提出上诉，因此上诉法院对此可谓无能为力。

正是由于陪审团一旦做出了无罪开释便一锤定音，因此，当陪审团做出了在法官看来是荒谬的裁决时，偶尔也会遭到法官的谩骂。然而，法官即使再愤怒也于事无补，因为无论是整个陪审团还是陪审员个人，都不需要就其所做决定进行原因的证明和解释。不但如此，根据《1981年藐视法庭法》第8条（s8 of the Contempt of Count Act 1981），无论是在刑事还是民事案件中，陪审团成员都应严守审议秘密以防信息泄露构成藐视法庭罪。此外，"泄露"这个词不仅适用于陪审员，也适用于泄露的任何其他主体，如 Attorney General v Associated Newspaper（1994），上议院认为对于报纸媒体来说，藐视法庭罪是指其泄露了陪审团在陪审室中进行裁决时的情况，除非该出版报道仅限于公众已经知道的事实。首席大法官伍尔夫在2001年2月《泰晤士报》的一次采访中表示，虽然应当谨慎对待陪审团研究，但他个人还是强烈支持解除对陪审团研究的禁止。与此同时，由于陪审团不需要证明其决定的合理性和正当性，因此也使得陪审团即使做出了相较于法律的不正当裁定，也依然处于一种强硬立场，如在 R v Clive Ponting（1985）一案中，根据《1911年公务员保密法》（the Official Secrets Act 1911），法官很明确地排除一切合理怀疑而确定被告是有罪的，但陪审团依然做出了无罪判决。类似地，在 Pottle and Michael Randall 一案中，被告人公开承认他们是间谍 Geroge Blake 中的一部分，但是陪审团依然不顾法律而做出了无罪判决。

三　陪审员之资格

（一）一般资格

1. 取消了财产资格限制

如果要组成一个富有代表性的陪审团，则应将不适任的人员控制在最小范围内，也就是说，应使陪审团服务尽可能成为所有国民的义务，即所有国民都有资格且能够参加。① 但在1974年以前，陪审员资格都被过时的财产上的资格所主导性地占据。这也就成为莫里斯委员会（The Morris Committee）1965年调查报告中的主要议题，并最终在《1974年陪审团法》（the Juries Act 1974）中得到实施。

莫里斯委员会在1965年陪审团服务报告中指出："现今对于陪审团成员资格的规定，实际上被局限在了'房屋拥有者'上面。一般来说，这意味着陪审团成员需要是那些缴纳房产等地方税的公民。在多数家庭中，这都是由男士来负责的（这也就是为什么相当一段时期陪审团成员中女性比例相对很小的原因）。对于房主资格的另一个限制是，他的房屋必须被评估为不少于30镑（在伦敦和米德尔塞克斯这样的城市中）并且在其他地方不能少于20镑。据统计，1964年英格兰和威尔士地区选民登记册中能够有资格参与陪审团服务的名单大约有715万人，占整个选民登记册3777万人的22.5%。"②

莫里斯委员会提出建议，除了那些特定可以被豁免的情况外，陪审团成员应当从所有选民登记册中的名单中抽取。这一建议最终在《1974年陪审团法》中得到实施。根据《1974年陪审团法案》第1条，在刑事法院、高等法院以及郡法院进行陪审团服务的人，需具备以下资格：（a）年龄在18—70岁且作为国会的或者当地政府的选民而被登记在册；（b）从13岁开始至少连续5年通常居住在英国、海峡诸岛或者曼岛；（c）不是精神病人；（d）不是陪审团服务不合格的人。

2. 取消了不适任及豁免权相关规定

"如果我接到参加陪审团服务的召集令，那么只要有可能，我就会努力尝试逃避这一义务。"③

在2004年以前，对于陪审员的一般资格，是有许多例外规定的，其包含了一长串的不适任或者享有豁免权的名单，而这与随机性的要求是严重相悖的，并在由艾尔斯和肖主持的1999年内政部研究中得到证实。该

---

① *The Jury in Criminal Trials*, Working Paper 27, Law Reform Commission of Canada, p. 40.

② Report of the (Morris) Department Committee on Jury Service, 1965, Cmnd. 2627, paras. 38-42.

③ John Hawles, *The Englishman's Right: A Dialogue between a Barrister and a Jury-Man*, 1680.

研究发现，每年有25万人被召集参加陪审团服务，其中在1999年6月到7月，有5万人被召集参加陪审团，但却只有1/3的人应招，大约有一半的人被允许推迟参加，而剩下的2/3的人中：有13%的根据陪审团法案被定为不适任、不合格或者享有豁免权；15%的无法在当天出席或者被回复为"无法送达"；38%的被豁免。而具体到各个刑事法院，陪审员豁免率也是奇高且不稳定。为解决这一问题，英国政府在布力费亚斯创建了陪审团召集中心（Jury Central Summoning Bureau，JCSB），主要负责从每一个刑事法院陪审团服务中心中召集陪审员。之后，陪审团召集中心提交报告说，由于无法参加和豁免的问题，对于英格兰及威尔士地区的许多陪审员来说，有发出四次召集令的必要，并且在伦敦有很多人需要被召集六次。我们也发现，如果人们仅仅是不回应陪审团召唤，就需要刑事法院对其进行追问，而伦敦等地区却没有相关的财政支持。

奥德大法官（Auld L. J.）对此持强烈的批判态度，并主张应当仿效美国纽约地区，通过收紧豁免政策，进而达到防止人们逃脱陪审团服务的目的，即每个人都应当参加陪审团服务，除非其有充足的理由才可以得到免除。这一建议被后来的《2003年刑事审判法》（the Criminal Justice Act 2003）所采纳。[①] 其中Sch. 33废除了之前的陪审团服务不适任名录（除患有精神障碍之外）以及豁免权。因此，在过去那些不被允许参加陪审团服务的人，或者有权做出参加与否选择的人，现在都已获准参加陪审团服务，除非他们有不能参加的正当理由。

（二）例外

1. 精神障碍

精神病人没有从事陪审团服务的资格，此规则继续适用于《2003年刑事审判法》（The Criminal Justice Act 2003, Sch. 33）。在2004年，英国政府的社会排斥办公室（the Social Exclusion Unit）发表了一份题为《精神健康与社会排斥》的报告，认为法律对于不能参加陪审团服务的精神疾病的名录太多，而且这一禁止规则并没有区分被医生以为轻度抑郁症的人和已经被确诊为《1983年精神卫生法》（the Mental Health Act 1983）所包

[①] Penny Darbyshire, *Darbyshire on the English Legal System*, 10th, edn., London: Sweet & Maxwell, 2011, pp. 530-531.

含的病症的人。于是,之后的《2007年精神卫生法》对此进行了修订,将这一范畴确定为患有或者曾经患有《2007年精神卫生法》中所列举的精神病的人,也就是:

(a) 住在医院或者类似的机构中,或者

(b) 定期接受医生的治疗。

如果陪审团中出现有精神障碍的陪审员,其所在陪审团裁决的法律效力不会因此而受到影响 [*Juries Act 1974*, s. 18 (1) (b)]。

2. 不合格

虽然政府主张扩大陪审团参加范围,但如同法官,陪审团必须是由无可争议的正直的人所组成。而那些有过犯罪记录的人,哪怕是仅被判处缓刑或社区服务令的人,虽然符合参加陪审团的年龄、居住等条件,但人们还是担心其正直性,或者说怀疑他们会对警察或控诉机构存有偏见进而想要无罪开释那些本应当被判处刑罚的被告人,因而有必要将其排除在陪审团参加范围之外。对此,英国伦西曼皇家委员会(the Runciman Royal Commission)提出,有研究表明,事实可能刚好与人们的通常观念相反,比起其他陪审员,那些有过犯罪记录的人在陪审团中所履行的职责并无任何异常之处。但奥德大法官认为排除这些有犯罪记录的人是正确的,而且这也已经被政府所接受。因此,《2003年刑事审判法》保留了不合格名录,详言之,下列情形不具备从事陪审团服务的资格:

(a) 处于刑事诉讼保释状态的人;

(b) 在英国、海峡诸岛或曼岛,曾经被判处终身监禁或终身羁押、为保障公共安全的监禁或羁押、被延长或增加刑罚、被判处五年以上的监禁刑或羁押,则此人终身不得担任陪审员;

(c) 在英国、海峡诸岛或曼岛,被判处三个月以上监禁刑或羁押、被判处缓刑监禁或羁押,则此人在十年内不得担任陪审员;

(d) 在英国、海峡诸岛或曼岛,被处以社区服务令、社区恢复改造令、社区处罚令、社区处罚和恢复改造令、毒品治疗和检测令或戒毒令,则此人在十年内不得担任陪审员。

需要注意的是,以上不合格名录并不包括那些仅被判处罚金刑或者被处以附条件释放的人,迄今为止,其仍然具备参加陪审团的资格。对于明知自己无资格参加陪审团服务而仍然参加的人,其将会被判定是犯罪行为并被处以最高达5000英镑的罚金,但并不会因此而影响到陪审团裁决的

法律效力 [*Juries Act 1974*, s. 18（1）（b）]。但这种情况在实践中极为少见。①

3. 裁量免除

根据《2003 年刑事审判法》，基于下列原因，JCSB 可以裁量做出给予其免除陪审团服务的决定：（a）在最近两年内担任过陪审员（包括验尸陪审团），以及虽然没有实际担任陪审员审判案件，但其到达了法院并参加完成了陪审团服务；或者（b）在一个有效的期限内，曾经被任何一个法庭裁量给予免除陪审团服务（*Juries Act 1974*, s. 8）。再如，如果是一个全职在军队服役的人，而此人的指挥官能够证实其离开岗位将损害军队利益 [*ibid.*, s. 9（2A），被并入 the Criminal Justice Act 2003]，则可以裁量给予其免除参加陪审团的决定，但这必须只能由合适的官员来做出（也就是指现在的陪审团召集中心，JCSB）。此外，如果某人能够给出一个很好的理由 [*ibid.*, s. 9（2）]，例如生病或者已经安排好的假期，则 JCSB 可以裁量给予其免除陪审团服务的决定。

司法部研究统计显示，2009 年，共向 396700 人发出了陪审员召集令，其中有 100000 人被裁量给予免除决定（免除率高达 25%）。在这些被免除的群体中，其中有 4% 是由于他们在近两年内已经做过服务，而有 96% 是由于其他原因而被免除。还有一部分人没有回应召集令，连带那些没有被送达到的，总共 62700 人。② 在申请免除的众多理由中，内政部研究发现，最为普遍的理由是医疗（至少占了申请理由总量的 40%），其次分别是照顾老人和小孩（占申请理由总量的 20%）以及工作和经济原因（占申请理由总量的 20%），最后是其他各种原因包括不是本地居民（占申请理由总量的 9%）、学生身份（占申请理由总量的 6%）以及交通困难（占申请理由总量的 1%，但这在某些偏远乡村则占到 30%）。③ 面对如此高的免除率，奥德大法官建议 JCSB 官员，对于所有免除和推迟的申请都

---

① John Sprack, *A Practical Approach to Criminal Procedure*, 10th, edn., Oxford: Oxford University Press, 2004, p. 303.

② Gary Slapper and David Kelly, *The English Legal System*, 12th, edn., London and New York: Routledge, 2011, p. 507.

③ 内政部于 1999 年基于 50000 人的陪审团召集令作为样本，发现只有 34% 的人实际参加了陪审团服务。详见 J. Airs and A. Shaw, Jury Excusal and Deferral, Home Office Research and Statisticsm Research Findings, No. 102, 1999。

应"谨慎、仁慈并考虑申请者具体情况"地进行审查。在处理那些表面上看起来似乎合理的免除理由时，应当尽可能将其裁定为推迟，免除仅适用于极个别的情形。①

对于 JCSB 拒绝给予免除的决定，被决定人有权提出上诉 [ibid., s. 9(3)]。该上诉将首先交由 JCSB 的负责人进行复核。如果经复核后仍认为应支持原决定，则其将被提交给法官以做出最终的决定。依据法律规定，除非上诉人已经被给予陈述的机会，否则此类上诉不可以被驳回。②此时法庭的职责是要审理该上诉，即给予免除上诉人陪审团服务的决定，还是拒绝给予免除。但是，法庭不能够在做出免除其服务陪审团的决定的同时，又强加给其需在将来某特定日子参加陪审团服务的义务。③虽然此类上诉人没有司法陈述权，但是法院有权独立于 JCSB，独立裁量做出给予其免除陪审团服务的决定 [Juries Act 1974, s. 9 (4)]。但法院在行使此裁量决定权时需要格外谨慎，因为这涉及一系列陪审团服务事务的安排。④

4. 裁量推迟⑤

对于被召集参加陪审团的人，如果其能给出令 JCSB 满意的"足够好"的理由，则其或许可以被给予推迟参加陪审团服务的决定。⑥ 如果 JCSB 同意其推迟申请，则其参加陪审团的日期将被更改。如果 JCSB 拒绝其推迟申请，则其有权上诉至法院。⑦

根据《1974 年陪审团法》(s9 of the JA 1974)，JSCB 有权对推迟或者免除的申请做出裁量决定，但只有基于"足够好"的理由，才有可能获得批准，但何为"好的理由"？根据 1988 年颁布的《实践指引》，⑧ 应当

---

① 详见 the Court Service website。
② Criminal Procedure Rules 2010 (SI 2010, No. 60, r. 39. 2)。
③ R v Crown Court at St Alban's (1981) The Times, 12 December, DC.
④ R v Crown Court at Guildford (1989) 3 All ER 7, dc, per Watkins LJ, p. 12.
⑤ Terence Ingman, *The English Legal Process*, 13th, edn., Oxford: Oxford University Press, 2011, pp. 236-237.
⑥ Juries Act 1974, s. 9A, added by the Criminal Justice Act 1988 and amended by the Criminal Justice Act 2003.
⑦ Ibid., s. 9A (3), as amended, and Criminal Procedure Rules 2010, r. 39. 2.
⑧ Practice Direction (Criminal: Consolidated) [2002] 1 WLR 2870, PARA 42.

富有同情地适用免除决定，且可被视为是合理的申请理由如下：（a）涉及该案；（b）在该案中与一方当事人或者证人有密切关系；（c）私人困难；（d）从良心深处抵触陪审团服务。根据《2003年刑事审判法》（the Criminal Justice Act 2003，s. 9A），大法官制定并颁布了免除和推迟案件指导手册，其中规定所谓"好的理由"包括疾病、假期安排、在照顾小孩或者老人的安排上有困难、工作或商务事务、学期中的教学或考试安排、国会议员的国会义务、个人遇有特殊情况、与一方当事人或者证人有密切联系。

关于法官应当如何行使其裁量权以免除或者解雇某一陪审员，或者中止审判，首席大法官已经做出了指导。[①]

5. 残疾人

对于因为身体上患有残疾（如耳聋或眼瞎）而主动申请免除，陪审团召集官（现已由JCSB所代替）应当裁定准许；即使其已经来到法院参加了陪审团服务，法院也有权解除对其的陪审团召集令。对于身体有残疾但仍然应招参加陪审团服务的人，在过去，陪审团召集官通常会推定他们不具备担任陪审员的能力，从而直接做出免除其陪审团服务的决定。但自从《1974年陪审团法》引入s. 9B这一新的条文后，情况则有所不同，即陪审团召集官应当允许此人担任陪审员；除非其本人认为自己无法有效履行陪审员职责而主动申请免除，或者陪审团召集官对其能力有所质疑，则应当送交法官，由法官来裁定此人是否应当担任陪审员。[②] 虽然之后通过了《1994年刑事审判与公共秩序法》，但对于那些重度耳聋即只有在手语翻译的帮助下才能履行陪审员职责的人，其状况并没有因此带来太大改观。例如英国聋人团体执行主席、重度耳聋患者Jeff Mc Whinney，对其是否能够担任陪审员的诉讼，法院最终于1999年11月做出判决，裁定其不能够担任陪审员，因为只有陪审员才能进入陪审室。直到现在，法律对于手语翻译陪同进入陪审室，依然是严厉禁止。[③]

---

① Practice Direction (Crown Court: Jury Service) (2005) 1 WLR 1361.

② Juries Act 1974, s. 9B, 已被并入 the Criminal Justice and Public Order Act 1994 且被 the Courts Act 2003 所修订。

③ Gary Slapper and David Kelly, *The English Legal System*, 12th, edn., London and New York: Routledge, 2011, p. 509.

6. 能力不足

对于因为存在语言困难，也就是说，由于欠缺足够的英语语言能力以致无法听懂或理解案件，从而申请免除，陪审团召集官（现已由陪审团召集中心所代替）应当裁定准许；即使其已经来到法院参加了陪审团服务，法院也有权解除对其的陪审团召集令。通常是由法院官员将其送至法官面前，由法官做出免除其陪审团服务的决定（Juries Act 1974 s. 10，已被 the Courts Act 2003 所修订）。

奥德大法官认为，即使是在最简单的案件审判中，通常也会包含一些陪审团所必须要理解的书面文件，因此对于陪审员需要具备必要的英语读写能力的要求已经越发迫切，所以，很有必要建立一种针对陪审员语言能力的专项测试。[1] 对此，伦西曼皇家委员会指出，有研究[2]表明，虽然包括陪审团主席在内的大部分陪审员都表示对其所审理的案件已经足够理解，但实际上这仅是他们自己的主观判断。事实上，有些陪审员甚至全体陪审团都还处于困惑状态，而这与陪审员的语言能力息息相关。但迄今为止，仍然没有建立起这种测试。目前的应对方法是，如果本人没有主动申请免除，则希望法官在陪审团选拔阶段，能够对陪审员的语言能力进行过滤筛选。也就是说，法官应当对候选陪审团进行充分且委婉的警告，即如果有人存在语言障碍，应主动提出免除请求而不必为此尴尬。如果法官此举依然未能将其筛选出，则只能寄希望于控方在之后对其行使"暂时等候"权。[3]

四 陪审团之选拔

（一）庭外选拔

1. 建立陪审员总名册

要选择合格的陪审团审理个案，首先，应就合格的国民建档，建立适

---

[1] Lord Justice Auld's report, Ch. 5, para. 50, p. 155.

[2] M. Zander and P. Henderson, Crown Court Study, Royal Commission on Criminal Justice, Research Study No. 19, 1993.

[3] Michael Zander, *Cases and Materials on the English Legal System*, 10th, edn., New York: Cambridge University Press, 2007, p. 491.

格陪审员总名册。在《1974年陪审团法》之前，陪审员需要具备一定的财产资格，也就是要为社会中产阶级的精英人士，因此陪审团名册是单独交由各地方官员分别进行统计制作。现在的法律规定，陪审员的资格不再限于中产精英，所有在选民登记册上的人民（且年龄在18—70岁并至少连续5年居住在英国），皆可经随机选拔成为陪审员。

选民登记册中记载了房屋居住人的重要信息，具体包括每一栋房屋居住人的名字以及此人是否年过18岁或者年过70岁。比起之前的中产阶级，选民登记册更具有陪审团制度所要求的社会代表性。但是，达比希尔、莫恩和斯图尔特在2001年对全球范围内的陪审团进行研究后认为，从选民登记册中进行选取是有缺陷的，它不能够代表整个社会，而在某种程度上说，这也是由许多因素引起的，诸如教科书①中所经常提到的人口迁徙或死亡，以及代表着阶级和收入水平的居住地的改变。据估计，在英格兰及威尔士地区②，至少有20%的黑人和亚裔人没有被登记在册，这可能是因为每年的登记表都是由户主来完成，他或她可能因为某些原因而省略了一些成员。例如，如果房东太太借口只有一个成年人居住而要求减免家庭税，那么她就有可能会隐瞒还有一名房客存在的事实。

奥德大法官同意此项改革并认为③，陪审团适任资格应当是根据投票资格而不是根据选民登记册。但是，政府在2002年白皮书《伸张正义》中做出回应，表示拒绝接受此项改革提议，认为应当继续通过选民委员会的工作来改进和提高选民登记册的质量并确保对于少数种族的登记准确率。对于政府的拒绝，达比希尔等学者认为："政府对于我们所发现人口迁徙以及故意逃避选民登记的问题，非但没有做出回应，且也没有给出一个合适的理由；而如果通过人口普查来检验选民登记册的准确性，实在是太具有欺骗性了，因为人口普查存有太多的漏洞。没有在选民登记册中的群体可能同时也没有参加人口普查，例如年轻人。但是政府却宣称，几乎所有家庭都参加了十年一度的人口普查。但即便如此，也并不意味着可以

---

① 例如 Michael Zander, *Cases and Materials on the English Legal System*, 10th, edn., New York: Cambridge University Press, 2007.

② P. Wynn Davis Colour Blindness in the Jury Room, *The Independent*, 29 June 1990.

③ Ch. 5 of Auld's review.

确保普查的准确性。"① 尽管争论很大，但是到目前为止，英格兰及威尔士地区的陪审员总名册，依然仅有选举名册这唯一来源。

2. 随机挑选可能的陪审员名单

根据《1974年陪审团法》第2条规定，陪审团由大法官负责召集。在2001年以前，大法官的此项权力具体是通过当地各刑事法院中的陪审团召集官负责行使。每一个负责召集陪审团的官员都有他自己的方法，如有些官员采用按照字母顺序选择的方法，还有些官员是采用按照街道进行选择的方法，甚至对于免除申请和推迟申请的裁量，各地法院召集官的态度也不一致。为保证召集程序更富有随机性和连续一致性，英国政府将各地法院的陪审团召集程序合并到一个在当时新成立的机构即陪审团召集局（JCSB），由其负责从当地官方机构所提供的选举名册中随机挑选陪审员（陪审员被分别召集到当地的刑事法院，且每一法院都有根据邮政编码分配的各自管辖区域）、办理召集、处理陪审员的回复，并全权裁定免除或者推迟的申请。此次合并的改革措施，不仅确保了人们受到平等对待及法律规则更加连贯地予以执行，而且使法庭所需的预计陪审员数量更加准确，由此陪审员们可以将更多的时间用在审判上而不是在法庭外等待。在英格兰及威尔士地区，所有的陪审员都是由JCSB通过电脑程序进行随机抽取，这一程序始于1999年10月，由陪审团召集局选取了七个试点法院通过电脑程序进行随机抽选陪审员，后逐步推行并最终于2001年初覆盖每一刑事法院召集中心，包括高等法院和地方法院。②

这些被电脑程序所随机挑选出的人，之后会收到一份书面的陪审团召集令，也就是一份关于从事陪审团服务的说明手册，其中会告知陪审员需在哪几天到当地某刑事法院参加陪审团服务。当然，JCSB官员会尽可能安排陪审员到与其居住地距离较近的法院，且服务期一般为两周。但对于某些法院例如中央刑事法庭，由于其所审理的案件通常会花费较长时间，则陪审员的服务期也可能会相应更长一些，因此会提前询问陪审员是否愿意参加。虽然陪审团服务是无偿义务性的，但对于因从事陪审团服务而花

---

① Cheryl Thomas and Nigel Balmer, 'Diversity and Fairness in the Jury System', Ministry of Justice Research Series 2/07, June 2007, p. 6.

② 详见 www.courts-service.gov.uk；www.juror.cjsonline.org。

费的交通费、午餐饮料及可能造成的收入损失等,陪审员有权要求给予补偿,但各项补偿都有明确限额因此并不是全额补偿。① 与此同时,陪审团服务说明手册中也会就陪审员的资格限制、不按时出席将会产生的罚金以及如何申请免除或延期做出说明。陪审员一旦收到此召集令,必须据实填写好关于自己是否具有陪审员资格及不具资格的原因的相关表格,并在七日内做出回复。如若拒绝做出回复或者填写虚假信息,则被视为一种犯罪行为。②

根据陪审员做出的回复并做出裁量后,JCSB官员将给各地刑事法院一份名单,也就是陪审员名簿,上面记载着陪审员的姓名、住址和陪审团服务期。需要注意的是,在过去,关于陪审员职业的信息是可以被记载于陪审团名簿上的,但在1973年之后则不被允许[关于可以写入陪审团名簿的信息内容,由上议院大法官和最高法院首席大法官共同商讨后决定(JA, s.5 [1])]。根据JA, s.5(2)-(3),享有检查陪审团名簿权利的人包括被告人、任何一方当事人的事务律师和出庭律师、涉及此案的警官,当然法庭也可以裁量准许其他人检查陪审团名簿。通过检查陪审团名簿(除了查看名簿中所记载的现有信息,如果他们愿意的话,也可以进行额外的调查),以剔除其中某个或某些可能的陪审员,但申请回避权只能是在审判开始之前或者审判进行中行使,一旦审判结束后便不能行使。实践中,辩方由于并不知道除陪审员的姓名和住址外的其他信息,因此很难行使申请回避权;而控方则相对容易一些,因为控方可以通过警方的电脑系统以查看到可能的陪审员的刑事犯罪记录,但控方若要行使这一权利则必须严格遵守《总检察长指引》,因此实践中也很少见。刑事法院工作手册规定,对于陪审团名簿所提出的任何异议,都应立即向上级官员报告,且对于要求检查陪审团名簿的申请,都应予以书面记录。但由于近

---

① 详见https://www.gov.uk/jury-service/what-you-can-claim。
② 根据JA s20,除了被裁量免除或推迟的情况以外,任何有陪审员资格且收到陪审团召集令的人,都必须按照要求到达法院参加陪审团服务,否则将被视为一种犯罪行为。此种犯罪将被处以高达1000英镑的罚金,且可能会像当庭藐视法庭行为那样,直接由刑事法院的法官予以处理。这就意味着,如果此陪审员不承认该犯罪,则法官可以听取证据并决定是否该案已经证明没有选任陪审团的必要。而且,至少在距离其最初应当到达法院的日期的14天之前,该陪审员就应当按时参加陪审团服务。当然,突发疾病或者丧失亲友,可以成为没有按时出席的免责理由。

年来陪审团屡遭恐吓,因此也有学者提出,应废除陪审团名簿检查权。①

此外,较各地刑事法院所实际需要的陪审员数量,JSCB 通常会召集到比其更多的可能的陪审员,因此大多数情况下陪审员都会比较富余。然而,一旦出现误差以至没有足够的陪审员组成陪审团的情况时,法院可以直接向附近具有陪审员资格的人发出召集令,而无须书面形式的告知(JA, s. 6)。

(二) 庭内选拔

1. 抽签选任陪审团

所谓选任陪审团或者称为宣誓就职陪审团,是指从所有在某一天应招到法院参加陪审团的人员名单(也就是陪审员名簿)中,随机抽取 12 名男女,由其组成审理某个案件的陪审团。具体程序如下。

一般来说,每周一的上午,刑事法院会有一批新的案件需要处理,因此,被记载在陪审员名簿中的可能的陪审员应招到法院报到的时间,也多半会被安排在这个时段。届时会有 100 名左右的可能的陪审员应招到刑事法院,法院相关人员会将其统一安排到法院地下一层的陪审员会议室中进行等待。

一旦被告人做出无罪答辩,意味着其将有权接受陪审团审判,这时法院陪审团执行官就需要从陪审员名簿中,随机抽取 20 位或更多的人,等待成为审理某个具体案件的陪审员。在过去,所有被记载在陪审员名簿中的姓名会被分别做成卡片,并放入抽签箱中,由陪审团执行官负责从中抽取。现在,陪审员名簿已经被输入电脑系统中,陪审团执行官只需通过电脑随机抽取陪审员即可。这 20 名或者更多被随机抽中的人,会交由法庭引导员从地下一层的会议室带领出去从而进入法庭,坐到法庭中陪审席旁边的座椅上,等待成为审理具体某个案件的陪审员。同时,引导员会将分别印有等待成为陪审员姓名和住址的一摞卡片,交由该法庭的书记官。法

---

① The Runciman Royal Commission 提出建议,即一旦陪审员受到贿赂或威胁,就应当撤销陪审团所做出的无罪开释并进行重审。此建议被 Criminal Procedure and Investigations Act 1996, s. 54 所采纳。但是,尽管 the Criminal Justice Act 2003, s. 46 规定,陪审团一旦有遭受威胁恐吓的危险,法官就有权解散陪审团或剔除某陪审员或中止审判。但是,这一条款到目前为止还没有得到实施执行。

庭书记官通常会将这些卡片重新洗牌，然后随机抽选出 12 张卡片（通常会选中在最上面的 12 张），并将这 12 张卡片上的姓名予以宣读，这些被宣读的人随机依次进入坐到陪审席中。

接下来是告知被告人享有申请回避权。详言之，当这 12 名陪审员坐到陪审席中后，法庭书记官会对被告人说："某某被告人，刚才你所听到的 12 个名字，就是将要负责审理你的案件的陪审员姓名。你有权申请要求他们或他们当中的任何一个陪审员回避，具体会由法官做出裁量，但你必须在他们做出宣誓就职之前提出。"当然，由于被告人并不熟悉法庭程序，所以在听到关于申请回避权的告知后，通常来说并不太能理解到底应当如何行使此权。但由于绝大多数被告人都聘有辩护律师在旁，因此此项权利会由其律师代为行使。当然，在告知被告人申请回避权的同时，书记官也会询问这 12 名陪审员，是否存在与本案被告人或证人熟识或者与案件有关联等需要回避的情况，如有则需要主动提出并由法官做出裁定。

若诉讼当事人对陪审员无异议，则法庭将进入陪审员宣誓阶段。书记官会依次要求陪审员们逐一进行宣誓："我对全能的上帝起誓，我将依据证据，忠实地审判被告，并做出公正的裁决（I swear by almighty God that I will faithfully try the defendant［s］ and give a true verdict［s］ according to the evidence）。"此誓言已经被列印在一张卡片上，因此陪审员只需宣读这张卡片但同时需将右手按在一本书上（如果是基督徒则被给予《新约圣经》，若是犹太教徒则是《旧约圣经》，而伊斯兰教徒则是《古兰经》，等等）。而如果当事人对陪审员提出异议并得到法官支持，则这名被异议的陪审员将被要求离开陪审席，并由其他等待成为陪审员的人予以代替。然而，由于绝对剔除权的废除，因此实践中很少会有陪审员被剔除出陪审席的情况发生。在全体陪审员宣誓就职后，书记官通常会询问是否所有陪审员都进行了宣誓，在得到肯定答复后，宣布将被告人交由陪审团负责审理（这只是一种传统做法而并非必经程序）。随后，书记员开始宣读被告人控罪，例如"某某被告人被控有 X 项罪名。第一项控罪是违反《1968 年盗窃法》第 1 条，于 2010 年 1 月 1 日偷窃了某人的 10 英镑现金。第二项控罪是……对于第 X 项控罪，被告人做出无罪答辩，因此将由你们来听取相关证据并给予有罪与否的裁决"。如果被告人对其中几项控罪做出了有罪答辩而对另外几项控罪做出无罪答辩，则被告人做出有罪答辩的那几项控罪，将不会被告知陪审团。在将被告人交由陪审团审理后，法庭审判程序正式开始，首先由控方检察官进行开场陈词。

2. 质疑剔除权

关于如何挑选公正的陪审员，有两种截然相反的观点。一种观点认为，选拔程序应当尽可能保持随机性。另一种观点认为，选拔程序应尽可能挑选那些对案件相对不存在偏见的人，包括对某种类型犯罪存有偏见、通常对被告人存有支持或反对态度、对某种被告人存有支持或反对态度，美国有许多州采纳了这种观点。详言之，任何一方当事人都有权对可能的陪审员进行询问以评价其是否存有偏见。[①] 但这种询问程序通常会耗时很久且费用昂贵，这也成为美国陪审团制度最为人诟病的方面之一。

在英国，虽然法律尤为重视陪审团选拔程序的随机性本质，但对此还是采取了相对折中的观点，即不适任群体应被限定在尽可能小的范围内，并应从选举名册中随机挑选出可能的陪审员名单，且应采用随机抽签的方式从陪审员名簿中选出具体审理某案的陪审员。然而，这种选拔的随机性也会由于当事人行使剔除权而受到削弱，概言之：

根据《1974年陪审团法》第12条第6款，在普通法中，任何一方当事人都有权对整个陪审团申请回避，理由是负责召集陪审团的官员存在行为不适当或者存有偏见，比如在 *Danvers*（1982）Crim. L. R. 680 中，一名黑人被告就质疑了整个陪审团，理由是全部由白人所组成的陪审团并不具有种族代表性。但在实践中，这种剔除形式（"要求全体陪审员回避 challenge to the array"）极少发生，虽然在 *Danvers*（1982）Crim. L. R. 680 中出现过行使这种剔除权的情况（当时，一名黑人被告就质疑了整个陪审团，理由是全部由白人所组成的陪审团并不具有种族代表性），但此举没能得以成功行使。另外，当事人还有权对其中某些陪审员申请回避，即控方可以要求某位陪审员"暂时到一边去等候法院安排"，且控辩双方

---

① 美国的陪审团询问程序，在各州之间差别很大。一种是采用最简单的陪审员问卷方式，以德拉瓦州为例，法官只针对陪审员对该案是否有偏见列举一些问题，陪审员的回答只要勾选【是】或【不是】即可，且法官在询问时是一组一组地进行，而不是一个一个单独问。另一种较昂贵的方式，也是美国大多数州采用的形式，即由法官及两造律师一起进行询问，所询问题较为广泛，且可以对陪审员逐一进行询问。陪审员的回答除了【是】或【不是】之外，还可以做开放式回答。法官及律师据此可以评估其是否有偏见，而不是只有陪审员自己的判断而已。参见 Neil Vidmar & Valerie P. Hans, *American Juries*, New York: Prometheus Books, 2007, p. 89。

都可以行使有因剔除权，但辩方的绝对（无因）剔除权已经于 1988 年被废除。①

（1）（废除）辩方无因回避

几个世纪以来，辩方曾拥有一种无因回避权，即在不必说明任何原因的情况下就可申请一定数量的陪审员回避，而所有想要行使此权利的辩方，都必须赶在"等候成为陪审员"的人宣誓就职之前即刻提出申请，之后这些被申请回避的陪审员就应立即离席并由其他人代替。关于每位被告人可以要求无因回避的人数，历史上一直在呈不断缩减趋势：最初是 25 人，1509 年时缩减至 20 人，到 1948 年为 7 人，再到 1977 年为 3 人。由于辩方几乎不受任何限制就可要求陪审员回避，以致无因回避权经常会遭到滥用，因此即使已经限缩至 3 人，但关于要求废除辩方无因回避权的呼声却不断高涨。最终，在《1988 年刑事司法法》中被彻底废除。但与此同时，法律却依然保留了控方关于要求陪审员"暂时到一边去等候法院安排"的权力，因而导致了控辩双方剔除权的失衡，而这恰好与美国形成鲜明对比，在美国大多数州，任何一方当事人都可以通过行使无因回避权，以使陪审团的组成更有利于己方。虽然时至今日，辩方的无因回避权，可以说已经成为过去时，但是，这并不意味着我们可以对其完全忽视，因为关于陪审团法律改革的脚步从未停止，而且辩方也一直在努力试图想要重新夺回此权。②

（2）检方要求陪审员"等候安排"

对于无因回避权，检方虽从未拥有过，但是，其享有一种与之类似的权力，即要求陪审员"等候安排"或简称"等候"，可以对任何一位可能成为陪审员的人行使，必要情况下，也可以对整个陪审团行使。详言之，如果控方律师想要剔除某个陪审员，只需赶在其宣誓就职之前说一句"暂时等候"（stand by），则这名陪审员就应随即离席并由另一位等候成为陪审员的人代替。至于要求其等候在旁的理由，控方律师无须在当时给出，除非出现了由于此人的缺席而导致陪审团无法成功组成的情况时，控

---

① Michael Zander, *Cases and Materials on the English Legal System*, 10th, edn., New York: Cambridge University Press, 2007, p. 493.

② John Sprack, *A Practical Approach to Criminal Procedure*, 10th, edn., Oxford: Oxford University Press, 2004, pp. 307-308.

方才需要阐述理由并由法官做出裁量。然而，如前所述，由于 JCSB 通常会召集上百个可能成为陪审员的人到法院等候，供给远大于所需，因此检方的这种"要求等候在旁的权利"很少出现用尽的状况，通常会由其他有资格的人来担任陪审员以组成陪审团，因此，可以说检察官实质上是在行使无因回避权，只是换个称呼而已。①

正是由于这一明显的不合理，检方随后颁布了一个关于如何行使要求等候权的实践规则指引②，重申了陪审团随机选取的原则，且任何人都不应当被视为不合格或者不适任，除非符合《1974 年陪审团法》的相关规定。根据这一指引，检察官"要求等候权力"在遇有紧急情况时才可以行使，且不能够用于试图影响陪审团的总体组成或者优势于被告方，因此实践中，检察官极少行使这项权力。以下的两种情形下检方可以正当行使此权：

（a）在授权审查后开除一名陪审员，即陪审团审查表明，根据案件事实以及被诉的犯罪行为，如国家安全案件或者恐怖主义犯罪案件，某一名陪审员有可能受到安全威胁，或者被怀疑有不正当的态度，或者其可能受到不正当的动机的驱使而做出裁定，并且经检察总长亲自授权，才可以行使这一权力；（b）开除一名"明显不适任"的陪审员，即某一即将宣誓就职的陪审员明显不适任，且被告人也赞同检方行使这一权利，例如一个文盲将要宣誓就职审理一件复杂的案件。

（3）有因回避

美国法律认为，通过询问陪审员的个人观点和经历，可以很好地剔除那些存有偏见的可能的陪审员。③ 因此在美国，可以通过向可能的陪审员进行提问从而鉴别出其是否存有偏见，即陪审团询问程序（Voir Dire）。实践中，这一程序有时需要花费数小时或者几天，甚至几周都有可能，例如 1994 年的辛普森案件中这一程序竟然耗费了长达 40 天之久。英国刚好

---

① 上诉法院（Lawton LJ giving judgment）认为，检方行使此项权利实际上并不需要阐述有力的理由。此外，辩方并不享有此项权利，例如 Chandler (1964) 2 QB 322.

② The Attorney-General's 'Guidelines on the Exercise by the Crown of its Right to Stand By' [published as a Practice Note (1988) 3 All ER 1086].

③ 进一步可见 M. George, "Jury Selection, Texas Style", 138 *New Law Journal*, 24 June 1988, p. 438; R. May, "Jury Selection in the United States: Are there Lessons to be Learned?", *Criminal Law Review*, 1998, pp. 270-273.

相反，认为应当毫无保留地接纳陪审团的全部而不论其优点或缺点，因此在英国，除非已经有事实作为基础，否则是不能够对陪审员进行询问的。① 这就意味着在实践中，申请有因回避实际上是极为罕见的，因此陪审团选拔的过程一般只需几分钟即可搞定，这是因为：

首先，控辩双方对于可能的陪审员缺乏了解。虽然法律规定可以通过检查陪审团名簿以剔除其中某个或某些可能的陪审员，但申请回避权只能是在审判开始之前或者审判进行中行使，一旦审判结束后则不能行使。而且实践中，尤其是辩方，由于并不知道除陪审员的姓名和住址外的其他信息，而某些较大的刑事法院陪审团名簿中甚至包含几百人，因此想要在审判开始之前就检查出这些可能的陪审员是否适合审理，实际上是非常困难的；而控方则相对容易一些，因为控方可以通过警方的电脑系统查看到可能的陪审员的刑事犯罪记录，但控方若要行使这一权利则必须严格遵守《总检察长指引》，因此实践中也很少见。②

其次，控辩双方可以提出申请回避的原因非常有限。在英国，无论辩方还是控方，都有基于一定的原因（也就是可以被法官所接受的足够好的原因）而申请陪审员回避的权利，而这也是在陪审员进入法庭后，审判法官所首先需要处理的事务（当然，如果法官发现某人与本案有关，则会立即要求该名陪审员回避）。但是，何为法官所能接受的好理由？最简单的例子就是某个可能的陪审员在这之前与被告人有一些交往，或者由于某种方式而与此案有牵连。当然可能还有些不太明确的原因，如基于陪审员的某一种态度或者是政治信仰。关于这些因素是否能够成为反对陪审团的原因有很多争论，最著名的就是1972年愤怒审判案③，此案审理结束后，首席大法官随即在实践报告④中宣布禁止这种询问，因为这与申请免除陪审团服务的理由应当恰好相反，也就是说，不能够因为种族、宗教、政治信仰或者职业等原因而剔除陪审员，也不应当提有关这些的问题。由此，有因剔除权对于被告方来说不再是那么有用了，而只能以更为普通的方式行使。

---

① Chandler (No 2) (1964) 1 All ER 761.
② 参见 Michael Zander, *Cases and Materials on the English Legal System*, 10th, edn., New York: Cambridge University Press, 2007, pp. 494-495.
③ The Times, 10-11 December 1971.
④ Practice Note (1973) 1 All ER 240.

(4) 陪审团审查程序

陪审团审查是指控辩双方为了更有效地行使要求等候权和申请回避权，以减少陪审员选拔的盲目性，从而对陪审团名簿中的候选陪审员（即可能的陪审员）的背景进行调查，以便确认他们是否适合审理裁决某一案件。显然，陪审团审查程序与陪审团选拔随机性这一基本原则是相冲突的，却也有其合理正当性，理由是确保陪审团成员在一个敏感案件的审判过程中不会向外界透露任何秘密，或者相对而言，为确保持有某种极端政治见解的陪审员没有机会表达自己的观点以影响到案件审判的结果。[1]因此实践中，对于是否应当允许控辩双方调查陪审团，一直争论不休，但这并不是因为陪审团审查程序本身不合法，恰恰相反，《陪审团法》第5条第2款赋予了控辩双方检查陪审团名簿的权力。

据此，控辩双方可以查看到陪审团名簿中候选陪审员的名字和地址，但是对于是否可以调查陪审员的背景如态度倾向等，法律则没有进一步的规定。实践中，尤其是辩方，由于某些较大的刑事法院陪审团名簿中甚至包含几百人，因此想要有效地检查出这些可能的陪审员是否适合审理，实际上几乎是不可能的，而法律援助也肯定不会为辩方提供资金以供其雇佣私人调查员；而控方（通过警察）则有更多可利用的资源，但其实一般来说，控方唯一能够进行的检查也只不过是查看候选陪审员的刑事犯罪记录。如果发现候选陪审员有不具陪审员资格的刑事犯罪记录，或者虽然没有到不具资格的地步但是由于之前的一些犯罪记录而导致其不适任，则控方就可以申请有因回避。但是，控方若要进行除刑事犯罪记录之外的其他审查，则必须严格遵守《总检察长指引》，因此实践中也很少见。[2]

五　陪审团之审议

(一) 保障审议的规则

在法官完成总结概述之后，法庭引导员会要求陪审团在法庭上进行一

---

[1] Gary Slapper and David Kelly, *The English Legal System*, 12th, edn., London and New York: Routledge, 2011, p.511.

[2] John Sprack, *A Practical Approach to Criminal Procedure*, 10th, edn., Oxford: Oxford University Press, 2004, p.312.

个宣誓,即承诺在离开法庭之后,陪审团会一直待在私密且方便的地方,并保证不会和外人讲话,除非是被问及陪审团是否达成裁决。宣誓完毕后,法庭引导员(也有可能是法警)将陪审团带入法庭之外的陪审室中。在陪审团退席审议期间,陪审团成员必须要待在一起,直到他们达成全体一致裁决(或者至少是达成了十人同意的大多数一致裁决)。由于陪审团裁决不应当受到任何外界影响,因此陪审团必须尽可能与外界切断一切联络。陪审团必须独立做出关于被告人有罪与否的裁决,且保证裁决所依据的证据全部来自法庭上所出示的证据以及他们自身的生活经历和常识。为保证陪审团审议期间不受到外界干扰,法律特设计了三个相互联系的规则。[①]

(a) 陪审团必须在法警的监控下。这意味着陪审团法警必须驻守在一个地方以防止外界接触陪审团,即使是法警本人,也不能进入陪审室或者与陪审团讲话,除非是法官要求他这么做(如法官给陪审团递口信或询问)。一旦整个陪审团哪怕是其中一名陪审员脱离了法警监控,则将引起有罪判决被推翻。在 Neal (1949) 2 KB 590 一案中,在得到了法官允许但是在陪审团退席进行审议之后,在没有法警陪伴的情况下,陪审团离开法院大楼吃午餐。午餐后,他们回到陪审室并做出有罪判决,但之后却被撤销,理由是陪审团离开法警监控长达一段时间,其间有很多人有机会与陪审团讨论案件。类似的还有 Ketteridge (1915) KB 467 一案的有罪判决被撤销,因为在陪审团退席后,有一名陪审员没有跟随同伴们回到陪审室,而是错误地离开了法院大楼,15 分钟之后才重新回到陪审团当中。就像 Neal 案一样,这期间外界有足够的机会对陪审员讲话。

(b) 没有法官的准许,陪审团不得离开陪审室。陪审团离开陪审室最常见的原因是,法官要求陪审团回到法庭以进行关于案件进一步的司法指示,或者是为了回答陪审团所提出的某个问题。此外,如果有"明显必要性",法官也可能会允许他们离开陪审室甚至是法院大楼如 Neal 案。虽然在 Neal 案中上诉法院认为不必就法官允许陪审团在法警的监控下去餐馆吃饭是否适当做出裁定,但是由于陪审团完全可以食用由他人打包带回的三明治(JA, s15),陪审团可以经允许自费食用点心,

---

[①] John Sprack, *A Practical Approach to Criminal Procedure*, 10th, edn., Oxford: Oxford University Press, 2004, pp. 359-361.

因此离开法院大楼外出买点心这一理由就很难被视为具有明显必要性。另外，如果陪审团一直没能做出裁决而且时间已晚，则法官有可能认定具有将陪审团带至宾馆过夜的明显必要性，从而让陪审团睡个好觉以便第二天早上重新回到陪审室进行审议裁决。当然，这种情况只可能出现在复杂案件的审判中，也只有这种案件才可能让陪审团花费一天以上的时间去考虑裁决。一般情况下，如果陪审团在审议了数小时后仍不能达成裁决，法官通常会直接解散该陪审团。应当注意的是，无论是陪审团在宾馆过夜还是因某种原因而经允许离开房间，陪审团都必须在陪审团法警的监管状态下。

（c）未经法官允许，陪审团不得分开。在 1994 年以前，一旦退席并开始审议后，陪审团就必须待在一起，这也意味着陪审团有可能要在宾馆过夜（而不是被关在陪审室中）。当陪审团被送到宾馆过夜时，目的是给予陪审团休息时间［如 *R v Young*（1995）QB 324，CA］，而不是说陪审团要在宾馆继续审议，对此审判法官应当做出指引，否则可能会导致对有罪判决的成功上诉［如 *R v Tharakan*（1995）2 Cr App R 368，CA］，其中一名医护人员被控通过诈骗占有或者试图占有财产，并在经过 24 天的审判后被判有罪，但是其有罪判决却被上诉法院裁撤，原因是法官没有指引陪审团不要在宾馆进行审议。现在的情况是，即使是在陪审团退席开始审议后，法官依然可以裁量决定是否允许陪审团在审判任何期间暂时分开。① 当然，法官还是有可能裁定陪审团不能分开因而有必要在宾馆过夜，但至少来说这是一个司法裁量而非必需。

对以上规则哪怕是很小细节的违反，都是审判过程中的不正当行为，但这并不必然导致上诉法院推翻其有罪判决，除非是涉及案件的本质、根源或底线。因此，*Alexander*（1974）1 WLR 422 一案的有罪判决得到了上诉法院的支持。本案中，在陪审团离开法庭进入法警监管状态下后，有一名陪审员为取一份证据而重新回到法庭（法官之前告诉过陪审团，他们可以查看想要的任何一份证据）。严格来说，这名陪审员既离开了陪审团也脱离了法警的监管，但这仅持续了几秒钟且整个过程被辩方律师看到了，因此这种不正当行为并没有触碰到案件的本质。相反，在 *Goodson*

---

① 原先的 Juries Act 1974，s. 13，已经由 Criminal Justice and Public Order Act 1994，s. 43 所代替。

(1975) 1 WLR 549 一案中，有一名陪审员在得到法警允许后离开了陪审室而使用电话，碰巧这个过程被控方律师看到，于是控方律师立即采取措施予以制止并让其重新回到陪审团当中。但上诉法院还是撤销了有罪判决，因为这一不正当行为已经触碰到了案件底线，而法庭也应当为其法警的错误负全部责任。

然而，之后也有陪审员拨打电话与外界成功进行了交流后但这一不正当行为却依然没能导致成功上诉的案件。据《泰晤士报》1994 年 5 月 12 日报道，在 Farooq (1994) 一案中，有一名陪审员曾经两次使用电话询问生病孩子的状况。上诉法院认为没有正当的理由不相信这位陪审员，并认为没有出现审判不公的情况，但即便如此，依然需要对审判法官对这一事件所做的处理提出批评。这名审判法官在得知电话事件后，曾派法庭书记官进行调查，书记官之后非正式地将这名陪审员的电话内容告知了双方律师。之后，双方律师告诉法官他们对此事件没有异议，因此陪审团继续审议。上诉法院认为，审判法官应当将所有人重新召回法庭，将与之相关事实在法庭上公开阐释，并给双方律师机会以进一步询问澄清。

此外，还有一条是关于审议之前讨论的规则①，即在所有证据被展示完之前，陪审员不得讨论案件，这是为了预防污染审议且为了避免预断。② 这种担心是司法制度信念的产物，也就是陪审员被动中立模式的体现，即在案件结束之前不下定论。然而几乎每个学者都相信大部分人在审议之前就已经做出了决定③，且即使是非常好的陪审员也已经讨论过证据。④ 丹恩认为由于陪审员们已经开始了讨论，因此最好是对此进行明确的引导从而使之成为有组织的且受司法约束的决定，并警告在听完所有证据之前不得做出决定。美国学者认为这种建议的最大价值在于审判能够通

---

① Penny Darbyshire, Andy Maughan and Angus Stewart, *What Can the English Legal System Learn From Jury Research Published up to 2001?* Research Papers in Law, Kingston University, pp. 37-38.

② B. M. Dann, Learning Lessons and Speaking Rights: Creating Educated and Democratic Juries (1993) 68 Ind. L. J. 1229.

③ J. D. Lieberman & B. D. Sales, *What social science teaches us about the jury instruction process* (1997) 3 psychol. pub. pol y & L. 589.

④ B. M. Dann, Learning Lessons and Speaking Rights: Creating Educated and Democratic Juries (1993) 68 Ind. L. J. 1229.

过吸引陪审团而得到最好的改进,且这种审议前讨论的优点是:第一,互动沟通有利于更好地理解证据。第二,在某些想法和疑问被遗忘之前能够被记下来。第三,暂时的预断能够被浮出水面且及时被处理。第四,非法的、小团体的讨论可能被禁止。第五,更加有效地利用陪审员的时间。①

(二) 审议的模式

1. 陪审员(个人)裁决模式②

行为学家长期致力于寻找一种模式,能够反映出陪审员在做决定时的思维过程。在《陪审员的内心世界》③ 一书中,里德·黑斯蒂比较了四种模式:概率论模式(Bayesian Probability)、代数模式(Algebric Weighted Average)、随机模式(Stochastic Poisson Process Model)和故事模式(the Cognitive Story Model)。黑斯蒂认为虽然前三种都可能有自己的优点,但是没有一种能够反映出陪审团审判的复杂性。然而由黑斯蒂、彭罗德和彭宁顿④所倡导的故事模式,似乎提供了一种更加完整的方法。

通俗地讲,这种模式反映了陪审员通过使用审判证据、个人知识来将各种信息综合起来形成一个叙述性故事。在构造完这个故事之后,陪审员会将法官所给出的法律指示,与他们之前所形成的对犯罪的看法联系起来,进而形成裁决种类。这个决定的过程就是通过将故事予以分类从而做出与其相匹配的裁决种类。布鲁克斯认为由于形成故事所使用的方法问题,因此导致拼凑故事是比较困难的,曾有陪审员介绍说:"由于这种间接的、逐渐的拼凑方式致使我要花上一段时间才能开始在头脑中形成完整而可信的故事,而且我确信那些不爱讲话的人,特别是年纪比较大的人,或者是未受过太多教育的人想要搞清楚这整个故事所要花费的时间会更长。足以确

---

① J. D. Lieberman & B. D. Sales, *What social science teaches us about the jury instruction process* (1997) 3 psychol. pub. pol y & L. 589.

② Penny Darbyshire, Andy Maughan and Angus Stewart, *What Can the English Legal System Learn From Jury Research Published up to 2001? Research Papers in Law*, Kingston University, pp. 22-25, 52.

③ R. Hastie (ed.), *Inside the Juror*, Cambridge: Cambridge University Press, 1993.

④ R. Hastie, S. D. Penrod and N. Pennington, *Inside the Jury*, Harvard: Harvard University Press, 1983, pp. 22-23.

定的是……他们的头脑会和我一样，天旋地转。"在对故事模式①的进一步研究中，彭宁顿和黑斯蒂使用大学生对真正的陪审员进行采访从而找出能够支持故事模式的明显证据，然而他们也发现，虽然他们最后的结论是这种模式并没有对陪审员做出最后裁决的选择上施加压力，但是在陪审员对所做裁决种类陈述的完整性和准确性之间，存在相当大的变化。

新西兰刑事审判项目也发现真实审判中有证据支持这种故事模式，②并同意理查德·伦珀特③的观点即律师经常会把他们当事人的案件看作一个故事。确实，最好的律师就是故事最自然的讲述者④，但不幸的是，庭审中的故事通常需要由证人来讲出。例如，执行逮捕的警官最先发言。⑤然而伦珀特认为，律师在庭审中还是有很多机会可以明确表达故事的⑥，而不只是在开庭陈述中。确实，律师有可能对裁判结果施加影响。彭宁顿和黑斯蒂发现有些事情是与陪审员自己的故事经历有关的⑦，且容易受到开庭陈述的诱惑。最好的情况是，通过被动展示出的证据来构造出故事。伦珀特建议应当将一大堆没有经过组织的事实展现在陪审团面前，从而迫使他们根据证据来调查事实真相。⑧

在审判过程中的某些情况下，陪审员可以面对证据被告知他们可以对此完全忽视或者以某种方式看待。例如，他们可能被告知该证据关乎的是可信性而不是倾向性。许多评论员都认为不仅这种指示不会对陪审员起到

---

① N. Pennington & R. Hastie, A cognitive theory of juror decision making: the story model (1991) 13 Cardoza L. R.

② W. Young, N. Cameron and Y. Tinsley, *Juries in Criminal Trials* Law Commission Preliminary Paper no. 37, 1999, http://www.lawcom.govt.nz/para. 2.57.

③ R. Lempert, Telling tales in court: trial procedure and the story model 13 (1991) Cardoza L. R.

④ M. O. Miller & T. A. Mauet, The Psychology of Jury Persuasion (1999) 22 Am. J. Trial Advoc. p. 569.

⑤ W. Young, N. Cameron and Y. Tinsley, *Juries in Criminal Trials* Law Commission Preliminary Paper no. 37, 1999, http://www.lawcom.govt.nz/para. 2.56.

⑥ N. K. Lakamp, Deliberating juror pre-deliberation discussions: should California follow the Arizona Model? (1998) 48 UCLA Law Review 845.

⑦ R. Hastie, S. D. Penrod and N. Pennington, *Inside the Jury*, Harvard: Harvard University Press, 1983.

⑧ R. Lempert, Telling tales in court: trial procedure and the story model 13 (1991) Cardoza L. R.

应有的作用反而有可能使他们往相反的方向理解。基本上,在挪去一段故事时,陪审员可能期望有人再邀请他们去填补空白。① 维德马和汉斯引述了一段陪审员的话,即当审判如此冗长时,你其实无法忽视法官对你所说的话,因为你不可能记住那些你肯定会忘记的事情。② 证据是极其危险的,因为其可能造成主观预判有罪,特别是那些对孩童所犯的下流的罪行。莎莉·劳埃德·博斯托克对内政部提交的报告说,模拟研究发现,近期相似犯罪的有罪判决会对陪审团产生一个显著的效果,就是使陪审团感觉被告人犯下了这种被控犯罪。研究也发现,比起被告人具有好的品质来说,一些不同犯罪的有罪判决,可能对被告人更加有利,这印证了伦敦经济学院早期的研究发现。陪审员可能还需要面对的一个问题是,有许多被告的案件或者同一个被告但有多重控罪的案件,会给陪审员造成混乱。杰弗里·史蒂文森查阅了许多研究后得出结论,对于多重控罪案件,证据一件又一件地涌到陪审团的头脑中,因此比起将控罪单独分开听审来说,对其有罪裁定的可能性就会越来越大。如果是多名被告案件,他们就会越发被否定看待且证据也会越发混乱,就像上述所提到的那样,法官指示陪审员应当单独看待被告或者控罪,但这种指示基本不会对陪审员产生作用。③ 从战略层面上说,出庭律师们也一直都很想知道证据展示的顺序是否重要以及第一个陈述和最后一个陈述是否有区别。蒂鲍特和沃克④研究发现无论是每一方的内部顺序还是审判的总体顺序,确实存在很强的近因效应,但他们认为这种效果很大限度上被传统的审判模式所抵消。⑤

2. 陪审团(集体)审议⑥

在听审完证据并接受了法官的指示后,陪审团退席开始集体审议,虽

---

① W. Young, N. Cameron and Y. Tinsley, *Juries in Criminal Trials* Law Commission Preliminary Paper no. 37, 1999, http://www.lawcom.govt.nz/ para. 5.30.

② V. P. Hans & N. Vidmar, *Judging the Jury*, New York: Plenum, 1986, p.114.

③ G. M. Stephenson, *The Psychology of Criminal Justice*, Blackwell-Oxford, 1992, p.201.

④ J. Thibaut & L. Walker, *Procedural Justice: A Psychological Analysis* (1975) chpt. 7.

⑤ M. J. Saks, What do jury experiments tell us about how juries (should) make decisions? (1997) 6 S. Cal. Interdisciplinary L. J. 1.

⑥ Penny Darbyshire, Andy Maughan and Angus Stewart, *What Can the English Legal System Learn From Jury Research Published up to* 2001?, Research Papers in Law, Kingston University, pp.29–32, 53.

然有许多方式来评价证据以决定是否有罪,但这对于12个随机挑选出来的人来说却是一项极其困难的工作。斯蒂芬森①指出这份工作不适合在他们中间进行细分,其在提高速度或者成果方面是不可计量的,而且其也不是一份可以累计每一份证据而添加递增的工作。一旦大多数人清晰明白后,通过一个讨论和协商的过程,其他的人也被劝说采纳这一裁决,除非同意有罪判决的人达到多数则有罪判决成立或者陪审团处于悬而未决状态。② 也就是说,裁决意见越是集中,则审议的重点就会集中于协商而不是审查证据。③ 如有陪审员说道:"有必要一次性地将自己所形成的故事版本灌输给同伴,以使他或者她能够在其个人头脑中形成理解……由于我做了很好的记录,因此我是有能力拼凑完成一个故事的,因为我的自信从而使得我所拼凑出的故事听起来很令人信服。"这证实了故事模式的提出者黑斯蒂的研究结论,即陪审员会努力通过提供一个令人信服的故事以劝说同伴接受,而一旦形成了一个大多数意见,讨论在很大限度上就变成了一种协商谈判,直到这种大多数人的建议成为最终的裁决或者陪审团悬而未决。

在一场典型的审判中,陪审团在审议之初,会分裂成意见相反的两组。从事实的角度来看,陪审员在审议之前不应当讨论过案件,这似乎是很奇怪的。维德马和汉斯特别强调人类这一不寻常的能力,即使在没经过任何案件讨论的情况下,也能发现并与那些观点相近的人结成联盟。④ 在《陪审员的内心世界》⑤ 一书中,彭罗德和黑斯蒂研究了这一过程即意见相左的群体之间进行协商进而达成多数一致的意见。确实,多数研究都集中于如何形成所需要的多数一致意见而不是全体完全一致意见。他们经研究后提出建议,如果需要全体一致同意,则审议过程中就需要更多的对证据和法律的审查,这可能是因为异议者或者说是少数意见派有能力对陪审

---

① G. M. Stephenson, *The Psychology of Criminal Justice*, Blackwell-Oxford, 1992, pp. 186-187.

② R. Hastie, S. D. Penrod and N. Pennington, *Inside the Jury*, Harvard: Harvard University Press, 1983, p. 205.

③ R. Arce, Evidence Evaluation in Jury Decision-Making in Bull and Carson (eds.), *Handbook of Psychology in Legal Contexts* (1995), p. 570.

④ V. P. Hans & N. Vidmar, *Judging the Jury*, New York: Plenum, 1986, p. 100.

⑤ Ibid., pp. 228-229.

团施加影响。全体一致裁决的另一个特征就是讨论的分布。令人吃惊的是，讨论大多是发生在多数意见派达到 8 人之后才进行。更令人吃惊的是，在多数意见派达到 10 人之后所进行的讨论，经常会含有一些纠错并提到证明标准，并经常向法官提出询问。即使多数意见派达到了 8 人甚至更多，但仍然有逆转的可能性甚至悬而未决。

在审议的过程中，陪审团会分为三个步骤来构建故事，而裁决的类型也会跟从这一故事模式。与陪审员个人不同，陪审团整体构造故事需要来源于所有人的共通经历并有助于对抗任何的偏见。确实，经常会有些陪审员发现基于同样的证据，可能会存在一种两者皆可视为合理的故事，① 陪审团在构建故事时也有一个明显的优势就是集体共同记住证据的能力（90%的正确率）和理解复杂指示的能力（80%的正确率）远胜过陪审员个人所能达到的。② 当足够形成大多数决定时，陪审团可能会较少关注证据而更多地强调如何达成一致意见。然而，这导致审议的时间越来越短。此外，如果不是遵从故事模式，陪审团的审议就会从裁决种类和构建一个故事去套用开始。萨克斯③强调，在形成多数一致裁决后，异议者的存在会使多数派开始怀疑他们所已经送出的那份正确的裁决，因此萨克斯建议当大多数证据足够充分时，在对裁决进行投票之前，陪审团应当被指导进行深度的证据审查。④ 虽然事实上，在英国最初的审查是需要全体一致同意的（只有陪审团经过两个小时以上审议后无法达成全体一致决时，才允许做出多数一致决）⑤，但是这种司法指示也会处理同质群体的这一问题。同质群体不会充分地审议那些彼此间观点有分歧的证据。但异质陪审团则刚好相反，他们想要更多地查看证据。⑥ 新西兰刑事司法项目研究发

---

① G. M. Stephenson, *The Psychology of Criminal Justice*, Blackwell – Oxford, 1992, pp. 196-197.

② R. Hastie, S. D. Penrod and N. Pennington, *Inside the Jury*, Harvard: Harvard University Press, 1983.

③ M. J. Saks, What do jury experiments tell us about how juries (should) make decisions? (1997) 6 S. Cal. Interdisciplinary L. J. 1.

④ R. Hastie, S. D. Penrod and N. Pennington, *Inside the Jury*, Harvard: Harvard University Press, 1983, p. 230.

⑤ Juries Act 1974, s. 17.

⑥ R. Arce, Evidence Evaluation in Jury Decision-Making in Bull and Carson (eds.), *Handbook of Psychology in Legal Contexts* (1995), p. 575.

现了倾向于证据审查的陪审团，也发现了倾向于审议达成的陪审团，同时也报告说有一些早期进行过投票的陪审团仍然会继续认真审查事实，也有一些最初没有进行过投票的陪审团事实上却是没有组织、缺乏效率且本质上缺乏集中性或司法指示。①

为了从审议最初的僵持转变为达成一致裁决，很明显有一些陪审员需要说服其他的每一个人不管他们是对是错，甚至更有可能改变他们自己的立场。② 有一种观点认为在全部讨论结束后，有陪审员会认为她可能错过了某些证据或者误解了关于法律的指示而因此想要改变有罪裁决。③ 阿尔塞对审议之后的决定进行研究发现，超过10%的陪审员在面对需要达成一致裁决时，会投票同意团体意见，虽然他们其实仍然坚持在审议之前就与团体相反的意见。这种就被称为服从（群体）效应，且极为普遍地存在于当某个人坚持有罪裁决而其他大多数人认为应当作出无罪裁决时。这也能够解释为什么陪审团整体比陪审员个人更仁慈。阿尔塞认为应当做出一种司法指示给陪审团以中和抵消这种效应。如果陪审团在审议开始时就出现了意见分歧，那么其裁决很可能是无罪。萨克斯对于这种所谓的不对称性做出了一些原因解释，认为可能是所需要的证明标准太高。④

六　陪审团之裁决

法官在完成总结概述之后，指示陪审团努力达成全体一致裁决。如果陪审团达成了一致裁决，则陪审团将回到法庭，书记官会询问陪审团主席："陪审团是否达成了全体一致同意的裁决？"陪审团主席则需要针对每一项控罪回答道："是的。"陪审团必须针对每一项控罪，并就一项控罪中的每一位共同被告，做出相应的裁决，除非他们就某一项控罪无法做出裁决。当然，陪审团可以就某些控罪裁决被告人有罪，而就另一些控罪

---

① W. Young, N. Cameron and Y. Tinsley, *Juries in Criminal Trials* Law Commission Preliminary Paper no. 37, 1999, http：//www.lawcom.govt.nz/ para. 6.6.

② V. P. Hans & N. Vidmar, *Judging the Jury*, New York：Plenum, 1986, p.110.

③ W. Young, N. Cameron and Y. Tinsley, *Juries in Criminal Trials* Law Commission Preliminary Paper no. 37, 1999, http：//www.lawcom.govt.nz/ para. 6.47.

④ M. J. Saks, What do jury experiments tell us about how juries (should) make decisions? (1997) 6 S. Cal. Interdisciplinary L. J. 1, p. 38.

裁决被告无罪；或者裁决其中一名被告有罪，而其他共同被告无罪；或者可以这样裁决被告有罪，例如 *Furlong*（1950）1 All ER 636 一案中，陪审团裁决被告人就所控物品中的一部分而不是全部，偷盗罪成立。

在询问完裁决后，书记官接下来会这样问道："针对控罪一，即被告人被诉的偷窃行为，你们认为被告人有罪还是无罪？……针对控罪二，被告人被诉的意欲偷窃行为，你们认为被告人有罪还是无罪？"……以此类推，直到问完全部控罪。如果起诉书中有共同被告，则书记官需要念出每一位被告的名字并就其相关控罪进行裁决的询问，而不是仅用"被告人"三个字代替。如果法官裁定控方案件不成立，则是针对控罪一做出指示，但针对控罪二的审判仍然继续，这时书记官会这样问道："针对控罪一，你们同意按照法官大人的指示，给予被告人无罪开释吗？"陪审团主席随后回答："无罪"，则针对控罪二的裁决仍然通过正常方式做出。如果这时有陪审员提出反对意见，则推定为陪审员同意以他们自己的名义做出裁决，如 *Roads*（1976）2 QB 108。在 *Austin*（2003）Crim LR 426 一案中，上诉法院认为乍一看上去似乎整个陪审团中没有人反对这一裁决，但其实这只是一个推测（可以提出反对），即推定为全体陪审员都同意这一裁决。

（一）大多数一致裁决

在苏格兰，自古以来，一直都是允许 8 人陪审团或者 15 人陪审团中的大多数一致裁决。而在英格兰的历史上，无论民事还是刑事案件，陪审团裁决必须是全体一致同意的裁决，如果无法达成全体一致裁决，则需要进行重审，因此在案件审判中，持异议者在大多数情况下可能会选择放弃己见，以避免使陪审团陷入僵局。[①] 对于达成全体一致裁决的现实可能性一直都受到质疑，尤其是在 20 世纪 60 年代，对于这一要求的批评越来越多，尤其是来自警方的批评，其指出在刑事案件中，虽然其有助于防止错误的有罪判决，但陪审团中只要有一个成员，受到被告人或其支持者的胁迫或者收买，就可能拒绝其他 11 个人的意见而导致重审。1967 年，内政部长曾伊·詹金斯先生曾在刑事司法议案中提议，应允许 12 人陪审团中不少于 10 人同意的大多数一致裁决，原因是近来"陪审团被收买"风

---

① 关于周五下午审议裁决的危险，参见 P. Darbyshire, "Notes of a Lawyer Juror", 150 *New Law Journal*, 14 September 1990, p. 1264.

波，但在那个时代，这个建议激怒了许多反对者，而在那个过渡时期这看起来又似乎是可接受的。① 大法官奥德处理这个问题只用了九行字，他评论说：对于大多数一致裁决的引入或者说推翻全体一致裁决，之所以没有受到太多人的支持，是因为其在苏格兰的应用优势"没有得到充分证明"。② 但最终，英格兰在《1976年刑事审判法》中第一次打破以往传统而引入了大多数一致裁决，法律依据是《1974年陪审团法》第17条。③ 2008年，在做出无罪答辩后送入刑事法院经陪审团审判确定为有罪的判决中，有19%是由大多数一致裁决所做出的有罪判决。④ 由于害怕被视为"次等无罪开释"，因此法律不允许陪审团揭露其所做出的无罪开释是基于大多数一致裁决（《1967年刑事审判法》第13条第2款），因此对于大多数一致的无罪开释裁决比例，并没有相同的官方数据。⑤

根据《1974年陪审团法》第17条，大多数一致裁决的要求是：如果陪审团成员是12名，则11:1或10:2；如果陪审团成员少于12名，则10:1或9:1，但9:2是不可接受的。如果陪审团成员少于9名，则必须只能是全体一致同意裁决。陪审团基于大多数一致裁决，既可以裁定被告人有罪，也可以裁定被告人无罪，但如果是裁定被告人有罪，则陪审团主席必须在法庭上公开陈述同意有罪裁决的陪审员数量以及不同意有罪裁决的陪审员数量 [不必说出陪审员的名字，s17（3）]。对大多数一致裁决的主要限制条款是s17（4），即只有在法庭预留了2个小时或者当法官认为案件复杂时预留了更长的时间，但陪审团依然无法达成全体一致裁决时，法庭才可以接受大多数一致裁决。⑥ 因此，法官在完成总结概述后，

---

① G. Maher, "Jury Verdicts and the Presumption of Innocence", *Legal Studies*, 1983, p. 146.

② Auld, Ch 5, para. 75, p. 164.

③ Michael Zander, *Cases and Materials on the English Legal System*, 10th, edn., New York: Cambridge University Press, 2007, p. 530.

④ Judicial and Court Statistics 2008, Cm 7697, 2009, p. 125.

⑤ 《刑事法院研究》通过陪审团调查问卷研究发现，有可能大多数一致的无罪开释比例刚好等同于大多数一致的有罪判决比例。M. Zander and P. Henderson, The Crown Court Study, Royal Commission on Criminal Justice, Research Study No. 19, 1993。

⑥ 高等法院民事案例中关于大多数一致裁决的规定与刑事法院是相同的 [Juries Act 1974, s. 17（1）]。在郡法院，陪审团可以是8个人（County Courts Act 1984, s. 67），如果有7个人同意的话则就不需要全体一致裁决 [Juries Act 1974, s. 17（2）]。虽然2小时规则并不适用于民事案件，但陪审团也必须被给予合理的时间进行审议 [ibid., s. 17（4）]。

首先要指示陪审团必须尽可能达成全体一致裁决，当然如果他愿意也可以暗示陪审团，在将来某个时期法官可能会指示陪审团做出大多数一致裁决，但是，法官不能暗示陪审团在他指示做出大多数一致裁决之前，到底需要经过多长时间，如 Thomas（1983）Crim LR 745。在 Guthrie（1994）The Times，23 February 1994，上诉法院认为法官最好不要提及，需要经过多久他才可以给出大多数一致裁决的指示，但是如果是在陈述案件事实时提到了这一时间，则不会对陪审团造成压力。虽然 s17 规定时间是 2 个小时，但实际上，《1970 年实务指引》①已经将时间有所延长，即从陪审团离开陪审席到达成大多数一致裁决，这中间至少要经过 2 小时 10 分钟。这额外的 10 分钟是给陪审团进入陪审室、全体入座、审议期间向法庭提问以及其他需要花费时间的事项。

法官关于接受大多数一致裁决的意愿程度，取决于案件的严重性和复杂性，以及法官个人对于全体一致裁决的渴望度。例如在 Mansfield [1977] 1 WLR 1102 一案中，科布法官两次将陪审团召回至法庭以强调对于达成全体一致裁决的期望，且在对陪审团做出关于大多数一致裁决的司法指示之前，经过了 6 个多小时。另外，在 Glibert 一案中，仅仅在经过了最低时间限度即 2 小时 10 分钟之后，梅尔福德·史蒂文森法官告诉陪审团，他可以接受大多数一致裁决。在这两个案件中，被告人都被控以谋杀罪，虽然 Mansfield 案件要更加严重因为其被控 7 项谋杀罪和 3 项纵火罪，且证据也比 Glibert 一案更为复杂。但即使这样，法官关于裁决种类的接受态度还是反差相当大。上诉法院关于陪审团应当经过多久来达成全体一致裁决的观点是在 Rose（1982）1 WLR 614 一案中形成的，本案是一件复杂的谋杀案，其审判持续了 15 天，但在陪审团退席进行审议后仅经过了 2 小时 40 分钟，法官就指示陪审团可以做出大多数一致裁决，而相较而言即使是在一个案情轻微且简单的案件中也起码需要 2 小时 10 分钟。

（二）解散陷入僵局的陪审团

如果陪审团陷入僵局而无法做出裁决，则陪审团将被解散且可能由新的陪审团重审，具体程序是：在接到法官关于做出大多数一致裁决的指示，且经过一段法官认为合适的时间进行审议后，如果仍然无法达成裁

---

① Practice Direction（Crime Majority Verdict）[1970] 1 WLR 916.

决,则法官会将陪审团召回法庭,并询问陪审团主席是否陪审团真的没有任何可能达成裁决?陪审团主席的回答应当是,陪审团意见严重分歧,即使给予更多的时间,陪审团也不会做出裁决。于是,法官就可以解散该陪审团。但是,解散无法达成裁决的陪审团,并不意味着对被告做出无罪开释。因为当陪审团陷入僵局而不能就此达成裁决时,控方有权申请再审,这是审判失控时法院的一项自由裁量事务①——虽然法官偶尔也会规劝检察官要慎重处理其对于追求某一案件真相的愿望。当法院进行裁量时,检察官应当申请回避离开,而法院所应当考虑的因素,与那些上诉法院在裁量是否应当撤销有罪判决而启动再审时所考量的因素,是相同的,对于这一做法,司法界一直有争议。② 因此,被告人仍然可能会被基于同一控诉而由新的陪审团进行审判,前经宣告无罪不应再受审判的抗辩无效。理论上说,如果陪审团每次都无法达成裁决,则对于同一犯罪行为是可以有无数次审判的,但实践中,如果两轮陪审团都无法达成裁决,而控方对于可能的第三次审判又无法提供新的证据,则法官将给予被告人无罪判决。偶尔也会出现控方不愿坚持第二次控诉审判的情形,例如被告人本身的罪行不是很严重,且因为第一次审判已经遭受了很大的公众压力和负面评价。而对于某些案件,是适合进行第二次审判的,例如陪审团受到威胁或贿赂,或者控方又取得了新的证据。控方是否滥用第二次审判程序,取决于以下事实:(a)拖延的总体时间及原因;(b)之前审判的结果;(c)犯罪的严重程度;(d)因为上一次审判而对被告造成的改变程度。

  一般来说,陪审团的审议裁决必须被保证排除一切外部压力如暴力、威胁、恐吓或者贿赂,以及排除来自法官的不适当压力。因此,无论法官有多么焦急和期盼陪审团的裁决,都绝对不能对陪审团施加任何压力。即使面对着因为无法达成裁决而被解散的危险,陪审团也依然有权在尽可能充足的时间内,自由地进行审议并做出适当的裁决。如果陪审团受到了任何不当压力,则其所做的裁决将可能因为不安全性而被上诉法院裁撤。例

---

  ① 由于陪审团陷入僵局而导致重审的比例程度,到目前为止还没有常规的统计数据。根据 Home Office Research Unit paper,1981 年共有 370 个案件是基于这一原因而进行重审的——这大约占了刑事法院每年 25000 个案件中的 1.5%。参见 S. Burler, Acquittal Rates, Home Office Research and Planning Unite Paper No. 16, 1983, p. 7。

  ② J. Hall, Hung Juries and Retrial, Archbold News, 27 June 200J, p. 6。

如 *McKenna* （1960） 1 QB 411 一案，陪审团在经过 2 小时一刻钟的审议后，正值下午 2 时 40 分，法官告诉陪审团如果 10 分钟之后他们还是无法做出裁决，他将离开法庭。法官下最后通牒的原因是担心自己赶不上火车。果然，在 6 分钟之后，陪审团就做出了有罪判决，但之后却被上诉法院撤销，理由是法官的最后通牒像是一种威胁，这很可能使陪审团以为如果他们不做出判决则将会被关在陪审室直至第二天早上。① 正如卡塞尔法官所言："我们刑法对于陪审团裁决的基本原则是陪审团应当是在完全自由、不受任何承诺或威胁的影响下进行审议。"上诉法院对于 *McKenna* 一案的态度完全不同于之前持续了一个世纪甚至更久的态度，即直到 1860 年，陪审团法警依然不给陪审团提供食物、饮水甚至灯光以达到逼迫陪审团快速做出裁决的目的。需要注意的是，如果法官只是作为一个例行事项，以询问陪审团是否有可能在当天晚上做出裁决，则不会被认为是不正当的压力 [*R v Bean* (1991) The Times，1 May，CA]。另外，如果审判法官是在下午 6 点之后给陪审团传达信息以询问陪审团是否继续审议，而在此之后的几分钟内陪审团就以 10∶2 的大多数一致裁决被告有罪成立，则法官的这一行为就会被认为是给陪审团施加了不当压力，而正确的做法是，法官应当先把陪审团召集回到法庭，再询问有关达成裁决的预期 [*R v Wharton* (1990) Crim LR 877，CA；*R v Duggan* (1992) Crim LR 513，CA]。

由于陪审团不能达成裁决，则有可能引起案件新一轮的审判 [如 *Boys* (1991) Crim LR 717]，而第二轮审判不仅会造成额外的财政花费，而且会给证人带来不便。因此，虽然不能对那些令人感到棘手的陪审员施加不当压力以使他们改变自己的看法，但为了能够鼓励他们多听听同伴的意见，实践中法官一直在使用一种司法指示，其是在 *Walhein* (1952) 36 Cr App R 167 一案中得到大法官戈达德的首次认可（当时还没有引入大多数一致裁决），也就是所谓的"Walhein 司法指示"，并最终在 *Watson*

---

① 关于 *R v McKenna* 一案有两点需要注意：第一，此案发生时法律还不允许采用大多数一致裁决。现在，如果审判法官认为陪审团在做出决定上花了太长的时间，则只需给陪审团至少两个小时的审议时间，审判法官就可以接受大多数一致裁定。第二，在 1994 年之前，一旦陪审团无法达成裁决陪审团是不允许各自分开的，但是陪审团在一个宾馆过夜已经变成了通常的规则，而不是被关在陪审室。

［1988］QB 690 一案中由首席大法官进行了修订①，主要内容如下：

（a）原来的 Walhein 司法指示之所以能够向陪审团施加不适当的压力以使其达成裁决，主要是因为担心由于无法达成裁决而产生的后果。（b）法官最好以下列形式对陪审团进行指引："你们中的每一位陪审员都已经宣誓要按照证据做出裁决。没有人可以背弃誓言，这不仅是个人的义务，也是陪审团集体共同的义务，这就是陪审团制度的力量所在。坐在陪审席中的每位陪审员都拥有自己独特的生活经历和智慧，你们的任务就是去发挥和运用这些经历和智慧。你们应当各抒己见，并有必要在誓言允许的范围内进行讨论，以做出裁决。但万一你们（其中 10 人）无法达成裁决，则你们一定也会觉得很遗憾。"（c）通常来说没有必要进行这种 Watson 司法指示，但至于到底是否进行这种司法指示则是法官的事务。同样地，何时进行这种司法指示即到底是在大多数一致裁决司法指示的之前还是之后进行，也是法官的事务。

（三）接受陪审团裁决

一般来说，无论对陪审团裁决有多么不满，法官都无权拒绝接受陪审团裁决［如 Lester（1940）27 Cr App R 8］，而且法官也不能够询问陪审团任何有关裁决的问题。例如 Larkin（1943）KB 174 一案中，关于陪审团裁决被告人成立过失杀人罪而不是谋杀罪。一旦陪审团做出了裁决，则其将被解散。如果所有控罪均被裁定为无罪，则被告人会被立即释放。但如果被告人有任何一项控罪被裁定为有罪，则法官要么会立刻给予其量刑裁定，要么会暂时休庭之后再给予量刑裁定，这期间被告人可能会被给予保释，也可能会被关押以等待量刑。如果陪审团一不小心把裁决宣读错了，则陪审团应当在其被解散之前意识到这一问题，则法官会指示陪审团以纠正裁决，例如上诉法院在 Andrews（1986）Crim LR 124 一案中强调说，陪审团在宣读完第一个裁决之后，只要有接触到会促使其改变裁决的事情的

---

① 在 R v Watson（1998）1 All ER 897, CA 一案中，Lord Lane CJ 说道："陪审团必须不受到任何压力而自由裁量，不管是通过承诺还是压力或者任何其他形式。他们不可以感觉到他们必须基于自己不真实的观点而达成裁决，否则就可能是对控方、辩方、受害人或者一般公众的无聊浪费……"参见 Terence Ingman, *The English Legal Process*, 13th, edn., Oxford: Oxford University Press, 2011, p. 246。

可能性，则不能允许进行裁决的纠正；再如 *Froud*（1990）Crim LR 197。

下列情况下法官可以不接受陪审团的裁决：

（a）当陪审团无权拒绝法官关于让他们重新考虑裁决的要求时。例如，如果陪审团打算对一项未被列入在起诉书中的控罪裁决为有罪，即其不在《1967 年刑法》(*the Criminal Law Act 1967*) 关于可替换裁决的条款范围内。

（b）如果对于某项控罪的裁决是含混不清的，则法官不但不能接受该裁决，而且应当询问陪审团以解决这一含糊问题，如果有必要，可以对陪审团进行进一步的司法指示。通常而言，裁决都是明确清晰的（对于某项控罪要么有罪、要么无罪，再或者是对于另一项控罪有罪或无罪），但有时也会出现一些令人怀疑不知陪审团决定到底为何的裁决。在 *Hawkes*（1931）22 Cr App R 172 一案中，当被问及对于醉酒驾驶这一控罪的裁决时，陪审团主席回答为"有罪"，但紧接着又补充说道"我们认为被告人对于在喝酒的状态下开车这一行为是有罪的"。这句话明显导致对于原始裁决的核心组成要素的含混不清，因为这就意味着，虽然陪审团对于被告人饮酒这一行为是确认的，但是对于被告人是否过量饮酒以至于达到不适宜开车的程度，则是不确认的。由于法官没有采取进一步措施以消除这一歧义，因此该有罪裁决被上诉法院撤销。

（c）如果根据审判所出示的证据而做出的某项裁决，与陪审团在同一案件审判中所已经做出的另一项裁决相抵触，则法官可以要求陪审团重新考虑这项裁决，但即使这些裁决之间确实无法被调节妥协，法官能做的也只有如此。虽然裁决之间不一致，但如果有可能，对于陪审团非常确认的那部分证据观点所做出的裁决，法官应当予以接受。在 *Burrows*（1970）Crim LR 419 一案中，陪审团对于一项共同盗窃钱包控罪，审理了三名共同被告，并对于其中一名被告的控制掌握钱包这其中一项控罪已经确认为有罪成立，但陪审团最终裁决这三名共同被告人全部无罪，法官认为这明显与之前对于控制掌握钱包这一项控罪的裁决不相符。于是法官询问陪审团，既然陪审团认为这三名被告没有偷盗钱包，那又如何确认其中一名被告人的掌握控制钱包行为是有罪成立。上诉法院认为，这些裁决之间并不是相互矛盾的，因为陪审团可能确认了其中一名被告已经偷了钱包，但却不能裁决这三名被告的偷盗行为。

如果通过法官进一步的司法指示后，陪审团改变了原先的裁决，且之后做出的裁决与原先的裁决刚好相反，则法官可能倾向于拒绝接受原先的裁决。如果虽然法官经过努力，但陪审团依然坚持其原先的裁决，而且这一裁决很有可能被上诉法院所推翻，则法官也只能接受这一裁决。

七　结论

"被告仅接受来自同侪或者根据当地法律的合法的审判"是一项古老的权利，虽然在英格兰及威尔士地区接受陪审团审判的权利并不是一项宪法性权利，而陪审制也并不完美，甚至可以说还有很多内在缺陷，然而，公众却依然对陪审团有着极大的信赖。[①]

2004年1月，内政部出版的一份关于"陪审员对陪审团制度的感觉、理解、信心、满意度"的调查报告[②]（其中包含对6个法庭共361名陪审员的访谈）发现，大多数陪审员认为，陪审团一直被视为公平正义审判程序的必要组成部分，并且陪审团的多元化一直被视为避免偏见和做出公平裁决的最佳方式。调查的主要结果如下：第一，大部分受访者在完成陪审团服务之后，对陪审团持更加积极的态度。虽然陪审团服务可能会给他们带来较大不便，但所有受访陪审员都认为陪审团审判是刑事司法制度一个很重要的部分。第二，陪审员对陪审团制度的信心，与其在诉讼过程所感受到的公平，以及从不同角度看待证据的能力，有着密切关联。第三，陪审团代表着普通大众的观点看法，这也是陪审员对刑事法院审判充满信心的关键因素。第四，陪审员对于法庭人员的专业能力印象深刻，尤其是对法官的表现、责任和能力，给予充分的肯定。第五，陪审员在理解方面的主要障碍是司法术语，陪审员觉得证据展示其实可以做得更加清晰。第六，有超过一半的受访者表示自己"很高兴"再次从事陪审团服务，而19%的陪审员回答说自己"不介意"再次服务，他们认为陪审员经历可

[①] 超过80%的公众相信陪审团所做出裁判是正确的，认为经陪审团审判所做出的判决比起经一名法官所做出的，更为公平可信，且产生更好的司法。这种在公众中所赢得的压倒性的支持，以及关于陪审团审判司法条款所做出的强有力的辩护，表明其在公众的心目中占有特殊的地位。参见 Cheryl Thomas and Nigel Balmer, "Diversity and Fairness in the Jury System", Ministry of Justice Research Series 2/07, June 2007。

[②] "Jurors' perceptions, understanding, confidence and satisfaction in the jury system: a study in six court", by Matthews, Hancock and Briggs.

以使自己对刑事法院审判有更好的理解，且对履行重要公民责任有更深的认同。①

2009 年，司法部出版了由罗伯茨和霍夫所做的研究报告，其总结道：在当今普通法国家（特别是英国、美国和澳大利亚）所进行的调查问卷显示，虽然陪审团各有不同，且问卷所采用的问题和用语也不同，但是令人惊奇的是，他们对英格兰及威尔士地区的陪审团制度总是表现出积极的回应，陪审制的护卫者数量明显多过反对者的数目，差不多是 100∶1。这也就是为什么近半个世纪以来，每一次关于限制陪审团审判的提议，例如杰克·斯特劳反复试图废除两种法庭皆可审判被告人的审判模式选择权，但却总是遭遇来自律师和政客们广泛且持续的强烈反对的原因。② 可见，当下英国，无论政客学者，还是普通民众，主流观点依然是支持陪审团，正如考尼什所言："有相当多甚至可以说是大部分民众，都在虔诚地信仰着陪审制度，忽略了这一鲜明事实的改革，无疑是非常愚蠢的。"③

---

① Penny Darbyshire, *Darbyshire on the English Legal System*, 10th, edn., London: Sweet & Maxwell, 2011, pp. 566-567.

应当注意的是，虽然陪审制给他们造成了相当大的压力和不便，但大多数陪审员似乎都乐意接受这一制度。司法部每年都会对于陪审员的期望、态度和经历进行调查访问，其中陪审员被要求在法庭审判前、审判中和审判后的各个阶段对所提供的服务进行评价。调查发现：（1）超过 3/4（77%）的陪审员说，他们对于陪审团服务经历总体上是满意的；（2）87% 的陪审员说，在他们来到法庭之前，对于陪审团召唤官的表现总体上是满意的；（3）那些之前做过陪审团服务的人中，有 40% 感觉到这次比上一次还要好，而 14% 的人感觉到更差；（4）94% 的人对于全体工作人员的礼貌和服务是满意的，并且认为工作人员对待陪审员是公正且敏锐的。然而，在等待成为陪审员所花费时间一项的调查上，只有 43% 的陪审员对此表示满意，可见，这一点正是陪审员不满情绪的主要来源。参见 www.justice.gov.uk/publications/docs/hmcs-jurors-surney-2010.pdf.

② Cheryl Thomas and Nigel Balmer, "Diversity and Fairness in the Jury System", Ministry of Justice Research Series 2/07, June 2007.

③ Penny Darbyshire, "The lamp that shows that freedom lives-is it worth the candle?", *Criminal Courts Review*, 1991, p. 740.

日本裁判员制度的实践与述评

肖 萍[*]

作为日本21世纪司法改革的重要内容，2004年5月，日本国会通过了《关于裁判员参加刑事审判的法律》（平成十六年法律第63号）（以下简称"裁判员法"），以单行法的方式规定了裁判员制度。该法律于2009年5月21日开始施行，在日本实现了"国民参与刑事司法"。

2009年8月3日，东京地方法院开庭审理了第一个适用裁判员制度的案件。该案经过连日审理，于2009年8月6日进行了宣判[①]。根据日本最高法院的统计，裁判员制度从2009年5月21日开始实施，到2013年12月为止，共有6060名被告人接受了裁判员的审判。

日本法学界对于裁判员制度的实施情况的各个方面评价不一。既有东京大学名誉教授、著名刑事法专家松尾浩也教授及最高法院干部等在指出实施过程中出现的问题的同时认为裁判员制度的施行是好的开始的正面评价，也有今村核律师等进行的激烈批判[②]。

那么，到底日本裁判员制度的实施状况如何？该制度的施行对于日本刑事诉讼程序有哪些影响呢？本文拟在剖析裁判员制度的基础上，对日本国民参与刑事司法的现状及问题点进行评述。

---

* 肖萍，北京师范大学刑事法律科学研究院副教授，日本法学博士。
① 该案的详细情况可以参见青木孝之"裁判员裁判第1号事件傍听记"，骏河台法学23卷2号（2010年）、392—336页。
② 朝日新闻2010年5月5日。

一 裁判员制度诞生的历史过程

(一) 裁判员制度创设之前的日本陪审制度的历史

幕府末期,欧美的陪审制度首次被介绍到日本①。在明治初期,日本出现了由官吏担任陪审员的"参座制"。参座制在明治六年及明治八年的两起案件中均被采用。由于参座制是针对每个案件单独制定裁判程序,因此与一般的陪审制度不同。参座制作为一种参审制度,被认为是日本陪审的先驱。②

日本陪审制度首次进入立法阶段是1877年(明治十年)。1877—1878年,日本司法省邀请法国人波阿索纳特作为法律顾问起草了《治罪法草案》。波阿索纳特认为,规定陪审制度可以使日本的司法制度与其他国家的司法制度处于同等的地位,从而修改西欧列强制约日本司法权的不平等条约,使日本回复全权③。因此,《治罪法草案》规定了近似于法国陪审制度的内容。但是,该陪审法案遭到了政府内部的强烈反对,最终未能获得通过。

直到1910年(明治四十三年)3月,《关于设立陪审制度的建议案》在众议院通过,陪审制度方进入立法程序。1918年,在司法省法律学校受到波阿索纳特思想影响的原敬作为立宪政友会的领导掌握政权后,作为应当实施的政策之一,推进了陪审制度的立法工作。后来,原敬被暗杀,但是他之后的政权仍然继承了他的遗志。

1923年4月18日,日本通过了第一部陪审法。该陪审法经过了五年的准备期,从1928年(昭和三年)10月1日开始全面实施。该陪审法(以下称为"旧陪审制度"。)作为日本最初的国民参与司法制度并不是出于民众的要求,而是政治主导的结果。④ 旧陪审制度虽然是以一定的不认

---

① 三谷太一郎『政治制度としての陪審制・近代日本の司法権と政治』、東京大学出版会、2001年、91頁。

② 三谷太一郎『政治制度としての陪審制:近代日本の司法権と政治』、東京大学出版会、2001年、101頁。

③ Boissonade, G.『治罪法草案注釈 第1篇』司法省。

④ 青木人志「裁判員制度への道」『NHK 知る楽・歴史は眠らない』、2009年6—7月号137頁。

罪的重罪案件为对象，模仿欧美的陪审制度而设立的制度，但是该制度也有日本独具特色的规定。例如，限定陪审员的资格要件；承认被告人有放弃陪审裁判的权利；不承认陪审的答复对法官的约束力等。

旧陪审制度从 1928—1943 年实施了 15 年，共有 484 个案件适用了陪审制度。在旧陪审制度中，陪审员的意见对裁判官并不具有约束力，裁判官认为陪审员的意见不当时，可以更换或者选任新的陪审员。此外，被告人可以选择由陪审员或者法官裁判，导致实施陪审裁判的案件数目实际上很少，因此陪审制度未能在日本社会中存续下来。1943 年，根据《关于停止陪审的法律》的规定，日本停止施行陪审制度。旧陪审制度宣告失败，其失败的主要原因是：第一，制度不完备；第二，当时军国主义的时代背景；第三，较之"同辈"，被告人更愿意选择"地位高的人"进行审判的观念。

二战后，日本在制定新宪法的过程中，一个重要内容就是进行司法改革。麦克阿瑟草案中原本规定了关于陪审制度的条款。但是，联合国军总司令部（GHQ）民政局出于不希望法律制度出现急剧变化的考虑，最后还是删除了关于陪审制度的条款。虽然宪法中没有规定陪审制度，但是联合国军总司令部并没有否定采用陪审制，而是以在《法院法》中规定"就刑事，不妨在其他的法律中设立陪审制度"的形式，将采用陪审制度寄托于将来日本国民的选择。但是，此后半个世纪，日本的刑事司法并未采用国民直接参与司法的方式，而是一直由职业法官进行裁判。

（二）裁判员制度的诞生

1999 年初，日本《法学家》杂志编辑出版了"刑事诉讼法 50 年"的特刊，"市民参与刑事司法"的问题尚未被正面提及，市民参与的想法是从更大的司法制度改革的时代思潮中产生的①。但是，在该期杂志的卷首，平野龙一博士首次提倡采用"国民参审制"的概念②。

---

① 田口守一：《日本裁判员制度的意义与课题》，《法律科学》（西北政法学院学报），2012 年第 1 期。

② 平野龍一「参審制の採用による"核心司法"を——刑事司法改革の動きと方法」ジュリスト1999 年 1 月—15 日号（No. 1148）。

1. 司法制度改革审议会的设置

1999年7月,日本政府在内阁之下设置了司法制度改革审议会(以下简称为"审议会")。设立审议会的直接原因是1997—1998年经团联、日本律师联合会和自民党司法制度特别调查会等先后主张关于建立和健全与全球一体化时代相适应的法制及加强审判权的事后监控机制等的司法制度改革建议①。

"国民参与司法"是审议会一项重要的审议事项。其主要背景是:第一,经济界希望增加法曹人数,为了得到日本律师联合会的支持,作为交换,同意将"国民参与司法"作为审议会的审议事项;第二,向世界展示日本国民意识改革的需要;第三,法院从自以为是的官僚司法的危机感出发,在刑事审判中反映国民的想法是履行对国民的解释责任的需要②。但是,在国会的审议中,并没有需要确认的、明确的"立法事实",而只是针对完全由职业法官进行刑事审判这一日本特色的制度,从国民主权的观点出发进行检讨。

2. 审议会的审议经过

审议会就"国民参与司法"这一议题先后两次听取了法曹三方的意见③。日本律师联合会主张采用陪审制。日本律师联合会认为,虽然是"国民的司法参加",但是如果从裁判主体这个角度出发,陪审制中的主体是国民,而参审制的主体是法官。因此,从国民主权的观点出发,陪审制与参审制是迥然不同的制度。法务省主张,采用陪审制在宪法上存在问题,但是最终还是政策决定的问题。即使采用陪审制,作为法务省也不会反对。但是主张在引入新制度时应当认识到新制度对于国民所产生的负担及对追究案件真相的影响。最高法院主张,为了回避宪法上的问题,希望创设没有强制力的陪审制或者不享有评议决定权的参审制等独具特色的制度。

到底是引入陪审制还是参审制,不仅是在法曹三方之间存在不同意

---

① 経団連「司法制度改革についての意見」(1999年5月)、自民党「21世紀の司法の確かな指針」(1999年6月)。

② 吉村真性「裁判員制度の概略とその問題点:裁判員裁判における公正な裁判の実現」九州国際大学法学論集15巻3号、2009年、3頁。

③ 1999年12月8日第8回审议会和2000年9月12日第30回审议会。

见，而且在审议会委员中也存在不同的意见。如果审议会的意见不能统一，那么就有可能无法创立国民参与司法的制度。最终，虽然对于到底采用何种制度的分歧很大，但是，委员们均认为需要引入"国民参与司法"的制度。因此，审议会不再是简单地从陪审制和参审制中进行二选一的抉择，而是从一般国民作为主体参加审判内容的观点出发进行讨论，由各委员提出具体的制度内容。

3. 审议会委员的观点分歧

审议会委员中，主张陪审制的委员与日本律师联合会的主张相同，在对刑事司法的现状进行批评的基础上，得出需要"国民参与司法"的结论。即认为现行的职业法官进行的刑事司法缺少国民的检查，国民基础的薄弱导致了现在"绝望的"刑事司法实务。与此相对，对陪审制采取消极态度而主张参审制的委员则与最高法院和法务省的观点一样，对于刑事司法的现状持肯定态度，认为现有制度本身并不存在必须断然实行制度改革的缺陷。但是，从"司法民主化"的观点出发，国民与职业法官一起，作为主体参与司法程序也具有意义。因此，希望寻求实现更加稳固的国民基础。[①]

审议会在组织了一系列的海外考察、实务调研、公众听证会和各种专题讨论的基础上，于2000年11月提交了中间报告。由于多数委员支持参审制，在中间报告中，对于"国民直接参与制度的意义"做了如下说明："为了从过度依靠国家的体制中摆脱出来，寻求增强对于公共事务的能动态势的国民参与裁判过程，通过在裁判内容中反映健全的国民社会常识，加深国民对司法的理解与支持，从而使司法成为更加稳固的国民的基础。"

4. 司法制度改革审议会意见书

2001年6月12日，审议会向内阁总理大臣提交了作为最终报告的《司法制度改革审议会意见书》，标志着日本司法改革进入了新阶段。在该意见书中，对关于"国民参与司法制度"的裁判员制度的具体制度设计的讨论进行了总结。

在《司法制度改革审议会意见书》的基础上，根据司法制度改革推进法，司法制度改革推进本部的"裁判员制度·刑事讨论会"对具体的

---

① 柳濑昇「裁判員法の立法過程（4）」信州大学法学論集11号、2008年、138—146頁。

制度设计进行了讨论。日本国会的参、众两院的法务委员会对裁判员法案进行了审议。因此，日本的裁判员制度事实上是在司法制度改革审议会意见书的基础上确定的。

二 裁判员制度的基础

在日本除了有各种关于裁判员制度实施过程中的问题的讨论外，也有很多反对裁判员制度的声音。那么，日本为什么能够创设裁判员制度？创设裁判员制度的理论基础是什么呢？田口守一教授认为，裁判员制度的理论基础包括政策性基础和狭义的理论基础。所谓政策性基础是指创设制度的根据、原动力，即为什么必须引入裁判员制度、其立法事实是什么等问题。狭义的理论基础是指能够使制度稳定运行的法律制度体系的一贯性。比如，裁判员制度与宪法是什么关系，与刑事诉讼法又是什么关系等问题。① 以下就裁判员制度的政策性基础与狭义的理论基础进行分别阐述。

（一）裁判员制度的政策性基础

司法制度改革审议会意见书中认为："即使是在担负着基于国民主权的统治构造的一部分任务的司法领域，也期待着国民……以多样的形式参与。如果国民与法曹广泛参与司法的运营，司法与国民的关联将会广泛扩大，促进国民对于司法的理解，国民对于司法直至裁判的过程的理解都会变得更加容易。其结果就是确立更加稳固的司法的国民基础。""为了司法充分地发挥其职能，需要得到国民的广泛的支持，必须确立其国民的基础。"② 根据该意见，裁判员法第 1 条规定："本法律是鉴于从国民中选任的裁判员与法官共同参与刑事诉讼程序有益于增进国民对司法的理解及提高对司法的信任，关于裁判员参加刑事裁判，规定法院法（昭和二十二年法律第 59 号）和刑事诉讼法（昭和二十三年法律第 131 号）的特则及其他必要事项的法律。"根据此规定，裁判员制度的目的是"增进国民对司法的理解及提高对司法的信任度"，即"强化国民基础论"。

与之相对，有学者认为裁判员制度的首要目的是实现更好地审判或者

---

① 田口守一著『刑事訴訟の目的（増補版）』成文堂、2010 年、339 頁。
② 司法制度改革審議会『司法制度改革審議会意見書』（2002 年）101 頁。

正确的审判，即"实现正确裁判论"。"国民的理解与信任"的要素与其说是引入裁判员制度的目的，不如说只是引入裁判员制度的"结果"。酒卷匡教授主张"使一般国民的健全的社会常识反映在刑事裁判的内容中，实现更好的裁判是引入制度的目的"。其"结果"是有益于国民的理解与信任①。宪法学者长谷部恭男教授也认为，实现更好的司法、实现正确的裁判才是国民参与的意义所在，"增进国民的理解与提高国民的信任"是"此后随之产生的次要效果"②。

田口守一教授认为，之所以会出现"强化国民基础论"和"实现正确裁判论"这两种不同的见解，主要是学者们对于应该如何评价只由职业法官进行的刑事审判，以及应该如何理解刑事司法与民主主义的关系这两个问题的理解不同造成的。③

1. 对于职业法官进行审判的评价

有学者主张，通过国民参加审判增进国民对于司法的理解，从长远的观点出发，裁判员制度的目的是提高国民对于裁判的正统性的信赖。裁判员制度是在已有的刑事审判很好发挥其职能的前提下，为了适应新时代的需求，作为实现更贴近于国民的司法而引入的制度。④ 这种观点在肯定职业法官进行的刑事审判的同时，认为裁判员制度的引入的基础近似于强化国民基础论。但是，从另一个角度说，该主张承认了原有的由职业法官进行的审判是不合时代的，不是贴近国民的司法。

酒卷匡教授认为，日本的刑事司法的显著特色是刑事司法只由职业法官进行，从而"确立了与诸外国不同类型的极其高精度的、独有的刑事司法的运用"，这样的日本刑事审判并没有被认为存在脱离一般国民的重大缺陷和职能不全等问题。⑤ 这就产生了日本的刑事审判有没有理由必须通过国民参与司法进行改革的问题。依此推理，引入裁判员制度的目的就

---

① 酒卷匡「裁判員制度の導入に向けて――裁判員制度の意義と課題」法学教室308号（2006年）11頁。
② 長谷部恭男「司法権の概念と裁判のあり方」ジュリスト1222号、2002年、146頁。「座談会・裁判員制度と日本国憲法」判例タイムズ1146号（2004年）9頁長谷部恭男発言。
③ 田口守一『刑事訴訟の目的（増補版）』成文堂、2010年、341頁。
④ 池田修『解説裁判員法――立法の経緯と課題』弘文堂、2005年、2頁。
⑤ 酒卷匡「裁判員制度導入の意義と課題」法律のひろば57巻9号（2004年）49頁以下。

是"实现更好的审判"。

田口守一教授也认为,作为裁判员制度政策性基础在于实现正确的审判。考虑国民参与司法的意义时,应该从审判内容的实体意义与审判基础的制度性意义出发进行讨论。通过作为一般人的国民参与审判,使职业法官听到与自己不同的想法,使法官们能够对自己的既成观念进行反思。从这个角度说,职业法官进行的审判需要国民的参与。[①]

2. 刑事司法与民主主义的关系

国民参与虽然不是民主主义的直接要求,但它是形成司法的国民主权基础的重要因素。从这个意义上说,国民参与是民主主义的要素。所谓司法的民主化包含广泛的意义。虽然不能够采取"审判的决定权从法官转移给国民"的民主化,但如果是"法官的决定中加入国民的意见"的民主化,就可以在维持司法权独立的同时,得以强化司法的国民基础。裁判员制度通过国民与法官合作强化司法的国民基础。这是区别于陪审制的至关重要的一点。

综上所述,裁判员法第1条对于裁判员制度的目的的不明确规定反映了裁判员制度是认为以前的刑事司法有不足之处的观点与反对观点妥协的产物。如果说国民参与司法是一种对国民普法的一种方式,那么推进公开审判的方法更合理,而没有必要要求国民参与司法,增加国民的负担。

裁判员制度的目的是:通过裁判员的参与,使专业性与客观、健全的理智相互作用,实现更好的裁判。而且,只有将裁判员制度的目的限定于为了实现"优秀的审判",才能够使不赋予被告人有放弃裁判员裁判的权利的规定得以正当化。

(二) 裁判员制度的理论基础

1. 裁判员制度与宪法的关系

关于裁判员制度与宪法的关系,存在不同的见解。

主张陪审制度违反宪法的人认为,陪审员对于有罪、无罪进行评议、决定违反了宪法第76条第3款规定的"法官的独立"。但是,法官的独立是作为保障其不受其他权力(特别是行政权)的不当干涉而规定的权利。从这个观点出发,裁判员制度不但不是剥夺作为裁判主宰者的法官的

---

① 田口守一『刑事訴訟の目的(増補版)』成文堂、2010年、343頁。

"职权"，而且是保障法官独立的制度。裁判员制度将法律适用问题由法官专属执行，正是对法官独立的保障。因此，裁判员制度并不与宪法精神相抵触。

田口守一教授认为，日本国宪法虽然不排斥国民参与司法，但同时也保障了法官的独立，因此，国民参与的制度会因为制度设计的不同，而存在与宪法相抵触的可能性。裁判员法采用的是裁判员与法官协作的体系，应该说并不与宪法相抵触①，而且能够与其他宪法规范相协调。②

现行日本国宪法将旧宪法规定的任何人均享有"接受法官裁判的权利"（大日本帝国宪法第24条），修改为任何人均享有"在法院接受裁判的权利"（日本国宪法第32条）。现行宪法的规定不同于旧宪法，仅要求在法院接受裁判，而并不要求接受法官的裁判。也就是说，只要是依据《法院法》的规定组成的法院，即使是陪审裁判，也不会产生违宪的问题。同时，现行《法院法》第3条第3款还规定："本法律的规定不妨碍就刑事在其他法律中设立陪审的制度。"通过立法准许设立陪审制度。

2. 裁判员制度与刑事诉讼法的关系

裁判员制度是日本自二战后刑事司法时隔60年的改革。但是，运用裁判员制度的刑事诉讼程序适用的连日开庭审判而实现的审判中心主义、直接主义及当事人的充分交互询问等并不是根据裁判员制度新创设的，而是现行刑事诉讼法已有的诉讼构造。因此，裁判员法是为了实现现行刑事诉讼法的当事人主义诉讼模式的强有力的组织法。

那么，裁判员制度对于刑事司法进行了哪些改革呢？日本从大正刑事诉讼法开始实行专业法官的专属审判。虽然二战后进行的司法改革使日本的诉讼模式转为大陆法系与英美法系的折中或者说职权主义与当事人主义的折中模式（即通常所说的混合模式），但是对于审判组织并没有折中，始终保持由专业法官构成。因此，从这个意义上讲，裁判员制度的创设是战后司法改革历时60年后，当事人主义的裁判制度在审判组织上的体现。③

---

① 田口守一「参審制度の憲法論」現代刑事法3巻7号（2001年）29頁以下。
② 笹田栄司「憲法から見た裁判員制度」世界779号（2008年）106頁以下。
③ 田口守一『刑事訴訟の目的（増補版）』成文堂、2010年、347頁。

3. 裁判员制度与刑事诉讼法实务

施行裁判员制度的最大影响是促使刑事诉讼实务的变革。正如大家公认的，日本在二战后的60年形成了自己独具特色的刑事司法实务，即精密司法。这虽然从一个方面显示了日本法律从业人员具有很高的专业素质和能力，但是依笔录裁判、追求过度的实体真实主义等司法实务的运作与现行刑事诉讼法的理念并不相符。

裁判员制度的施行使刑事裁判的实务发生了变革，也间接地对刑事诉讼法产生了影响。比如，虽然没有对刑事诉讼法中有关证据的规定进行任何修改，但是伴随裁判员审判的实施，以前可以作为证据的侦查案卷等，受到了很大程度的限制。因此，虽然证据法本身没有修改，但是裁判员制度的施行使得证据法的解释及其运用都发生了重大变革。

三 裁判员制度的概要

日本的裁判员制度简单地概括就是由随机抽选出来的六名一般国民与三名法官一起参加刑事审判，出席法庭审判，研究检察官提出的证据，听取辩护人、被告人的意见，通过评议决定被告人是否有罪，有罪时的量刑的制度。它既不同于大陆法系国家的参审制度，也区别于英美法系国家的陪审制度，是日本独具特色的制度。其制度概要如下。

（一）适用案件

适用裁判员制度的案件有：①犯有死刑或者无期徒刑、无期监禁之罪；②法定合议案件中因故意犯罪行为致被害人死亡之罪。但是，由于被告人的言行等有可能对裁判员及其家属施加危害或者有可能对其平稳的生活造成显著的侵害，而使裁判员难于参加审判的情况下，依照法院的决定，可以从对象案件中予以排除。

适用裁判员裁判的案件限定为重大犯罪的案件，主要是出于两方面的考虑：一是裁判员裁判案件要求是国民关心度较高、对社会有重大影响的案件；二是一年预计能够承受的裁判员裁判案件的数量。

对于适用裁判员裁判的案件，起诉后将自动进入裁判员裁判程序，被告人没有辞退裁判员裁判的权利。对于此规定，审议会意见书给出的理由是"裁判员制度较之为了单个的被告人的利益，更是对一般的国民或者作为裁判制度具有重要意义而导入的制度"。在国会审议时，政府答辩人的理由是：①参审制不承认辞退权是世界的潮流；②二战前旧陪审制度中的回避辞退权是导致制度失败的一个原因。

（二）裁判组织的构成

作为原则，裁判组织由三名法官和六名裁判员构成。但是，在公判前整理程序后对公诉事实没有争议，且当事人无异议的情况下，可以由法官一名和裁判员四名组成小规模的裁判体。

关于裁判组织的构成是负责审议会意见书的"司法制度改革推进本部裁判员制度·刑事研讨会"（以下简称"研讨会"）在设计具体制度时最大的争论点。主张裁判员制度设计成参审制的委员从法官与裁判员是"协助互动"的关系，从合议庭全体如何进行实质的议论的观点出发，认为应该寻求与现行制度的平衡，由法官三名、裁判员两三人组成小规模的合议庭。与之相对，希望裁判员制度尽可能地接近陪审制的委员从法官与裁判员存在对立关系，从如何使法官对裁判员的影响力降至最低的观点出发，主张裁判员的人数为法官人数的三倍以上。各委员对刑事司法现状认识的不同，直接导致了主张裁判员制度是陪审制还是参审制的不同主张。最终结果是依照公明党的提案，通过了现行的法案。

（三）裁判员的选任方法

裁判员的选任采用从选民名簿中随机抽选的方法。从选民名簿中随机抽选出的候选人中，排除不合格者、有就业禁止理由者、有辞退事由者和不具备规定的资格者后，再从剩下的候选者中抽选出裁判员六名和依需要的候补裁判员。

关于裁判员的年龄问题，在研讨会中也存在不同意见。一方面，从让更多年龄层的国民参与的观点出发，有人主张以开始拥有选举权的 20 岁为基准；另一方面，从裁判员需要相对高度的适格性的观点出发，有人主张以开始拥有被选举权的 25 岁为基准。最后，政策调整的结果，采用了公明党支持的 20 岁为裁判员的年龄基准。

裁判员是一案一选。裁判员以案件为单位，只参加一个案件，这点与陪审制相近。

（四）裁判员的权限

裁判员与法官一起出席公开的法庭进行审判。就事实认定、法令适用及量刑，裁判员享有与法官同等的权限。关于诉讼程序的判断及法令的解释，由于专业性强，需要保持法院判断的统一性，属于法官的专属权限。

在法庭审理过程中，裁判员经法官许可，可以直接向证人、被告人提问。裁判员在法官"解释法令"的基础上，以裁判员参与的"事实认定"为前提，与法官一起"适用法令"。

（五）评议、决定方法

评议后，由法官和裁判员合计人数的过半数决定，但是作为法庭意见必须有裁判员和法官各至少一名以上的赞成。这个规定是为了防止只有法官或者裁判员一方同意造成不利于被告人的判断。也就是说，不论是由法官三人和裁判员六人组成的合议庭，还是由法官一人和裁判员四人组成的合议庭，即使所有法官意见一致的情况下，也无法达到半数而不能作为法庭意见；裁判员全部意见一致的情况下，虽然已经过半数，但是如果没有一名法官的同意，也无法作为法庭意见。这一评议决定方法与只有陪审员决定有罪无罪及刑罚内容的陪审制截然不同。

与审判组织的构成一样，研讨会在审议过程中曾经考虑伴随新制度的导入，评议决定方法也应该进行新构思，提出过特别过半数的提案和死刑判决全员一致评决的提案等。但是，考虑到裁判员与法官的权限对等，以及与现在仍然并存的全部由职业法官组成的合议庭的裁判的平衡，最后研讨会决定更加重视与现行评议方法的整合性，死刑判决也不例外，采用单纯的过半数制度。

（六）判决理由

裁判员和法官的评议结果由法官记载于判决书中，在公判期日宣布。裁判员裁判是刑事诉讼法的特则，因此，当事人按照刑事诉讼法的规定，对于裁判员裁判的判决可以以事实认定错误或者量刑不当提出上诉。

应该说，审议会并没有对上诉审进行充分的讨论。日本的上诉审是事后审，不适合裁判员参与。裁判员法案在国会审议阶段也没有通过上诉审阶段采用裁判员制度。其结果是，裁判员制度仅限于在一审中运用，而裁判员裁判的上诉审全部由职业法官组成的合议庭进行审理。对此，法院表示只要裁判员参与审判做出的判断没有脱离正常程度的偏差，就会尊重第一审的裁判员裁判的判断。① 但是，还是有学者担忧，二审中不采用裁判员制度会使一审的裁判员审判流于形式。

（七）裁判员的义务

裁判员负有在公判期日及评议阶段的出席义务，并且对评议的内容及职务上获知的秘密负有保密义务。对于裁判员泄露秘密的，将处以六个月以下的有期徒刑或者50万日元以下的罚金。

要求裁判员负有保密义务是为了在确保裁判的公正及国民对裁判公正性的信赖的同时，在评议中保证法官和裁判员可以不受限制地自由发表意见。但是，对于裁判员的保密义务也存在不同意见。比如，泄露禁止的秘密与允许裁判员发表的对于裁判的感想等的区分界限并不明确；要求裁判员一生负有保密义务太过严格等。②

四 裁判员制度的实施状况

以下，根据日本最高裁判所提供的数据，介绍从实施开始到平成二十五年（2013年）12月为止的裁判员裁判的实施情况。

（一）判决人员

裁判员制度从2009年5月21日开始实施，到2013年12月为止，共有6060名被告人接受了裁判员的审判。按照案件类型划分，占前三位的分别是：抢劫致伤案件1348名（占22.2%）、杀人案件1342名（占22.1%）和伤害致死案件595名（占9.8%）。

（二）裁判员的人数等

截至2013年12月，共有34896人被选为裁判员审判中的裁判员。

---

① 柳瀬昇「裁判員法の立法過程（2）」信州大学法学論集9号、2007年12月、227—268頁。

② 例如，大塚嘉一「守秘義務課すのは憲法違反」朝日新聞2009年5月2日。

根据问卷调查的结果，性别分布是男性占 54.9%、女性占 43.2%（剩余 1.9% 的人未回答。）裁判员的年龄分布也较为平均。裁判员的职业分布为：各行业的雇员占 55.2%、临时工和小时工占 14.9%、专业主妇和主夫占 9.9%、自营业者和自由职业者占 7.2%、其他人员占 12.9%[①]。

(三) 选任程序的情况

从每个案件的平均数看，每个案件有约 90 人被选为裁判员候选人，其中有 59.2% 的人的辞任要求被同意。除去被同意提前辞任等的人员外，有 29 人（占 77.6%）会在选任期日到法院，从中抽签选出 6 名裁判员。

(四) 审理及评议的情况

1. 关于案件审理和评议的时间

多数案件审理时间是在 4 天左右。具体来说，裁判员参加审判程序的天数分别是：2 天占 0.8%、3 天占 19.7%、4 天占 30.3%、5 天占 19.0%、6 天以上占 30.3%。

另外，决定判决内容的评议时间平均是 9.6 小时。

可以说，裁判员制度的施行缩短了刑事审判及评议的时间。

2. 审理内容的难易度

就审理内容的难易度，对裁判员进行了调查。62.2% 的裁判员回答"容易理解"；30.2% 的裁判员回答"一般"；6.2% 的裁判员回答"难以理解"；1.5% 的裁判员没有回答。此结果说明，绝大多数裁判员对于审理内容还是能够理解的。当然，这与各方为使审判内容更容易为一般人所理解而进行的努力息息相关。

3. 评议中讨论的充分度

就评议中的讨论是否充分，对裁判员的调查结果是：回答"进行了充分的讨论"占 72.3%；回答"不知道"占 19.0%；回答"不充分"占 7.2%；未作答的占 1.5%。可以说，裁判员裁判的案件普遍进行了较为充分的评议。

---

① 因采用四舍五入的计算方式，因此，总和并不是 100%。下面的百分比统计亦同。

(五) 裁判员的感想

1. 被选为裁判员前与作为裁判员参加过审判后的感想比较

在被选为裁判员之前,"不想参加"的占 18.8%;"不太想参加"的占 32.6%;"想试试看"的占 24.2%;"积极地想参加"的占 8.3%;"没有特别考虑过"的占 15.2%;未作答的占 0.8%。也就是说,在被选为裁判员前,多数人不想成为裁判员参与刑事审判。

对裁判员参加过审判后的感想调查显示:"认为是非常好的经验"的占 55.6%;"认为是好经验"的占 39.7%;"没感觉到什么好经验"的占 2.4%;"没感觉到好经验"的占 0.9%;"没有什么特别的感觉"的占 0.5%;未作答的占 0.9%。在亲身参加完刑事审判后,有 95.3% 的人都觉得参加刑事审判是好的经验。作为裁判员参加刑事审判前后的感想发生了很大的改变,且是积极的改变。

2. 对于法院的应对的感想

针对法院的应对的整体印象(包括法院职员的应对及法院设备等),有 73.7% 的裁判员认为"适当";24.6% 的裁判员认为"一般";0.7% 的裁判员认为"有不适当的应对";1.0% 的裁判员未作回答。可以说,裁判员对于法院的应对绝大多数还是满意的。

五 裁判员裁判的积极意义与问题

通过以上的调查及统计,国民参与刑事审判的积极性与责任感要比预期高很多。裁判员制度的导入起到了积极的作用。与此同时,裁判员制度在运行过程中也显现出一些问题,有待于进一步的改进。

(一) 裁判员裁判的积极意义

第一,裁判员案件的审理实现了连日快速的审判要求。案件的审理变得更加迅速、清楚、易懂,审判内容可以让包括被告人和被害人在内的一般国民所理解。为了使一般国民能够理解案件内容,检察官和辩护人在陈述案情时多采用 PPT 作为辅助工具,从而使所述案情和主张更加直观、易懂。法官也会对于难懂的法律用语及法律专业知识进行说明,帮助裁判员理解。

第二，裁判员制度的施行对法官提出了更高的要求，法官的业务水平及能力得以提高。为了能够回答裁判员可能提出的问题，法官开始重新思考一些基本的问题，比如，刑罚的本质是什么等。[1] 法官在评议阶段与裁判员的交流中也会发现新思路，学习新东西。比如，走私兴奋剂的案件，进口走私兴奋剂虽然是既遂，但是，按照关税法的规定是未遂，法官通常认为未遂对量刑产生影响，是从轻或者减轻量刑的要素。而裁判员则认为，这种未遂并非被告人努力的结果，不能构成从轻或者减轻量刑的要素。[2]

第三，裁判员认真、勤奋地参与审判工作，对审判活动产生了积极的影响。裁判员通过认真倾听审判，得以正确理解审判内容，发表适当的意见。以前曾经担心裁判员会比较感情化，实践证明，裁判员能够不受感情所左右，冷静地判断问题。裁判员较之法官，有更多关心犯罪事实以外的情况的倾向，比如，被告人因为什么而实施了犯罪行为、原来是个什么样的人等。而且裁判员更加关心被告人的未来。这些对于法官来说都是一些以前忽略或者没有意识到的问题。通过裁判员的参与，审判更加人性化。

(二) 问题点

当然，在肯定裁判员制度发挥的积极作用的同时，也暴露出制度在设计中的一些问题和难点。

第一，裁判员选任过程中，被通知到法院参加裁判员选任程序的候补人员太多。这主要是制度设计时，由于担心很多人不愿意担任裁判员而消极地不到法院报到，所以每个案件会要求被抽选出来的50名国民到法院，再从中经过选任产生6名裁判员和几位候补裁判员。但事实上大多数接到法院通知的国民都会安排好工作和生活，出席法院的选任程序。这样一来，被选上的仅是几个人，造成人力资源的极大浪费。

第二，审判前整理程序所用时间太长。为了使裁判员参加的刑事审判能够充实、迅速地进行，在开庭审判前要经过审判前整理程序，进行争点整理和证据开示等。虽然裁判员参与的刑事审判连日开庭的时间在缩短，

---

[1] 最高裁判所のホームページ『裁判員制度に関する裁判官意見交換会の結果について（東京高等裁判所）』参照。

[2] 同上。

但是如果包括审判前整理程序，审判程序并没有做到"迅速"。因此，要通过简化证据开示等缩短审判前整理程序。当然，导致审判前整理程序时间过长的一个原因，可能是制度实施伊始各方面过于谨慎，通过经验积累会有一定程度的改善。

第三，裁判员制度的实施需要很多预算的支持。不过，要想保证裁判员制度的效果，预算增大是必须要面临的现实课题。

六　结语

日本最高法院对履行完裁判员职务的国民做的问卷调查显示了国民在亲历裁判员审判程序后，对于裁判员制度的认识会向积极的方向转变。这也从一个方面反映了裁判员制度的成功。

在混合式的诉讼模式的基础上，日本在陪审制度上也创设了不同于英美法系的陪审制度与大陆法系的参审制度的裁判员制度，作为世界上一种新的陪审模式值得关注与期待。

陪审团评议室里发生了什么？
——对韩国影子陪审团评议过程的分析研究[*]

[韩] 李哉协等著[**] 何 挺 李梦娇译[***]

内容摘要：本文通过对影子陪审团评议2010—2011年发生在韩国的18起真实案件的过程的观察来研究陪审团评议的过程。为了对陪审制度设计提出见解和建议，我们以直接观察和对评议录像的内容分析为基础，研究了以下四个核心内容：（1）陪审团裁决的约束力；（2）陪审员数量；（3）定罪和量刑方面的陪审团评议；（4）法官对陪审团评议的介入。研究结果显示，总体来说，影子陪审团轮流发言积极参与评议程序，并且陪审员在辩论过程中彼此尊重。首席陪审员能够胜任他们的角色，给予陪审员平等的发言机会，良好地组织讨论活动。出现误解法律、混淆定罪和量刑事实的情况比人们预想中的少。上述情形出现时，绝大部分情况下其他陪审员或者法官都纠正了这种错误。大部分法官帮助陪审团在陪审室内达成了裁决。陪审团规模与评议质量之间没有决定性的关系。另外，在评议过程中，影子陪

---

[*] 本文英文原题为"What's happening in the jury room？—Analyzing shadow jury deliberations in Korea"，发表于韩国法期刊（Journal of Korean Law）第13卷（2013年12月发表）。本文写作受到首尔国立大学2011年人文与社会科学海外研究基金会（2011 Overseas Research Fund for Humanities and Social Sciences of Seoul National University）对Jisuk Woo教授的资助项目的支持。作者还要感谢韩国法院管理部（National Court Administration of Korea）在设立影子陪审团方面提供的帮助。

[**] 作者包括李哉协，首尔国立大学法学院教授，禹志淑，首尔国立大学公共管理研究院（Graduate School of Public Administration）教授；李准雄，首尔国立大学传媒系（Department of Communication）教授（本文通讯作者，联系方式：jwrhee@snu.ac.kr）；崔贞珉，韩国西江大学公共政策研究院（Graduate School of Public Policy, Sogang University）讲师；申铉基，韩国公共管理研究院（Korea Institute of Public Administration）客座讲师（Guest Lecturer）。

[***] 何挺，北京师范大学刑事法律科学研究院副教授、法学博士；李梦娇，北京师范大学刑事法律科学研究院硕士研究生。译者感谢李哉协教授授权翻译并在中国出版本文。

审团倾向于在充分讨论前首先明确自己的观点。此外，在某些情况下陪审员的个人感情会影响他们的决定。本研究发现表明，尽管令人鼓舞的方面和有待改进的方面并存，但是韩国陪审团评议的整体质量还是积极的。随着时间流逝，韩国的陪审制度有望逐步发展为一种能够加强普通民众的民主参与并提高司法公信力的稳定的制度。

关键词： 陪审团研究　韩国陪审团审判　影子陪审团　评议　法官　陪审团规模

一　引言

陪审制度于 2008 年首次引入韩国。[①] 韩国陪审制由 2007 年制定的《国民参与刑事审判法》(Act for Civil Participation in Criminal Trials of 2007) 设立。在最初的五年试点阶段，韩国陪审制同时具有美国式陪审制和德国式参审制的特点。兼采公民参与审判的两种制度是为了在韩国环境中试验二者，进而提出最适合韩国的模式。

韩国陪审制肩负两个目标：增强普通民众的民主参与以及提高司法公信力。[②] 法官的意见经常被批评为教条主义的和精英化的，学者们认为陪审制是将公众的正义观念融入法官裁决的有效渠道。[③] 截至 2012 年年末，韩国陪审团共参与了 848 件案件的审判，并且陪审团参与案件的数量逐年上升。[④] 仅这一点就显示陪审制推进了韩国司法裁决方面的民主理想。

另外，普通民众参与司法裁决程序的人数增加并不必然提高司法的公信力，而提高司法公信力才是立法机关更进一步的目标。只有民众相信陪审员的裁决至少与专业法官一样理由充分并且可靠时，这一目标才能实

---

① 概览韩国陪审制的背景、历史以及相关法律规定，参见李哉协，Getting Citizens Involved: Civil Participation in Judicial Decision-Making in Korea, 4 E. Asia L. rev. 177, 182-197 (2009)；李哉协，Korean Jury Trial: Has the New System Brought About Changes?, 12 Asian-Pacific L. & Pol'y J. 58 (2010)。

② 参见 2007 年 6 月 1 日《国民参与刑事审判法》(法律编号 8459)。

③ Norman J. Finkel, Commonsense Justice: Jurors'notions of the LAW (1995).

④ 陪审团审判数量为 2008 年 64 件，2009 年 95 件，2010 年 162 件，2011 年 253 件，2012 年 274 件。参见 Jongsun Kang：国民参与刑事审判的状况与任务，韩国法院管理部 2013 年，第 2 页。

现。陪审制的成功需要民众支持和尊重陪审团的裁决。

反对陪审制的主要理由之一是，人们不信任普通民众可以参与有意义的讨论并以理性的方式达成共识。这种批评的声音聚焦在基于韩国文化传统而对韩国人性格的假定上：即韩国人易受情绪影响，在裁决程序中容易受到法律以外因素的影响①；评议过程中他们会受到年龄较大或者受教育程度高的人的影响；他们不习惯于参加公开辩论，特别是涉及敏感话题时。据说，这种倾向性在年轻女性中更加明显。这些对韩国人的描述是有一定道理的。事实上，韩国的教育体制不鼓励辩论与挑战老师或类似的权威，而是鼓励学生们遵循等级秩序，学生们被告诫沉默是金。

另外，如果考虑到网站和最近的社会媒体的发展趋势，韩国人确实频繁而且热情地讨论社会与政治话题。一些不太严格的证据和经验表明，实际上韩国人在社交场合中对讨论时政话题有极大的热情。并且调查结论也与上述假设相反，韩国陪审员并不会受情绪影响做出错误的裁判。② 这种复杂性使我们怀疑，人们对韩国陪审制度下意识的悲观态度也许是建立在误解的基础上。

事实上，许多参与陪审团审判的司法实务人员见证了新制度的积极作用，陪审制有助于法庭审理程序的公开化和集中化。③ 一些法官坦言，主持过陪审团审判后，他们开始更加尊重普通民众的决策。④ 法官们还注意到陪审员不会轻易受情绪左右，他们能够意识到需要理性评议，需要本着良心行使陪审员作为不偏不倚的裁判者的职责。

虽然对于新制度中韩国陪审员的疑虑仍然存在，但同时也有对于韩国陪审员的能力和履行义务的积极评价。实际上，过去五年陪审团审判的经验显示，尽管本质上陪审团裁决是参考性的⑤，法庭最终判决与陪审裁决

---

① Byung-Soo Kim：《国民参与刑事审判的中期评估》，《韩国刑事法评论》83，311（2010）。
② In Sup Han：《韩国国民参与刑事审判：争议与初步的试点》，《首尔法学期刊》50，681，704（2009）。
③ 参见 In Sup Han and Sang Hoon Han《公民参与司法决策》（2010）。
④ Jin-Gyeong Cheong《根据〈国民参与刑事审判法〉陪审团审判的关键问题》，《正义》100，97（2007）。
⑤ 参见《国民参与刑事审判法》第46第5款。

一致的情形高达 90% 以上。① 陪审团裁决与法庭判决的高度一致性，可以使人们对裁决公信力持积极看法。

然而，为了全面了解陪审团的裁决是否源自一个理智并且充满自信的过程，对真实的陪审团评议过程进行实证分析是必要的。这类分析的核心问题是陪审团评议的质量，即韩国陪审员是如何参与有关事实认定和量刑的讨论，以及陪审团评议程序中是否真的进行了有意义的讨论。正如其他实证研究显示，我们相信，参与高质量评议的陪审员对其陪审经历更加满意，并因此会对陪审制度以及整个法律制度都有更高的信任度。② 从这个意义上来说，评议的质量是韩国陪审制度能否长久保留的关键因素。

陪审员评议室的动态发展可能影响评议的结果。我们对于通过观察真实的陪审团评议来研究其程序、机制和质量很有兴趣。然而，在韩国陪审制下进行这样的研究是非常困难的，因为陪审团秘密评议，并且陪审员们并不被要求为他们的裁决说明理由。受此限制，大部分之前的相关研究都是立足于模拟的实验性的陪审团与虚构的案件，并通常都由大学生担任模拟陪审员。

在英格兰和美国，有关影子陪审团（shadow jury）的研究极少数旨在调查模拟陪审团的效度（validity）。③ 在这些之前开展的非常有限的影子陪审团研究中，McCabe 和 Purves 研究了 30 个在英格兰真实庭审中在场的影子陪审团。④ 而在美国，Diamond 和 Zeisel 评估了预先审查陪审员资格（voir dire strategies）这一政策的有效性，他们通过比较真实陪审团的裁决

---

① Sangjoon Kim, Jaihyun Park, Kwangbai Park, Jin-Sup Eom, Judge-Jury Agreement in Criminal Cases: The First Three years of the Korean Jury System, 10J. EMP. L. St. 35, 42 (2013).

② John Gastil, E. Pierre Deess, Philip J. Weiser and Cindy Simmons, The Jury And Democracy: How Jury deliberation Promotes Civil Engagement And Political Participation 101 (2010).

③ 影子陪审团，是指由与真实的陪审团组成人员相似的人组成的一种模拟陪审团。与实际的陪审团一致，影子陪审团的陪审员通常在审判过程的每一天都坐在法庭里，观察法庭上所发生的一切，听取双方的辩论和证人的证词并接受法官的指示。影子陪审团产生于 20 世纪 70 年代的美国，最初的目的在于通过对影子陪审团成员的观察与分析，来为律师在法庭上的举证、辩论提供指导，以使律师的意见能更好地影响真实的陪审团。之后，影子陪审团也被用于对陪审团评议过程的研究。——译者注

④ Sarah McCabe and Robert Purves, Shadow Jury At Work (1974).

与因无因回避而被排除的"陪审员"组成的影子陪审团的裁决展开研究。① 尽管在美国和其他地方,陪审顾问(jury consultants)② 使用影子陪审团来协助开展庭审准备③,但除去这两项典型的研究外,影子陪审团很少成为研究的工具。

2010年9月开始,韩国各地的地方法院兴起"影子陪审员项目"(shadow jury program),通过自愿参加的方式让民众真实体验司法程序。法院意在通过此项目提高司法公信力的公众认知。迄今为止,此项目运行良好。④

鉴于关于陪审制和新近出现的影子陪审团项目的评价迥异,由最高法院设立的国民司法参与委员会(Committee on Civil Judicial Participation)⑤ 于2013年3月向国民大会(National Assembly)提交了有关韩国陪审制的最终形式的建议,这一建议是基于国民司法参与委员会对过去五年中陪审团审判的表现所进行的评估。⑥ 建议包含了陪审制度中与陪审团评议相关的一些重要变化。首先,陪审团有关定罪的裁决将产生实际上的约束力,法庭必须尊重陪审团的裁决,除非该裁决明显违背宪法或者其他成文法。陪审团关于量刑的意见仍是参考性的。其次,做出裁决的规则更加严格,变为3/4多数才能形成裁决。如果未达到3/4多数,法庭将只在参考陪审团意见的情况下做出判决。最后,陪审员人数可以为七人或九人,但不能是五人。法务部长(Minister of Justice)将根据此建议提交法案,修改现

---

① Shari Diamond and Hans Zeisel, A Courtroom Experiment on Juror Selection and Decision-Making, 1 Personality And So. Psychol. BuLL. 276 (1974).

② 陪审顾问是指在英美法系国家中帮助挑选陪审员和准备庭审的一种专业人士,通常由当事人一方聘请。——译者注

③ Donald E. Vinson, The Shadow Jury: An Experiment in Litigation Science, 68 A.b.A.J. 1242 (1982).

④ 例如,首尔地方法院自2011年以来举办影子陪审团30多次,400多名民众自愿担任影子陪审员。参见影子陪审员项目指南,可从以下网址下载:newsletter. seoulbar. or. kr/system/webzine/viewDownFile. php? id=167。

⑤ 参见《国民参与刑事审判法》第55条。

⑥ 韩国陪审制度在过去的五年内处于试点过程中,目的在于评估民众参与审判的实际状况。In Sup Han:《韩国国民参与刑事审判:争议与初步的试点》,《首尔法学期刊》50,704 (2009),第695页。

行的《国民参与刑事审判法》。①

本文在对有关韩国陪审团评议的评估中最引人关注的重点问题进行详细介绍后,将全面报告影子陪审团研究的成果,这部分研究基于对影子陪审团评议的直接观察而定。我们将会重点关注陪审团评议的几个关键领域,而这些也正是国民司法参与委员会在设计韩国陪审制度时考虑的因素,包括:(1)陪审团裁决的约束力;(2)陪审员的数量;(3)定罪和量刑方面的陪审团评议;(4)法官对陪审团评议的介入。之后,我们将在影子陪审团研究的基础上提出一些见解和建议。

我们将特别研究以下几个方面。第一,我们研究使陪审团裁决具有约束力方面是否存在问题,尤其关注评议质量以及首席陪审员(jury forepersons)扮演的角色。第二,我们试图了解陪审员数量是否会影响评议的内容和质量。第三,我们辨别影子陪审团讨论定罪问题和量刑问题时的方式,这一方面在韩国显得尤为重要,因为韩国陪审团同时评价被告人是否有罪并就适当的量刑提出意见,也就是说,在被定罪案件中,陪审团的量刑意见将提交给法官。最后,我们还试图评估法官的介入是否以及在何种程度上会影响定罪评议和量刑讨论。

二 重点问题

(一) 陪审团的裁决程序

韩国陪审团的裁决仅具参考性的一个主要原因是为了避免可能导致的违宪性。韩国宪法赋予公民被法官审判的权利,如果陪审团的裁决有明确的效力可能与此项权利矛盾,因为它将被告人的命运交到普通人手中。②

---

① 2013年10月11日,韩国法务部长公布法案征求公众意见。可从下列网站获得 https://www.moj.go.kr/HP/COM/bbs_01/Download.do? FileDir =/attach/f2013/&UserFileName =%C0%D4%B9%FD%BF%B9%B0%ED%B9%AE.hwp&SystemFileName = 20131011174979_1_%C0%D4%B9%FD%BF%B9%B0%ED%B9%AE.hwp. 与此同时,立法草案还未提交到国民大会进行讨论。

② 韩国宪法第27条第1款规定,所有国民享有得到宪法及法律所定法官根据法律进行裁判的权利。《大韩民国宪法》(1987)。

此刻，陪审制合宪性的争论还没有结论。① 正是由于考虑到违宪的可能性，国民司法参与委员会才建议授予陪审团裁决事实上的约束力，而不是完全的法律上的约束力。

陪审团裁决的效力是确定韩国陪审制最终形式的最关键问题。很多评论者主张陪审团裁决的效力应以过去几年的经验为基础。② 实践中，在这段时间内陪审团裁决与法官裁定吻合度达到92.2%。③ 而且在2010年1月至2012年6月对全国范围内2595位陪审员的调查也显示，其中81%的表示应当将最终的裁决权赋予陪审团。④ 然而，司法实务人员中仍有很多人不愿意赋予陪审员裁决完整的约束力。⑤

在这场辩论中，陪审团裁决的合理性和公信力是影响政策的决定因素。韩国开展的一些模拟审判研究试图比较陪审团评议与法官裁决。一项研究发现"建议的量刑起点"（suggested reference point）会同时影响真实的法官和由大学生组成的模拟陪审团的决定。⑥

另一项研究中，一组正式陪审团和两组影子陪审团共同参与一场模拟审判。⑦ 尽管评议开始时第一轮投票结果分散，但是最后三组陪审团均达成了无罪的一致裁决。⑧ 该研究进而得出结论认为，模拟陪审员达成一致

---

① Young Sol Kwon, Baesimje：《韩国采纳陪审制的宪法问题》，《法律与社会》26，97（2004）；Sung Gi Hwang：《韩国陪审制或公民参与审判制的合宪性》，《法律与社会》26，123（2004）。

② Misuk Park：《公民参与审判制度的成果及未来的任务》，《韩国刑事法评论》，135（2010）。

③ 在66个陪审团裁决与法官的裁判不相同的案件中，有62个案件陪审团做出无罪裁决，而法官最终判决有罪。参见Jongsun Kang《国民参与刑事审判的状况与任务》，韩国法院管理部2013年，第14页。

④ Sang Hoon Han：《韩国陪审团裁决效力的分析与建议》，《韩国犯罪学期刊》24，9（2012）。

⑤ Il-Hwan Moon：《陪审制下的陪审员实务：以陪审团遴选、陪审团裁决、陪审团量刑为视角》，《正义》135，173（2013）。

⑥ Kwang B. Park, Sang Joon Kim, Mi Young Han：《模拟法庭中真实法官和模拟陪审团决策的认知启发效果》，《韩国心理学与社会学观点》11，59（2005）。

⑦ Kwang P. Park, Sang Joon Kim, Eunro Lee 和 Hyeson Seo，陪审团评议中的社会从众性和认知转换：韩国第一件正式陪审团参与模拟法庭案件评议论点的内容分析，《韩国社会学期刊及心理学观点》1，6（2005）。

⑧ Kwang P. Park, Sang Joon Kim, Eunro Lee 和 Hyeson Seo：《陪审团评议中的社会从众性和认知转换：韩国第一件正式陪审团参与模拟法庭案件评议论点的内容分析》，《韩国社会学期刊及心理学观点》1，7（2005）。

裁绝不是因为持少数观点的陪审员屈服于社会压力，而是因为他们被持多数观点的陪审员说服，发现了对被告定罪的合理怀疑。①

上述研究提供了陪审团评议具正当性的论据，但为了客观评估评议的质量，我们需要直接观察评议过程，以确定如果陪审团裁决具有明确的约束力时可能出现的问题，并确定影响评议质量的潜在因素。

一些因素或者指标会影响评议质量。Cornwell 和 Hans 的研究说明，实际上陪审团参与是由个体层面的社会地位特征（individual-level social status characteristics）所组织起来的。② Devine 及其团队的研究指出了评估评议质量的五项标准：对法官指导的理解（instruction comprehension）、对证据的审查（evidence review）、对事实的聚焦（factual focus）、系统参与（systematic participation）和信息影响（informational influence）。③ 韩国的一项研究则使用三个描述性的指标来对模拟陪审团评议的特征进行量化分析：陪审员相互之间发言的频率、陪审员打断和回应其他陪审员发言的情况是否常见，以及打断和回应的均衡性。④ 尽管上述研究富有意义，但极少数研究是真正通过观察陪审团评议来开展的。

陪审员能否以及在何种程度上理解法官的指导是影响评议质量的关键。⑤ 韩国法院管理部开展的一项调查表明，绝大多数（87.9%）陪审员认为他们理解所有或者大部分审判程序。在这项调查中，陪审员最常提及的困难为审判的时间太长（46.6%）和法律术语难以理解（23.3%）。绝大部分陪审员表示他们在审判中聚精会神（86.8%）并在评议中积极表

---

① Kwang P. Park, Sang Joon Kim, Eunro Lee 和 Hyeson Seo：《陪审团评议中的社会从众性和认知转换：韩国第一件正式陪审团参与模拟法庭案件评议论点的内容分析》，《韩国社会学期刊及心理学观点》1，14，(2005)。

② Erin York Cornwell and Valerie P. Hans, Representation through Participation: A Multilevel Analysis of Jury Deliberations, 45 Law $ Soc'y Rev. 667 (2011).

③ Dennis J. Devine, Jeniffer Buddenbaum, Stephanie Houp, Dennis P. Stolle, and Nathan Studebaker, Deliberation Quality: A Preliminary Examination in Criminal Juries, 4 J. Emp. L. Stud. 273, 280 (2007).

④ Kwangbai Park, Eunro Lee：《总结模拟陪审团评议量化特征的三个描述性指标》，《韩国社会人格心理学期刊》11，1 (2006)。

⑤ Neil Vidmar and Shari Diamond, Juries and expert evidence, 66 Brook. L. Rev. 158 (2001).

达观点（72.3%）。多数陪审员认为法官对陪审团的指导是有帮助的。①

一项研究发现韩国法官在指导陪审团了解基本原则方面表现出色，这些基本原则包括沉默权、证据裁判原则和无罪推定原则。② 然而，同一项研究也发现，法官在解释犯罪的要素或严重程度方面不是那么清晰，致使陪审员评议有时存在困难。③ 一些学者建议，为了提高对陪审团指导的效果，应当用平实的韩国语代替晦涩的法律术语，并且需制作出标准化的陪审团指导手册。④ 一项最近的实证研究显示，陪审团指导增加了解释和举例说明，上述变化有助于陪审员理解法律概念，例如"排除合理怀疑"⑤。

评议的内容上的特征，例如发言形式、辩论强度和陪审员之间的互动，都会影响评议的质量。就这一点而言，陪审员是否进行了数量和质量充足的发言是关键因素。陪审员是否聚焦于呈递法庭的证据，是否理解法律原则以及是否根据证据充分适用法律是考虑评议质量的另一维度。

陪审员的评议风格也有很大影响。研究指出存在两种评议风格。⑥ "证据导向"（evidence-driven）型评议表现为陪审员轮流对审判进行评论，内容则包括他们认为最具有说服力的证据。"证据导向"型评议的讨论更加广泛并且能更好地围绕主题。⑦ 另一种评议风格为"裁决导向"（verdict-driven）型评议，在这种评议下，陪审团几乎立即投票，这样陪审员能够了解各自的立场。

关于哪种模式在大部分案件中处于主导地位，实证研究未能给出决定性的证据。一项研究显示，"裁决导向"型出现频率更高，第一轮投票时多数人的观点倾向于坚持到最后。⑧ 另一项研究则显示陪审员在正式投票

---

① Jongsun Kang：《国民参与刑事审判的状况与任务》，韩国法院管理部 2013 年，第 18—19 页。

② Misuk Park 等：《韩国陪审制研究》，44，韩国犯罪学协会主编，2008。

③ 同上。

④ Gidu Oh：《陪审团发现事实的能力》，《正义》96，124，133（2007）。

⑤ Jong-Dae Kim，Eun-Lo Lee，和 Sang-Hoon Han：《关于模拟陪审团对排除合理怀疑标准理解的研究》，《延世大学法律评论》21，1（2011）。

⑥ Reid Hastie，S. D. Penrod And N. Pennington，inside the Jury 163-165（1983）.

⑦ Ibid..

⑧ Reid Hastie，S. D. Penrod And N. Pennington，inside the Jury 163-64（1983）.

前用很长时间来讨论证据。①

研究显示首席陪审员参与度相较其他陪审员更高，并且被认为在评议中有更大的影响力。② 因为首席陪审员总是积极参与评议，陪审员倾向于认为首席陪审员具有影响力。③ 如果评议由一名至两名陪审员主导，那么陪审员对他们陪审经历的满意程度则较低。④ 因此，查明下列问题变得重要：评议是否被少数陪审员主导；陪审员的意见是否受到同等重视；陪审员是否愿意考虑其他陪审员的意见。此时首席陪审员的角色又变得重要，因为他或她可以平等分配发言机会，组织辩论。

众所周知每一场评议都应当由逻辑和理性指引，而不应受情感引导。然而，在司法实践中排除情感非常困难，甚至是无法实现的。一位学者将评议过程区分为理性型评议模式（rational deliberation model）和关系型评议模式（relational deliberation model）。他认为情感时常可以深化讨论，并提高参与度。⑤ 共情作用（empathy）⑥ 被认为可以提高陪审员在评议程序中履行职责的认真程度。⑦ 所以情感因素的引入并不会在所有案件中产生问题。我们非常有兴趣来评估，陪审员是否会认为受情感影响难以做出法律上正确的决策。下列评论显示了陪审员的情感："如果被告人被判有罪，他和他的家人将会经历苦难"，"被告人悲惨的童年和抚养环境使他犯下了罪行"。因此，我们试图分析情感对做出法律上正确的裁决的不当影响。

---

① Shari Diamond et al., Inside the Jury Room: Evaluating Juror Discussions during Trial, 87 Judicature 54 (2003).

② Erin York & Benjamin Cornwell, Status on Trial: Social Characteristics and Influence in the Jury Room, 8 Soc. Forces 455 (2006).

③ A Bavelas et al., Experiments on the Alteration of Group Structure, 1 J. Experimental Soc. Psychol. 55, 59 (1965).

④ Michael Antonio & Valerie Hans, Race and the Civil Jury: How Does a Juror's Race Shape the Jury Experience? in Ronald Roesch et al. (eds.), Psychology in the courts: International Advances in Knowledge (2001).

⑤ David Michael Ryfe, The Practice of Deliberative Democracy: A Study of 16 Deliberative Organizations, 19 Pol. Comm. 359, 360 (2002).

⑥ "共情"指的是理解他人的观点和看法，"共情"与"同情"（sympathy）有所区别，同情指的是与他人有共同的感受。——译者注

⑦ Todd E. Pettys, Emotional Juror, 76 Fordham L. Rev. 1609, 1625-1639 (2007).

(二) 陪审员的数量

韩国陪审团审理案件时陪审员的数量取决于案件严重程度以及被告人的答辩情况。可能判处死刑或者无期徒刑的案件需要 9 名陪审员。[①] 其他对被告人是否有罪有争议的案件需要 7 名陪审员。[②] 被告人对大部分指控认罪的案件可以使用 5 人陪审团。[③] 如果公诉人和辩方达成一致,那么可以变更陪审员数量。[④] 过去五年内(2008—2012 年),被选择频率最高的是 7 人陪审团(57.8%),另有 32.4% 的案件选择 9 人陪审团,9.8% 的案件选择 5 人陪审团。基于这种适用状况,国民司法参与委员会建议的最终陪审团形式取消了 5 人陪审团,因为其很少适用。

在美国,关于陪审员数量的争论始自一些州试图将 12 人陪审团缩减为陪审员数量较少的陪审团。在审理 Williams 诉佛罗里达案时,联邦最高法院认为 6 人陪审团的作用与 12 人陪审团相同。[⑤] 然而,这种观点受到了随后实证研究的挑战[⑥],尤其是 Michael Saks 和 Molli Marti 的研究。他们的研究与其他研究都发现,人数较多的陪审团比人数较少的陪审团用更长时间来评议,并且与人数较少的陪审团相比,人数较多的陪审团会更彻底地讨论证词以及倾向于回忆起更多案件事实。[⑦] 另一项研究则显示,在允许做庭审笔记的情况下,与人数较少的陪审团相比,人数较多的陪审团通过评议能够回忆起更多有证据证明的事实。[⑧]

韩国的陪审制度则需要在小规模公民参与模式(smaller lay assessor

---

① 《国民参与刑事审判法》,第 13 条第 1 款。
② 同上。
③ 同上。
④ 《国民参与刑事审判法》,第 13 条第 2 款。
⑤ Williams v. Florida, 398 U.S. 78 (1970).
⑥ Michael E. Saks, The Smaller the Jury the Great the Unpredictability, 79 Judicature 263 (1996).
⑦ Michael Saks and Molli Marti, A Meta-analysis of the effects of jury size, 21 Law and Hum. Behav. 451 (1997).
⑧ Horowitz and Bordens, The Effects of Jury Size, Evidence Complexity and Note Taking on Jury Process and Performance in a Civil Trial, 87 J. Appl. Psychol. 121 (2002).

model）和大规模陪审团模式（large jury model）之间做出选择。① 在韩国，相关的问题则是，多少数量的陪审员能够实现最恰当的程序和裁决。陪审团规模和评议质量之间的关系仍在进一步探讨中，这方面的研究还不够充分。② 尽管我们进行的影子陪审团研究的重心不是陪审团规模对评议质量的影响，但是我们仍然会根据数据提供一些初步的观察。

（三）定罪评议和量刑评议的结合

韩国陪审员不仅围绕定罪问题评议，并且也和法官一起评议量刑问题，并提交他们的意见。③ 在评议开始前，审判长会向陪审员解释刑罚的范围和量刑的条件。④ 关于量刑，不是通过投票决定，而是由每名陪审员各自发表量刑的意见。韩国陪审模式是模仿美国陪审制建立的，但二者在这一点上有重大区别。由于民众不信任刑事审判的重要方面是量刑问题，所以民众从一开始就参与量刑评议是必要的。⑤

全国性数据显示，被告人认罪的案件中，陪审团仅在33%的案件中参与了量刑。⑥ 关于量刑，陪审团的多数意见与最终判决的量刑差距相对较小。⑦ 在89.7%的案件中，陪审团的多数量刑意见与判决量刑相差不

---

① In Sup Han：《韩国国民参与刑事审判：争议与初步的试点》，《首尔法学期刊》50，681，704（2009）。

② Dennis J. Devine, Jeniffer Buddenbaum, Stephanie Houp, Dennis P. Stolle, and Nathan Studebaker, Deliberation Quality：A Preliminary Examination in Criminal Juries, 4 J. Emp. L. Stud. 273，280（2007），at44.

③ 《公民参与刑事审判法》，第46条第4款。

④ 同上。

⑤ Sang Hoon Han：《公民参与形式审判的立法讨论》，《法律与社会》30，303，313（2006）.

Sang Hoon Han：《韩国新公民参与刑事审判制度的近期发展和建议》，《正义》106，483，517-518（2008）；Hyungkwan Park，《陪审团量刑的相关问题》，《韩国刑事法评论》23，42，63（2012）。

⑥ In Sup Han：《韩国国民参与刑事审判：争议与初步的试点》，《首尔法学期刊》50，681，11（2009）。

⑦ 据观察，量刑评议中法官和陪审员的量刑意见差距小。In Sup Han：《韩国国民参与刑事审判：争议与初步的试点》，《首尔法学期刊》50，681，16（2009）。

多，最大差距为两年有期徒刑。① 关于陪审员量刑意见与法官量刑意见差距小的原因尚不清楚，原因或者是因为法官参考了陪审员的量刑意见，又或者是陪审员和法官在量刑方面均独立得出了相似的结论。尚未有实证研究来对这一方面进行检验。

更重要的问题是量刑评议对定罪评议的影响。在韩国的陪审团审判中，定罪评议和量刑评议不是分别进行的，因此陪审员在陪审团做出裁决前会接触到与量刑相关的证据，其中一些与定罪没有必然联系的证据，比如因醉酒降低控制能力、造成身体伤害的袭击次数或者被告人先前的犯罪记录，可能会影响陪审员对定罪事实的判断。有观点建议将陪审团审理的案件区分为两个不同的阶段，一个阶段进行定罪，另一阶段进行量刑。②

我们将检验影子陪审团在裁决定罪问题时受量刑问题影响的程度。如果这一趋势被证实，我们将研究定罪和量刑程序的结合是否导致错误的裁决，或者这种错误是否因其他陪审员和法官的介入而得以自我修正（详见下一部分）。

（四）法官对陪审团评议的介入

与美国相同，韩国陪审团评议也是秘密进行的。他们首先讨论被告人犯罪与否，并试图达成一致裁决。③ 陪审团独立进行评议，除非发生以下两种情况之一：（1）如果一半以上的陪审员同意，那么陪审团可以选择听取法官的意见④；（2）如果陪审员不能达成一致裁决，他们必须听取法官的建议。⑤ 在上述第二种情况，韩国的法官可以直接向陪审员提供意见，尽管他们不能表明被告人是否有罪。⑥ 法官和陪审团共同讨论完被告

---

① In Sup Han：《韩国国民参与刑事审判：争议与初步的试点》，《首尔法学期刊》50，681，16（2009）。

② Sang Hoon Han：《韩国新公民参与刑事审判制度的近期发展和建议》，《正义》106，483，517-518（2008）；Hyungkwan Park，《陪审团量刑的相关问题》，《韩国刑事法评论》23，42，63（2012）。

③ 《公民参与刑事审判法》，第46条第2款。

④ 同上。

⑤ 《公民参与刑事审判法》，第46条第3款。

⑥ 《公民参与刑事审判规则》，韩国大法院规则，编号2107，2007年10月29日，第41条第5款。

人的定罪问题后,在法官不在场的情况下,陪审员再根据简单多数原则做出裁决。①

除非陪审团在评议的第一阶段就做出裁决,否则法官将有充分的机会与陪审团分享其观点和意见。韩国陪审制的这一特点引出了评估陪审团评议质量的新维度,即法官的影响。虽然法律规定,法官与陪审员讨论案件时不能声明有罪或无罪,但是我们不知道评议过程中到底发生了什么,因此不能排除法官影响陪审员的可能性。

一些观点担心法官介入会干扰陪审员的独立裁决,致使陪审员依赖于法官的意见。② 但是,很多主持过陪审团审理案件的法官表示,陪审员要求听取法官的建议是因为他们在区分事实裁决和法律解释方面存在困难。③ 并且量刑程序技术含量高,需要科学和专业的知识,因而陪审员可能需要法官给予更多指导。

我们将检验法官的介入是否有助于陪审团做出裁决,还是会阻碍陪审团独立裁决。我们将比较陪审团与法官讨论前后关于有罪或者无罪的倾向是否改变,并且评估这种改变是否因法官的介入所导致。

三 数据收集

(一) 影子陪审团的组成

本项研究拟利用影子陪审团来模拟对真实陪审团评议的研究。我们尽力使影子陪审员所处环境与真实的陪审员相似。影子陪审团旁听整场审判,之后退席,并与真实陪审团并行得出裁决。我们研究了参与 18 个案件审理的 18 组影子陪审员。他们由未在陪审员资格审查程序(voir dire)中被选为陪审员的候选陪审员(juror candidates)组成。影子陪审员的年龄分布广泛,从 20 多岁至 70 多岁不等。

---

① 《公民参与刑事审判法》,第 46 条第 3 款。
② Eun Mo Lee:《新公民参与刑事审判制度的本质与问题》,《汉阳大学法律评论》26,405 (2009)。
③ Il-Hwan Moon:《陪审制下的陪审员实务:以陪审团遴选、陪审团裁决、陪审团量刑为视角》,《正义》135,173 (2013)。

表1		影子陪审团的人口统计学特征	
			陪审团人数
性别 ($n=117$)	男		50（42.7%）
	女		67（57.3%）
年龄 ($n=120$)	20—30		30（25.6%）
	30—40 岁（含 30 岁）		24（20.5%）
	40—50 岁（含 40 岁）		24（20.5%）
	50—60 岁（含 50 岁）		27（23.0%）
	60 岁及以上		15（12.8%）
受教育程度 ($n=120$)	初中及以下		25（21.4%）
	高中		44（37.6%）
	大学及以上		51（43.6%）

影子陪审员总数为 120 人，他们的人口统计学特征见表 1。① 男性陪审员占 42.7%，女性陪审员占 57.3%。规模最大的年龄群体为 20—30 岁（25.6%），其后为 50—60 岁（23.0%），30—40 岁（20.5%），40—50 岁（20.5%），60 岁及以上（12.8%）。受教育程度方面，43.6%的陪审员为大学以上学历。高中学历的陪审员占 37.6%，初中及以下学历的占 21.4%。

与真正的陪审员一样，影子陪审员观看完整的庭审程序，并拿到包括案件事实和法律问题在内的法庭备忘录。之后陪审员被分配到不同的房间进行秘密评议。如果出现上述需要法官介入的情形时，合议庭其他法官②会进入评议室与影子陪审员讨论案件。评议时长为 24 分钟到 104 分钟不等。③ 评议时长为 24 分钟的案件是一起"答辩有罪"的案件；而评议时长为 104 分钟的案件则是一起"答辩无罪"的案件，此案评议结束时已过午夜。平均来说，案件的平均评议时长（43.71 分钟）要短于"答辩无罪"的案件（55.54 分钟）。通常"答辩有罪"的案件法律问题比"答辩

---

① 需要说明的是，120 名影子陪审员中，有三人未注明性别。
② 韩国陪审员参与审判的刑事案件均由三名法官组成合议庭，其中一名担任首席法官。——译者注
③ 根据全国性统计数据，真正的陪审员评议时长为 20 分钟至 300 分钟，平均评议时长为 98 分钟。参见 In Sup Han《韩国国民参与刑事审判：争议与初步的试点》，《首尔法学期刊》50，681，8（2009）。

无罪"案件少一些,但有些"答辩有罪"的案件评议耗时与"答辩无罪"的案件一样长,因为在这些案件中陪审员会考虑一些诸如惯犯和心智能力造成的刑事责任能力下降等问题。当真实的陪审团经过漫长的庭审程序在深夜开始评议时,影子陪审员也同步听审并在之后进行评议,直至法庭宣布最终的裁判。

(二) 录像内容分析[①]

我们全程观察了作为研究样本的案件,并对影子陪审团的评议进行了录像。共计对 18 个案件进行了录像。我们对陪审团评议进行了内容分析,具体分析的内容包括讨论的强度和互动程度、每一名陪审员的发言频率、辩论的主题、讨论的问题数量以及观点的多样性。我们也调查了哪些因素可能影响评议的性质。我们关注陪审员的人口学特征、他们参与的积极性、政治观点以及陪审团的构成,例如陪审员的数量、性别、职业,以及陪审团成员之间的相似性或差异性。我们也关注了首席陪审员的角色,观察其在辩论和讨论中与其他参与者的互动。

(三) 案件特征

有赖于韩国最高法院的帮助,本项研究的数据来自 2010 年 11 月至 2011 年 7 月发生的 18 件真实的陪审团参与审判的案件。其中 10 个案件发生在大首尔地区(Seoul Metropolitan Area),其余案件发生在韩国其他地区。出现频率最高的三类案件为:抢劫造成的身体伤害(bodily injury resulting from robbery)占 23%,杀人未遂(attempted murder)占 19%,惯窃(habitual larceny)占 19%。[②] 大部分案件的被告人做无罪答辩

[①] 本文仅提供直接观察和对陪审团评议录像内容分析得出的结果。我们也分三个阶段对影子陪审团进行了问卷调查,包括评议前、评议后和判决后。我们在其他文章中介绍了问卷调查的结果。参见 Jae-Hyup Lee, Jisuk Woo, June Woong Rhee,《陪审团评议的正当性:分析韩国陪审团参与案件的模拟评议》,《正义》139, 208 (2013);Jisuk Woo, June Woong Rhee, Jae-Hyup Lee,《审判程序因素和评议因素对公正审判的影响:基于韩国影子陪审员参与陪审案件的经历》,《首尔法学期刊》54, 261 (2013)。

[②] 其中 5 件为抢劫造成的身体伤害,4 件杀人未遂,4 件为惯窃,剩余的 5 件涉及故意伤害致人死亡(manslaughter resulting from assault)、故意杀人(murder)和性侵害(sexual offenses)。

（62%），其余案件陪审团仅就量刑问题进行评议。

在我们研究的案件中，真实的陪审员数量是多样化的。最常见的陪审团人数是7人（67%）；其他案件大部分使用9人陪审团（24%）。5人陪审团仅出现过两次。我们试图使模拟陪审团人数与真实陪审团人数保持一致。但是并未做到完全一致，因为我们要考虑候选陪审员是否有做影子陪审员的意愿。①

除一个案件外，我们研究的所有案件均在一天内审结。即便是例外的那个案件也没有将庭审时间分隔为两天，只是因为做出裁决时已经是第二天凌晨3点，因而被视为进行了两天的审理。②

法庭对其中3个案件判处无罪（14%）。法庭判决无罪的案件，陪审团做出的也是无罪裁决。有2个案件（9.5%）陪审团裁决与法庭判决不一致。这2个案件的情况为陪审团裁决无罪，法庭判决有罪。由于样本量较小，我们没有对裁决不一致的原因进行分析。

四 结果与讨论

（一）陪审团裁决过程

我们通过测量和分析以下几个方面来观察模拟陪审团评议：首先，我们将评议区分为定罪评议和量刑评议并测量评议时长。因为只有在陪审团裁决被告人有罪之后才进入有关量刑的评议，因此我们可以较为简便地测量两个阶段的时长。即使是被告人承认大部分罪名的案件（"答辩有罪"案件），陪审员也必须进行定罪评议，以便确定被告人认罪是否有确凿的证据支持。平均来说，陪审员评议耗时为51分钟（其中定罪评议为36分钟，量刑评议为15分钟）。表2则显示人数多的陪审团评议时间相对稍长。

表2　　　　　　　　陪审团规模及评议时间

	5—6名陪审员	7名陪审员	8—9名陪审员	合计
评议时间（分钟）	50.4	50.9	53.5	50.9

① 我们观察的18件案件中，有7件影子陪审团规模小于真实陪审团。比如，一些案件中真实陪审团为7人，而影子陪审团则为5人。

② 午夜之后达成裁决的案件，陪审员会得到两天的补偿金。

续表

	5—6 名陪审员	7 名陪审员	8—9 名陪审员	合计
案件数量（件）	9	7	2	18

表 3　　　　　　　　　关于定罪的首次投票时间

关于定罪的投票时间	频率
评议开始后 10 分钟之内	11（61.1%）
评议开始后 10 分钟至结束前 10 分钟之间	3（16.6%）
结束前 10 分钟内	4（22.2%）
总计	18（100.0%）

之后我们考察了陪审团就被告人是否有罪的问题首次表态的时间，分为三种情况：(1) 评议开始后 10 分钟之内；(2) 评议开始后 10 分钟至结束前 10 分钟之间；(3) 评议结束前 10 分钟内。大部分影子陪审团（61.1%）在评议开始后 10 分钟之内即进行第一次投票（见表 3）。看起来影子陪审团大部分都采用裁决导向型评议，而不是采用证据导向型评议。但是，与美国研究相比较，这种现象并不独特。并且，考虑到平均评议时长为 51 分钟，关于陪审员倾向于尽早投票究竟是因为评议模式，还是因为案件的复杂性，我们不能一概而论。

表 4 展示了每个陪审员主要变量的平均值。我们将七个有关评议质量的主要变量纳入考察的范围。第一个变量是发言频次（frequency of speech），陪审员发言超过 5 秒钟且内容有意义的记为一次发言。总计 113 名陪审员的平均发言频次为 8.83 次，发言频次从 1 次到 28 次不等。[①] 没有一个陪审员从未发言。最常见的发言频次为 4 次（14 人）。58% 的陪审员发言超过 7 次，91% 的陪审员发言低于 18 次。第二个变量是对证据的讨论（number of evidence）。大部分陪审员（63.7%）对证据发表意见超过一次。陪审员提及证据的平均次数为 1.88 次。有不少陪审员在评议中从未提及证据（36.3%）。陪审员讨论证据最多的为 12 次。第三个变量为援引他人发言（citing others' statements）。评议中，陪审员有时会援引其他陪

---

① 需要说明的是，其中一个案件影子陪审团进行评议的录像因故未能获得，因此对评议过程进行内容分析时针对的是 113 名影子陪审员，而非全部 120 名影子陪审员。

审员的发言，或者援引庭审中公诉人、辩护律师或者法官的发言，来发表意见支持或者反对他们的观点。援引他人发言的平均次数为 0.78 次。第四个变量为逻辑推理（logical reasoning）。陪审员的发言有逻辑基础的平均次数为 2.09 次。第五个变量为奇闻逸事论据（anecdotal arguments）。陪审员讨论问题时发言依据也可能是个人了解到的逸事、谣言、没有根据的故事或者案件。这种情况出现得很少，奇闻趣事论据出现的人均次数为 0.60 次。第六个变量是无礼发言（indecorous speech）。陪审员很少对其他陪审员发起情绪化的攻击、使用辱骂性的语言或者进行嘲笑。我们仅观察到一例无礼发言。第七个变量是强势干预（strong intervention）。我们也注意到了陪审员突然打断其他人的发言，或者发言阻碍进一步的讨论，每名陪审员强势介入的平均次数为 0.33 次。

表 4　　　　　　　　　　　主要变量的平均值

变量	发言频次	讨论证据的次数	援引他人发言	逻辑推理	奇闻逸事论据	无礼发言	强势干预
平均值	8.83	1.88	0.78	2.09	0.60	0.01	0.33
标准差	6.35	2.09	1.14	1.87	1.14	0.09	0.93

为了更好地理解陪审团裁决程序，我们改进了上述变量（见表 5）。我们将"辩论质量"（quality of debate）界定为陪审员在评议中怎样以及在何种程度上使用理性说服。这一变量是累计讨论证据的次数、援引其他陪审员的发言次数以及依据逻辑推理发言的次数所得到的。因此辩论质量的平均值为 4.75 次。也就是说，在发表观点时，每一名陪审员平均评论证据、援引其他陪审员的观点以及进行逻辑推理超过四次。同样，我们使用"无礼辩论"（indecorous debate）来描述无礼发言、强势干预发言次数的总和。无礼辩论的平均值为 0.34，所以无礼辩论很少发生。

表 5　　　　　　　　　　　陪审员个体观察变量

	数量	最小值	最大值	平均值	标准差
发言频次	113	1.00	28.00	8.83	6.38
辩论质量	113	0.00	23.00	8.83	3.99
无礼辩论	113	0.00	10.00	0.37	1.17

我们从三个方面调查首席陪审员扮演的角色（见表6）。第一，首席陪审员是否把发言的机会平均分配给每位陪审员。第二，首席陪审员是否要求陪审员发言提供论据。第三，我们调查首席陪审员是否发挥了积极的组织作用，例如，总结议题和争点，或者扮演调解人的角色有效处理冲突。我们也评估了首席陪审员的倾向性（例如，权威型、固执已见型、控制型）。

表6　　　　　　　　　　　首席陪审员的角色

变量	值	频率
分配发言	平均分配给每位陪审员	9（50%）
	分配给一半以上的陪审员	1（5.5%）
	基本让陪审员自由讨论较少分配	6（33.3%）
	完全让陪审员自由讨论	2（11.1%）
辩论依据	基本要求陪审员提供论据	8（44.4%）
	部分要求陪审员提供论据	5（27.7%）
	从不要求陪审员提供论据	5（27.7%）
组织有效性	高效组织陪审员辩论	14（77.7%）
	低效组织陪审员辩论	4（22.2%）

在一半的案件中（50%），首席陪审员给每位陪审员发言的机会。其他案件中，首席陪审员没有平均分配发言机会，而是让陪审员自由讨论从不介入（11.1%），或者仅是偶尔给尚未发言的陪审员说话的机会（33.3%）。陪审员发言时，首席陪审员大部分时候（72.1%）要求陪审员提供论据。首席陪审员还能通过总结重点和组织进入下一议题等方式高效地组织陪审员进行讨论（77.7%）。总的来说，评议程序倾向于开放和民主。我们还发现当首席陪审员分配发言机会并且大部分陪审员都能发言时，陪审员以证据为基础的评议数量会增加。另外，当首席陪审员没有分配发言机会而只有少部分陪审员发言时，无礼辩论出现的频率增加。

为数不少的陪审员会错误理解或者错误适用法律概念，例如24.8%的陪审员不理解诸如能力减弱之类的特定法律概念（见表7）。然而更重要的一点是，对法律概念的误解是否会因其他陪审员影响而得以修正。在韩国，法官会在庭审一开始就给陪审员提供书面的法庭备忘录，所以陪审员对法律概念和相关法律规定的理解程度会提高。大约23%的陪审员有同情性的评论和感性的态度。我们的观察显示,陪审员的情感有时会影响他们做出裁决的能力。大部分陪审员对被告人定罪与否的态度经过评议后不会发生改变,只有11.5%的陪审员改变了他们最初的观点。

表7　　　　　　　　　　陪审员个人评议频率

变量	值	频率
误解法律概念	是	28（24.8%）
	否	85（75.2%）
同情的态度	是	26（23.0%）
	否	87（77.0%）
改变观点	是	13（11.5%）
	否	100（88.5%）

（二）陪审员人数

由于我们的研究样本量小,我们未能就陪审员的人数对陪审团的影响得出一些概括性的结论,但是我们可以为将来这一领域的研究提供一些调查结果。我们的数据显示,陪审团规模和陪审员发言频率之间具有相关性。表8显示,5—6人陪审团中,每位陪审员平均发言次数为10.88次。7人陪审团为8.28次,8—9人陪审团为5.53次。因此,陪审团规模更小时陪审员发言更多。另外,陪审团的规模对辩论质量无影响。不同规模的陪审团之间辩论质量的平均值没有显著差异。最后,小规模陪审团出现无礼辩论的频率略高。因此,当陪审员达到7人或人数更多时,无礼辩论出现减少趋势。这一方面的原因可能是,陪审员人口特征方面更大的多样性可能会减少无礼辩论的出现。可进一步得出这样的推论,即性别、年龄的均匀分布会促进相互尊重,最终抑制无礼的评论和辩论。

表8　　　　　　　　　　陪审员人数及评议质量

	5—6名陪审员	7名陪审员	8—9名陪审员	合计	F检验（显著性）
发言频率	10.88	8.28	5.53	8.83	4.97（p<0.01）
辩论质量	5.21	4.56	4.23	4.75	0.49（无显著性差异）

续表

	5—6名陪审员	7名陪审员	8—9名陪审员	合计	F检验（显著性）
无礼辩论	0.71	0.17	0.18	0.37	2.95（p<0.10）
陪审员人数	42	54	17	113	

（三）定罪评议和量刑评议

我们调查了陪审员判断被告人定罪问题时是否使用了与量刑有关的情节。如果陪审员在评议定罪问题时讨论了量刑情节，我们则会进一步考虑这种错误经过评议后是否被修正，也就是说，陪审员是否发现他们把量刑的问题混入了定罪的阶段，并刻意制止了这种情况的发生。在我们观察的案件中，有9个案件定罪评议中混入了量刑问题（50%），但其中8件经过评议都得到了修正。

在陪审员个人层面，我们也调查了陪审员中有多少人混淆了定罪评议和量刑评议的区别。113名陪审员中有16人（14.2%）在讨论中混淆了二者（见表9）。22名（19.5%）陪审员在定罪评议中提到了被告人的犯罪记录。

表9　　　　　　　　　合并考虑定罪和量刑的频率

变量	值	频率
混淆定罪量刑	是	16（14.2%）
	否	97（85.8%）
提及犯罪记录	是	22（19.5%）
	否	91（80.5%）

（四）法官介入

在我们研究的案件中，审判长参与（如果需要的话）真实陪审团的评议，合议庭其他法官则参与影子陪审团的评议。考虑法官参与陪审团评议的整体效果发现，仅有一个案件是法官介入后所有陪审员都改变了对被告人定罪的态度；在两个案件中，则有一半陪审员改变了观点；三个案件中则有1名或2名陪审员改变了观点。但在几乎所有其他案件中，每位陪审员对被告人有罪与否的态度都没有改变。

在个人层面，我们根据法官与陪审员讨论的风格，将介入陪审团评议的法官区分为三个组别：(1) 传递信息型 (information-delivering type)；(2) 介绍观点型 (opinion-introducing type)；(3) 强加观点型 (opinion-imposing type) (见表10)。① 三类法官的比例分别为64.6%(传递信息型)、29.2%(介绍观点型)、6.2%(强加观点型)。值得注意的是，如果法官是强加观点型的，陪审员与其讨论之后，均改变了自己的观点。至于介绍观点型的法官，有30.3%的陪审员与其讨论后改变了他们的立场。23.3%的陪审员与传递信息型法官讨论后改变了他们的决定。虽然由于样本量小，我们并不能提供任何结论性的概括，但是证据显示如果法官在评议过程中强势导入自己的观点，那么陪审员更有可能遵循法官的观点。

表10　　　　　陪审员改变立场以及评议中法官的类型

			陪审员是否改变立场?		合计
			是	否	
法官类型	传递信息	频次	17	56	73
		所占比率	23.3%	76.7%	100.0%
	介绍观点	频次	10	23	33
		所占比率	30.3%	69.7%	100.0%
	强加观点	频次	7	0	7
		所占比率	100.0%	0.0%	100.0%
合计		频次	34	79	113
		所占比率	30.1%	69.9%	100.0%

$X^2 = 17.871$，$df = 2$，$p = 0.000$

五　结　论

韩国陪审制正在经历新一轮的改革。正如国民司法参与委员会的建

---

① 如果法官只是提供与手头的案件有关的信息或者指出相似的案件法庭如何处理，这种类型的法官就被视为"传递信息型"。如果法官介绍自己的观点使用"我认为……"或者"在我看来……"，我们则将其归入"介绍观点型"。如果法官强势地介绍自己的观点，那么视为"强加观点型"。有一个例子是这样的，法官说："如果在这种情况下被告人被判决无罪，可以说在这个案子中正义没有得到伸张。"

议所反映的，过去五年的经验被认为是成功的，陪审制有望得到完善，并得到更广泛的应用。将普通法系陪审团制和大陆法系参审制相结合，以发展出适合韩国的陪审制度是一种创新性的尝试。随着时间的推移，陪审制将更为稳固，成为推动公民民主参与以及增强司法公信力的强有力的制度。

在本文中，我们试图通过调查影子陪审团评议过程来研究真正的陪审团评议程序。通过完善影子陪审团研究的成果，我们致力于了解评议质量并提出有意义的见解，以便最大限度实现陪审制度的目的。与国民司法参与委员会的建议相关，我们的研究聚焦于以下四个方面：陪审团裁决的约束力、陪审员的人数、定罪方面与量刑方面的陪审团评议以及陪审团评议中的法官介入。

我们的研究结果显示，韩国陪审员评议有望成为有力的裁决模式。总的来说，陪审员轮流发言，积极参与评议程序，在辩论中尊重其他陪审员。首席陪审员积极扮演自己的角色，公平分配陪审员的发言机会，并且能够良好地组织讨论。误解法律以及混淆定罪事实和量刑事实的情况的发生并不如许多人想象的那么频繁；出现上述问题时，绝大部分情况下可以通过其他陪审员或者法官的介入进行修正。大部分法官有助于陪审员在评议室内达成裁决。

但是，我们也发现了有待改进的方面。影子陪审员倾向于在充分讨论问题之前，在评议过程刚开始时就声明自己的立场。他们时常不根据证据开展辩论。而且，在一些情况下，陪审员的个人情况会影响他们的裁决。为了提高评议的质量，有必要制作适当的指南，并且在评议之前与陪审员进行沟通。

总之，我们的研究结果与国民司法参与委员会的建议是一致的。我们没有发现任何导致反对赋予陪审团裁决事实上的约束力的问题。陪审团规模与评议质量之间没有明确的关系。尽管我们需要进一步研究其中的相关性，但由于5人陪审团很少适用，我们认为国民司法参与委员会决定废除5人陪审团是合理的。如果有适当的引导和监督，陪审员不恰当地混淆定罪情节和量刑情节的情况会有所减少，相反，陪审员参与量刑评议可以将普通民众的常识引入法官的裁决中。在量刑和一些案件的定罪中，由陪审员和法官进行合作的评议，将会使双方受益。陪审员将提升司法公信力，而法官在做出裁决时则会考虑普通民众的法律意识。